제러미
벤담과
현대

**공리주의
설계자가
꿈꾼
자유와
정의
그리고
행복**

제러미
벤담과
현대

공리주의
설계자가
꿈꾼
자유와
정의
그리고
행복

성균관대학교
출판부

목 차

누구에게나 행복은 지상과제다. 한 인간으로서 나는 어중간하게 행복해
지고 싶은 것이 아니라, 나의 능력과 운이 따르는 한에서 최대로 행복해
지고 싶다. 이 사회는 나 같은 인간들, 즉 최대로 행복해지고 싶은 인간들
의 모임이다. 그렇다면 이러한 모임으로서 사회의 지상과제는 가능한 한
최대로 많은 사람이 최대로 행복해지는 것이 아닐까? '최대 다수의 최대
행복'을 기본 원리로 주창한 공리주의utilitarianism는 18세기로부터 오늘날
까지 법·도덕·정치·경제를 비롯한 다방면의 학문과 실천에 심대한 영향
을 미쳤다. 그것은 근현대 사상사의 한 귀퉁이를 장식하는 한때의 요란한
유행이나 열병 같은 것이 아니라, 인간의 본성과 근본적 사고방식에 대한
불멸의 통찰을 담고 있다.

　　공리주의에 대해 체계적인 설명을 제공한 거의 최초의 인물이라는 점
에서 제러미 벤담(Jeremy Bentham, 1748~1832)과 그의 저술은 그 자체만으로
도 심도 있게 고찰할 만한 충분한 가치를 지닌다. 벤담 이전에는 공리주
의의 핵심 원리와 연관 개념들을 그만큼 체계적으로 분석하고, 나아가 그
것들을 국가의 법과 정책에 적용할 수 있는 가능태로 제시한 인물은 제대
로 찾아보기 어려웠다. 다방면에서 걸쳐 벤담에 대한 여러 학자들의 공통
된 평가가 그러했다. 하지만 국내에서는 이러한 인식이 다소 부족했던 것
으로 보인다. 이유는 대략 두 가지다. 하나는 불균형한 관심 탓이고, 다른

하나는 연구 성과의 부족 탓이다. 이 두 가지 이유는 물론 서로 밀접히 연결되어 있다.

사실 국내에서 공리주의는 근대 이후의 사상사에 미친 막대한 영향력에 비해 지속적인 관심을 받지 못했다. 서양 사상 전반에 대한 심도 깊은 탐구의 역사가 그리 길지 않은 상태에서 20세기 후반 공리주의에 대한 비판적 논의가 유행하자, 국내 학계는 이러한 비판적 논의에만 관심을 집중시켰을 뿐, 정작 이 논의의 직접적 대상인 공리주의의 원류에는 본격적으로 다가가지 못했다. 상대적으로 대중성을 갖춘 존 스튜어트 밀(John Stuart Mill, 1806~1873)의 저작에서 제시된 공리주의 사상에는 적잖은 관심과 성과를 보였으나, 이 와중에 벤담은 공리주의의 씨앗 정도나 뿌린 명목상의 대표로만 인식된 감이 없지 않다.

그러나 나는 누구든 벤담의 방대한 저술에서 발견할 수 있는—오늘날의 관점에서 보아도—수많은 진보적·실천적 아이디어와 그 아이디어를 떠받치고 있는 철학적 토대를 살짝이라도 들추어본다면, 이러한 인식이 크게 잘못된 것임을 깨달을 것이라고 확신한다. 속된 말로, 그는 어느 날 갑자기 '최대 다수의 최대 행복'이라는 한 구절을 외치고 '공리주의의 아버지'라는 영예를 꿰찬 운 좋은 사람이 아니라는 사실을 인정하게 될 것이다. 그런데 이렇게 잘못된 인식만큼, 나는 공리주의 일반에 대한 비판적 논의의 간추린 논지를 여과 없이 벤담의 사상에 적용하려는 경향이 일반 대중에게까지 파급되는 현상을 크게 우려하게 되었다.

예컨대 수년 전 우리나라에서 유독 큰 반향을 불러일으켰던—필시 많은 일반 독자가 접했을—『정의란 무엇인가』에서 마이클 샌델Michael Sandel 역시 공리주의 일반에 대해 지금까지 제기된 전형적 비판을 벤담의 사상에—전후 맥락에 대한 충분한 설명 없이—적용하고 있다. 물론 샌델의 의도를 함부로 단정할 수 없고, 벤담 전문가가 아닌 그의 한계와 대중서라는 그 책의 기본 성격을 고려한다면, 그가 충분한 설명을 생략한 것이 이해하지 못할 일은 아니다. 그렇더라도 오늘날의 벤담 전문가의 관점에서는 도저히 수긍하기 어려운 일방적인 해석을 일반 독자에게 전파한 것은 나름대로 여기저기 이름을 알린 학자로서 공정하지 못하고 신중하지 못한 처사였다고 생각한다.

내가 관찰했던 바로는, 국내의 윤리이론이나 정치철학 연구는 칸트주의적 의무론이나 계약론적 권리론에 다소—솔직히 말해서 너무 많이—경도되어 있었고, 이와 대립하는 것으로 규정된 공리주의적 윤리이론이나 정치철학은 대체로 그것을 비판하는 논의를 통해서만 간접적이고 단순화된 형태로 전달되고 있었다. 바로 이 지점에서 나는 반드시 양자 사이에 균형이 필요하다고 생각하게 되었다. 한 가지 사고방식이 압도하는 학문사회는 건전한 발전을 기대할 수 없다는 것이 지금 이 글을 저술하게 된 가장 직접적인 동기다.

균형을 발견하는 작업은 단순히 지금까지 열세에 몰려 있던 편을 무작정 옹호하는 작업이 아니다. 말하자면, 공리주의 일반이나 벤담의 사상에 대한 지금까지의 비판적 논의가 모두 틀렸다고 주장하는 게 나의 의도는 아니다. 오히려 이 글은 공리주의 일반이나 벤담의 사상에 대해 지금까지 많은 학자가 느껴왔던 철학적 혹은 정서적 불편함의 근원을 밝히려는 작업이다. 다만 나는 지금까지의 비판적 논의 가운데 일부는 이른바 '허수아비 공격의 오류'를 범하고 있는 것은 아닌지, 그리고 많은 학자가 느껴왔던 철학적·정서적 불편함은 어쩌면 벤담의 사상에 대한 다소 불충분하거나 편견에 사로잡힌 이해에서 비롯된 것은 아닌지를 조심스럽게 살펴보려 한다.

이 한 편의 글로 이미 한쪽으로 급격하게 기울어져버린 관심의 추를 원상 복구할 수 있으리라고 기대하지는 않는다. 그러나 조금이라도 더 나아질 것이라는 미래에 대한 긍정적인 희망이 앞으로 살펴볼 벤담의 고생스러운 인생의 원동력이었음은 분명하다.

2019년 세밑, 연구실에서
강준호

제러미 벤담에게

제러미 벤담의 초상_피커스길(Henry William Pickersgill) 作(1829)

벤담의 여러 얼굴

제러미 벤담과 현대

1. 순탄치 않은 여정

지난 두 세기, 공리주의는 칸트주의 의무론과 더불어 서양 규범윤리학의 양대 산맥으로 인식되기에 이르렀다. 그것은 윤리학사에 잠시 등장했다가 이젠 이름만 남은 무수한 주의들isms 가운데 하나가 아니라, 오늘날에도 무수한 도덕 논쟁의 와중에 하나의 굵은 줄기를 담당하고 있다. 그렇기에 '철학적 공리주의의 아버지'라는 다소 거창한 표현은 마치 벤담에게 무언가 대단한 영예를 돌리는 말처럼 들릴지도 모른다. 그러나 실상은 조금 다르다.

대표작인 『도덕과 입법의 원칙에 대한 서론』[1]을 비롯한 벤담의 몇몇 저서는 서양 근대 고전의 반열에 올랐지만, 국내외를 막론하고 그의 사상적 후계자인 밀의 저서에 비해 그 대중적 인지도는 한참 뒤처진다. 이것은 다분히 일반 혹은 비전문 독자를 전혀 배려하지 않는 삭막하기 짝이 없는 그의 문체 때문일 것이다. 하지만 그보다 더 안타까운 사실은 국내외를 막론하고 학자들의 관심도 차원에서도 그의 저서는 밀의 그것을 따라잡지 못한다는 것이다.

대중적 윤리학 입문서에서든 전문적 학술연구에서든 벤담의 이름이 거론되는 경우는 공리주의 일반을 비판하는 맥락인 경우가 더 흔하다. 그의 이름은 주로 공리주의가 '반자유주의anti-liberalism', '전체주의totalitarian-ism', '국가통제주의statism', '제국주의imperialism' 등과 같이 다분히 부정적 함의를 지닌 용어와 결부되는 맥락에서 거론되곤 한다. 요컨대 그는 공리주의 일반에 쏟아진 온갖 오물을 뒤집어쓰고도 막상 합당한 관심을 받지 못했다. 이러한 실상이 모두 그의 사상의 참모습에 대한 편협한 관찰과 오해에서 비롯된 것이라고 말할 수는 없다. 그러나 적잖은 부분에서 그러하다.

1748년 2월 15일 런던의 유복한 법조계 집안의 아들로 태어나 1832년 6월 6일 런던에서 생을 마감하기까지, 벤담은 무려 6만여 장에 달하는 원고에 둘러싸여 있었다고 전해진다. 자신의 온갖 개혁적 제안을 설파하기 위해 유럽 여러 나라를 돌아다니고 유력 인사와 추종자를 관리하기 위해 다리품을 팔았던 시간을 제외한다면, 그는 거의 편집증 수준으로 글을 썼다. 그는 어딜 가서든 저술 작업에 집중할 만한 조용한 숙소를 먼저 확보하려 했다고 한다.

벤담이 이렇게 작성한 원고의 대부분은 100개가 훨씬 넘는 상자에 담긴 채로 유니버시티칼리지 런던University College London의 도서관에 쌓여 있기도 하고, 최근에는 디지털 이미지로 변환되어 검색도 가능해졌다.[2] 거기에는 일부 정리되어 세상에 나온 저서의 초안, 이러한 초안과 관련된 메모, 유력자 및 주변인과 주고받은 무수한 서한, 그리고 전문가조차 미처 들춰보지 못한 미출판 원고가 포함되어 있다. 사는 동안 그의 손은 한순간도 편히 쉬지 못했을 것만 같다. 어쩌면 그는 역사상 가장 방대한 손글씨를 남긴 인간일지도 모른다.

당시 최연소(12살)로 옥스퍼드대학 퀸스칼리지Queen's College에 입학하여 21살(1769년)에 변호사 자격을 취득했지만, 벤담은 평생 변호사업에는

유년기의 제러미 벤담_프리에(Thomas Frye) 作(1760~1762)

전혀 관심을 가지지 못했다. 일찍이 자신의 천재성을 알아보고 할아버지처럼 대법관Lord Chancellor이 되기를 바랐던 아버지의 열망을 저버린 채, 그는 적은 용돈으로 근근이 청년 시절을 버텨냈다. 그에게 가장 절실했던 것은 경제적 자립이었다. 여느 집안처럼 종종 돈 문제로 아버지와 실랑이를 벌이기도 하고, 그의 인생사에서 단 한 번밖에 일어나지 않은 일이지만, 폴리Polly라는 여성과 결혼하기 위해 아버지에게 돈을 요구하기도 했다. 그러나 아버지는 아들의 금전적 요구뿐만 아니라 그 여성과의 결혼 자체를 단호히 반대했다. 벤담도 이 문제에서만큼은 아버지의 뜻을 거스르지 못하고 그녀와의 결혼을 포기해야 했다.

이미 20대 중반부터 그는 소위 팔릴 만한 책을 써서 돈을 벌어보겠다는 야무진 꿈을 품었던 것으로 보인다.[3] 그 결실 가운데 하나가 당시 옥스퍼드대학에서 영국법을 강의하면서 적잖은 명성을 얻었던 법학자 윌리엄 블랙스톤(William Blackstone, 1723~1780)의 『영국법 논평』[4]에 대한 『비평』이었다. 제대로 결말조차 맺지 못한 이 글은 이후로도 한참 동안 햇빛을 보지 못했다. 이 『비평』의 일부가 그가 익명으로 출판하여 오늘날 벤담 전문가들에게 주목받은 『정부론』(1776)으로 이어졌다.[5] 거의 항상 이런 식이었다. 『비평』처럼 벤담의 청년기 저술은 무엇 하나 제대로 여문 것이 없었다. '미완성 교향곡', 이것이 그의 저술 활동 전반에 흐르는 테마곡이었다.

『정부론』에는 '공리주의' 혹은 '벤담' 하면 누구나 떠올리는 문구, 즉 '최대 다수의 최대 행복(the greatest happiness of the greatest number)'이 처음 등장한다. 이외에도 그의 정치철학 및 법철학과 관련해 가장 주목받는 구절 여럿이 담겨 있다. 그렇지만 이 글은 완전한 구성을 갖춘 저서라기보다는 다소 어설프고 산만한 긴 논문에 가깝다.

대표작인 『서론』도 그의 청년기의 미숙함을 보여주는 표본이라 할 수 있다. 이 책은 1780년에 처음 '인쇄'되었었다. 그러나 정식 출판은 장장 9년의 망설임 후에, 그나마도 장문의 「서문」에서 첫 인쇄본의 근본적 미숙함에 대해 어쭙잖은 변명을 한참이나 늘어놓은 뒤에야 이루어졌다. 그러나 사실 그 미숙함에 대해 그는 그다지 걱정할 필요가 없었다. 다행이랄까, 이 책의 초판(1789년)은 사람들에게 거의 주목받지 못했기 때문이다.

그러하여 팔릴 만한 책을 써서 돈을 벌어보겠다던 청년 벤담의 소망은 이루어지지 못했다. 그는 돈을 벌기 위해서 다른 실천적 기획에 뛰어들었다. 그중 하나가 미셸 푸코Michel Foucault에 의해 더 널리 알려지게 되는 파놉티콘(Panopticon, 원형감옥) 기획이다.[6] 동생 새뮤얼Samuel Bentham과 함께 이 기획을 현실화하기 위해 기울인 장장 20여 년의 세월과—약간의 보수를 받았지만—그것의 최종적 좌절은 그에게 영국의 정치 현실에 대한 엄청난 실망감을 안겼다. 파놉티콘 기획은 수많은 학자에 의해 벤담의 사상을 비판하는 전거로 이용되었지만, 어쨌든 이 기획의 좌절은 말년의 벤담이 자신의 정치적 사유를 극적으로 전환시키는 데 가장 결정적인 계기가 된다.

물론 이 기획을 진행하는 와중에도 벤담은 분야를 가리지 않고 수많은 저술을 쏟아냈다. 그러나 그는 자신의 글을 정리하여 책으로 엮어내는 작업에 서툴렀고—더 정확히 말하자면—무관심했다. 그의 저술 대부분은 말년에 자신의 원고 정리와 편집을 위탁한 존 보우링(John Bowring, 1792~1872)에게 보내졌는데, 그중 일부가 사후에 총 11권의 전집(*The Works of Jeremy Bentham*, 1838~1843)으로 출간된다. 그런데 불운하게도 보우링의 편집자로서의 역량은—오늘날 많은 벤담 전문가의 조롱거리로 전락할 정도로—그다지 훌륭하지 못했다. 그가 출간한 전집은 무수한 철자 오류는 차치하고라도 현기증이 느껴질 정도로 난삽하다. 물론 이 전집은 20세기 후반에 새로운 편집본이 차례로 출간되기 전까지 벤담 연구의 가장 귀중한 자료였다. 그러나 이런 보우링마저 자신의 정치적 경력을 쫓으면서 벤담에게서 받은 엄청난 분량의 미출간 원고를 유니버시티칼리지 런던에 넘겨버렸고(1849년), 결국 원고는 그곳에서 거의 한 세기 동안 잠들어 있게 된다.

2. 『서론』과 벤담에 대한 오해

벤담을 소개하는 국내외의 다양한 형태의 문건에는 '철학자'라는 칭호가 먼저 나오기도 하고 '법학자'라는 칭호가 먼저 나오기도 한다. 이것은 물론 단순히 임의적인 선택일 수도 있지만, 무엇보다 벤담 자신과 그의 대표작이면서 아마도 온전한 형태로 출간된 첫 저서인 『서론』의 정체성을 밝히는 데도 눈여겨봐야 할 현상이다.

판본마다 다르지만 『서론』은 깨알 같은 글씨의 각주를 포함해 본문이 300여 쪽에 이르고, 일반 독자나 비전공자 혹은 철학자라도 법학에 깊은 관심이 없다면, 통독하기가 다소 버거운 책이다. 이 책이 세간의 주목을 받게 된 직접적 계기는 뒤몽É. Dumont이 『서론』의 첫 여섯 장의 골자와 형법에 관한 벤담의 초기 원고들을 엮어 프랑스어로 출판한 『입법론』[7]이 번역되어 유럽, 라틴아메리카, 미국, 영국 등지에서 많은 독자들이 읽게 되면서부터다. 여기서도 아마 대다수 일반 독자는 벤담이 '공리의 원칙'을 간명하게 설명하는 부분에 주목했을 것이다. 이러한 현상은 그를 '최대 다수의 최대 행복'을 최초로 주창한 '공리주의 윤리학자' 정도로 인식되게 만들었을지 모른다. 그런데 이러한 인식은 벤담 자신과 『서론』에 대한 심각한 오해를 불러일으킬 수 있다.

우선 벤담은 최초의 공리주의자가 아니었다. '최대 다수의 최대 행복'

이라는 문구나—여기서 우리가 이해하는 의미로—'공리'라는 용어를 최초로 사용한 사람은 더더욱 아니었다. 쉬니윈드J. B. Schneewind의 관찰에 따르면, 결과를 중시하고 행복의 증대를 겨냥하는 공리주의적 논변은 "18세기 영국의 도덕철학 및 정치철학뿐만 아니라, 신학, 정치경제학, 정치적 토론에 널리 퍼져 있었다."[8] 공리주의는 경험주의적이고 실용주의적인 근대 영국인의 사고방식에 내장된 운영체제 같은 것이었다. 예컨대 『서론』보다 4년 먼저 출판된 윌리엄 페일리(William Paley, 1743~1805) 신부의 『도덕철학과 정치철학의 원칙』[9]은 벤담의 이론에 필적할 만한 성숙한 공리주의 이론을 포함하고 있다. 그리고 그 정도에 대해 이견이 분분하지만, 벤담의 공리 개념은 분명 데이비드 흄(David Hume, 1711~1776)의 그것을 부분적으로 계승하고 있다.

이러한 사상사적 사실관계, 다시 말해서 쉬니윈드의 관찰이 타당한지를 검토하기 위해, 나는 제1장에서 하나의 정형화된 윤리이론이 아니라 사상적 전통tradition으로서의 공리주의를 조명할 것이다. 이러한 조명에서 이 전통과 관련된 인물로 거론되는 벤담 이전의 주요 영국 사상가 몇 사람의 핵심 주장을 살펴볼 것이다. 그리고 이러한 조명의 결과로서, 이 전통에서 벤담이 차지하는 독창적 입지를 밝혀볼 것이다. 특히 그의 독창적 입지와 관련된 설명에서는 '공리' 개념을 둘러싼 벤담과 흄의 관계를 간략히 살펴볼 것이다. 제1장의 작업은 한편으로 공리주의를 우리가 생각해왔던 것보다 더 넓게 이해해야 할 필요성을 제기하고, 다른 한편으로 벤담으로부터 비롯된 도덕적 사유의 역사적 변화를 확인하는 계기를 제공할 것이다.

『서론』은 그 제목이 주는 인상과 달리 윤리학적 개념이나 이론에 대한 논의를 거의 포함하지 않는다. 이 저서에서 벤담이 공리주의 이외의 윤리이론에 대해 언급하는 부분은 제2장의 한 각주에서 서너 쪽에 걸쳐서 당시에 유행했던 몇몇 윤리이론을 간략히 나열하고 극히 직설적인 반론을 제시한 것이 전부라고 말할 수 있다. 이외에 그가 '윤리'라는 낱말을 언급하는 부분은 제17장 1절에서 사적 윤리private ethics의 영역과 입법의 영역을 구별하기 위한 논의가 유일하다. 다른 저서에서도 윤리학적 개념이나 이론에 대한 논의를 발견하는 것은 지극히 어렵다. 따라서 『서론』이 전체적으로 도덕철학 혹은 윤리학과 관련된 작품이라는 인상은 어쩌면 잘못된 것이다.

기실 『서론』은 대체로 형벌punishment에 관한 책이라고 말할 수 있다. 그것은 옳음의 기준으로서 공리의 원칙, 다양한 종류의 쾌락과 고통, 인간 본성에 관한 기초적 사실, 그리고 인간 행동의 배후에서 작동하는 심리적 작용에 대한 분석과 해설을 제공한다. 그런데 이러한 분석과 해설은 영국 경험주의 철학자의 단골 메뉴에 해당하지만, 벤담에게 그것들은 그가 '입법 과학legislative science'이라고 일컬은 바의 불가결한 서막일 뿐이다. 「서문」의 첫 문단에서 고백하듯이, 이 저서와 관련된 그의 본래 의도는 "한 형법전의 초안에 대한 서론"을 제공하는 것에 불과했다.

「서문」의 핵심은 벤담이 법학jurisprudence의 전체 체계에 대한 자신의 원대한 저술 계획을 밝히는 부분인 듯하다. 또한 『서론』의 기능 혹은 목적이 이러한 저술 계획에 공통으로 적용되는 토대를 제시하는 것에 있다는 점도 명시하고 있다. 물론 그가 이러한 토대로서 제시하는 바는 인간의 본성과 옳음의 기준 등에 대한 다분히 철학적 성격의 토대이고, 그것은 명백히 윤리학적 함축을 지닌다. 그러나 이 저서에서 '도덕'이나 '윤리'라는 말뿐만 아니라 우리에게 익숙한 다른 여러 윤리학적 개념을 발견하기는 힘들다는 것도 명백한 사실이다.

이러한 지적은 결코 『서론』의 철학사적 의의를 축소하거나 벤담의 철학자로서의 면모보다 법학자로서의 면모를 강조하기 위한 것은 아니다.

그는 분명 철학자였다. 형벌에 관한 그의 논의는 자신의 고유한 철학적 방법론을 통해 전개된다. 그리고 영국 경험주의 선구자가 쌓아온 전통에 서처럼, 인간 행동에 대한 그의 심리학적 분석은 법학뿐만 아니라 윤리학에서도 중대한 의의를 지닌다. 다만 『서론』의 처음 몇 장에서 받은 인상을 『서론』 전체와 벤담 자신에게 투사하는 것은 심각한 오해를 불러일으킬 수 있다는 점을 지적하는 것이다.

『서론』이 벤담의 공리주의 이론의 핵심을 간추리고 있다는 점에는 이론의 여지가 없다. 그러나 여기서 설명된 공리의 원칙이 그의 공리주의 이론의 완결판은 아니라는 점을 유념해야 한다. 제1장부터 제5장까지 그는 공리의 원칙, 그것과 대립하는 원칙, 쾌락과 고통의 분류와 측정에 대해 논한다. 그런데 이러한 논의에서, 아니 『서론』 전체에서, 전혀 찾아볼 수 없는 것은 행복 혹은 공리의 분배와 관련된 논의다. 흔히 20세기 비판자들은 이러한 사실을 그를 조잡한 행위-공리주의자act-utilitarian로 간주할 만한 근거로 제시했다. 그런데 이러한 논의를 포함한다는 것은 앞서 설명한 『서론』의 본래 기획 의도에 비추어보면, 오히려 이해하기 어려운 일이다.

최근의 벤담 전문가가 주목하는 것처럼, 벤담은 주로 민법 및 경제학 관련 저술에서 행복 혹은 공리의 분배에 대해 충분한 관심과 논의를 보여준다. 따라서 그의 공리주의 이론을 더 공정하고 완전하게 평가하려면, 독자는 『서론』을 넘어서 다양한 문제 영역에 대한 그의 저술을 두루 살펴볼 필요가 있다. 이러한 취지에서 나는 이 글의 제6장에서 행복 혹은 공리의 분배와 관련된 벤담의 기본적 입장을 논하면서, 그의 공리주의와 '정의'나 '평등'과 같은 추상적 가치 혹은 이념의 관계를 살펴볼 것이다.

전형적 비판에서, 흔히 공리주의는 재화와 권리의 분배 정의나 평등과는 어울릴 수 없는 혹은 포용할 수 없는 이론이라고 이야기된다. 말하자면 그것은 정의나 평등의 가치를 전연 도외시하는 이론이거나, 혹은 인정하더라도 정의나 평등을 본질적 가치로서가 아니라 도구적 가치로서만 인정한다고 이야기된다. 20세기 후반에 들어서 정의 문제는 공리주의 일반에 대한 여러 핵심 비판들 가운데서 가장 강력한 힘을 발휘했다. 이 점에 유념하여, 나는 벤담이 '평등' 개념을 사용하는 특정한 맥락을 밝히고, 이러한 개념이 오늘날의 분배적 정의와 평등에 관한 지배적 이념과 비교하여 어떻게 평가될 수 있는지를 살펴볼 것이다.

3. 계몽주의와 경험주의의 후예

벤담은 다음과 같이 선언한다. 인간은 쾌락과 고통의 노예다. 인간의 모든 말과 생각과 행동은 (그들이 얻으려는) 쾌락과 (그들이 피하려는) 고통의 소산일 뿐이다. 이러한 선언이 그 이후 공리주의자로 자처했던 많은 철학자에게 온갖 수모와 갈등을 안겨준 원죄가 되리라는 것을 그는 짐작조차 못했을 것이다. 어쨌거나 그는 자신의 선언에 이의를 제기하는, 즉 쾌락과 고통의 노예임을 시인하지 않고 공리의 원칙에 의문을 제기하는 학설을 "분별이 아니라 소음을, 이성이 아니라 변덕을, 빛이 아니라 어둠을" 좇는 학설이라고 규정한다. 바꿔 말하면, 공리의 원칙이야말로 분별이요 이성이요 빛이고, 이 원칙을 설파하는 것이 바로 계몽enlightenment이다. 벤담을 비롯한 고전 공리주의자와 그의 추종자는 다름 아닌 계몽주의의 후예다.

당시 계몽주의자처럼, 한편으로 벤담이 전하려 한 빛은 분명 종교의 암굴暗窟에서 기어 나와 인간이 스스로 발견해야 하는 빛이다. 인간이 자신의 적나라한 본성에 대한 거짓 없는 성찰을 통해 깨닫게 되는 세속의 빛이다. 벤담은 공리의 원칙에 반하는 원칙 가운데 특히 종교적 금욕주의 asceticism 원칙을 공략한다. 한 지점에서 그는 금욕주의 원칙에 대한 집착이 시대에 드리웠던 짙고 거대한 어둠과 "비참함", "인간을 인간으로서가 아니라 이교도와 무신론자로서 고문을" 가했던 수많은 "성전聖戰과 종교박해"를 지적한다. 이러한 지적은 육체적 고행을 통해 영혼의 정화를 추구했던 성인聖人의 전설이 아니라 실정법과 각종 제도와 정부 정책을 통해 파렴치한 불로 소득자와 무능력하고 부패한 관료에게 약탈당하는 국민을 구원하려는 현실적 인간애의 추구를 암시한다.

벤담이 추구한 계몽은 자유, 평등, 정의, 민주주의 등의 이념에 대한 사변적 논구보다는 자기 시대의 국민이 겪는 구체적 고통과 이러한 고통을 일으키는 악의 제거라는 지극히 현실적 목표의 실현에 있었다. 위와 같은 이념에 대한 태도와 논의방식이 여타 계몽주의 후예와 다르다는 이유만으로, 그를 계몽주의자의 대열에서 배제하려는 학자도 있을 수 있다. 그러나 나는 이러한 차이가 단지 방점과 접근방식의 차이일 수도 있다고 보면서, 이러한 관점에서 제3장과 제4장에서 각각 그의 정치이론과 경제이론을, 그리고 제7장에서는 그의 평화이론을 고찰할 것이다.

당시의 여타 계몽주의자처럼 벤담은 언론과 표현의 자유, 결사의 자유, 보통선거제, 입헌주의 등의 요소를 포함하는 나름의 민주주의적 정치이론을 전개한다. 제3장에서 나는 이러한 정치이론이 그의 공리주의로부터 어떻게 도출될 수 있으며, 그것이 진정 민주주의의 기본 정신을 충족하는가에 대한 대답을 추적할 것이다. 제4장에서는 그의 경제이론과 대표적인 고전 경제학자들의 이론 사이의 유사성과 차이점을 고찰함으로써, 그가 자신의 경제이론에서 지향한 평등과 당시 여타 계몽주의의 후예가 지향한 평등 사이의 관계를 밝힐 것이다. 여기에 덧붙여서 제7장에서는 그가 어떻게 인류공영이라는 거시적인 공리주의적 목적과 반식민주의 및 평화의 지향을 연결하는가 하는 문제를 다룰 것이다. 희망컨대 이 세 장의 논의는 그의 정치·경제·국제관계 이론은 결국 인류에게 가장 거대한 고통을 낳는 근원의 제거라는 공리주의적 목적의 실현을 지향하고 있다는 사실을 밝혀줄 것이다.

모든 문제영역에 대한 벤담의 접근방식에서 공통으로 작용하는 원리는 다름 아닌 공리의 원칙principle of utility이다. 그에게는 이 원칙의 일관성 있는 추구가—개인으로든 전체로든—인류에게 유익하리라는 것은 자명한 명제였다. 다만 어떤 쾌락이 인류에게 유익할지, 혹은 행복을 가져올지는 전혀 자명하거나 단순한 문제가 아니었다. 공리의 원칙에 대한 해설에서뿐만 아니라 쾌락과 고통의 분류에서도 드러나듯이, 그는 진정한 영국 경험주의의 계승자였다. 흄처럼 그에게도, 무엇이 쾌락과 고통을 낳는가에 대한 최종적 판단근거는 각 개인의 경험에 달려 있었다. 어떤 행동이 쾌락을 낳는가의 문제는 이러한 유형의 행동이 쾌락을 산출하는 경향에 대한 일반화된 경험을 통해 판단될 수도 있지만, 한 개인의 이렇게 일반화될 수 없는 주관적 경험과 쾌락의 관계는 결코 무시될 수 없는 문제다. 그래서 우리의 쾌락과 고통에 대한 경험은 단순할 수도 있지만, 불가해할 정도로 복잡할 수도 있다. 모든 고통과 쾌락이 갈증과 배고픔으로부터 느끼는 통증과 그 해소로부터 느끼는 만족감처럼 단순하지는 않다. 그는 고통과 쾌락이 뒤얽히는 상황에 대해서도 충분히 인지하고 있다.

비록 완전히 틀린 것은 아니나, '쾌락과 고통의 회피 = 행복'이라는 단순한 도식적 이해는 쾌락과 고통의 종류에 대한 벤담의 분석이 지닌 복잡함과 심오함을 왜곡하는 경향이 있다. 쾌락과 고통에 대한 그의 분석은 당시로는 견줄만한 상대를 찾을 수 없을 정도로 정밀하고 복잡한 것이었다. 공리주의의 궁극적 목적이 '최대 다수의 최대 행복'이라고 말할 때, 그리고 그의 공리주의를 '쾌락주의적 공리주의'라고 규정할 때, 흔히 사람들이 미처 인식하지 못하는 것은 바로 다음과 같은 점이다. 그에게 한 개인을 행복한 사람이라고, 혹은 한 개인의 삶을 행복한 삶이라고 말하는 것은 결코 단순한 문제가 아니었다. 그리고 국가는 국민이 자신의 삶을 행복하게 만들어갈 기초적인 제도적·물리적 여건을 제공할 수 있을 뿐이지 국민 한 사람 한 사람의 행복을 책임질 수는 없다.

행복은 몇 가지 단순명료한 요건들의 충족으로 규정될 수 없었다. 벤담은 오히려 이렇게 단순명료한 요건들의 집합을 제시하려고 시도하는 사람을 '독단주의자ipsedixitist'라고 비판한다. 오늘날 세계 여러 연구집단들은 서로 다른 지표에 근거한 경험적 연구결과를 바탕으로 각국 국민의 행복순위를 발표하곤 한다. 특정 국가, 이를테면 우리나라만 해도 그 순위는 발표 기관이나 자료마다 제각각이다. 즉, 채택된 지표의 다양함만큼 행복 개념도 다양하다고 말할 수 있다. 하지만 이러한 다양성만큼 그들이 채택한 행복의 지표나 척도, 그리고 그에 기초한 행복순위의 가치와 신뢰도는 의문스러워질 수밖에 없다. 제8장에서 나는 벤담의 행복 및 웰빙 개념과 현대의 행복 연구자의 생각을 비교하면서, 그가 오늘날의 행복 연구에 제공할 수 있는 조언을 살펴볼 것이다.

4. 교화와 자유

벤담은 어린 나이에 법대에 진학하여 웨스트민스터 홀에서[10] 열리던 실제 재판과정을 참관하면서 법률개혁에 대한 순수한 열정을 키워갔다. 그는 평생 자신이 바라던 사회개혁을 실현할 수 있는 가장 결정적 수단이 법률개혁이라는 믿음을 버리지 않았다. 그의 초창기 저술 중 대다수는 형법 및 민법의 토대가 될 만한 원칙과 관련되어 있다. 앞서 말한 것처럼 『서론』도 기본적으로는 형벌, 즉 형법에 관한 책이다. 형벌 자체와 그 대상인 위법행위의 분류에 관한 논의가 책의 절반을 차지한다.

형벌에 관한 논의에서 벤담이 주목한 가장 중요한 문제 중 하나는 범죄와 형벌 사이의 합리적—즉, 공리의 원칙에 입각한—비례proportionality다. 합리적 비례의 발견에서 중요한 요소는 범죄가 가져올 해악을 정밀하게 사정査定하는 일이다. 지금도 그렇지만, 이러한 사정은 결코 쉬운 문제가 아니다. 만약 법률에 어떤 특정한 유형의 범죄에 대해, 예컨대 '1,000만 원 이하의 벌금이나 2년 이하의 징역에 처한다'고 규정되어 있다면, 벌금형을 내릴지 실형을 내릴지를 결정하는 것이나 벌금의 액수나 실형 기간을 결정하는 것은 대체로 판사의 판단에 달려 있다. 이때 적합한 형벌에 대한 판사의 판단은 그 범죄에 의한 직접적 해악뿐만 아니라 간접적 해악을 포괄적으로 고려해야 할 것이다. 그리고 판사는 동일한 형벌이 서로 다른 사람들에게 서로 다른 영향을 미칠 수 있다는 점도 유념해야 한다. 예컨대 일정 액수의 벌금이 부유한 사람에게는 아무것도 아니겠지만, 가난한 사람에게는 감당하기 힘든 부담일 수도 있다. 그래서 벤담은 나이, 성별, 지위, 부富 같은 요소를 형벌의 고통에 대한 감수성sensibility에 영향을 미치는 상황으로 설정하고, 입법자는 마땅히 이러한 상황을 고려해야 한다고 말한다.

무엇보다 중요한 것은 범죄자가 위법행위를 통해 이익을 얻지 못하도록 하는 것이다. 예컨대 어떤 도둑이 100만 원을 훔치고도 50만 원을 훔친 도둑과 같은 형벌을 받는다면, 그는 50만 원의 절도에 대해서는 형벌을 받지 않은—이득이 되는—셈이다. 이러한 구조를 오늘날 우리 사회에서 실제로 발생하곤 하는 사례에서 찾아보자. 예컨대 고작 수십만 원을 훔친 생계형 범죄와 수익 혹은 수십억 원을 횡령한 기업형 범죄에 대해 별반 차이가 없는 형벌이 내려지는 것도 당연히 부당한 판결로서 이에 속한다.

아울러 벤담은 벌금형보다는 실형을 선호한 것으로 보인다. 그는 실형이 다른 형태의 형벌보다 훨씬 더 정밀한 형벌을 가하는 데 유용하다고 생각했다. 그리고 이러한 생각은 1780년대 초반부터 그가 20여 년을 매달렸던 파놉티콘 기획과도 무관하지 않다.

형벌에 관한 벤담의 논의에서 또 다른 중요한 지점은 과연 모든 위법행위가 반드시 형벌을 받아야 하는가이다. 모든 형벌은 그 자체로 악이고, 반드시 형벌을 가할 필요가 없는 상황도 있을 수 있는 법이다. 그는 이러한 상황을 네 종류로 구분한다. 형벌이 (1) 근거가 없는 경우, (2) 효력이 없는 경우, (3) 무익한 경우, (4) 불필요한 경우 등이다. 마지막의 경우, 즉 형벌이 불필요한 경우에 대한 논의에서 벤담은 어떤 범죄는 다른 수단들에 의해, 예컨대 교육을 통해 더 효과적으로 예방될 수 있다고 믿는다. 이것은 응보주의로부터 교화주의로의 진전을 시사한다. 그는 단순히 죄지은 자에게 그가 범한 죄에 상응하는 고통을 안겨야 한다는 식의 응보주의를 원리적으로 거부한다. 이 점은 형벌에 관한 응보주의와 공리주의의 기본적 입장 차를 여실히 드러낸다. 법의 목적은 악 혹은 고통을 제거하는 것이지, 그것을 배가시키는 것이 아니다.

흔히 공리주의에 대한 치명적 비판으로서 제기되는 논증 가운데 하나는 그것이 어떤 목적의 실현을 위해 무고한 자의 처벌을 용인할 가능성이 있다는 논증이다. 그러나 이러한 논증은 범죄와 형벌 사이에 합리적 비례가 있어야 하고, 범죄 없이는 형벌도 없어야 한다는 신념을 가진 법학자 벤담에게는 결코 적용될 수 있는 비판이 아니다. 사실 무고한 자의 처벌은 벤담이 아니라 그 어떤 공리주의자에 의해서도 정당화될 가능성이 희

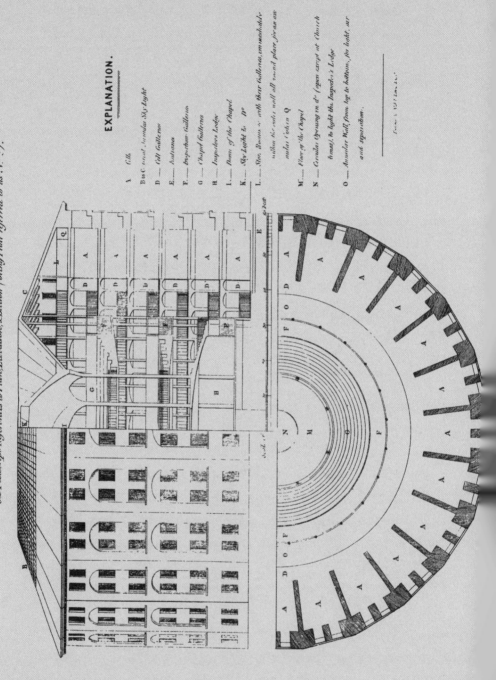

A General Idea of a **PENITENTIARY PANOPTICON** *in an Improved, but as yet, (Jan. 23.ᵈ 1791.) Unfinished State.*
See Postscript References to Plan, Elevation, & Section (being Plate referred to as. Nᵒ. 2).

EXPLANATION.

A *Cells.*
B to C *circul. Annular Sky-light*
D *Cell Galleries*
E *Entrances*
F *Inspection Galleries*
G *Chapel Galleries*
H *Inspectors Lodge*
I *Dome of the Chapel*
K *Sky-Light to Dᵒ*
L *Store Rooms &c: with their Galleries, on each side within the intire well till some place for an outlet within Q*
M *Floor of the Chapel*
N *Circular Opening in dᵒ (open except at Church times), to light the Inspector's Lodge*
O *Annular Well from top to bottom, for light, air and separation.*

벤담이 기획한 파놉티콘 형무소의 기본 구도

박하다. 공리주의를 비인간적 윤리이론으로 낙인찍은—여러 윤리학 입문서에서도 등장하는—이러한 비판은 벤담에게는 대꾸할 가치도 없는 비판인 셈이다. 그는 무섭도록 가혹하고 끔찍한 형벌을 범죄예방을 위한 유일한 방편으로 여기던 전근대적 방식의 응징에서 탈피하여 현대적 방식의 교화를 주창한다. 이러한 변화의 주창은 오늘날 체형이나 사형제의 폐지와 관련해서도 중대한 의의를 지닌다.

이렇게 벤담의 형법 개혁의 제안에서 드러난 교화주의의 진보적 양상을 긍정적으로 평가하더라도, 파놉티콘 기획이나 빈민법Poor Law 개혁안 등에서 드러난 그의 '교화' 개념의 실체는 공리주의의 반자유주의적이고 반인권적인 본질을 투영하고 있다는 비판이 제기되었다. 이러한 비판은 그의 '자유' 개념에 대한 논쟁과 그 개념에 접근하는 공정한 관점에 대한 논쟁으로 이어진다. 제2장에서 나는 그의 자유 개념을 둘러싸고 대립하는 해석들을 문헌적 전거를 통해 비교할 것이다. 이러한 비교에서 근대 계몽주의의 핵심 가치인 자유를 그는 어떻게 이해했으며, 그의 자유 개념을 당시의 관점에서든 오늘날의 관점에서든 어떻게 평가할 수 있는지를 살펴볼 것이다. 이러한 고찰로써 자유를 바라보는 그의 고유한 개념들에 대해 올바른 이해와 접근방식을 간접적으로 제시할 것이다.

5. 접근방식과 관점

벤담은 당대에 비교적 장수한 편에 속했고, 저술 활동도 일찍 시작한 편이었기 때문에, 그 분량도 분량이거니와 저술에 할애된 시간이 거의 60년에 이른다. 이러한 사상가에게 초기 저술과 후기 저술 간의 엄밀한 수미

상응首尾相應을 기대하는 것은 다분히 억지스러운 일이다. 그런데도 양자 사이에서 어떤 일관성을 발견하려는 시도들이 있었고, 반대로 그 단절을 주장하는 견해들도 있었다. 이러한 의견대립 속에서 어느 쪽이 옳은가를 정밀하게 따지는 일은 벤담 전문가에게는 중차대한 문제일지 모르나, 이 글을 읽을 더 많은 독자들에게는 그리 큰 문제가 아닐 것이다. 그래서 나는 꼭 필요한 경우를 제외하고는 이 문제에 대해 세밀하게 논하지 않을 것이다.

보다 중요한 문제는 평가의 관점 혹은 기준이다. 공리주의 일반과 다방면에 걸친 벤담 자신의 언명은 지난 세기에 차고 넘칠 만큼 비판을 받아야 했다. 여기서 중요한 물음이라면, 그 비판은 어떤 관점 혹은 기준에서 제기된 것인가이다. 그의 사상이 당시로는 아무리 진보적이고 급진적이었다고 해도, 그는 어쨌든 200년 전의 영국인이다. 유럽 대다수 국가는 왕정체제에서 벗어나지 못한 상태였고, 현실 사회에서는 신분제도 및 종교의 영향력도 여전했다. 경험주의자이자 현실주의자인 그에게 이러한 시대적·지리적 배경은 그의 사상 형성에 결정적 요인이었다. 그에게 '자유'나 '민주주의', 그리고 '평등'이나 '정의'는 밤하늘에 빛나는 북극성이나 금성, 말하자면 인간이 지구상에 존재하기 전부터 늘 그 자리에 있었던—기독교와 봉건질서의 먹구름에 가려서 제대로 드러나지 못했던—영구불변의 무언가가 아니었다. 그것들은 항상 인간의 구체적 현실과 그 현실 안에서 인간의 행복을 추구하려는 실천적 노력과 조응하는 이념들이었다.

오늘날의 지배적인 사고방식을 기준으로 삼을 때, 물론 그 이념들에 대한 벤담의 입장은 근본적으로 잘못된 것으로 보일 수 있다. 그러나 이에 대한 평가는 당시엔 그 이념들을 실현할 만한 현실적 토대를 갖춘 사회나 국가가 거의 없었다고 해도 무방하다는 사실을 참작해야 공정하다. 계몽주의자와 프랑스혁명 주도세력이 무어라고 외쳤든, 그들 중 누구도 벤담만큼 그 이념들이 현실에서 구체적으로 어떻게 실현되어야 하는지 설명하려고 시도한 사람은 찾아보기 어렵다. 물론 그가 설명한 실현 방식이나 모습이 오늘날 기준에서 터무니없이 미흡하게 보일지라도, 당시 사상가들에게서 그보다 더 흡족한 것을 발견하기도 쉽지 않다.

이것이 내가 이 글 전체 맥락에서 취할 대략의 관점과 자세다. 벤담의 사상 전반에 대한 비판적 논의가 지나치게 압도적이어서 이에 대한 균형을 맞추어보겠다는 의도에서 출발해, 나는 각 장의 주제와 관련된 그의 사상에 호의적 해석의 가능성을 타진할 것이다. 그렇더라도 특정 해석을 무작정 변호하기보다는 각 주제와 연관된 대립적 해석들을 개략적으로 살펴본 뒤, 호의적 해석의 장점을 해명하는 방식으로 진행할 것이다. 물론 그 장점이 지금까지 제기된 비판적 해석의 타당성을, 말하자면 벤담의 사상 전반에 대한 불편한 시각을 완전히 무효로 돌릴 수는 없을 것이다.

내가 취할 접근방식의 또 하나의 특징은 다방면에 걸친 벤담의 관심사 가운데서 현대 사회에서도 여전히 쟁점이 되는 주제들에 초점을 맞춘다는 점이다. 이러한 취지에서 나는 자유, 민주주의, 법과 도덕의 관계, 평등과 분배적 정의, 평화, 웰빙 등의 주제를 다룰 것이다.

저술의 양만큼 관심사도 워낙 다양했기에, 비록 여기서는 미처 다루지 못하지만, 그의 사상에 대한 더 심도 깊은 이해를 위해 반드시 살펴보아야 할 다른 논의영역도 적지 않다. 예컨대 많은 벤담 전문가가 인정하듯이, 그는 당대의 일급 언어철학자였다. 그러나 오늘날 벤담 전문가 가운데 그의 언어철학에 뛰어든 사람은 손에 꼽을 정도이며, 논의 수준 또한 아직은 지나치게 전문적이다. 그리하여 이 저서의 구성에서는 제외하기로 했다. 덧붙여 이 책 일부에서 그의 법철학의 근본 명제와 이를 둘러싼 철학적 논쟁을 다루고 있지만, 법학자 일부만이 관심 가질 세세한 문제에 대해서는 그 조명의 수위를 조절하였음을 밝혀둔다. 왜냐하면 이 책의 일차적인 기획 의도는 앞서 나열한 모든 주제들과 관련하여 벤담이 자신의 공리주의 사상을 어떻게 관철시켰는지 살펴보는 것이기 때문이다.

사람들은 때론 사진 한 장만으로 그 사람의 실제 모습을 머릿속에 그리기도 한다. 물론 그들은 사진 속 모습이나 머릿속에 그려둔 모습이 그 사람의 실제 모습과 다를 수도 있음을 희미하게나마 의식한다. 하지만 이때 사진이 실제 모습을 왜곡한 것인지, 아니면 그들이 스스로 그 사진을 왜곡해서 바라보는 것인지는 분명하지도, 어쩌면 중요하지도 않다. 내가 이런 비유를 드는 까닭은 바로 여기에 한 사상가를 해설하는 저서의 한계나 난관이 놓여 있다고 여기기 때문이다.

이 책은 한 장의 사진과 같다. 그것은 한 사상가에게서─아름답든 추하든─자신이 보고 싶은 모습만 취해 담아놓은 것일 수 있다. 그래서 나는 이 책이 누군가에게는 벤담의 사상을 과도하게 호의적으로 그린 것으로 보일 수 있다고도 짐작한다. 하지만 나는 이 책에서 애초부터 그 어떤 교묘한 방식으로든 한 사상가의 사유를 왜곡된 모습으로 전달하려 의도하진 않았음을 또한 밝혀둔다.

제 1 장

공리주의 전통과 벤담의 독창성

제러미 벤담과 현대

1. 공리주의의 창시자

공리주의를 둘러싼 통념들 가운데 적잖은 학자와 대중에게 익숙하면서도 그 근원을 되짚어볼 만한 것은 벤담을 '공리주의의 창시자'로 간주하는 통념이다. 그는 '공리주의'라는 용어를 만든 사람도 아니고, 엄밀히 말해서 윤리이론으로서 공리주의를 최초로 설명한 사람도 아니다.[1] 어떤 학파나 종파의 창시자가 단 한 사람일 이유는 없고, 그것을 지칭하는 용어를 만든 사람일 필요도 없다. 그렇더라도 '창시자'라고 불리려면 그는 적어도 그 학파나 종파의 본질을 규정하는 핵심적 관념이나 명제를 최초로 제시하거나 설명한 사람이어야 하지 않을까? 벤담은 과연 이러한 사람에 해당하는가?

많은 개론서에서 그렇게 하듯이, 현대 도덕철학에서 널리 논의되는 대표적 규범윤리학 이론으로서 공리주의에 대한 설명은 흔히 벤담의 이름을 언급하는 것에서 시작된다.[2] 그가 공리주의에 대해 체계적이고 포괄적인 이론을 제공한 최초의 인물이라는 평가에는 거의 논란의 여지가 없는 것으로 보인다.[3] 그런데 이러한 관행과 평가에도 불구하고, 과거에도 현재에도 명시적으로 그를 공리주의의 창시자로 지목하는 학자는 의외로 쉽게 발견되지 않는다. 정확히 말해서, 많은 학자는 그를 '**고전**classical

공리주의의 창시자'라고 칭한다. 그가 아니라면, 대체 누가 공리주의의 창시자라고 불릴만한가?

19세기 영국 윤리학의 기념비적 성취로 인정받아온 『윤리학의 방법』에서, 헨리 시지윅(Henry Sidgwick, 1838~1900)은 "영국 공리주의의 창시자"가 리처드 컴벌랜드(Richard Cumberland, 1631~1718)라는 견해를 제시한다.4 일반 독자나 일부 학자에게 컴벌랜드는 다소 생소한 인물일 수도 있다. 그러나 아쉽게도 시지윅은 자신의 이러한 견해에 대해 아무런 결정적 논거도 제시하지 않는다. 게다가 500여 쪽에 달하는 그의 저서에서 컴벌랜드의 이름이 언급되는 것은 공리주의를 논하는 맥락이 아니라, 주로는 토머스 홉스(Thomas Hobbes, 1588~1679)와 관련된 맥락에서다. 반면, 공리주의와 직접 관련된 맥락에서 그가 벤담의 이름을 거론한 횟수는 헤아리기 어려울 정도로 많다. 더 나아가 공리주의를 자신이 주창하는 '보편주의적 쾌락주의universalistic hedonism'로 규정하는 과정에서도, 그는 자신이 이해하는 벤담 학설의 핵심적 명제를 대대적으로 반영한다. 그런데도 그는 벤담을 공리주의의 창시자라고 부르지는 않는다. 왜일까?

컴벌랜드를 공리주의의 창시자로 삼는 시지윅의 이러한 태도를 이해해볼 수 있는 배경에는, 그가 제한된 수의 본질적 요소나 명제로 규정 가능한 정형화된 이론으로서의 공리주의가 아니라, 오랜 세월 여러 사상가들의 비판적 상호작용을 통해 발전해온 공리주의적 '전통'에 주목하고 있다는 그럴듯한 방향성이 존재한다. 말하자면 컴벌랜드는 17세기부터 그 전조를 보인 영국 사상사의 한 유력한 흐름에 의미심장한 실마리를 제공한 인물이라고 이해하는 것이다.5 물론 이러한 관찰의 방향성이 완전히 만족스럽지는 않다. 왜냐하면 '공리주의적'이라는 형용사의 의미나 적용 기준을 명확히 규정하지 않을 경우, 어떤 인물이 그 전통에 속하는지 혹

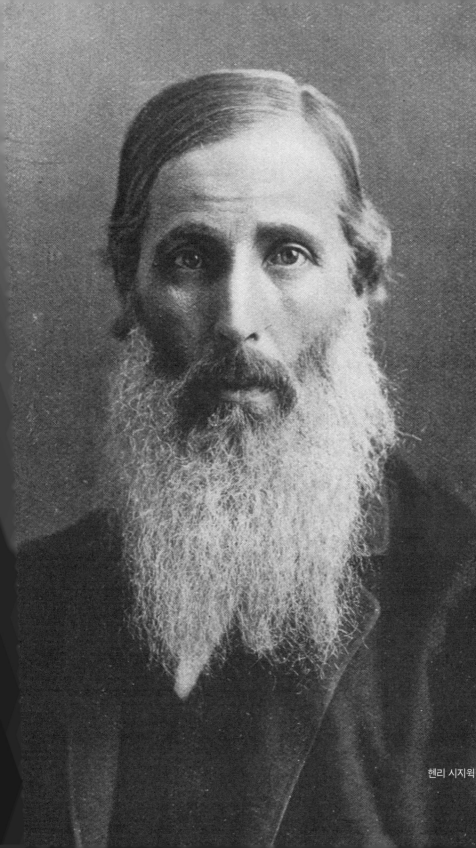

헨리 시지윅

은 속하지 않는지, 또 누구를 그 전통의 창시자나 선구자로 추존할 것인지 결정하는 일은 너무 막연하기 때문이다.

17~19세기 영국의 주요 사상가들 가운데 여러 학자에 의해 공리주의의 창시자 내지는 선구자로 지목된 사상가는 컴벌랜드와 벤담을 제외하고도 한둘이 아니다. 이러한 사상가의 목록에는 예컨대 샤프츠베리(Anthony Ashley Cooper, the 3rd Earl of Shaftesbury, 1671~1713), 프란시스 허치슨(Francis Hutcheson, 1694~1746), 데이비드 흄(David Hume, 1711~1776), 윌리엄 페일리(William Paley, 1743~1805) 등이 자주 등장한다. 오늘날 일반적이지는 않지만, 18~19세기에는 존 로크(John Locke, 1632~1704)도 이 목록에 포함된다는 견해가 제법 유행했던 모양이다.[6] 여기서 거론된 인물을 엄밀한 의미에서의 '공리주의자'라고 부를 수 있을지를 놓고 지난 백여 년 동안 서로 다른 해석들이 있었다. 필시 이러한 해석상의 충돌은 부분적으로 '공리주의적'이라는 말의 의미나 적용기준을 명확히 규정하지 못한 데서 기인하는 것처럼 보인다.

그러나 이러한 해석상의 충돌은 철학사 연구에서 늘 있어왔던 일이다. 오히려 그것은 건전한 현상이며, 특정 시대의 사상가들을 더 깊이 이해하고 그들이 서로에게나 후대에 미친 영향을 공정하게 평가하려는 노력을 고무시킨다. '공리주의적'의 의미나 적용기준에 대한 견해가 달라서 어떤 사상가를 그 전통에 포함시킬지 말지에 대한 견해조차 달라지더라도, 벤담 이전의 주요 사상가들의 생각이 그의 핵심 명제와 얼마만큼 유사하거나 다른지, 직간접적으로 그 명제의 형성에 어떤 혹은 얼마만큼의 영향을 미쳤는지를 가늠하는 일이 불가능하지는 않다. 따라서 '공리주의적'의 의미나 적용기준을 고정하는 작업에 지나치게 매달릴 이유는 없다고 본다.

특정 인물들을 특정 명칭의 전통으로 엮으려는 시도는 철학사 연구에서 중요하고도 자연스러운 일부이자 나름의 학술적 가치를 지닌다. 그러나 이러한 시도는 필시 그들 자신은 상상도 못했을 후대에 벌어진 사건이며, 그 자체로 사상의 참모습과 가치를 왜곡할 위험을 내포하기도 한다. 지난 두 세기 동안 공리주의에 퍼부어진 무자비한 비난을 돌아본다면, 상상컨대 컴벌랜드는 '공리주의의 창시자'라는 영예를 거부했을지도 모를 일이다. 또 누구의 사상에 대해서든 일면적 관찰과 식견이 이른바 '정설'로 인식되어 상당히 오랜 기간 영향력을 행사하는 사례도 없지 않다. 그렇다면 소위 공리주의적 전통에 소속된다고 여겨지는 사상가들에게 다가가는 보다 안전한 방법은 어쩌면 '공리주의적'의 의미나 적용기준에 대한 정형화된 이론이나 견해를 상정하지 않는 것일 수도 있다.

이 장의 목적은 이러한 방법, 즉 '공리주의적'의 의미나 적용기준에 대해 정형화된 이론이나 견해를 특별히 상정하지 않는 방법에 기초하여, (1) 벤담 이전의 주요 사상가의 중심적 생각을 간략히 해설하고, (2) 그 생각이 벤담의 핵심적 명제와 어떤 유사성 내지는 연결고리를 가지는가를 관찰하는 것이다. 그런 다음 이러한 관찰에 기초하여 (3) 벤담 학설의 독창성을 조명하는 것이다. 직접 의도한 결과는 아니지만, 이러한 목적을 달성하려는 일련의 과정은 '공리주의적'의 의미나 적용기준과 관련하여 상충하는 견해들, 그리고 그것들에 기초하여 어떤 사상가를 공리주의적 전통에 포함하거나 배제하는 서로 다른 해석들의 장단점을 밝혀줄 수 있을 것으로 기대된다.

본격적으로 논의를 시작하기 전에, 두 가지 점을 미리 말해둘 필요가 있다. 첫째, 이 장에서 논의할 대상은 17~19세기 사상가로 한정한다. 벤담과 밀은 공히 공리주의의 시원을 기원전 인물들에서 발견하려고 시도했다. 예컨대 벤담은 공리의 원칙에 대한 역사상 최초의 언급을 호라티우스 (Quintus Horatius Flaccus, BC 65~8)의 『풍자』 Satire에 나오는 한 구절에서 찾는다. "공리는 정의와 공평의 어머니다*utilitas, jiusti proper mater et aequi*."[7]

밀은 플라톤의 대화편 『프로타고라스』*Protagoras*에서 "청년 소크라테스는 소위 소피스트Sophist들의 통속적 도덕에 대항해 공리주의 이론을 역설했다"고 주장한다.[8] 그러나 다른 측면에서 보면, 호라티우스와 소크라테스는 단지 공리주의적 사유의 유구한 역사성을 부각하기 위해 단순 인용된 것이었는지도 모른다. 물론 그것이 벤담과 밀 자신의 공리주의를 이해하는 데 중대한 단서를 제공하고, 그 맥락에 대한 철학적 분석은 학술적으로 흥미로운 작업일 수 있다. 하지만 이 책 전반에서 공리주의에 관한 논의의 밀도를 높이기 위해, 벤담 이전의 사상가들에 대해 언급할 때는 그 시기를 영국 근대로 한정하려 한다.

둘째, 이 장에서 로크에 대한 논의는 배제된다. 『인간 오성론』에서 그는 분명 "선과 악은 (…) 쾌락이나 고통, 혹은 우리에게 쾌락이나 고통을 일으키거나 초래하는 것일 뿐"이라고 역설한다.[9] 이것은 그를 쾌락주의자의 대열에 합류시키기에 충분한 근거처럼 보일 수 있다. 또 그가 종종 덕의 실천이 어떻게 행복에 이바지하는가의 문제를 두고 다양한 해명을 시도했다는 것도 분명하다. 그러나 덕의 실천과 행복의 긴밀한 연관성에 관한 관심은, 앞으로 살펴보겠지만 영국 근대 사상가의 공통적 주제였을 뿐, 그러한 관심 표현 자체가 그의 사상과 공리주의의 연관성에 대해 설명해주는 것은 아무것도 없다. 그의 사상을 공리주의적 전통과 연계하는 작업은 이 글 전체에서 감당하기 어려운 이론적 부담을 불러온다. 따라서 자세한 논의는 다른 기회를 기약하는 편이 합당해 보인다.

2. 컴벌랜드의 '공동선' 개념

비록 '공리주의적'의 의미나 적용기준에 대해 완벽하게 정형화된 견해를 상정할 필요는 없더라도, 앞으로 살펴볼 인물들을 포괄할 대략적인 가이드라인은 필요하다. 여기에 나는 한 모델로서 공리주의에 대한 시지윅의 정의를 이용하고자 한다. 공리주의를 비판한 대표적인 학자인 존 롤즈(John Rawls, 1921~2002)는 시지윅을 고전적 공리주의의 결정판을 제시한 인물로 평가한다.[10] 앞서 언급했듯이 시지윅은 벤담이 아니라 컴벌랜드를 영국 공리주의의 창시자로 추존한다. 영국 윤리학사 연구의 권위자 중 한 사람인 어니스트 올비(Ernest Albee, 1865~1917)도 이 견해에 동의하면서 컴벌랜드를 "정당하게 공리주의자라고 부를 수 있는 영국 최초의 윤리학자"라고 평한다.[11] 컴벌랜드에 대한 시지윅의 평가가 정확히 어떤 근거에서 비롯되었는지는 분명하지 않지만, 적어도 그것이 '보편주의적 쾌락주의', 즉 공리주의에 대한 그의 정의에서 출발한 것임은 어렵지 않게 추측이 가능하다.

시지윅은 행복 혹은 쾌락을 인간 행동의 궁극적 목표이자 옳은 행위의 기준으로 삼는 윤리학의 방법을 두 종류의 쾌락주의, 즉 '이기주의적 쾌락주의egoistic hedonism'와 '보편주의적 쾌락주의'로 분류한다.

> 이것들 중 후자는 [즉, 보편주의적 쾌락주의는] 벤담과 그의 추종자들이 가르쳤던 것으로서, 보다 일반적으로 '공리주의'라는 용어로 통한다. 그래서 나는 보편주의적 쾌락주의라는 낱말을 항상 이러한 의미로 한정하여 사용할 것이다. 이기주의적 쾌락주의에 대해서는 완벽히 적절한 하나의 용어를 발견하기가 다소 어렵다. 나는 종종 이것을 간단히 이기주의라고 부를 것이다. 때로는 그것을 에피쿠로스주의epicureanism라고

리처드 컴벌랜드

부르는 것이 편리할지도 모르겠다(ME, 11쪽).

주목할 점은, 그가 자신의 공리주의 이론이 벤담의 그것을 계승한다고 밝히는 부분이다. 그는 자신이 규정한 공리주의, 즉 '보편주의적 쾌락주의'를 종종 '벤담식의 쾌락주의benthamite hedonism'라고 부른다(ME, 84쪽). 그런데 여기서 더 눈여겨보아야 하는 건, 그가 인간 행동의 궁극적 목적 혹은 동인이 되는 좋음을 공히 행복 혹은 쾌락으로 간주한다는 점에서, 이 두 가지 쾌락주의가 서로 구별되지 않는다는 점이다. 따라서 인간의 좋음에 대해 쾌락주의적 해석을 내리는 것이 '공리주의적'이라는 말의 의미를 결정하는 데 일차적 혹은 본질적 요소는 아닌 셈이다.[12] 다소 반론의 여지가 있지만, 그는 컴벌랜드가 "인간의 좋음에 대해 쾌락주의적 해석을 채택하지" 않았고, 그 이후로 샤프츠베리와 흄을 거치면서 "점진적이고 반쯤은 무의식적인 과정에 의해 '좋음'은 명확히 쾌락주의적 의미를 띠게 되었다"고 논한다(ME, 423쪽).

그렇다면 '공리주의적'의 의미를 규정하는 데 일차적이거나 좀 더 중요한 요소는 '쾌락주의'보다 '보편주의적'이라는 말의 의미에 놓여 있다고 추론할 수 있다. 시지윅의 정의에 따르면, '보편주의적 쾌락주의'는 "주어진 어떤 상황에서든 객관적으로 옳은 행위는 **전체적으로**, 즉 그 행위에 의해 행복에 영향을 받는 **모두**를 고려하여 행복의 **최대량**을 산출할 행위라고" 선언하는 윤리이론이다(ME, 411쪽. 강조는 필자). 위의 추론에 따른다면, 이러한 정의에서 방점은 '행복'보다는 '전체적으로on the whole'라는 문구에 있다. 다시 후자의 문구의 의미는 '모두all'와 '최대량the greatest amount'이라는 문구들에 의해 구성된다. 즉, 이 문구들이 '보편주의적'이라는 표현의 실질적 의미를 구성한다. 그래서 '보편주의적'은 다음과 같은 두 가지 명제를 함축한다. (1) 어떤 행위의 옳음과 그름에 관한 판단은 그 행위에 의해 영향 받는 **모든 존재**를 고려해야 한다. (2) 옳은 행위는 그 행위에 의해 영향 받는 존재들의 좋음을 **극대화**하는 행위여야 한다.

이제 간략히 살펴볼 컴벌랜드의 윤리학적 핵심 주장은 위의 정의에서 '보편주의적'의 실질적 의미를 구성하는 명제들을 상당히 분명한 형태로 내포하고 있다. 그의 대표작 『자연법에 대하여』(*De legibus naturae*, 1672)에서 컴벌랜드는 자신이 제기한 여러 윤리학적 물음들 가운데 '어떤 방식의 행위가 옳은가?'라는 물음과 관련하여, 일반적 도덕 규칙의 요지는 결국 "우리의 온 힘을 다하여 합리적 행위자들의 전체 체계의 **공동선**common good을 증진하려는 노력"에 있다고 답한다.[13] 거의 모든 관련 학자가 인용해 온 이 유명한 구절에 대한 분석은 그를 공리주의의 창시자라고 추존한 견해에 충분히 그럴듯한 근거를 제공한다.

컴벌랜드에게 공동선은 참으로 도덕적인 모든 행동의 목적이다. 인용된 구절에서 보이듯이, 공동선은 **모든 합리적 존재**에 대한 옳은 목적이다. 여기서 우선 도덕적 고려의 대상, 즉 그들의 좋음을 행동의 목적으로서 고려할 만한 대상이 합리적 존재들에 국한된다는 점을 지적할 수 있다. 도덕적 고려의 대상에 대해 이렇게 제한된 관점은 그 대상을 감성을 지닌 sentient 모든 존재로까지 확장하는 벤담과 시지윅 등의 관점과 차별된다.[14] 그러나 인간이 경주해야 할 노력의 올바른 목적이 그가 규정한 도덕적 고려의 대상 **전체**의 좋음이어야 한다는 주장은 '보편주의적'의 의미를 구성하는 첫 번째 명제와 직접 대응하고 있다고 보인다.

다시 위의 인용된 구절에서 '우리의 온 힘을 다해'라는 문구는 다분히 암시적으로 '보편주의적'의 의미를 구성하는 두 번째 명제, 즉 극대화 maximization 명제를 함축하는 것으로 볼 수도 있다. 그러나 이렇게 암시적인 문구에 매달릴 이유는 없다. 모든 합리적 존재의 **최대** 좋음이 우리가 추구해야 할 올바른 목적이라고 분명하게 선언하는 구절을 어렵지 않게 발견할 수 있기 때문이다. "우리의 정신의 내적 완전성은 (…) 모든 고귀한 존재의 **최대 좋음**의 (…) 적극적이고 활발한 추구에서 우리가 우리의 모든 능력을 사용할 것을 요구한다."[15] 또 컴벌랜드는 도덕적 행동이란 "그것이 직접 다른 사람에게 관련되든 우리 자신에게 관련되든 모두의 **최대 좋음**the greatest Good of all을 항상 의도하는" 행동이라고 말한다.[16]

모든 합리적 존재의 좋음, 즉 공동선을 인간 행동의 궁극적 목적으로, 그리고 그것의 추구를 도덕의 제일 원칙으로 간주하면서도, 컴벌랜드는 그 목적이나 원칙에 대한 증명은 불필요하거나 불가능하다는 입장을 취한다.[17] 이러한 입장은 후대의 벤담, 밀, 시지윅 등이 공리 원칙의 증명과 관련하여 표명했던 입장과 매우 흡사하다(『서론』, 11장 11절). 설령 증명이 불필요하거나 불가능하더라도, 그 목적이나 원칙은 철저히 합리적인 성격을 가진다. 그것은 이성에 의해 인간에게 명령된 목적 혹은 원칙이다. 그런데 컴벌랜드는 한편으로 공동선의 추구가 이성의 명령이라고 천명하지만, 다른 한편으로 한 사람이 자기 자신의 최대 좋음을 추구하는 행동의 합리성도 완전히 부정하지 않는다.

> 나는 가능한 완전하고 주요한 행복이 [도덕법의 제재] 안에서 행위자의 목적이 된다는 점을 긍정했다. 왜냐하면 모든 사람은 조물주the First Cause의 의지에 따라서 자연적이고 필연적으로 그 행복의 어떤 일부가 아니라 그들에게 가능하다고 보이는 전부를 욕망하기 때문이다. 그리고 이러한 욕망은 매우 합리적이고, 분명 더 적은 좋음에 대한 욕망보다 우리의 완전성에 더 큰 도움이 될 것이다.[18]

여기서 컴벌랜드가 이기주의 일반의 합리성을 긍정하는 것은 아니다.

인간의 불가피한 포괄적 욕망의 합리성은 엄밀히 말해서 더 적은 좋음 대신에 더 많은 좋음을 선택하는 것의 합리성에 달려 있다. 요컨대 이성의 명령 혹은 '도덕법의 제재'란 항상 더 많은 좋음을 선택하라는 명령이다. 이러한 명령 혹은 제재는 자연스럽게 한 사람의 더 적은 좋음 대신에 다른 사람들의 더 많은 좋음을 선택하라는 명령 혹은 제재로 나아간다. 이러한 명령 혹은 제재는 인간의 도덕적 기준에서나 신의 도덕적 기준에서나 동일하다. "만약 어떤 사람이 이성의 규칙에 따라서 행동하는 모든 사람의 공동선이 한 사람의 좋음이나 행복보다 더 큰 좋음이라고 올바르게 판단한다면, (…) 신도 똑같이 생각하리라는 것은 명백하다. (…) 이와 다르지 않은 판단에 따라서 우리는 모든 합리적 존재의 최대 행복이 모든 합리적 행위자가 추구할 수 있는 최고의 혹은 제일의 목적이라는 사실을 확인하게 된다."[19]

한 사람이 자신이 획득할 수 있는 최대 좋음을 추구하는 것은 적절한 상황에서 그에게는 최선이자 올바른 목적일 수 있다. 그러나 이성은 그가 자신만의 행복이 아니라 자신이 획득할 수 있는 행복과 다른 모든 사람이 획득할 수 있는 행복을 모두 합친 것을 최고의 목적으로 삼을 것을 명령한다. 만약 어떤 사람이 자신의 좋음을 추구하는 행동이 다른 사람의 좋음 혹은 좋음의 추구에 전혀 영향을 미치지 않을 수만 있다면, 이러한 상황에서는 그가 자신의 최대 좋음을 추구하는 것이 그를 포함하는 공동체 전체의 좋음을 극대화할 것이다. 이때 그의 행동은 지극히 합리적이다. 만약 어떤 사람이 어떤 행동을 통해 자신의 좋음을 다소 희생하더라도 다른 사람들의 좋음을 더 크게 증진할 수 있다면, 그렇게 행동하는 것이 전체의 좋음을 극대화할 것이다. 이러한 상황에서는 당연히 이것이 합리적 행동이다.

전체의 최대 좋음을 추구하라는 명령, 즉 극대화 명제는 다른 어떤 사람의 좋음도 나의 좋음만큼 중요하고, 따라서 어떤 행동으로 증진되는 좋음이 누구의 좋음인지를 구분할 필요가 없다는 불편부당성impartiality의 직관을 전제한다. 시지윅은 이러한 직관을 공리주의 원칙을 뒷받침하는 "철학적" 혹은 "합리적 직관"(ME, 382쪽)으로 간주한다. 이렇게 '보편주의적'의 실질적 의미를 구성하는 두 핵심적 명제들을 포섭함으로써, 컴벌랜드의 사상은 비교적 명확히 공리주의 원칙의 원형을 제공한다. 그런데 '보편주의적'만큼은 아닐지라도, 적어도 벤담을 필두로 하는 고전 공리주의의 체계에서는 '쾌락주의'도 '공리주의적'의 의미를 구성하는 불가결한 요소라고 말할 수 있다.

'최대greatest', '더 큰greater', '더 적은less' 등의 수식어들이 '좋음'에 적용될 경우, 그것들은 좋음의 절대적 크기 혹은 양을 측정하거나 적어도 상대적 크기 혹은 양을 비교하는 것이 가능하다는 관념을 전제한다. 벤담이나 시지윅의 관점에 따르면, 인간의 궁극적 좋음에 대한 견해들 가운데 이러한 측정가능성 내지는 비교가능성을 제공할 수 있는 거의 유일한 견해가 쾌락주의다. 그런데 인간의 좋음 혹은 궁극적 목적에 대한 17~19세기 영국 사상가들의 관념에는 한편으로─다분히 아리스토텔레스적 의미에서의─완전성perfection 혹은 도덕적 탁월성moral excellence 혹은 덕virtue과 다른 한편으로 행복 혹은 쾌락이 혼재하고 있는 양상이 두드러진다. 위의 인용문에서도 언뜻 드러난 것처럼, 이러한 양상은 컴벌랜드의 '공동선' 개념에서도 나타나고, 그를 쾌락주의자로 간주할 수 있는가 하는 물음에 대한 명확한 대답을 내리기 어렵게 만든다.

앞서 언급한 것처럼, 시지윅은 별다른 근거를 제공하지 않은 채로 컴벌랜드를 쾌락주의자의 대열에서 제외한다. 동일한 견해를 제시하면서, 올비 역시 분명한 근거를 제공하지 않는다.[20] 이들의 견해가 얼마나 신뢰할 만한 것이든, 컴벌랜드를 쾌락주의자로 간주하는 견해에 대해서도 꽤 그럴듯한 근거가 제시될 수 있다. 좋은 것은 사람들에 의해 욕망된 것 desired이라는 홉스의 견해에 대항해, 그는 "반대로 나는 사물이 우선 좋다고 판단된 후에, 좋은 것이라고 보이는 한에서만 그것이 욕망된다는 견해를 가지고 있다"는 반론을 제기한다.

> 사적 좋음은 한 사람에게 이익profit을 주는 것이고, 공적 좋음은 많은 사람에게 이득advantage을 주는 것이다. 그것이 욕망된 것이기 때문은 아니다 (…) 인간의 본성은 사물의 본성을 조사하는 이성이 (…) 우리가 그것을 욕망하거나 그것에 의해 기뻐하기 전에 먼저 좋은 것을 결정하고 판단할 것을 요구한다.[21]

요컨대 컴벌랜드는 홉스의 견해를 거꾸로 뒤집는다. 인간은 무언가를 욕망하기 전에 먼저 그것이—필시 자신의 이성으로—좋은 것인가를 판단한다. 한 개인의 사적 좋음이든 많은 사람의 공적 좋음이든, 좋은 것이 좋은 것인 이유는 그것이 사람들에 의해 욕망된 것이기 때문이 아니다. 요컨대 사적이든 공적이든 좋은 것은 '이익' 혹은 '이득'을 주는 것이다. 여기서 이익 혹은 이득을 주는 것이란 행복에 도움이 되는 것을 의미하고, 행복은 다시 좋은 것을 누리는 것으로 정의된다.[22] 컴벌랜드는 이러한 좋은 것에 대한 목록을 제시하는데, 이 목록에서 가장 중요한 것은 우리의 육체적·정신적 힘의 발휘다. 그리고 "육체적 쾌락" 혹은 "유쾌한 감각"이라는 항목도 이 목록에서 반복적으로 등장한다.[23]

한편으로 완전성이나 도덕적 탁월성이나 덕과 다른 한편으로 행복이나 쾌락은 좋음의 대등한 항목들이 아닌 것처럼 나타난다. 전자는 기본적으로 자기 자신이나 다른 사람에게 본질적으로 좋은 것의 획득을 위한 수단적 가치를 가진다. 스토아학파에 대한 비판에서, 컴벌랜드가 도덕적 탁월성 혹은 덕의 좋음은 수단적 좋음이라고 암시하는 언급을 발견할 수 있다. "덕만이 좋은 것이고 악덕만이 악하다고 주장한 스토아학파의 철학자들은 이 문제에 대해 마땅히 비난을 받아야 한다. 왜냐하면 그들은 덕의 초월적 좋음과 악덕의 엄청난 악함을 입증하려고 노력하지만, 그들은 경솔하게도 덕을 좋은 것으로 만들고 악덕을 악한 것으로 만드는 유일한 이유를 완전히 없애려 하기 때문이다."[24] 덕이 좋은 것인 이유는 그것이 직접 나에게 어떤 보답을 줄 수 있기 때문이기도 하지만, 더 중요한 이유는 그것이 더 중대한 목적, 즉 좋은 습관을 통해 다른 사람들의 행복을 나의 욕망의 직접적 대상으로 삼아 그들의 행복의 달성을 보장하기 때문이다.[25] 이러한 주장들을 따라가면, 컴벌랜드는 이른바 '윤리학적 쾌락주의자ethical hedonist'로 보일 수도 있다.[26]

다만 문제는 그의 입장이 그렇게 일관적이지 않은 것처럼 보인다는 점이다. 한편으로 그는 분명 신의 영광과 동료 인간의 행복을 행동의 목적으로 제시한다. 그런데 다른 한편으로 그는 행복을 행동의 유일한 목적으로 간주하는 견해에 반대하기도 한다. "행복을 [행동의] 대상 혹은 목적으로 내세우는 것은 만족스럽지 않다."[27] 그의 정의에 따르면, 행복은 단지 좋은 것의 향유 혹은 소유일 뿐이지 좋음 자체는 아니다. 나의 것이든 다른 사람의 것이든 좋은 것의 향유를 증진하는 것이 행동의 목적이어야 하고, 그래서 그것이 좋음 자체라면, 좋은 것의 향유로 정의되는 행복을 증진하는 것이 좋음 자체인 셈이다. 어떤 경우에든 행복이 곧 좋음 자체는 아니다. 오히려 좋음 자체는 자신의 행복에 대한 이기적 욕망을 이겨내고 다른 사람들의 행복을 증진하려고 노력하는 자비심benevolence의 실천, 말하자면 덕에 있다고 말할 수 있다. 이러한 주장들을 따라가면, 그의 좋음 개념에는 행복과 도덕적 탁월성이 혼재하고 있고, 그를 엄밀한 의미의—

벤담이나 시지윅과 같은 반열의―쾌락주의자로 간주하는 것은 다분히 억지스럽다.

비록 완벽히 명쾌하지도 체계적이지도 않지만, 컴벌랜드의 윤리학적 중심 주장들과 좋음 개념은 '보편주의적 쾌락주의'의 정의를 구성하는 명제들을 명시적이거나 암시적으로 함축한다. 이에 비해 후대의 샤프츠베리는 공리주의 전통에 관한 탐구에서 거의 빠짐없이 거론되면서도, 그를 공리주의자로 분류할 가능성에 대해서는 회의적 견해가 지배적이다. 이어질 탐구의 기본적 내용은 그를 공리주의자로 분류할 수 없는 결정적 이유다. 그러나 필시 더 흥미로운 문제는 공리주의자로 분류할 수 없음에도 불구하고, 그를 공리주의 전통에 관한 탐구에서 배제하지 않는 이유일 것이다.

3. 샤프츠베리와 허치슨의 '덕' 개념

앞서 살펴본 것처럼, 컴벌랜드의 윤리학적 핵심 주장들은 인간 행동의 궁극적 혹은 도덕적 목적이 무엇인가 하는 물음에 집중되어 있다. 그리고 그의 대답은 그 목적이 모든 합리적 존재의 최대 행복이라는 것이다. 이 문제와 더불어, 17~19세기 영국 사상가들의 또 다른 철학적 중심 문제는 '인간의 본성은 무엇인가?', 그리고 '이러한 본성이 행동의 목적과 어떤 관련이 있는가?' 하는 물음이다. 샤프츠베리는 인간 본성에 관한 물음에 천착했지만, 대체로 그 본성과 연관된 행동의 목적으로서 좋음에 대한 그의 정의는 다소 불명확하다. 따라서 인간 행동의 궁극적 혹은 도덕적 목적의 문제에 대한 그의 대답은 파악하기 어렵다.

샤프츠베리

인간 본성에 관한 논의에서 샤프츠베리는 홉스의 '자연 상태state of nature'만큼 어리석은 가정은 없다고 비판한다. 왜냐하면 "피조물은 필시 수많은 변화를 겪을 것이고, 그가 성장하는 동안 겪은 각각의 변화는 똑같이 **자연적**이다. 그래서 수백의 상이한 자연 상태가 있다고 보아야 하거나, 만약 단 하나의 자연 상태만 있다면 그것은 자연이 완벽하고 그 피조물의 성장이 완료된 상태일" 것이기 때문이다.[28] 여기서 비판의 핵심은 인간의 감정이나 욕구나 충동 가운데 어떤 것이 자연적인가 하는 물음과 관련된다. 자기보존과 연관된 혹은 이기적인 감정·욕구·충동만이 자연적이라는 홉스의 견해에 반대하면서, 그는 "만약 어떤 욕구나 감각이 자연적이라면, 동료애sense of fellowship 역시 마찬가지로 자연적"이라는 견해를 제시한다.[29]

인간 본성이 철저히 이기적이라는 홉스의 주장에 반발한 여러 사상가들과 마찬가지로, 샤프츠베리에게 인간은 본성적으로 사회적인 존재다. 따라서 자신의 자아self에 대한 감정, 예컨대 삶에 대한 애착과 육체적 욕구보다는 사회적 혹은 이타적인 감정이 더 '자연적'이라는 수식어에 부합한다. 그러나 자아에 대한 감정은 필연적이고, 자연적인—그에게는 사회적 혹은 이타적인—감정이 과도한 것도 바람직하지 않다. 덕이란 어느 한쪽의 감정이 다른 쪽을 압도하는 상태, 다시 말해서 사회적 혹은 이타적인 감정이 자아에 대한 감정을 완전히 억눌러버린 상태가 아니라, 양자 사이의 **적절한 균형**balance 상태에 있다. 그래서 모든 사람의 좋음은 각자가 이러한 균형적 상태를 유지하면서, 말하자면 덕을 실천하면서 자신의 진정한 행복을 얻으려는 현명한 노력을 통해 실현되는 것이다.

샤프츠베리의 정의에 따르면, 인간은 근본적으로 사회적 존재이기 때문에 **모든** 사람의 좋음이 목적이어야 한다.

우리가 좋다 혹은 **유덕하다**virtuous는 명성을 얻으려면, 어떤 피조물의 모든 경향성과 애정, 즉 그의 마음과 기질의 모든 성향이 그의 **종**kind이나 그를 포함하고 그가 그 일부가 되는 **체계**의 좋음에 알맞게 부합해야 한다는 것을 알았다. (…) 자기 자신에게만이 아니라 사회와 대중에게 **옳고 온전한** 애정을 갖는 것, 이것이 바로 **올바름**rectitude 혹은 **진실성** integrity 혹은 덕이다.[30]

그런데 여기서 '좋음'이란 무엇인가? 그는 '행복'이라는 단어를 자주 사용하지만, 그것이 결정적이지는 않다. 그에 따르면, 행복은 올바른 상태나 덕의 실천에 필연적으로 수반되는 무언가다. 좋음 개념을 규정하면서 언뜻 보기에는 후자, 즉 덕이 더 중요한 요소로도 보인다. 그런데 컴벌랜드와 마찬가지로 좋음을 이야기하면서 '행복'을 빈번하게 사용한 사실은 그를 쾌락주의자로 해석할 여지도 남긴다. 시지윅의 견해에 따르면, 샤프츠베리의 체계에서 '좋음'은 비록 암시적이지만 컴벌랜드의 체계에서보다 더 쾌락주의적인 의미를 가진다(ME, 86쪽과 423쪽). 유사한 맥락에서 올비의 주장에 따르면, 컴벌랜드의 경우에는 한편으로 '행복'과 다른 한편으로 '완전성' 혹은 '덕'이 서로 구별되면서 병렬적인 원칙들인데 반해, 샤프츠베리의 경우에는 그것들은 병렬적 원칙들이 아니라, 단지 "도덕적 건강함이나 조화라는 동일한 사실의 상이한 측면처럼", 비유적으로 말해서 동전의 양면처럼 나타난다.[31]

이러한 해석을 받아들인다면, 여전히 '좋음'과 '완전성' 혹은 '덕' 사이의 개념적 연관성을 배제할 수 없지만, 샤프츠베리는 컴벌랜드에 비해 상대적으로 쾌락주의에 더 근접한 인물처럼 보일 수도 있다. 그리고 덕을 실천하는 궁극의 목적이 자신을 포함한 전체의 좋음을 지향해야 한다는 점에서, 그의 핵심 주장은 앞서 '보편주의적'의 실질적 의미를 구성하는

공리주의 전통과 벤담의 독창성

명제들과 연결되는 것으로 보인다. 그러나 이 후자의 연결은 오히려 컴벌랜드에 비해 다소 불확실하다. 왜냐하면 그의 핵심 주장은 '이기주의적' 요소와 '보편주의적' 요소, 말하자면 자아에 대한 감정과 사회적 혹은 이타적인 감정이 혼재하는 양상을 보여주기 때문이다.

> "자연을 지배하는 (…) 자의 지혜는 **전체의 좋음**을 구하려고 노력하는 것이 **사적 이익**과 모두의 **좋음**에 일치하도록 만들었다. 만약 어떤 피조물이 전체의 좋음을 증진하지 않는다면, 그는 (…) 자기 자신의 행복과 복지도 증진하지 않는 셈이다."[32]

사적 이익의 추구와 전체의 좋음의 추구 사이의 조화를 어떻게 설명할 것인가 하는 문제는 공리주의에 대한 전형적 비판에서 종종 거론되었다. 비판가들은 공리주의가 이 두 가지 이익 혹은 좋음의 추구가 갈등을 빚는 상황에 대해 만족할 만한 해답을 제시하지 못한다고 논한다. 예컨대 버나드 윌리엄스Bernard Williams는 공리주의는 "이기주의적인 일차적 계획과 (…) 일차적 계획을 최대로 만족시키려는 이차적인 공리주의적 계획," 다시 말해서 "이기주의적 경향성 및 필요와 (…) 불편부당하고 이타적인 행복관리 사이에 (…) 거대한 구멍을 남긴다"고 지적한다.[33] 이러한 지적의 빌미를 제공한 것은 위의 첫 구절에서처럼 사적 이익의 추구와 전체의 좋음의 추구 사이의 조화, 어쩌면 인간의 도덕적 선택에서 가장 고통스러울 수 있는 딜레마에 대해 충분히 납득할 만한 논변을 제공하지 못한다는 점이다.[34]

그런데 위의 인용에서 더 주목할 만한 부분은 두 번째 구절이 함축하는 바이다. 읽기에 따라서 이 구절은 한 사람이 자신의 이익 혹은 행복을 추구하는 가장 합리적인 방법이 결국 전체의 좋음을 증진하는 것이라고 말하는 것처럼 들릴 수 있다. 첫 구절에서처럼 사적 이익과 전체의 좋음 사이의 상응 관계를 상정하더라도, 결국 어느 쪽을 궁극적 목적으로 보느냐에 따라서 그 체계의 성격은 완전히 달라진다. 만약 두 번째 구절이 사적 이익의 추구에 도움이 된다고 보이기 때문에 전체의 좋음을 추구해야 한다는 의미로 읽힌다면, 그것은 소위 합리적 혹은 윤리학적 이기주의의 명제를 함축하는 것으로 보인다.

　물론 이러한 해석은 다소 지나치다. 두 번째 구절이 전체의 좋음의 추구를 그 자체가 목적이 아니라 사적 이익의 추구를 위한 방편일 뿐이라고 주장하는 것은 아니다. 오히려 샤프츠베리에게 한 사람이 전체의 좋음을 추구해야 하는 이유는 그것이 옳은 혹은 유덕한 행위이기 때문이다. 그러나 그의 이론은 전체의 좋음을 추구하는 행위 자체의 옳음보다는 이러한 행위를 실천할 수 있는 올바른 종류의 감정·동기·성향, 요컨대 진정한 인간 본성의 조화로운 발달에 초점을 둔다. 그의 이론이 추구하는 조화는 전체의 좋음의 추구를 지향하는 자연적인—즉 사회적 혹은 이타적인—감정과 사적 이익의 추구를 지향하는 자아에 대한 감정 사이의 조화다. 따라서 그의 이론은 '보편주의적'의 실질적 의미를 구성하는 명제들보다는 이러한 조화를 통해서 "'자아실현self-realization'과 관련된 근대적 학설과 더 밀접한 관계를 맺은 것처럼" 보일 수도 있다.[35]

앞서 언급한 것처럼, 덕의 실천과 행복의 연관성은 영국 근대 사상가들의 공통된 주제였고, 그들의 좋음 혹은 목적 개념에는 덕과 행복이 혼재하는 양상이 나타난다. 샤프츠베리에 이어서 간략히 살펴볼 허치슨의 경우도 예외가 아니다. 다만 샤프츠베리는 순전히 이타적인 감정과 자아에 대한 감정 사이의 조화에서 좋음 혹은 목적을 찾으면서 이타성과 이기성의 구분을 모호하게 만드는 경향을 보여준다. 이에 비해 허치슨은 **자기 이익**과

구별되는 '도덕감moral sense'의 존재를 증명하는 작업에 주력한다.

허치슨은 덕과 자비심을 동일시하면서, 더 정확히 말해서 모든 덕을 자비심으로 환원하면서, 인간은 도덕감이라는 독특한 기능을 통해 덕 혹은 자비심을 지각한다고 주장한다. 도덕감이라는 기능을 가정하지 않을 수 없는 이유는 우리의 도덕 판단을 자기 이익에 대한 고려에만 맡겨둘 수 없기 때문이다. 여기서 그의 도덕감 학설은 '본유 관념innate idea' 학설과는 무관하다.[36] 도덕감은 (이성을 포함한) 우리의 다른 기능과 마찬가지로 교육과 발달을 필요로 한다. 그래서 교육과 발달의 정도에 따라서 사람의 도덕감은 오류를 범할 가능성이 있다. 이는 사람들 혹은 문화들 사이의 도덕적 의견의 다양성에 대한 경험적 관찰을 통해 입증되는 사실이다. 그런데 이러한 오류 가능성의 문제는 도덕감이 아니라, 우리가 판단력을 잃게 만드는 격정과 "잘못된 의견false opinion"에 있다.[37] 이렇게 상이한 교육과 발달 정도에 따른 상이한 의견들의 충돌에 대해 그가 제시한 해법은 "편견 없는 중재자unbiased arbitrator" 혹은 불편부당한 관망자impartial spectator라는 관점을 발견하는 것이다.[38]

샤프츠베리에게와 마찬가지로, 허치슨에게도 자비심은 덕의 본질이고 진정한 의미에서 **자연적**이다. 그도 부분적으로는 자기애의 완전한 결여는 "보편적으로 유해한" 것임을 인정한다.[39] 그러나 자기 자신의 행복에 대한 적당한 관심은 모두의 좋음의 증진에 필요하기 때문임을 상기시키면서, 그는 자기 자신의 행복을 추구하려는 경향을 도덕적으로 해석할 수 있다는 견해를 취한다. 이러한 자비심과 도덕감 사이의 관계는 상당히 단순하다. 우리가 오직 자비심만을 유덕하다고 승인한다는 사실이 도덕감의 존재를 증명한다. 만약 이러한 기능, 즉 도덕감이 없다면, 우리는 우리에게 이득이 되는 것만을 승인할 것이다. 역으로 도덕감은 덕의 본질이 자비심에 있다는 점을 증명한다. 그의 정의에서도 잘 나타나듯이, 덕은

프란시스 허치슨

우리 자신의 행복과 아무 관계가 없는 것으로서, "그러므로 가장 탁월하고 자연히 최고의 도덕적 승인을 얻을 것이고, 모든 사람에 대한 침착한 보편적 선의지 혹은 가장 광범위한 **자비심**의 성향이다."[40] 타산, 용기, 절제, 정의 등 고대로부터 주목받아온 주요 덕목에 관해서도 설명하지만, 그에게 "자비심은 모든 덕의 토대이고 (…) [다른 모든 덕은] 공적 좋음을 증진하기 위해 실행되는 경우에만 승인을 받는다."[41]

도덕감은 이타적 동기에 의해 수행된 행동을 승인한다. 그것은 엄밀히 말해서 "형식적으로formally" 좋음, 즉 좋은 혹은 이타적인 동기를 승인하지만, 구체적 행동방침을 결정해야 할 때 우리가 겨냥하는 것은 "실질적으로materially" 좋음이다.[42] 이 문제와 관련된 허치슨의 설명은 다음과 같다.

> 행동들의 도덕적 성질을 비교함에 있어서, 제시된 여러 행동 중에서 우리의 선택을 규제하기 위해, 혹은 어느 것이 최고의 도덕적 탁월성을 가지는지를 가려내기 위해, 우리는 덕에 대한 우리의 도덕감에 의해 다음과 같이 판단하게 된다. 그 행동으로부터 생길 것이라고 예상되는 행복의 정도가 같다면 덕은 그 행복이 베풀어질 사람의 수에 비례한다(여기서 사람의 존엄성과 **도덕적 중요성**이 수를 상쇄할 수 있다). 그리고 수가 같다면 덕은 행복 혹은 자연적 좋음의 양에 비례한다. 아니면 덕은 좋음의 양과 향유자의 수의 복비compound ratio에 있다. 마찬가지로 도덕적 악 혹은 악덕은 불행의 정도와 고통을 받는 사람의 수에 비례한다. 그래서 **최대 다수를 위한 최대 행복**을 가져오는 행동이 최선이고, 마찬가지로 불행을 일으키는 행동이 최악이다.[43]

여기서 그가 제안한 실질적 좋음에 대한 실천적 지침은 우리의 인지 능력에 크게 의존한다. 그 지침은 어떤 행동으로 영향을 받는 사람의 수

number와 쾌락 및 고통의 양quantity이라는 외적 기준을 채택하고, 수와 양에 대한 우리의 인지 능력에 의존한다. 실천적 지침으로서 이렇게 외적 기준을 제안한 것만으로도, 그는 샤프츠베리에 비해 벤담식의 '최대 행복 원칙'에 훨씬 더 근접한 것처럼 보인다. 파울러T. Fowler는 "벤담이 공리주의 공식을 진술한 최초의 형태는 바로 허치슨의 말인 '최대 다수의 최대 행복'에 있었다"고 논한다.[44]

그러나 허치슨의 이론을 벤담식 공리주의와 연결하기는 여러모로 쉽지 않은 듯하다. 첫째, 그는 주로 형식적 좋음, 즉 이타적 동기에 관심을 집중한다. 위의 인용에서 그가 제안한 계산법은 엄밀히 말해서 행복보다는 덕 혹은 도덕적 탁월성의 계산법이라고 말할 수 있다. 뒤에서 살펴보 겠지만, 벤담은 이러한 형식적 좋음을 인정하지 않는다. 이타적이든 이기적이든 어떤 동기는 그 자체로는 좋다거나 나쁘다고 말할 수 없다(『서론』, 10장, 11절). 개별적 사례에서 동기의 좋음과 나쁨은 궁극적으로 그것이 유발한 행동의 결과에 따라서 결정된다. 무엇보다 동기 자체가 행위의 옳고 그름을 결정하지 않는다. 둘째, 위의 인용에서 허치슨은 **인간의 존엄성과 성품의 도덕적 중요성**을 실질적 좋음에 대한 양적 혹은 쾌락주의적 계산에 포함될 수 없는 요소로 간주한다. 그에 따르면, 우리는 심지어 도덕감과 별개로 인간 존엄성에 대한 감각을 지니고 있다.[45] 이러한 점들을 종합해보면, 그의 체계의 목적은 어쩌면 행복 혹은 실질적 좋음의 극대화가 아니라, 덕 혹은 이타적 동기의 극대화에 있다고 말할 수 있다.[46]

허치슨이 제공한 계산법에 대해 그것은 행복량의 계산법이 아니라 자비심의 양을 확인하기 위한 것이라는 해석이 있는 반면에,[47] 그는 자비심의 원칙을 근대 공리주의자와 매우 유사한 방식으로 적용하여 판단했을 것이라는 해석도 있다.[48] 이렇게 엇갈리는 해석에도 불구하고, 다음 두 가지 점은 분명한 것으로 보인다. 첫째, 그의 좋음 개념에는 어쨌든 덕과 행복이 혼재하는 양상이 확연하다. 벤담도 이타적 동기의 역할을 논하면서 "공리의 명령은 바로 가장 광범위하고 계몽된 (즉, 신중한) 자비심의 명령"이라고 말한다(『서론』, 8장, 36절). 그러나 그에 이르러 좋음 개념에서 덕과 행복이 혼재하는 양상은 확실히 사라지게 된다. 둘째, 적용 대상이 덕인지 행복인지 확실치는 않지만, 허치슨은 분명 컴벌랜드나 샤프츠베리에 비해 훨씬 더 근대 공리주의에 근접한 계산법, 예컨대 벤담이 제시한 쾌락과 고통의 측정방법과 유사한 것을 제공한다는 점이다.

4. 흄의 '공리' 개념

앞서 살펴본 컴벌랜드, 샤프츠베리, 허치슨과 지금부터 살펴볼 데이비드 흄 사이에서 가장 주목할 만한 차이점은, 전자의 체계에서는 '공리'라는 낱말이 아주 드물게 등장하거나 고전 공리주의의 그것과 아주 희미한 연관성만을 가지는 데 반해, 후자의 체계에서는 그것이 중심적 개념인 동시에 벤담에게 직접적이고 막대한 영향을 미친다는 점이다. 그런데 이렇게 직접적이고 막대한 영향을 미친 만큼, 흄의 '공리' 개념과 벤담의 그것 사이의 정확한 관계, 즉 유사성과 차이점에 대한 논란도 실로 막대하다. 그러므로 어느 한 학자의 견해만을 좇을 수는 없기에, 여기서는 다소 대조적인 견해를 각각 제시하는 방식으로 서술을 진행해나갈 것이다.

흄에 따르면, 도덕적 승인moral approbation의 감정은 우리 자신이나 다른 사람에게 유용하거나useful 호감을 주는agreeable 성품 혹은 마음의 성질에 대한 지각으로부터 일어난다. 우리 자신에게 호감을 주는 성질의 예로는 쾌활함, 자신감, 자존감, 취미 등이 있고, 다른 사람에게 호감을 주는

데이비드 흄

성질의 예로는 예의, 재치, 달변, 겸손 등이 있다. 그러나 우리의 도덕적 감정의 대부분은 이러한 성질의 유용성에 대한 지각, 즉 "인류의 행복과 특정한 사람들의 행복에 그 성질이 공헌하는 바에 대한 숙고로부터" 나온다.[49] 여기서 어떤 성질을 유용한 성질로 지각하게 만드는 것은 자기 이익이 아니다. 왜냐하면 우리는 모든 도덕적 승인을 자기 이익과 결부시킬 수 없기 때문이다. 예컨대 우리는 우리의 이익을 좌절시키는 적이나 경쟁자의 용기를 칭찬하거나 유덕하다고 칭송하기도 한다. 또 다른 예로, 이렇게 모든 도덕적 승인을 자기 이익과 결부시키는 것은 "우리는 종종 아주 먼 옛날과 멀리 떨어진 나라에서 일어난 유덕한 행동을 칭찬하기도 하는데, 극히 섬세한 상상력으로도 거기서 아무런 자기 이익의 징후를 발견할 수 없다"는 사실을 설명할 수 없다.[50]

요컨대 우리는 우리의 현재의 자기 이익과 전혀 무관하거나 심지어 그것에 반하는 어떤 다른 사람의 성품의 성질에 대해서도 '유용하다'는 판단을 내릴 수 있다. 만약 이렇게 유용한 성질을 승인하게 만드는 것이 자기 이익이 아니라면, "우리는 더 공적인 감정public affection을 채택해야 하고, 사회의 이익이 (…) 우리에게 전혀 중요하지 않은 것이 아니라는 점을 인정해야" 한다(EHP, 219쪽). 요컨대 우리는—심지어 그들이 우리와 같은 공동체의 사람이 아니어도—다른 사람의 행복 혹은 복지를 증진하는 성질을 승인한다. 왜냐하면 우리는 그들의 행복이나 복리에 대해 자연적 관심을 지니고 있기 때문이다. "일반적으로 우리가 어디를 가든 우리가 무엇에 대해 숙고하거나 이야기하든, 모든 것은 늘 우리에게 인간의 행복이나 불행의 광경을 보여주고, 우리의 가슴에 쾌락이나 불안의 공감적 운동을 일으킨다."(EHP, 221쪽) 그래서 유용한 성질에 대한 승인은 그 성질을 가진 사람이나 그것에 의해 영향을 받는 사람의 행복을 증진하는 경향에 달려 있다. 이것은 다시 흄 철학의 또 다른 중심 개념인 '공감sympathy', 즉 정넘들의 소통에 달려 있다. 공감에 의해 우리는 다른 사람의 기쁨에 대해서는 행복을, 그리고 그들의 불행에 대해서는 슬픔을 느끼게 된다.

비록 성품의 성질이 가진 공리 혹은 유용성이 우리의 도덕적 승인의 유일한 원인은 아니지만, 그것은 가장 광범위하고 중요한 원인이다. 이러한 맥락에서 흄은 다음과 같이 적는다. "모든 주제에서 공리라는 상황이 칭찬과 승인의 원천이다. 행동의 장단점에 대한 모든 도덕적 판결에서 항상 그것에 의존한다. 그것은 정의, 충실, 명예, 충성, 순결에 대한 높은 존경의 유일한 원천이다. 그것은 다른 모든 사회적 덕들로부터 분리될 수 없다. (…) 한마디로 그것은 인류와 우리의 동료 인간과 관련된 **도덕의 주요 부분의 토대다.**"(EHP, 231쪽. 강조는 필자) 그런데 그는 '공리' 혹은 '유용성'을 인간의 성품이나 행동의 성질에만 적용하는 것은 아닌 것으로 보인다.

> 사람뿐만 아니라 무생물 대상도 유용할 수 있으므로, 우리는 그것 역시 (…) 유덕하다는 명칭을 받을 만함이 틀림없다고 상상할 필요는 없다. 공리에 의해 자극된 감정은 그 두 경우에서 매우 다르다. 하나는 애정, 존중, 승인 등과 섞이지만, 다른 하나는 그렇지 않다. 마찬가지로 무생물 대상은 사람의 모습처럼 좋은 색과 비례를 가질 수 있다. 그러나 우리는 과연 전자와 사랑에 빠질 수 있을까? 생각하는 합리적 존재는 자연의 본래적 구성에 의해 일련의 수많은 정념과 감정에 적합한 유일한 대상이다(EPH, 213쪽).

인간의 성품이나 행동의 성질이든 어떤 무생물의 성질이든, 유용한 성질 일반에 대한 지각은 승인의 감정을 일으킨다. 예컨대 어떤 건축물의 구조에서 공리 혹은 유용성의 지각은 우리에게 "아름다움의 감각sense of beauty"을 일으킬 수 있다. 그래서 우리는 그 건물을 칭찬할 수도 있지만,

그것과—우리가 다른 인간에게 느끼는 것과 같은 성질의—사랑에 빠지지는 않는다. 또 우리는 그것을 승인할 수 있지만, 이러한 승인이 도덕적 승인과 정확히 같은 종류의 감정은 아니다. 다시 말해서 공리 혹은 유용성의 지각, 그리고 승인의 감정은 무생물과 인간의 성품을 가리지 않고 적용될 수 있지만, 도덕적 승인과 '유덕하다'는 말은 인간의 성품이나 행위에만 적용될 수 있다.

공리주의 전통과의 연관성이라는 측면에서 주목할 만한 부분은 흄의 '공리' 개념은 명시적으로 쾌락주의적 의미를 지닌다는 점이다(ME, 423쪽). 덕은 공리 혹은 쾌락과 별개의 좋음의 항목이 아니다. 프레더릭 로젠Frederick Rosen의 견해에 따르면,[51] 공리 개념과 관련하여 흄과 벤담 사이에는 두 가지 중대한 유사성이 있다. 첫째, 그들은 쾌락은 좋은 것이고 고통은 악한 것이라는 명확한 구분을 공유한다. 쾌락은 좋은 것일 뿐이지, 좋은 쾌락이나 나쁜 쾌락은 없다. 마찬가지로 고통은 나쁜 것일 뿐이지, 좋은 고통과 나쁜 고통은 없다. 공리가 좋은 것인 이유는 오로지 그것이 쾌락을 산출하기 때문이다.

둘째, 벤담과 흄에게는 공리가 바로 덕의 기준이다. 벤담에 따르면, 앞서 언급한 것처럼, 어떤 동기도 그 자체로 좋은 것이거나 나쁜 것, 달리 표현하자면 유덕하거나 악덕한 것이 아니고, 어떤 동기를 좋거나 나쁘다, 혹은 유덕하거나 악덕하다고 말할 수 있는 기준은 오직 그것이 행동을 통해 일으킨 결과, 즉 쾌락이나 고통에 달려 있다. 그는 흄을 언급하면서 "**공리가 모든 덕의 기준**test**이자 척도**"라는 점을 흄에게서 배웠다고 말한다.[52] 흄 자신의 말에서도 쾌락과 고통이 덕과 악덕을 구분하는 기준이라는 관념은 어느 정도 분명하게 드러난다. "쾌락을 주는 마음의 모든 성질은 유덕하다고 일컬어지고 (…) 마찬가지로 고통을 산출하는 모든 성질은 악덕

하다고 불린다."(THN, 591)

그런데 두 번째 유사성과 관련하여 의문의 여지가 없지는 않다. 예컨 대 쾌락과 고통이 덕과 악덕을 구분하는 기준일 경우, 어떻게 우리는 우리를 위협하는 적의 용기를 덕이라고 말할 수 있는가? 이렇게 말하려면, 아무 쾌락이나 고통이 덕과 악덕의 판단을 정당화한다고 말할 수 없다. 적의 용기는 생각할수록 우리에게 고통스러운 것임에도 불구하고 그것을 덕이라고 말하려면, 우리는 그것을 바라볼 때 우리의 내적 혹은 순전히 주관적인 관점에만 의존할 수 없다. 그래서 어떤 성품의 성질이 유덕한가를 판단할 때, 흄에 따르면, 우리에게 필요한 것은 소위 "일반적인 관점 general point of view"이다(THN, 591쪽). 그것은 "사람들이 일관성 있는 도덕 판단을 내릴 수 있는 안정된 고정적 관점"을 가리킨다.[53] "그러므로 지속적인 모순을 피하고 사물에 대한 더 안정적인 판단에 도달하기 위해, 우리는 어떤 안정적이고 **일반적인 관점**을 정하고, 우리의 현재 상황이 어떠하든 우리의 사고에서 우리 자신을 이러한 관점에 놓는다."(강조는 필자)

이러한 일반적 관점은 우리의 도덕 판단의 대부분을 지배하는 일반적 규칙들로도 나타난다. 이 규칙들은 어떤 성품의 성질이나 행태의 공리 혹은 유용성에 대한 오랜 세월에 걸친 경험을 통해 수립된 것이다. 어떤 성품이나 행동의 성질에 대해 우리가 느끼는 승인이나 불승인의 감정, 말하자면 쾌락이나 고통은 우리의 특수한 관점을 넘어서 이러한 일반적 관점 혹은 일반적 규칙들에 따라 교정되어야 한다. 그리하여 우리는 적의 것일 지라도, 그것이 우리의 특수한 관점 혹은 "현재 상황"에서는 고통을 낳을 지라도, 용기라는 성질 혹은 덕에 대해 승인의 감정을 품을 수 있어야 한다. 흄에게 쾌락은 단순히 긍정적인 감각 혹은 흥분이지만, 이러한 일반적 관점으로부터 쾌락은 어떤 상황에서는 "적절하거나 부적절할 수 있다."[54] 덕의 기준으로서의 쾌락은 당연히 적절한 종류의 쾌락이다.

어떤 쾌락의 적절함과 부적절함을 구분하는 기준은 다시 쾌락이다. 더 정확히 말해서 그것은 개인이 아니라 사회의 쾌락 혹은 행복이다. 이러한 맥락에서 흄은 어떻게 이성이 폭군 살해나 사치나 자비로운 왕이나 자선 행위에 대한 우리의 견해를 교정하는지를 설명한다.[55] 이 사례들에서는 한편으로는 쾌락을 주지만 그것들이 산출할 고통스러운 결과를 제거함으로써 더 큰 쾌락이 산출된다. 요컨대 이성은 우리가 당장 사소한 쾌락에 현혹되지 않도록 돕는다. 벤담 역시 이러한 합리성의 명제에 넉넉한 힘을 실어준다. 만약 어떤 관행이 쾌락을 줄 수도 있으나 그것을 개혁하는 편이 더 큰 쾌락을 가져올 수 있다면, 이러한 개혁을 추구하는 것이 마땅한 방침이다. 그들 모두에게 공리는 공익public utility을 의미하고,[56] 그래서 궁극적 기준은 사회의 쾌락 혹은 행복이다.

이렇게 공리를 공익으로 간주하고 덕의 기준으로 제시함으로써, 흄은 '보편주의적'의 의미를 구성하는 핵심적 명제에 근접한다. 요컨대 다른 사람들 혹은 전체의 행복 혹은 쾌락을 증진하는 경향을 가진 성질이 유덕하다거나 도덕적으로 승인될 만하다는 판단의 기준을 제시한다. 게다가 그는 '공리' 개념에 명시적으로 쾌락주의적 의미를 부여한다. 이러한 점들을 근거로 그를 공리주의적 전통에 엮는 작업은 충분히 정당화된다고 보인다. 그런데도 그가 "전혀 공리주의자가 아니라는" 만만찮은 반론도 제기된다.[57] 엄밀히 말해서 그에게는 어떤 성질이 최대 좋음을 초래한다거나 공익을 위한 것이라거나 행복을 최대로 증진한다는 사실이 그 성질을 유덕하게 만드는 것은 아니다. 어떤 성질을 유덕하게 만드는 것은 그것이 우리에게서 어떤 일정한 종류의 감정을 일으킨다는 사실이다. 공리는 단순히 이러한 감정을 일으키는 성질 중 하나다. 그래서 공리가 덕의 주된 원천이자 기준이라는 말은 필연적으로 그것이 하나의 목적이라는 점을 의미하지는 않는다. 그것은 차라리 어떤 성질의 유덕함을 확인하는 수단일 뿐이다. 이러한 반론에도 불구하고 공리의 중요성에 대한 흄의 강조가 공리주의 전통의 전개에서 공헌한 바는 전혀 사소하지 않다.

벤담에 대한 논의로 넘어가기 전에, 허치슨의 제자이자 흄과 친구 사이였던 애덤 스미스(Adam Smith, 1723~1790)에 대해서도 간략히 언급하고자 한다. 로젠은 스미스의 『도덕감정론』[58]에 나오는 여러 관념이 벤담의 저술에서도 발견된다는 점을 근거로, 그를 "벤담 공리주의의 전조"라고 주장한다.[59] 예컨대 동기로서 자기애와 공감에 대한 강조, '쾌락'과 '고통' 개념의 사용, 고통의 회피에 대한 강조, 결과에 관한 관심, 공익의 추구, 덕에 대한 설명 등등이다. 그러나 허치슨과 흄의 중심적 주장과 대조되는 부분에서는 그를 공리주의 전통과 결부시키는 작업은 무척 난해해진다.

첫째, 스미스는 모든 덕을 자비심으로 환원하는 허치슨의 접근방식을 받아들이지 않는다. 왜냐하면 이러한 접근방식은 "타산, 경계심, 신중함, 절제, 지조, 견실함 등의 하위 덕목에 대한 우리의 승인이 어디서 나오는지"를 설명할 수 없기 때문이다(TMS, 304쪽). 그에게 자비심은 행동의 유일하게 유덕한 동기일 수 없다. "어쩌면 신에게는 자비심이 유일한 행동 원칙일지도 모른다 (⋯) 그러나 (⋯) 인간처럼 불완전한 피조물은 (⋯) 흔히 여러 다른 동기로부터 행동하는 것임이 틀림없다."(TMS, 305쪽) 말하자면 허치슨의 체계는 우리의 나약하고 불완전한 본성에 비추어 지나치게 많은 것을 요구하고 있다. "우주의 거대한 체계의 관리, 즉 모든 합리적 존재와 감성을 지닌 존재의 보편적 행복을 돌보는 것은 신의 관심사이지 인간의 관심사가 아니다."(TMS, 237쪽) 그래서 최대 다수의 최대 행복은 우리의 임무일 수가 없다. 이 부분에서 그는 '보편주의적'의 의미를 구성하는 핵심적 명제를 거부하는 것처럼 보인다.

둘째, 스미스는 공리가 덕의 원천이자 기준이라는 흄의 견해를 공격한다. 한편으로 그도 우리가 보편적으로 공리를 승인한다는 점에는 동의한다. "다행히도 자연은 실로 우리의 승인과 불승인의 감정을 개인과 사회 모두의 편의에 맞게 조정해둔 것처럼 보인다. (⋯) 아주 엄밀하게 고찰해보면, 이것이 보편적으로 사실이라는 점이 (⋯) 밝혀질 것이다."(TMS, 310쪽) 그러나 그는 즉시 공리가 "우리의 승인이나 불승인의 제일 혹은 주요 원천"이라는 점을 부정한다. 특히 그는 정의라는 덕이 어떤 식으로든 공리와 연관된다는 점을 강력히 부정한다. "어떤 성향의 유용성은 우리의 승인의 제일 근거가 아니고, (⋯) 승인의 감정은 항상 공리의 지각과는 별개로 적절성propriety에 대한 감각을 포함한다." 그에게 도덕 판단의 기준은 하나가 아니라 여럿이고 거기에는 공리도 포함되지만(TMS, Part 7), 공리보다는 여기서 미처 자세히 살펴보지 못할 '적절성' 개념에 더 큰 비중이 있다. 그에게 '공리'는 매우 예외적인 도덕적 승인의 원천이다.[60]

5. 전통과의 차별 혹은 단절

앞선 논의에서 나는 '공리' 개념을 중심으로 흄과 벤담 사이의 유사성에 주목했다. 그러나 그들 사이의 차이점도 절대 사소하지 않다. 예컨대 지난 세기의 대표적인 벤담 전문가인 하트H. L. A. Hart의 해석에 따르면, 벤담은 공리의 극대화를 강조하고 공리의 원칙을 성품보다는 행위, 법, 제도 등의 가치를 평가하는 비판적 기준으로 사용한 반면에, 흄은 "공리에 주목하지만 그것의 극대화에는 주목하지 않고, 그것을 **비판적** 기준이라고 말하지도 않는다."[61]

흄은 공리를 주로 "인간 행동에 제약을 가하는 기존의 관습과 규칙이 어떻게 생겨나서 유지되는가를 증명하는" 방편으로 사용했던 반면에, 벤담은 "공리의 원칙을 전반적 개혁 운동을 뒷받침하는 비판적 원칙으로 활용한다."[62] 하트의 논지를 다소 비약해서 요약하면, 벤담이 흄으로부터 취한 것은 그의 공리 개념이 아니라 그 낱말뿐이라는 것이다.

『서론』 이전에 『정부론』의 「초판 서문」에서, 벤담은 "옳고 그름의 척도는 최대 다수의 최대 행복이다"를 "근본 공리fundamental axiom"로 선언한다(FG, 227쪽). 그런데 로젠이 묻듯이, 어째서 그는 『서론』 1장의 제목을 '최대 행복 원칙에 대하여'가 아닌 '공리의 원칙에 대하여'라고 붙였는가?[63] 1822년 7월에 『서론』 1장의 첫머리에 덧붙인 각주에서, 그는 '공리의 원칙'이 "모든 이해당사자의 최대 행복이 옳고 마땅한 목적, 그것도 유일하게 옳고 마땅하며 보편적으로 바람직한 인간 행동의 목적이라고 말하는 **원칙**을 길게 말하는 대신에" 붙여진 명칭이라는 점을 명시한다. 그런데 '공리'로 '최대 행복'을 대체하게 되었지만, 오히려 그는 전자가 "**행복과 지복**felicity이라는 낱말만큼 분명하게 **쾌락**과 **고통**의 개념을 가리키지" 못하고, "**행복과 쾌락**이라는 개념과 (…) **공리**라는 개념 사이의 연관성이 충분히 명백하지 않다"는 문제가 있음을 지적한다(『서론』, 1장, 1절). 이 각주의 내용은 애초에 그가 '최대 행복' 대신 '공리'를 선택한 이유를 더욱 난해하게 만든다. 그러나 그의 정의에서 나타나듯이(『서론』, 1장, 3절), 그는 흄보다 더 확실하게 '공리'를 '행복' 및 '쾌락'과 직결시키고, 후자에 의해 대체될 수 있는 낱말로 인식한다는 사실은 분명하다.

벤담은 중요도를 가리지 않고 다른 사상가로부터 빌려온 개념이나 명제, 예컨대 '공리'와 '최대 다수의 최대 행복' 등의 출처를 정직하게 밝힌다. 그는 전자와 관련해서는 흄을, 후자와 관련해서는 체사레 베카리아(Cesare Beccaria, 1738~1794)와 허치슨을 거론한다. 이러한 출처를 토대로 다른 사상가가 그에게 미친 영향이나 그들 사이의 유사성을 추적하는 작업은 그의 학설에 대한 이해를 심화시키고 아주 오랜 사유의 흐름 가운데서 그의 위치를 발견하게 해준다. 이러한 작업을 통한 결론은 대체로 그는 최초의 공리주의자가 아니라는 것이다.[64] 그러나 그를 공리주의의 창시자로 인식하는 일반적 경향과 공리주의 일반에 대한 다소 정형화된 비판은 그와 이전 사상가들 사이의 차별성 내지는 단절의 양상을 조명함으로써 더 잘 설명될 수 있을 듯하다.

이러한 차별성 혹은 단절의 양상들 가운데 첫 번째로 주목할 만한 것은 인간 본성에 대한 벤담의 견해가 세월을 한참 거슬러 올라가 앞서 논한 사상가들이 반박하려 했던 홉스의 심리학적 이기주의psychological egoism와 더 유사하다는 인상을 준다는 점이다. 홉스의 이기주의에 대항하여 도덕의 철학적 토대에 관한 진지한 탐구가 일어났고, 앞서 살펴본 것처럼, 컴벌랜드는 '공동선'을 모든 도덕 규칙들의 목적으로 선언했으며, 샤프츠베리가 주창한 도덕감은 전체의 좋음에 명백히 해로운 행동을 허락하지 않았고, 허치슨은 도덕감의 자극을 자비심의 자극과 동일시했다. 흄 역시 인간 본성에 대한 이기주의적 견해를 거부했다. 그런데 벤담은 자신의 『서론』 1장을 다음과 같이 예의 유명한 구절로 시작하고 있는 것이다.

> 자연은 인류를 고통과 쾌락이라는 최고의 두 주인들이 지배하도록 하였다. 우리가 무엇을 행할까를 결정할 뿐만 아니라 우리가 무엇을 해야 하는가를 지시해주는 것은 오직 고통과 쾌락뿐이다. (⋯) 고통과 쾌락은 우리가 행하고 말하고 생각하는 모든 것을 지배한다. (⋯) 공리의 **원칙**은 이런 종속을 인정하며, 이를 이성과 법의 손길로 더없이 행복한 구조를 세우려는 목적을 지닌 체계의 토대라고 가정한다. 공리의 원칙에 의문을 제기하는 체계들은 분별이 아니라 소음을, 이성이 아니라 변덕을, 빛

이 아니라 어둠을 끌어들인다(『서론』, 1장, 1절).

　수많은 학자가 인용했던 이 구절에 대한 일반적 해석은, 벤담의 학설은 인간이 자연적으로 자신의 쾌락이나 행복만을 욕구하도록 만들어졌다는 명제, 말하자면 홉스식의 심리학적 이기주의의 명제와 밀접하다는 것이다.[65] 그러나 이러한 해석은 다분히 인위적이고 용어상의 중대한 혼동을 내포하고 있다. 위의 구절에서 그는 일체의 인간 행동을 자극하는 유일한 동인은 쾌락과 고통이라고 말한다. 그런데 더 자세히 들여다보면, 이 구절은 그 동인이 누구의 쾌락과 고통인지는 말하지 않는다. 다시 말해서 그것은 생각을 포함한 인간의 모든 육체적·정신적 활동은 그것이 나의 것이든 다른 사람의 것이든 쾌락과 고통에 대한 자연적 반응으로서 일어난다는 심리적 사실 혹은 현상에 관한 기술일 뿐이다.

　시지윅은 '심리학적 쾌락주의'와 '이기주의적 쾌락주의'의 구별을 주장하면서 다음과 같이 말한다. "나의 결론은 나 자신의 쾌락이나 고통의 부재가 항상 나의 행동의 실천적인 궁극적 목적이라는 심리학적 명제와 나 자신의 최대 행복이나 쾌락이 나에게 **옳은** 궁극적 목적이라는 윤리학적 명제 사이에는 필연적 연관이 없다는 것이다."(ME, 40쪽) 만약 전자의 명제, 즉 **나 자신**의 쾌락이나 고통의 부재가 **나의** 행동의 실천적인 궁극적 목적이라는 명제가 그가 생각하는 '심리학적 쾌락주의'를 정의한다면, 위의 인용에서 벤담이 말한 바는 '이기주의적 쾌락주의'와는 전혀 관련이 없을 뿐만 아니라, '심리학적 쾌락주의'에도 해당되지 않는다. 따라서 그의 학설이 소위―시지윅이 말하는―'심리학적 쾌락주의'를 전제하고 있으며, 이 전제로부터 전체의 행복을 명령하는 보편주의적 도덕 원칙, 즉 공리의 원칙을 도출하는 과정은 절대 순탄치 않으리라는 비판은 재고될 필요가 있다.

인간은 누구의 것이든 쾌락과 고통에 반응한다. 이러한 반응의 강도는 사람에 따라서, 그리고 누구의 쾌락 혹은 고통인가에 따라서 다를 수 있다. 밀이 말한 것처럼, 한편으로 벤담은 전체 혹은 다른 사람들의 쾌락과 고통을 향하는 인간의 사회적 감정이 "대다수 개인들에서 그들의 이기적 감정보다 훨씬 힘이 약하고, 때로는 전혀 없다"는 점을 인정한다.[66] 그렇지만 그는 인간이 자연적으로 자신의 쾌락과 고통에만 관심을 가진다는, 즉 시지윅이 말하는 '심리학적 쾌락주의'를 명시적으로 주장한 적이 없다. 어떤 사람은 상대적으로 전체의 행복과 쾌락에 대해 다른 사람보다 더 강한 관심과 반응을 나타낼 수 있다. 물론 그 반대의 경우도 가능하다. 결론은 그들 모두가 자신과 관련된 것이든 다른 사람들과 관련된 것이든 쾌락과 고통에 반응한다는 것이다.

이와 관련하여 두 번째로 주목할 만한 차별성 혹은 단절의 양상은, 벤담의 체계에 이르러 인간의 좋음 혹은 궁극적 목적의 개념 안에서 완전성 혹은 덕과 행복 혹은 쾌락의 병렬이나 경합은 종결된다는 점이다. 말하자면 인간의 좋음 혹은 궁극적 목적에 대한 거의 완벽한 쾌락주의적 해석에 도달한다. 그는 전통적으로 주목해온 다양한 덕목을 '타산prudence', '성실 probity', '선행beneficence'이라는 범주로 분류하여 단순화한다. 타산은 자기와 관계된 행동에 적합한 덕이고, 성실은 다른 사람들에게 해를 끼치지 않는 행동에 적합한 덕이고, 선행은 다른 사람을 적극적이고 효과적인 방식으로 도우려는 행동에 적합한 덕이다. 예컨대 절제, 용기, 관대, 진실 등의 덕은 타산의 항목에 속한다(Deontology, 187쪽).

전통적 덕목의 이러한 단순화는 『서론』 10장에서 전개된 '동기' 개념에 대한 분석에서 이미 시도된 바다. 벤담은 행동을 자극하는 원인 혹은 동기를 '사회적social' 동기, '반사회적anti-social' 동기, '자기와 관계된self-regarding' 동기로 구분하고, 다시 '사회적' 동기를 '순수하게 사회적인

purely social' 동기와 '준사회적인semi-social' 동기로 구분한다. 이것들 가운데 '반사회적' 동기는 덕일 수 없다. 여기서 신체적 욕망, 금전적 이익, 권력에 대한 갈망, 감각적 고통에 대한 두려움 등을 포함하는 '자기와 관계된' 동기는 타산의 덕에 대응한다. 명성에 대한 사랑, 친목 관계에 대한 욕망, 종교 등을 포함하는 '준사회적' 동기는 성실의 덕에 대응한다. 선의goodwill 혹은 자비심만을 포함하는 '순수하게 사회적인' 동기는 선행의 덕에 대응한다(『서론』, 10장, 34~35절). 이러한 분석의 결론에서, 그는 이러한 동기들에서 나온 명령이 '순수하게 사회적인', '준사회적인', '자기와 관계된', '반사회적인' 순으로 공리의 원칙 명령과 일치한다고 정리한다.

벤담에게 "쾌락은 그 자체로 좋은 것"인 반면에(『서론』, 10장, 10절), 어떤 종류의 동기도 그 자체로는 좋거나 나쁘다고 말할 수 없다. 동기의 좋음과 나쁨은 그것이 유발하는 혹은 유발하는 경향을 가진 행동의 결과, 즉 쾌락과 고통에 따라서만 결정된다. 마찬가지로 소위 덕의 가치는 개별적 사례에서 그것이 동기로 작용하여 일으키는 행동의 결과에 달려 있다는 점에서 의존적 혹은 수단적 가치다. 앞서 말한 것처럼, 그는 광범위하고 최대로 확장된 자비심 혹은 선의의 명령은 공리의 명령과 아주 확실하게 일치한다는 점을 인정한다. 이 점에서 그는 모든 덕을 자비심으로 환원하는 허치슨의 입장을 공유하는 것처럼 보일 수도 있다. 그러나 이러한 자비심의 덕은 그 자체로 좋은 것이 아니고, 동기로 작용하더라도 쾌락 혹은 행복과 경합할 수 있는 대상도 아니다. 왜냐하면 그에게 인간 행동의 직접적 동기로 작용할 수 있는 것은 오직 쾌락과 고통에 대한 관념뿐이기 때문이다(『서론』, 10장, 9절).

두 번째와 역시 밀접히 연관된 세 번째 차별성 혹은 단절의 양상은, 시지윅이 지적하듯이, "벤담의 시대에 이르러서야 공리주의는 **행위** 결정의 방법으로서 제안"된다는 점이다(ME, 86쪽. 강조는 필자). 오늘날 공리주의는 행위의 옳음과 그름의 기준을 제시하는 윤리이론으로 이해된다. 그런데 소위 공리주의 전통에 속한다고 간주되는 사상가들은 도덕적 탁월성 혹은 덕은 '품성상태hexis'라는 아리스토텔레스의 정의와 뿌리 깊은 유대관계를 간직하고 있었다. 한편으로는 유덕함을 전체의 좋음 혹은 행복에의 기여와 연결하면서도, '유덕하다'는 표현은 샤프츠베리의 경우에는 이타적 감정에, 허치슨의 경우에는 이타적 동기에, 흄의 경우에는 주로는 성품의 성질에 적용된다. 요컨대 그들의 체계에서 도덕적 평가의 일차적 대상은 행위보다는 감정·동기·성품이었다. 적어도 행위가 도덕적 평가의 유일한 대상은 아니었던 것이다.

벤담은 이러한 지배적 경향을 극적으로 반전시킨 거의 최초의 인물이라고 평할 수 있다. 적잖은 분량의 『서론』에서 예컨대 성품character이란 낱말은 전혀 등장하지 않는다. 그리고 그는 샤프츠베리나 허치슨 등이 주창한 도덕감 이론을 다음과 같이 풍자한다. "어떤 사람은 무엇이 옳고 그른지 자신에게 말해줄 목적으로 만들어진 무언가를 가지고 있다고 말한다. 그것은 도덕감이라고 불린다. 그리고 그는 편안하게 일하러 가서 이러한 것은 옳고 저러한 것은 그르다고 이야기한다. 왜? '왜냐하면 나의 도덕감이 그렇다고 말해주니까'"(『서론』, 2장, 14절) 한마디로 그가 생각한 도덕감은 옳고 그름에 대한 제멋대로의 기준이다. 그리고 앞서 충분히 설명한 것처럼, 벤담에게 동기는 오직 개별적 사례에서 그것이 유발한 행동을 통해서 옳거나 그르다가 아니라 좋거나 나쁘다고 평가된다.

벤담에게 옳고 그름, 즉 도덕적 판단의 대상은 오직 행동이다. 이것은 그의 공리 원칙의 정의에서 분명히 드러난다.

공리의 원칙은 이해당사자의 행복을 증가시키거나 감소시키는 것처럼 보이는, 혹은 달리 말해서 그의 행복을 증진하거나 방해하는 것처럼 보이는 경향에 따라서 각각의 행동을 승인하거나 불승인하는 원칙을 의미한다. 나는 일체의 모든 행동에 대해 말하는 것이다. 그러므로 한 사인私人의 모든 행동만이 아니라 정부의 모든 **수단**measure에 대해 말하는 것이다(『서론』, 1장, 2절).

이 정의에서 가장 주목할 만한 단어는 물론 '행동action'이다. 그런데 여기서 '행동'은 개인이 자신의 육체를 움직이는 활동만이 아니라 정부의 모든 '수단', 요컨대 법·정책·제도 등을 포함한다. 따라서 도덕적 판단 혹은 승인과 불승인의 대상은 감정·동기·성품과 같은 내적 자질로부터 개인의 행위와 정부의 법·정책·제도를 포함하는 외적 행동으로 바뀐다.

이러한 변화 가운데 눈에 띄는 결과는 도덕의 외연 확장이다. 물론 내적 자질을 제외한다는 점에서는 외연 축소라고 말할 수도 있으나, 개인의 행위만이 아니라 집단의 행동도 포함하게 되었다는 점에서 외연 확장이라고 말할 수 있다. 이러한 확장 자체를 또 하나의 차별성 혹은 단절의 양상이라고 말할 수 있고, 그것은 앞의 다른 양상보다 어쩌면 더 중요하다고 볼 수 있다. '행동', 즉 도덕적 평가의 대상에 정부의 법·정책·제도를 포함함으로써, 벤담의 도덕 개념은 정치학·경제학·법학 등의 공적 영역으로 확대된다. 앞서 살펴본 사상가들은 도덕을 전체의 최대 좋음의 증진과 결부시키면서도 도덕적 판단의 일차적 혹은 주된 대상을 한 개인이 품은 감정·동기·성품으로 설정함으로써, 그들이 제시한 도덕적 기준은 전통적인 좁은 의미의 윤리, 즉 사적 윤리private ethics의 영역을 크게 벗어나기 어렵다는 결과를 초래한다. 이에 반해 벤담의 '행동' 개념은 개인의 내부 세계의 조화가 아니라 외부 세계에 대한 비판과 개선을 지향하는 공적 윤리public ethics로의 진출로를 확보한다.

6. 공적 윤리와 입법 과학

'행동'을 개인의 행위만이 아니라 정부의 법·정책·제도 등을 포함하는 광의의 개념으로 확장한다는 점과 이러한 행동을 도덕적 평가의 유일한 대상으로 설정한다는 점은 그 자체로도 중대한 차별성 혹은 단절의 양상이지만, 더 중요한 점은 그것들이 앞서 살펴본 사상가들과 벤담 사이의 근본적 관심사의 차이를 밝혀준다는 데 있다. 그는 공리의 원칙을 도덕의 영역이든 정치의 영역이든 인간 행위의 옳고 그름의 참된 기준으로 제시한다. 「서문」의 마지막 문장에서 드러나듯이, 『서론』의 중심 주제는 "입법 과학legislative science"이다. 전체의 행복의 극대화를 명령하는 공리의 원칙은 개인들이 자신의 삶에서 행해야 할 행위만이 아니라 입법자가 제정해야 할 법률과 제도를 결정한다.

그런데 시지윅이나 하트가 지적한 것처럼, 사적 윤리에 대한 논의에서 벤담은 사인私人에게 옳고 그름의 기준은 전체의 행복이 아니라 그 자신의 행복을 극대화하는 것이라고 말하는 것처럼 보인다(ME, 88쪽).[67] 그는 『서론』에서 입법 기술 혹은 과학과 사적 윤리의 차이점을 다음과 같이 요약적으로 서술한다.

> 사적 윤리는 어떻게 각 사람이 저절로 주어지는 동기에 의해 자기 **자신의 행복**에 가장 도움이 되는 행동을 추구할 수 있는지를 가르친다. (…) 입법 기술은 어떻게 한 사회를 구성하는 다수의 사람이 입법자가 적용하는 동기에 의해 전체 사회의 행복에 전체적으로 가장 도움이 되는 행동을 추구하도록 할 수 있는지를 가르친다(『서론』, 17장, 20절. 강조는 필자).

이 진술은 마치 개인과 입법자에게 서로 다른 혹은 이중적인 기준을 제시하는 것처럼 보일 수 있다. 대표적으로 라이언스David Lyons의 해석에 따르면,[68] 벤담의 공리주의는 개인과 입법자에게 같은 것을 요구하지 않는다. 그것이 요구하는 것은 행위자 자신이 통제할 수 있는 사람의 행복을 극대화하라는 것이다. 그래서 개인에게는 그것이 자기 자신이고, 입법자에게는 그것이 자기 공동체의 구성원들이다.

이러한 두 기준은 충돌할 수 있다. 한 개인에게 자기 자신의 행복에 가장 도움이 되는 행동과 전체 사회의 행복에 가장 도움이 되는—요컨대 입법자가 요구하는—행동이 다를 수 있다. 라이언스는 그것들의 이러한 충돌에 대한 벤담의 해법은 그것들이 장기적 이익에 대한 안목을 통해 자연적으로 조화된다는 것이라고 주장한다. 요컨대 "자기 자신의 행복을 도모하는 사람은 항상 자기 동료의 행복을 도모할 것"이라는 말이다.[69] 시지윅 역시 유사한 해석을 제시한다. 그는 벤담이 "순전히 세속적 관점에서 보더라도 전체의 행복에 가장 도움이 되는 방식으로 행동하는 것이 항상 개인의 진정한 이익이라는 학설을" 취함으로써 이중적 기준 혹은 원칙의 화해를 도모한다고 논한다(ME, 88쪽).

그러나 이러한 해석은 벤담의 체계에서 사적 윤리와 입법 기술의 관계에 대한 잘못된 이해에 의존하고 있다. 우선 그는 행동을 공익의 기준에서 판단되는 공적 행동과 사익의 기준에서 판단되는 사적 행동으로 엄밀하게 구분하지 않는다. 앞서 공리 원칙의 정의에서 본 것처럼, 그의 '행동' 개념은 일체의 인간 행동을 포함하고 있고, 이러한 행동의 옳고 그름을 결정하는 기준은 단일한 원칙, 즉 전체의 최대 행복의 추구를 명령하는 공리의 원칙이다. 그의 체계에서 사적 윤리는 개인에게 적용될 옳고 그름의 기준을 세우는 것이 아니다. 그 기준은 이미 공리의 원칙에 의해 결정되어 있다. 그리고 그는 라이언스나 시지윅이 말하는 것처럼 공익과 사익의 자연적 조화를 가정하지도 않는다.[70] 왜냐하면 그가 생각하는 입법자의 핵심적 역할은 "사람들이 자연적으로 하지 않으려는 일들을 행하도록 유도할 동기를 부과하는 것"이기 때문이다.[71] 그렇다면 사적 윤리는 "개인들이 배워야 할 자기 수양 혹은 자기 결정의 기술이나 기교"[72] 내지는 "유일한 궁극적 목적, 즉 전체의 행복에 도달하기 위한 **보조적**auxiliary 방법"일 뿐이다.[73]

한 개인의 행위를 옳거나 그르다고 말하는 것, 즉 그것에 대한 도덕적 평가는 오직 그것의 공리, 즉 그것이 전체의 행복에 어떤 영향을 미치는가에 달려 있다. 한 개인이 자기 자신의 행복을 도모하는 방향으로 자신의 운명을 결정하는 기교는 전혀 도덕적 문제가 아니다. 도덕적 문제는 개인의 행위든 정부나 입법자의 행위든 전체의 행복 혹은 쾌락을 증진하는가 아니면 감소시키는가 하는 물음이다. 벤담은 『서론』의 전반부를 인간이 느끼는 쾌락과 고통의 종류, 쾌락과 고통의 감수성에 영향을 미치는 요인, 인간의 행위에 영향을 미치는 의도·의식·동기·성향 등의 심리학적 분석에 할애한다. 이러한 심리학적 분석의 궁극적 용도는 입법자나 정책결정자가 "이성과 법의 손길로 더없이 행복한 사회구조를 세우려는 목적"을 달성하기 위해 반드시 인지해야 할 인간 본성에 대한 기초 정보를 제공하는 것이다. 요컨대 인간 본성에 대한 분석 자체는 그의 근본적 관심의 대상이라기보다는 위의 목적을 추구하기 위한 수단일 뿐이다.

지금까지 살펴본 차별성 혹은 단절의 양상은 벤담이 이전 사상가로부터 받은 영향과 그들 사이의 유사성 및 연결고리의 철학적 의미를 무효로 만들거나 완전히 상쇄하지는 않는다. 그렇지만 중요한 것은 그의 진정한 철학적 야심은 자신이 다른 사상가로부터 취사선택한 아이디어들을 독창적으로 조합하여 "이성과 법의 손길로 더없이 행복한 사회구조를 세우려는 목적"에 부합하는 입법 과학을 수립하는 것이었다는 점이다. 정리하자면, 그의 사상은 그 바탕부터 주로 법과 제도를 비롯한 공적 영역에 대한 비판과 변혁을 지향하고 있었다. 이 저서 전반에 걸쳐 나는 그의 진정한 관심사가 도덕의 철학적 기초에 관한 탐구에만 머물지 않았으며, 그 탐구 또한 자신의 진정한 관심사를 추구하기 위한 사전 작업이었다는 인식을 견지할 것이다.

제 2 장

자유와 통제

제 러 미   벤 담 과   현 대

1. 엇갈린 해석들

무언가의 가치는 그 자체로는 잘 보이지 않는 경우가 많다. 그것은 흔히 다른 무언가의 가치와 충돌하거나 비교되는 상황에서 드러난다. 자유의 가치도 마찬가지다. 자유는 종종 그 자체로 내재적 가치를 지닌다고 주장된다. 그러나 그 가치는, 예컨대 생명보존이나 안전 혹은 상호협력을 통한 공익이나 사회복지의 추구라는 가치와 경합하는 상황에서 우리의 진지한 관심 속으로 들어온다. 이렇게 우리 관심 속으로 들어온 자유의 가치에 대한 견해들은 계몽주의 시대 이래로 엄청나게 광범위한 스펙트럼을 만들어냈다. 그 스펙트럼 속 견해들 가운데 그 어떤 것을 취하더라도, 오늘날 자유의 가치와 그에 대한 기본적 권리는 전체 사회의 복지나 공익의 추구라는 명목으로 상쇄될 수 없는 것이라는 인식이 지배적이다.

　바로 이러한 지배적 인식의 차원에서 공리주의에 대해 끊임없이 제기된 가장 강력한 비판 중 하나는, 그것이 자유라는 개인의 기본적 권리에 대해 납득할 만한 설명과 합당한 권위를 제공할 수 없다는 것이다. 롤즈의 해석에 따르면, 공리주의 일반은 개인의 타산적 합리성을 사회적 선택의 원리로 채택한다. 다시 말해 일개인의 차원에서 미래의 더 큰 복지를 위해 현재의 사소하거나 더 작은 만족을 포기하는 것이 합리적인 것처럼,

존 롤즈

"불편부당한 관망자" 혹은 공리주의적 입법자의 관점에서는[1] 전체 사회나 다수의 더 큰 이익을 위해 소수의 사소하거나 더 작은 이익을 희생시키는 것이 합리적일 수 있다.[2] 그래서 만약 문제의 이익이 개인의 자유라면, 그 관망자 혹은 입법자의 선택은 특정 소수자의 자유를 억압하는 결과를 낳을 수 있다. 공리주의에 대한 이러한 비판은 국내에서 큰 반향을 불러일으켰던 마이클 샌델의 『정의란 무엇인가』를 통해 일반 대중에게까지 마치 공식적인 해석처럼 각인되고 있다.[3]

설령 개인이 누릴 수 있는 자유를 그 개인뿐만 아니라 전체 사회의 복지에서 중대한 요소로 간주하더라도, 공리주의는 전체 사회의 복지를 극대화하는 가장 효율적인 방법으로서 결국 권위주의적 통제에 의존하리라는 것이 위와 같은 비판의 또 다른 결말이다. 이러한 맥락에서 공리주의는 개인의 자유에 대해 기껏해야 종속적 혹은 수단적 가치만을 부여하는, 요컨대 본질적으로 반자유주의적anti-liberal 사상으로 비칠 수 있다.[4] 이러한 비판의 가장 전형적인 대상은 다름 아닌 벤담이었고, 그의 사상의 여러 자유주의적 면모에도 불구하고 오랜 세월 그를 자유주의 사상가의 대열에서 배제하는 해석이 우위를 점해온 듯하다.

그런데 최근에는 벤담의 자유 개념에 대해 엇갈리는 해석을 개진하는 두 진영의 세력이 어느 정도 균형을 이루고 있는 것으로 보인다. 한쪽은, 위의 비판처럼, 그의 사상에서 반자유주의적 혹은 권위주의적인 면모를 부각하는 진영이고, 다른 쪽은 그의 사상에서 자유주의적 혹은 개인주의적인 면모를 발굴하려는 진영이다. 상대적으로 예전부터 있었던 전자 진영의 해석자들은 벤담의 전반적 성향을 대체로 "원칙적 혹은 구조적 간섭주의interventionism"로 규정한다.[5] 이러한 성향은 사람들이 인류공영이라는 거시적 목적을 지향하도록 인도할 합리적 제도와 정책을 구축하려는 계몽주의 기획에 바탕을 두고 있다. 이에 반해 상대적으로 최근에 성장한 후자 진영의 해석자들, 이른바 '수정주의자revisionist'들은 벤담의 공리주의가 개인의 자유, 평등, 불가침성과 같은 자유주의적 가치를 포용할 뿐만 아니라, 그의 체계 내에서 공리의 요구와 자유의 요구가 양립할 수 있다는 다분히 호의적인 논변을 펼친다.

다시 전자 진영의 해석자들은 더욱 광범위하게 벤담이 사회적·경제적·정치적 문제 전반에 대해 이른바 국가통제주의적statist 태도를 보인다고 주장한다. 이러한 주장을 뒷받침하는 논리는 상당히 단순하다. 그가 주창한 공리의 원칙이 명령하는 것, 즉 전체 사회의 행복 혹은 복지라는 궁극적 목적과 이 목적을 실현하기 위해 구성된 법체계를 생각해보면, 개인의 자유는 사회질서 안정의 확보보다 아래에 있어야 한다. 왜냐하면 사회질서 안정의 확보 없이는, 다시 말해서 안정적—다분히 통제적인—법체계의 기반 없이는 자유의 향유란 불가능하기 때문이다.

이에 반해 후자 진영의 해석자들은 벤담에게 "법의 목적"은 "**자유를 보존하고 증대하는 것**"이라는, 그 자신의 언명을 원용한다.[6] 그에게 전체 사회의 행복 혹은 복지는 그 사회를 "구성하는 여러 구성원의 이익[즉 행복 혹은 쾌락]의 총합"이고, "개인의 이익이 무엇인지 이해하지 못하고 공동체의 이익을 이야기하는 것은 헛수고다."(「서론」, 1장, 4절) 이 말은, 만약 자유가 개인에게 중대한 이익이라면, 그것을 보존하고 증대하는 것이 결국 전체 사회의 이익을 증가시키는 것, 즉 공리의 원칙이 명령하는 바라는 주장을 함축할 수 있다. 요컨대 공리의 원칙은 오히려 자유의 보존과 증대를 명령한다.

한 사상가의 특정 개념에 대해 이렇게 극적으로 상반된 해석이 존재하는 현상에 대해 두 가지 물음을 제기할 수 있다. 하나는 각각의 해석이 의존하는 전거典據와 그것의 이해방식에 대한 물음이다. 다른 하나는 더 근원적으로 이렇게 상반된 해석이 존재하는 이유에 대한 물음이다. 전자의 물음에 관한 탐구가 이 장의 중심 내용을 구성한다. 이 탐구에서 나는 우선 양 진영의 전거와 접근법을 간략하게 정리하고 양 진영의 해석이 가진 장단점을 평가해보고자 한다. 후자의 물음에 관한 탐구는 이 장의 결론 부분에 해당한다. 이 탐구에서 나는 그 물음에 대한 몇 가지 가능한 대답을 검토하고 상반된 해석이 존재하는 근본 이유에 대한 소견을 밝히고자 한다.

2. 통제와 조종

개인의 기본적 권리문제와 관련하여 벤담을 비판하는 학자들은 종종 그가 공공연하게 자연권natural rights의 존재 자체를 거부한 사실에 주목한다. 철학적 배경이 아무리 다를지언정, 자연권 사상이 오늘날 인권human rights 논의의 실마리를 제공한다는 점은 부정할 수 없다. 벤담이 이러한 자연권을 부정했다는 결정적 논거는 『서론』뿐만 아니라 다른 여러 저술에서도 발견된다. 우선 『서론』에서는 '자연적'이라는 낱말 자체의 의미에 대해 심각한 의문과 비판을 제기하는 대목에 있다.

> 이러저러한 행동을 종종 부자연스럽다unnatural는 이유로 배척하는 것은 반감의 원칙에 따르는 것이다. (…) '부자연스러운'이 무언가를 의미한다면 그것은 '드물다'는 의미일 것이다. (…) 따라서 '부자연스러운'은 아무것도, 행위 자체에 있어서 아무것도 의미하지 않는다. 다만 그것에 관해 이야기하는 사람의 성향을 말해줄 뿐이다. (…) [나의 분노를 살만한] 행위는 부자연스러운, 즉 자연을 거스르는 행위다. 왜냐하면 내가 그것을 행하고 싶지 않으며, 결국 내가 그것을 행하지 않기 때문이다. 그

러므로 그것은 다른 모든 사람의 본성을 거스르는 행위임이 틀림없다.

이 모든 (…) 사고방식과 논증방식은 공통적으로 독재의 가면과 구실과 자양분이 됨으로써 해악을 끼친다. 그 결과 가장 순수한 성질의 의도를 가진 사람이 흔히 자기 자신이나 동료들에게는 골칫거리가 된다. (…) 자신처럼 생각하지 않거나 그렇게 생각한다고 고백하지 않는 모든 사람에게 타락과 불성실이라는 낙인을 찍을 것이다(『서론』, 2장, 14절).

물론 여기서 비판의 주된 대상은 자연권이 아니라 자연법natural law 사상이다. 벤담은 소위 자연법이라는 명목으로 제시된 도덕 원칙은 그가 공리의 원칙과 대립하는 원칙들 가운데 하나로 규정한 "공감과 반감의 원칙," 그의 다른 표현으로 "변덕의 원칙"과 마찬가지로 순전히 주관적인 감정이나 성향이나 습관에 의존한다고 지적한다(『서론』, 2장, 11절). 더 나아가 그는 소위 '자연법'의 권위가 현실에서 어떻게 악용될 소지가 있는가를 밝힘으로써, 이것이 도덕의 참된 토대가 될 수 없다고 역설한다. 이러한 논지는 '자연권' 개념에도 거의 그대로 적용될 수 있다. 문제는 자연법이든 자연권이든 그것들 안에서 사용되는 '자연적'이라는 낱말의 허구성에 있기 때문이다.

그가 자연권을 거부한다는 관찰의 더 직접적이고 더 잘 알려진 전거는 다음 문헌에서 발견된다.

권리의 결핍으로부터 발생하는 행복의 결핍에 비례하여, 권리라는 것이 있기를 바라는 이유가 존재한다. 그러나 권리라는 것이 있기를 바라는 이유가 권리인 것은 아니다―어떤 권리가 수립되기를 바라는 이유가 권리인 것은 아니다―결핍이 공급은 아니다―배고픔이 빵은 아니다.

존재하지 않는 것은 파괴될 수 없다―파괴될 수 없는 것은 그것이

파괴되지 않도록 무언가를 요구할 수 없다. 자연권은 순전한 헛소리다. 자연적이고 불가침한 권리는 수사적 헛소리—과장된 헛소리다.[7]

뒤에서 다시 언급하겠지만, 그가 자연권을 "순전한 헛소리nonsense upon stilts"라고 비난한 사실보다 그가 그것을 이렇게 비난하게 된, 특히 프랑스 혁명(1789)과 관련된 역사적 배경을 이해하는 것이 더 중요할 수도 있다. 그러나 현대의 인권 개념과 자유주의가 자연권 사상과 깊이 결부되어 있다는 점에서, 이 사상에 대한 거부 반응은 그가 반자유주의적, 더 나아가 반인권적 사상가라는 인상을 뒷받침하는 결정적 요소다.

그러나 자연권 사상을 거부하는 것과 그 사상에서 옹호하는 권리를 거부하는 것은 전혀 다른 문제로, 필히 구별되어야 할 사안이다. 자연권 사상에 대한 벤담의 거부를 생명, 자유, 사유재산 등에 대한 권리의 중요성을 부정한다는 의미로 받아들이는 것은 확실히 섣부르고 일방적이다. 기존의 여러 도덕 체계를 비판하는 맥락에서, 위에서 본 것처럼, 그는 '자연적'을 그 의미가 불확정적이고 충분한 일관성을 기대할 수 없는 다수의 '감정'을 포장하는 표현이라고 이해한다. 따라서 적어도 객관성과 일관성을 신조로 삼는 공리주의의 원칙보다 '자연적'이라는 수식어를 포함하는 원칙이 옳고 그름의 합당한 기준일 수는 없다. 이러한 맥락에서 그가 거부하는 주된 대상은 자연권 사상이 도덕적 권리를 표현하는 방식과 그 권리를 뒷받침하는 논리일 뿐이지, 그 사상에서 옹호하는 권리 자체의 중요성은 아니라고 말할 수 있다.

그렇지만 벤담의 사상에 대한 반자유주의적 해석은 도덕과 법률에 대한 그의 이론에 전방위적으로 걸쳐 있다. 롤즈를 비롯한 여러 학자는 그의 공리주의를 소위 '행위-공리주의act-utilitarianism'의 전형으로 간주하면서,

행위-공리주의에 대한 일반적 비판, 즉 정의론의 중심인 도덕적 권리와 이러한 권리의 평등한 분배에 대해 합당한 설명을 제공할 수 없다는 비판을 그에게도 적용한다.[8] 그리고 벤담의 법률 관련 저술, 특히 빈민법Poor Law 관련 저술은 그의 공리주의 이론이 가진 심각한 결함을 드러내는 전범으로 간주된다. 그 저술은 공공선 혹은 공익을 위해 소수의 자유의 희생을, 즉 효율성과 통제라는 공리주의적 덕목의 실현을 위해 자유와 자립이라는 가치의 희생을 정당화하는 것으로 읽힌다.[9] 예컨대 롱D. G. Long의 주장에 따르면, 벤담은 자유보다는 안전보장security을 강조했고, 후자에 대한 강조는 자율성autonomy과 다양성diversity이라는 자유주의적 가치를 배제한다.[10] 더 나아가 안전보장에 대한 강조는 강압과 통제라는 관념을 불러들이는데, 많은 비판자는 이것이 그의 법이론에서 특징적이라고 주장한다.

공리의 요구에 따라, 특히 법과 관련된 한에서, 최우선적 고려사항은 안전보장이어야 한다. 자유는 항상 그 아래에 놓여야 한다. 만약 안전보장이 공리 극대화의 불가결한 요소라면, 시민들 사이에서 안정적 행동 패턴을 창출할 필요가 있고, 이러한 행동 패턴은 각종 제재와 그들의 행동을 조종할 장치를 고안하여 반사회적 활동을 억제함으로써 얻어지는 것이다. 따라서 법은 필시 강제성을 띠어야 하고, 바로 그 점에서 자유와 대립하게 된다. 벤담의 관점은 기본적으로 전체 사회의 복지 혹은 공익을 도모하는 정책과 제도를 고안하려는 입법자의 관점이다. 입법자의 인도가 없는 상태에서, 개인의 자유란 행복의 산출과 증대를 위한 신뢰할 만한 동인이 아니다.

전자의 비판적 성향의 학자들은 벤담의 전반적 관점을 '전제주의despotism', '전체주의totalitarianism', '집단주의collectivism', '부권주의paternalism' 등의 대체로 부정적 함의를 가진 용어로 표현한다.[11] 이렇게 다양한 표현은,

DE RECHTEN VAN DEN MENSCH EN VAN DEN BURGER.
1795.
HET EERSTE JAAR DER BATAAFSCHE VRYHEID.

ARTICUL I.
Alle Menschen worden met gelyke Rechten gebooren en deze Natuurlyke Rechten kunnen hun niet ontnomen worden.

II.
Deze Rechten bestaan in Gelykheid, Vryheid, Veiligheid, Eigendom en Tegenstand aan Onderdrukking.

III.
De Vryheid is de magt welke aan ieder Mensch toekomt om te mogen doen al het gene anderen in hunne Rechten niet stoort; de Natuurlyke bepaaling der Vryheid bestaat derhalven in deze stelling DOE NIET AAN EENEN ANDEREN HETGENE GY NIET WILT DAT AAN U GESCHIEDE.

IV.
Het is dus ieder geoorloofd zyne gedagten en gevoelens aan anderen, het zy door middel van de Drukpers, of op eenige andere wyze, te open baaren.

V.
Ieder Mensch heeft het Recht om God zodanig te dienen als hy wil; zonder daarin, op eenigerlei wyze, gedwongen te kunnen worden.

VI.
De Veiligheid bestaat in de zeekerheid van door anderen niet gestoord te zullen worden in het uitoeffenen van zyne Rechten, noch in het vreedzaam bezit van wettig verkreegene eigendommen.

VII.
Ieder moet stem hebben in de Wetgevende Vergadering der geheele Maatschappy; het zy persoonlyk, het zy door eene, by hem mede gekozene, Vertegenwoordiging.

VIII.
Het oogmerk van alle Burgerlyke Maatschappyen moet zyn, om aan de Menschen het vreedzaam genot van hunne Natuurlyke Rechten te ver zeekeren.

IX.
De Natuurlyke Vryheid van alles te mogen doen wat anderen in hunne Rechten niet stoort, kan nimmer verhinderd worden, dan wanneer het oogmerk der Burgerlyke Maatschappy zulks volstrektelyk vordert.

DE WET

ARTICUL X.
Diergelyke bepaalingen der Natuurlyke Vryheid mogen niet gemaakt worden, dan door het Volk, of des zelfs Vertegenwoordigers.

XI.
Niemand kan derhalven verpligt worden, iets van zyne byzondere eigendommen aan het algemeen te moeten afstaan, of op offeren; zonder dat zulks door den wil des Volks, of van des zelfs Representanten, uitdrukkelyk bepaald zy, en naa eene voorafge gaane schaevergoeding.

XII.
De Wet is de vrye en plegtige uitdrukking van den algemeenen wil; zy is voor allen gelyk, het zy om te straffen, het zy om te beloonen.

XIII.
Niemand mag gerechtelyk beschuldigd, gearresteerd en gevangen gezet worden, dan in zodanige gevallen en volgende zodanige formaliteiten als welke, door de Wet zelve, te vooren bepaald zyn.

XIV.
Ingevalle het noodzaakelyk geoordeeld wordt iemand te vangen te neemen, mag een ieder niet strenger behandeld worden, dan volstrekt noodig is om zig van zyn persoon te ver zeekeren.

XV.
Daar alle Menschen gelyk zyn, zyn zy ook alle verkiesbaar tot alle Ampten en Bedieningen, zonder eenige andere redenen van voorkeur dan die van deugden en bekwaamheden.

XVI.
Een iegelyk heeft het Recht om van ieder Amptenaar van het publiek bestuur, rekening en verandwoording van des zelfs bewind te helpen afvorderen.

XVII.
In het Recht van ieder Burger om zyne belangen in te brengen by hun, aan welke de publieke magt toevertrouwd is, kan nooit de geringste bepaaling gemaakt worden.

XVIII.
De Souvereiniteit berust by het geheele Volk en geen gedeelte des zelfs kan zich de zelve aanmatigen.

XIX.
Het volk heeft, ten allen tyde, het recht om zyne Regeerings-vorm te veranderen te verbeteren of eenen geheel anderen te verkiezen.

세부적으로는 얼마나 다른 의미를 함축하든 간에, 결국 하나의 논지로 수렴한다. 그것은 그의 공리주의가 행복의 산출 및 증대와 관련하여 개인의 판단이나 관점보다는 소위 '이상적 입법자ideal legislator'의 판단이나 관점을 우선시 혹은 절대시한다는 것이다. 앞으로 살펴보겠지만, 자유주의적—혹은 수정주의적—해석자들은 이러한 논지를 정면으로 반박한다.

그의 기본적 관점을 놓고 반자유주의적 해석과 자유주의적 해석이 정면충돌하는 또 하나의 지점은 그의 사후에 출판된 『의무론』에서도 발견될 수 있다. 여기서 벤담은 다음과 같은 명제를 제시한다. "개인은 자기 자신의 복지에 이로운 것에 대해 다른 누구보다 더 나은 판단자다."(Deontology, 131쪽) 그는 같은 요지를 다음과 같이 반복한다. "각 개인은 자신에게 쾌락을 주는 것에 대해 가장 적합한 뿐만 아니라 유일하게 적합한 판단자다." (Deontology, 150쪽)

이렇게 자기 이익과 관련된 개인의 판단을 존중한다는 취지의 명제는 언뜻 보기에도 그의 관점에 대한 비판자들의 표현과 상충한다. 반부권주의적 인상을 강하게 띠는 것이다. 그러나 반자유주의적 해석자들은 이러한 명제가 『의무론』에서 다루는 순전히 사적 윤리의 영역에만 적용되는 것일 뿐이지, 공적 영역에서 그의 관심과 의도는 전혀 다르다는 반론을 제기한다. 사적 윤리의 문제를 다루는 『의무론』의 이러한 구절에 대한 반자유주의적 해석자들의 반론은 앞장에서 제시한—"보조적 방법"일 뿐이라는—사적 윤리의 지위에 대한 해석과 일치한다.

자신에게 좋은 것은 각자가 스스로 판단해야 한다는 취지를 담고 있는 위의 명제는, 벤담이 인간의 기호의 다양성을 인정하고 어떤 개인에게 무엇이 좋은가를 타인이 판단하는 행위의 위험성을 의식하고 있었음을 보여주는 단서다. 그러나 반자유주의적 해석에 따르면, "그의 관용은 본질적으로 사회적 활동과는 별개인 사적 활동에" 국한된 것이다.[12] 사회적 영역, 즉 입법자가 관할하는 영역에서의 활동에 대해서는, 그는 최대 다수의 최대 행복을 정향하면서 "광범위한 통제와 조종"을 옹호할 자세를 항상 취하고 있었다.[13] 이 궁극적 목적을 위해서라면, 공리주의적 입법자는 정치적·도덕적 규율을 제정하여 여론의 판단에 영향을 미칠 수 있다. 그리고 입법자는 정치기술의 한 가지인 교육을 통해 시민들이 최대 행복과 선의의 쾌락을 추구하도록, 그리고 자신과 타인 모두에게 해로운 성향을 버리도록 유도할 수 있어야 한다.

반자유주의적 해석자들은 벤담이 좋음에 대한 개인의 자유로운 관념이나 판단을 얼마나 철저히 배척하는가를 명확히 드러내는 사례로서 그의 '빈민법' 개혁안을 든다. 이 개혁안에서 그는 전 영국에 걸친 조직적 빈민 공동체의 건설을 주장하고 있는데, 이 공동체에 대해 정부는 빈민의 삶을 전면적으로 통제하는 사령탑의 임무를 수행할 수 있다. 그는 각각 영리사업장처럼 운영되는 약 250개의 구빈원을 전국 각지 등거리에 설치하고 그것들을 총괄하는 국립 자선사업체의 설립을 구상했다. 이렇게 야심찬 개혁안을 담은 원고에서, 그는 다음과 같이 선언한다. "[사람들은] 더 엄격하게 감시될수록 더 잘 처신할 것이다."[14] 이 말은 흡사 파놉티콘 감옥의 기획을 연상시키는 원리를 정치적 실천의 한 중심적 원리로 제시하는 것처럼 들린다.

　비판적 해석자들의 목소리에 따르면, 공리주의는 빈민에게는 개인이 스스로 가장 좋다고 판단하는 욕망을 만족시킬 수 있는 제도나 법적 토대를 제공하지 않는다. 빈민의 욕망은 스스로 만드는 것이 아니라 제도에 의해 만들어지고 통제되고 관리되어야 할 대상이다. 여기서 입법자와 국립 자선사업체의 운영자는 개인의 이익에 대한 최선의 판단자로 간주된다. 물론 유산 계급의 시민들은 입법자로부터 빈민과는 차별되는 대우를 받게 된다. 그들에게는 자신의 부를 증식할 수 있는 토대로서 안전보장과 자유가 제공될 것이다. 이에 반해 빈민은 경제적 의존과 종속의 상태에 머물러 있어야 한다. 요컨대 생존 혹은 생계subsistence를 위해 자유를 포기해야 하는 상태에 놓일 것이다. 빈민은 구빈원에 갇히는 신체적 부자유와 더불어 자신의 욕망을 스스로 만들어가는 자유까지 빼앗기는 신세에 놓인다.

　같은 맥락에서 파놉티콘 감옥의 기획과 이른바 '간접 입법indirect legisla- tion'에 관한 벤담의 저술도 반자유주의적 해석자들의 주된 공격대상이 된다. 간접 입법에 관한 저술은 어떻게 개인이 공익의 대리인이 될 수 있는가 하는 문제와 관련된 사례들로 가득 차 있다.[15] 여기서 그는 간접 입법에 대한 12가지 지침을 제시하는데, 그 지침의 근본적 의도는 예컨대 파놉티콘 수감자들의 범죄에 대한 의지를 좌절시키는 것이다. 결국 그 지침은 의식을 **조종**하는 수단으로서 고안된 것이다. 반자유주의적 해석자들의 관점에서, 파놉티콘은 공리 극대화라는 공리주의적 목표를 완벽하게 실현하는 공간이다. 벤담의 파놉티콘은 형벌 제도인 동시에 교육 제도로서, 다시 말해서 수감자들을―예컨대 비용 절감이라는 차원에서―효율적으로 감시하고 압박하는 수단인 동시에 그들을―다소 긍정적으로 표현하자면―교화 혹은―다소 부정적으로 표현하자면―변형시키는 수단으로서 구상된 것이다. 이러한 측면에서 그것은 사람의 "마음을 지배하는 힘을 얻는 새로운 방식"이다.[16] 그것의 궁극적 목적은 범죄 충동의 제거, 즉 형벌의 부가보다는 범죄의 예방에 있다.

　물론 적절한 형벌 자체도 공포심을 조장함으로써, 그리하여 범죄에 대한 의지를 좌절시킴으로써, 범죄를 예방하는 효과를 가진다. 그러나 벤담에게 형벌은 그 자체로 목적이 아니라 범죄의 예방을 위한 불가피한 수단이어야 한다. 왜냐하면 형벌, 즉 고통을 가하는 것은 궁극적으로 악이기 때문이다(『서론』, 13장, 2절). 악의 제거가 법의 근본 목적이고 고통의 제거가 공리주의적 목적, 즉 최대 다수의 최대 행복을 실현하는 중요 방편이다. 따라서 그는 사회적으로 용납할 수 없는 특정한 유형의 행동에 대한 형벌과 관련된 직접 입법은 반드시 더 미묘하고 복잡하게 작용하는 간접 입법으로 보완되어야 한다고 강조한다. 직접 입법과 간접 입법의 의미와 관계에 대해서 그는 다음과 같은 비유적 설명을 제공한다.

> 입법자는 지휘관이다. 도덕적·종교적 제재들은 그의 협력자들이다.
> 처벌과 보상은 (…) 그의 군대다. (…) 직접 입법은 그의 군대의 주력이
> 개방지에서 벌이는 공식적 공격이다. 간접 입법은 전략 혹은 소규모
> 전투의 방식으로 수행되는 연속적 협동작전에 대한 비밀계획이다.[17]

아주 정확히 정의할 수는 없지만, 대략 '간접 입법'은 개인들에게 단순히 그들이 해서는 안 될 행동을 일러줄 뿐만 아니라, 공리주의적 입법자가 적합하다고 판단하는 방향으로 그들의 욕망을 스스로 변형시키는 동기를 유발하는 법안이나 정책을 가리킨다. 혹은 더 단순하게 그것은 범죄를 예방하려는 목적, 즉 직접 입법과 "동일한 목적에 부합하도록 법으로 행해질 수 있는 다른 모든" 조치를 가리킨다.[18]

이러한 목적을 위해 간접 입법의 형태로 만들어진 법안과 정책은 사람들의 사고방식과 본성과 의견을 교정한다. 벤담의 표현을 빌리면, 그것들은 "사람들의 **논리**의 일부를 형성할 것이다. 그것들은 사람들의 **도덕적 본성**에까지 영향을 미칠 것이다. **여론**의 규율은 법의 규율과 비슷하게 형성될 것이다. 그리고 법에 대한 복종은 자유의 느낌과 거의 구분되지 않을 것이다."[19] 여기서 마지막 문장은 특히 의미심장하게 들린다. 이는 마치 간접 입법을 통한 입법자의 역할은 사람들이 법의 준수를 자신의 자유로

운 선택인 것처럼 착각하도록 그들의 마음을 조종하는 것이라는 주장처럼 들릴 수 있다. 이러한 주장은 오늘날 영화 등에서 그려진 상상 속 미래의 디스토피아를 떠올리게 한다.

위의 인용에서 "비밀계획"이라는 문구가 암시하듯이, 사람들은 자신이 조종당하고 있음을 의식하지 못해야 한다. 이와 같은 수단에 의해 합리적으로 구성된 공리주의적 정부는 시민들이 공익에 더 부합하는 행동을 선택하도록 교육하고, 그들의 삶의 목적과 좋음의 추구에서도 공익에 더 부합하는 적절한 경로를 선택하도록 유도한다. 그 자체로 악인 처벌, 즉 직접 입법보다는 시민들의 정신 내지는 사고방식을 지배하려는 전략, 즉 간접 입법이 공리주의적 관점에서는 더 우월한 방편이다. 시민들의 '논리'와 '도덕적 본성'의 형성에 관여하는 이러한 간접 입법의 취지는 확실히 반자유주의적 부권주의의 인상을 강하게 띤다.

이러한 간접 입법의 취지를 달성하기 위한 구체적 법안이나 정책은 언제나 공익 혹은 안전보장이라는 명분에 의해 정당화된다. 벤담이 이렇게 정당화한 제안 중에는 오늘날의 관점에서는 명백히 반직관적이고 용납할 수 없어 보이는 것도 있다. 예컨대 그는 모든 영국민에게 신원확인을 위한 문신tattoo을 새기는 법안을 제안하고, 그것의 유용성과 반론에 대한 대답을 제시한다. 그런데 이러한 법안을 옹호하는 그의 논변의 중심에는 아이러니하게도 그것이 "개인의 자유에 매우 이로울 것"이라는 주장이 포함되어 있다.[20] 문신을 새기는 것이 어떻게 개인의 자유에 이로울 수 있는가, 그리고 왜 간접 입법의 취지를 정당화하는 명분으로서 개인의 자유를 언급하는가는 흥미로운 물음이다. 그러나 우선은 지금까지 살펴본 반자유주의적 해석이 가진 몇 가지 문제점을 간략히 나열해보고자 한다. 이러한 문제점은 자유주의적 해석에 관한 탐구에서 더 자세하게 논의될 것이다.

첫째로 반자유주의적 해석은 앞서 관찰한 것처럼 주로 빈민구제나 범죄예방 같은 정부 역할의 특정한 일부, 즉 빈민이나 범죄자처럼 특정한 일부의 시민을 제어하는 방법에 대한 벤담의 제안에 의존하고 있다. 짐작건대, 이 해석의 지지자들은 대체로 그가 경제적 자유주의자라는 면모를 의도적으로 거론하지 않는 경향이 있다. 빈민이나 범죄자를 제외한 일반 시민의 삶에서 큰 비중을 차지하는 경제 활동에 대해 벤담이 취한 흡사 자유지상주의적인 태도는 반자유주의적 해석에 대해 어쩌면 치명적인 반론을 제기할 수도 있다.

앞장에서 지적한 대로, 여러 연결고리에 근거한 로젠의 해석처럼 스미스가 '벤담식 공리주의의 전조'라고 생각할 수도 있겠지만, 최대 다수의 최대 행복을 인간이 지향할 수 있는 궁극적 목적으로 인정하지 않는다는 점에서, 그리고 공리를 덕의 기준이자 원천으로서 인정하지 않는다는 점에서, 그를 공리주의적 전통에 엮는 작업은 무척 까다로운 일이었다. 그래서 그와 벤담 사이에서 공리주의와 관련된 명확한 연결고리를 발견하는 작업도 난해하다. 하지만 "상거래와 관련하여 개인은 자기 자신의 이익에 대해 정부보다 더 나은 판단자"라는 명제에 대해서는 후자가 전자를 따르고 있다는 사실을 발견할 수 있다.[21] 벤담은 이러한 명제를 스미스가 남긴 "소중하고 반박할 수 없는 진리"라고 칭송하면서, 정부가 개인의 경제적 삶에 간섭해서는 안 되는 타당한 이유를 열거한다. 더 나아가 정부가 특히 이자율을 규제하는 것에 반대하는 사례에서는,[22] 그의 자유방임주의적 경향이 스미스의 경향을 능가하는 모습까지도 보여준다. 이러한 맥락에서 스타크W. Stark는 그를 "자유방임주의의 확고한 숭배자"로 묘사한다.[23]

물론 빈민이나 범죄자의 처우와 관련해서는 반자유주의적 해석, 말하자면 공익을 위해 소수의 자유의 희생을 정당화한다는 해석은 여전히 유효한 것처럼 보인다. 그런데 반자유주의적 해석자들은 벤담이 반자유주의적 권위주의자라는 자신들의 해석과 그가 경제적 자유주의자라는 지배적 해석 사이의 정합성을 설명해야 한다. 만약 그럴 수 없다면, 그들은 이러한 정합적 설명을 단념하는, 요컨대 벤담의 생각이 전체적으로는 비정합적이라는 입장으로 물러나야 할지도 모른다. 물론 이러한 비정합성의 인정은 분명 벤담에 대한 또 다른 비판일 수도 있지만, 부분적으로는 반자유주의적 해석에 대한 치명적 반론일 수도 있다.

둘째로 반자유주의적 해석자들은 자신들의 주장에 대한 논거로서 벤담의 형법 관련 저술에 치중하는 경향을 보여준다. 그런데 반자유주의적 해석에 대한 주된 반론, 달리 말하면 자유주의적 해석의 중심 논변은 주로 그의 민법 관련 저술로부터 도출되고, 후자의 저술에는 사유재산권을 비롯해 개인이 일상적 삶에서 누려야 할 권리와 자격, 그리고 그것들의 분배에 대한 광범위한 논의를 담고 있다고 일반적으로 평가된다. 이러한 논의가 오늘날 공리주의에 대한 또 하나의 중심적 비판, 요컨대 공리주의는 권리 및 재화의 정의로운 분배에 무관심하다는 비판에 대해 어떤 대답을 제공할지의 문제는 이후에 나올 장에서 살펴볼 것이다. 어쨌든 자유주의적 해석자들은 이러한 논의가 공리주의적 정의론을 이해할 수 있는 단서라고 평가한다.

여하튼 벤담의 민법 관련 저술에 기반을 둔 자유주의적 해석은 다시 위에서 지적한 그의 경제적 자유주의자로서의 면모, 특히 개인이 자기 이익에 대한 최선의 판단자라는 가정을 중심적 전제로 삼는다. 다시 말해서 자유주의적 해석은 그의 기본적 관점, 즉 입법자 관점에 대해 반자유주의적 해석과는 상반된 이해에서 출발한다. 아직 말하기는 이르지만, 사실 입법자의 역할과 능력에 대한 그의 기술에서는 롤즈가 말하는 '이상적 입법자'를 발견하기가 어렵다. 벤담은 "행복의 전체 크기를 (…) 증가시켜주지 않는 법이 만들어져서는 안 된다"고 선언한다.[24] 입법자의 소명은 사회복지의 극대화를 도모하는 법률과 제도를 구상하는 것임이 틀림없다. 그렇지만 그는 입법자가 자기 이익에 대한 모든 개인의 판단을 대신할 수 있는 존재라고 기술하지 않는다. 그리고 그것이 입법자의 역할이라고 규정하는 구절도 발견할 수 없다.

마지막으로 주목할 것은 현대 자유주의 사상가의 '자유' 개념과 얼마만큼 다르든 간에, 벤담은 극히 자제하면서도 분명 '자유'라는 낱말을 중요한 대목에서 사용한다는 사실이다. 반자유주의적 해석은 그의 체계에서 자유와 공리의 관계에 대해 두 가지 견해를 전개할 수 있다. 하나는 전자와 후자가 대립하는 가치들이라는 견해이고, 다른 하나는 자유가 공리의 수단에 불과하다는 견해다. 앞으로 살펴보겠지만, 전자의 견해는 전혀 그럴듯하지 않은 견해로 보인다. 그 견해에 대한 원문상의 근거는 매우 빈약하다. 그렇다면 공리주의 체계에서 자유는 오직 수단적 가치일 수밖에 없다는 견해가 남을 것인데, 이것은 공리주의 비판자들의 전형적 견해기도 하다. 그러나 자유주의적 해석자들은 제3의 가능성을 제시한다. 말하자면 벤담은 자유에 대한 자신의 고유한 개념을 가졌으며, 이러한 개념의 자유는 공리와 양립할 수 있도록 규정된 자유라는 해석을 전개한다.

3. 기대 보장으로서의 자유

극단적 유형의 자유주의자일지라도 한 사회 속에서 타인과 함께 살아가는 개인이 무제한의 자유를 누릴 수 있어야 한다고 주장하지는 않는다. 현실 사회에서 개인의 자유는 얼마만큼이든 어떤 형태로든 제한될 수밖에 없다. 이때 그 제한의 범위와 성격은 중요한 문제다. 그리고 그것이 어떤 명분으로 정당화되는지도 중요한 문제일 것이다. 이 지점에서 인정해야 할 부분은, 무법천지가 아니라면 현실 사회에서 자유의 제한은 법과 같은 형태의 제약으로 규정되고, 그 제약은 사회 구성원 전원이 승인하지 않은 상황에서도 필시 강제성을 띤다는 점이다. 따라서 법의 강제성 자체를 반자유주의적이라고 비판하는 것은 이해하기 어렵다. 특정한 법에 동의하지 않는 사람이 그 강제성을 자신의 자유에 대한 부당한 간섭이라고 느끼더라도, 법 일반의 강제성 자체를 부당한 간섭이라고 생각하지 않을 수 있다. 오히려 많은 사람은 법 일반의 강제성을 자유 보장을 위한 필요악으로 받아들인다.

이러한 기술이 대체로 진실을 담고 있다면, 반자유주의적 해석자들이 벤담의 공리주의적 자유 개념에 대해 비판하려는 바가 대체 무엇인지 더 정확히 이해할 필요가 있다. 반자유주의적 해석에 따르면, 사회복지 혹은 공익에 대한 공리주의적 계산은 필시 직간접 입법에 따른 광범위하고 부권주의적인 간섭으로 이어질 수밖에 없다. 이러한 간섭은 정도의 차이는 있을지라도 단지 빈민이나 수감자만이 아니라 모든 시민에게 적용된다. 일단 공리주의적 입법이 초래할 자유의 제한, 즉 간섭을 광범위하고 부권주의적이라고 규정한다는 점에서, 반자유주의적 해석자들은 그 간섭의 범위와 성격 모두에 대해 비판하고 있다. 그리고 그 간섭을 전체 사회의 복지 혹은 공익의 추구라는 명분으로 정당화한다는 점에 대해서도 반발하고 있다.

이에 반해서 자유주의적 해석에 따르면, 개인의 행복 혹은 복지의 추구에 토대가 되는 기대expectations의 충족을 보장하기 위한—필요악으로서의—최소한의 간섭은 개인의 자유 보장이라는 측면에서도 정당화될 수 있다. 벤담의 체계 안에서 이렇게 기대 보장의 차원에서 바라본 자유 개넘은 공리 개념과 양립할 수 있다. 자유주의적 해석자들은 벤담의 경제사상을 본래적 의미에서 '자유주의적'이라고 논할 충분한 근거가 있다고 주장한다. 이렇게 주장하는 대표적 학자인 폴 켈리Paul Kelly는 그를 "중립적neutral 자유주의자"라고 평한다.[25] 전체 사회의 복지를 극대화한다는 궁극적 목적을 정향하면서, 공리주의적 입법자의 핵심적 임무는 주로 복지에 대한 개인들의 관념을 실현할 제도적 여건을 마련하는 것이다. 이때 입법자는 개인들의 다양한 이해관심의 가치를 질적으로 평가하지 않으며, 이러한 이해관심에 대해 중립적 혹은 불편부당한 입장을 취해야 한다. 이러한 견해에 따르면, 공리의 원칙은 특정한 목적의 추구를 확정하는 것이 아니라, 개인들의 자유로운 활동을 통해 사회복지의 극대화가 추구될 수 있는 사회구조를 제공하는 것이다. 켈리는 이러한 가치중립성이 바로 근현대의 "자유주의 정신을 집약한다"고 평가한다.[26]

반자유주의적 해석과 자유주의적 해석은 법의 진정한 목적, 그리고 법과 자유의 관계를 바라보는 벤담의 사유에 대해 상반된 이해를 드러낸다. 전자는 그의 입법 기획을 두고 법으로 개인의 개성을 주조하려는 시도로 간주한다. 이러한 간섭 시도의 일환으로서 법은 자유와 항상 대립한다. 이에 반해 후자는 법의 진정한 목적은 개인이 자신의 판단력을 발휘하여 스스로 설정한 이해관심을 추구할 수 있는 여건을 마련해주는 것이라고 본다. 그래서 복지 극대화란 각 행위자가 개인적 불가침의 영역을 최대한 넓힘으로써 성취되는 것이다. 이는 다시 행위자가 다른 행위자의 간섭을 받지 않고 자신의 이해관심을 형성하고 추구할 수 있는 안정적 사회구조를 필요로 한다. 이러한 사회구조를 제공하는 것이 법의 이상적 목적이다. 입법자의 역할에 대해 벤담은 다음과 같이 말한다.

입법자는 인간 마음의 성향들의 주인이 아니다. 그는 단지 그것들의 해석자이자 그것들의 하인servant이다. 그가 만든 법이 좋은 법인가는 그것이 일반적 기대를 따르는지에 달려 있다. 그러므로 그는 반드시 이러한 기대에 맞게 행동하기 위해 그 기대의 방향을 올바르게 이해할 필요가 있다.[27]

비록 비유적 표현을 사용하고 있지만, 벤담이 전달하려는 메시지는 비교적 명확하다. 입법자의 역할은 시민들의 마음과 그 안의 욕망이나 이해관심을 그 자신이 적절하다고 판단하는 방향으로 주조하고 조종하는 것이 아니다. 입법자는 단지 시민들의 공통적 이해관심 혹은 기대를 파악해야 하고 그것을 충실하게 실현할 수 있는 안정적 여건을 제공해야 한다. 이러한 공통적 이해관심에서 가장 기본적인 것은—논란의 여지는 있을 수 있겠지만—현실적 생계 수단의 제공이다. 이러한 맥락에서 벤담은 입법자는 생계 수단의 제공을 보장해야 한다고 역설한다. 왜냐하면 지속적 생존을 보장하는 기반 위에서만 개인의 이해관심의 형성과 실현이 가능할 수 있기 때문이다.

이러한 맥락에서라면 예컨대 벤담의 빈민법 개혁안은 반자유주의적 해석과 전혀 다르게 평가될 수 있다. 반자유주의적 해석자들은 그의 개혁안이 생계 수단의 보장을 빌미로 빈민의 영혼을 파괴하고 억압한다고 비판한다. 혹자는 그의 개혁안이 행정적 편의성 내지는 공리주의적 효율성을 선택한 결과라고 비난할 수도 있다. 그러나 그를 변호하는 견해에서는 빈민의 자유 상실은 그들이 구빈원과 같은 시설에 머무르는 동안에만 일어나는 일이고, 그 시설에서 받는 교육과 훈련은 그들이 노동시장으로 복귀할 수 있도록 도울 뿐만 아니라 그들에게 더 많은 자유를 누릴 수 있는 수단을 제공할 것이라고 답한다. 벤담에게는 생계 수단이 제공되지 않는 상태에서의 자유란 유명무실한 자유다. 그것은 그저 굶어 죽거나 범죄자로 되돌아갈 수 있는 자유일 뿐이다. 당시의 유럽 빈민의 상황을 고려해 보면, 이러한 생각은 어쩌면 적잖은 사람에게 그럴듯하게 들렸을 수도 있다. 그는 분명 지속적 생존과 구빈원에서 받는 교육과 훈련의 혜택이 한시적 자유 상실의 고통을 상쇄하고도 남는다고 생각했을 것이다. 이 점에서 그는 모든 공적 구호제도의 철폐를 주장한 맬서스주의자Malthusian와 확실하게 구별된다.[28]

물론 당시 영국 빈민의 숫자가 상당했음을 고려한다면, 벤담의 빈민법 개혁안은 꽤 높은 비율의 영국민에게 적용되는 제안이었을 것이다. 그렇지만 이 개혁안과 파놉티콘 감옥의 기획 등이—주로는 비판자들이 말하는 것처럼—"벤담식의 유토피아를 위한 청사진"이라고 간주할 수는 없다.[29] 그에게—사실 누구에게라도—법이란 필시 강제적인 것이다. 그러나 이것이 공리주의적 입법자가 시민들로 하여금 미리 확정된 어떤 사회적 좋음을 실현하도록 강제함을 의미하지는 않는다. 예컨대 형법에서처럼 법의 강제성은 한 개인이 다른 개인의 자유와 권리의 영역을 침범하는 경우에만 드러난다. 달리 말해서 형벌의 위협은 한 개인이 다른 개인의 불가침성을 존중하도록 만들기 위한 방편일 뿐이다.

벤담의 간접 입법 개념과 관련해서도 반자유주의적 해석에 대해 위와 유사한 반론을 제기할 수 있다. 우선 간접 입법에 대한 그의 저술은 의무 불이행의 경우와 무질서의 상태만을 다룬다. 요컨대 법질서의 안정성에 해를 끼칠만한 구체적 문제와 행위에 초점을 두고 있다. 이러한 문제 및 행위와 관련하여 간접 입법의 목적은 도덕적 제재를 함양하는 것이다. 그는 이러한 방법이 형벌과 같은 직접적 방법보다 더 경제적이고 안정적이라고 생각한다. 그렇지만 이러한 방법이 국민 일반의 사고방식과 도덕적 성향을 교묘히 조종하기 위한 은밀한 수단으로서 제안된 것이 아니라는 점은 언론의 자유에 대한 그의 강력한 옹호를 통해서 알 수 있다.

언론의 자유에 대한 벤담의 옹호는 대체로 통치자가 국민의 목소리를 통해 더 많은 유익한 정보를 얻을 수 있다는 상식적 관념에 기초한다. 대체로 공직자의 도덕성에 불신을 품고 있었던 그에게는, 국민의 목소리에 의존하는 것이 공직자의 목소리에 의존하는 것보다 훨씬 더 선호할 만하다. 그런데 이렇게 국민의 목소리를 듣는 일은 국민이 국가 업무와 활동에 대해 충분한 정보를 갖고 자유롭게 접근하여 조사할 수 있고, 공직자가 이러한 조사에 기꺼이 응해야 한다는 선행조건을 요구한다. 국가 행정관의 임의적 권력 행사에 반대하면서, 그는 다음과 같이 말한다. "국민은 자기 개인의 안전이 합법적으로 침해될 수 있고 (…) 자기 재산이 침해되거나 자신의 자유가 축소될 수 있는 근거가 무엇인지에 대해 알 수 있어야 한다. 그렇다면 모든 법체계를 여는 첫 번째 법은 **자유**에 대한 가장 포괄적인 법일 것이다."[30] 정부와 법체계에 대한 그의 자유주의적 구상은 시민의 참여를 통한 공지성publicity[31]의 증진에 의존하고, 이것이 시민의 개인적·집단적 권리와 이해관심을 보장하고 증진하는 방법이다.

더 나아가 모든 국민에게 문신을 새기자는―명백히 거부감을 일으킬 만한―제안도 위와 유사한 방식으로 변호할 수 있다. 벤담은 이 제안을 범죄 예방이라는 이득을 통해 정당화한다. 하지만 앞서 말했듯이 그는 이 제안을 개인의 자유 보장을 위해서도 선호할 만한 방편이라고 역설한다.[32] 물론 신원확인을 위한 문신이 과연 어떻게 개인의 자유를 보장하는 방편일 수 있는가, 오히려 그것은 개인의 정치적 자유에 해를 끼치지 않겠는가 하는 의문이 자연스럽게 제기될 수 있다. 그러나 주목할 것은 그가 이러한 물음에 대해 그럴듯한 대답을 제시했는가의 문제보다는 이러한 제안을 정당화하는 데 개인의 자유 확장이라는 이유를 제시했다는 사실이다. 즉 간접 입법의 제안에서 그의 진정한 의도는 교묘한 통제나 조종이 아니라 안정적인 법질서의 실현과 이러한 질서의 확보를 통한 개인의 자

유 확장이라는 것이다.[33]

입법자의 역할에 대한 논의를 다시 살펴보자. 그의 역할은 시민들의 '하인'으로서 시민들의 기대와 이해관심을 형성하고 충족시킬 안정적 여건을 제공하는 데 있다. 시민들의 공통적 기대나 이해관심으로서 장기적인 생계 수단의 제공은 입법자의 당위적 역할이고, 그의 관심의 초점은 언제나 시민들 전체를 향해야 한다. 그런데 포스테마G. J. Postema와 같은 자유주의적 혹은 수정주의적 해석자들은 벤담의 입법 기획을 개인이 자기 자신의 고유한 이해관심을 계발하고 추구할 "사회적 현실social reality"의 구성에 초점을 둔 것으로 이해한다.[34] 여기서 그들은 개인에 대한 그의 강조에 주목한다.

자유주의적 해석에 따르면, 입법자가 눈여겨볼 대상은—벤담의 정의에 따라서—가상적fictitious 존재자인 사회 혹은 공동체가 아니라 실재적real 존재자인 각 개인의 행복이다. 공동체는 결국 개인들로 구성된다. 벤담에게—밀에게도 그렇듯이—사회 전체의 행복의 양은 그 사회를 구성하는 개인들의 행복의 산술적 총합이고, 한 개인은 대중 속에서 다른 개인과 동일한 비중을—혹은 도덕적 중요성을—차지하고, 한 개인의 행복은 대중의 행복 속에서 다른 개인의 행복과 동일한 비중을—혹은 도덕적 중요성을—차지한다.[35] 이것이 바로 "각 개인은 하나로 간주되고 누구도 하나 이상으로 간주되어서는 안 된다"는 벤담의 유명한 준칙이 뜻하는 바라고 말할 수 있다. 자유주의적 해석자들은 이 준칙을 입법자가 개인들의 행복과 관련된 법안이나 정책에서 그것의 긍정적 효과만큼이나 그것의 부정적 효과도 고려해야 한다는 취지의 조언으로 이해한다. 또 그들은 이 준칙을 개인은 자기 자신의 이익을 항상 심각하게—다른 어느 개인의 이익과 동등하게—고려할 것을 요구할 수 있는 도덕적 권리가 있다는 의미로 이해한다.[36] 이러한 이해에 따르면, 공리주의가 개인을 도외시하고 전체 사회의 좋음의 극대화만을 명령하는 이론이라는 생각은 부적절하다.

더 나아가 이러한 이해에 따르면, 복지에 대한 공리주의적 설명은 필연적으로 개인의 자유에 대한 존중을 내포하고 있다. 개인이 자기 이익에 대한 최선의 판단자라고 선언할 때, 벤담은 단지 그 개인이 자기 이익에 대해 다른 사람보다 더 많은 정보를 가지고 있기 때문만이 아니라 자신이 원하는 바를 스스로 선택하는 것이 중요하기 때문이라고 말하는 것이다. 요컨대 복지의 주관적 요소가 그의 이론에서 불가결한 요소라는 말이다. 개인의 자율성에 대한 이러한 존중은 입법자의 부권주의적 혹은 권위주의적 태도를 저지하고, 입법자가 모든 가치와 좋은 삶을 향한 관념에 중립적 자세를 취할 것을 요구한다.

질서정연한 사회의 존립과 양립할 수 있는 한에서, 법은 복지 혹은 행복에 대한 다양한 관념들에 대해 중립적 자세를 취해야 한다. 복지 혹은 행복에 대한 주관적 관념과 취미의 자유에 대한 벤담의 견해는 동성애에 대한 변호에서도 발견할 수 있다. 여전히 남색男色을 사형으로 다스리던 시대에 그것을 변호한 것은 한편으로 한 개인이 겪을 수 있는 궁극적 악인 죽음, 즉 사형을 반대하는 그의 견해를 보여주었던 것이기도 하지만, 다른 한편으로 그의 공리주의가 좋음에 대한 다양한 관념들에 대해 관용적이고 중립적임을 보여주는 증거일 수 있다.[37] 사적 윤리의 영역에서 이렇게 취미의 자유를 변호한 것은 그의 공리주의에 내재된 자유주의 정신을 보여주는 사례로 간주할 수 있다. 이는 법의 사회적 기능에 대해서도 그가 관용의 덕목을 중시한다는 사실을 드러낸다.

이미 지적했듯이, 벤담의 개인주의적 성향이 가장 극명하게 드러나는 영역은 경제적 삶의 영역이다. 이 영역에서 그의 개인주의적 성향은 사유재산권의 강력한 옹호로 이어진다. 이 영역에 대한 그의 생각은 로버트 노직Robert Nozick과 존 호스퍼스John Hospers 같은 현대 자유지상주의자의 생각과 부분적으로 유사하다. 그는 다음과 같이 말한다.

> 존재하는 대량의 재산과 관련하여 입법자는 무엇을 명령해야 하는가? 그는 현재 수립된 분배구조를 유지해야 한다. 이것이 정의의 이름으로 마땅히 그가 수행해야 할 첫 번째 의무라고 생각된다. 그것은 모든 국가에 적용될 수 있고 모든 계획에 채택되는 일반적이고 단순한 규칙이다. (⋯) 미국, 영국, 헝가리, 러시아에서 재산의 분배상태는 매우 다양하다. (⋯) 그런데도 안전보장의 최고 원리는 이 모든 분배구조의 보존을 지시한다. (⋯) 설령 그것들이 동일한 양의 행복을 산출하지 않더라도 말이다.[38]

이 구절은 그가 사회경제적 현상status quo의 유지에만 관심을 가졌다는 비판을 불러올 수도 있다.[39] 또한 이러한 비판은 그가 분배적 정의의 실현에는 무관심했고, 그의 경제이론은 다른 영역에서만큼 그다지 진보적이지 못했다는 인상을 줄 수도 있다. 그러나 이 문단에서 내가 주목하려는 부분은 그가 기대 혹은 이해관심의 한 원천으로서 사유재산권에 합당한 중요성을 부여한다는 점이다.

사유재산은 불가침한 개인 영역의 한 구성요소이며, 나아가 이 권리의 소유자뿐만 아니라 사회의 다른 구성원들에게도 합법적 기대를 창출한다. 사유재산권의 토대 위에서만 비로소 한 개인은 자신이 소속된 사회에서 자신이 바라고 기대할 수 있는 것이 무엇인가를 대략적으로나마 가늠할 수 있다. 요컨대 사유재산권은 기대의 원천이다. 벤담은 재산이 "노동에 대한 자연적 반감을 극복하게 해주는 권리"라고 주장한다.[40] 그에 따르면, 인간은 노동의 고통에 대해—어쨌거나 그것이 고통인 만큼—본성적으로 반감을 느끼게 되지만, 노동 결실의 향유에 대한 보장은 그 고통을 감내하려는 결정적 동기를 부여한다. 사유재산의 정당성에 관한 벤담의 논의 대부분은 그것이 생산적 노동을 지속할 수 있는 필요조건이라는 전제로부터 시작된다. 물론 이러한 전제로부터 도출되는 것이 사유재산권에 대한 순전한 도구적 정당화에 불과할 수도 있다.[41] 그러나 그에게 재산 가치는 그것과 자유의 연관성 그리고 기대의 근본적 원천이라는 기능에 있다. 사유재산은 개인 존속의 필수적 조건이다.

자유주의적 해석은 벤담의 공리주의만이 아니라 공리주의 일반에 대해 호의적 견해를 도출할 수 있다. 그리하여 그것은 공리주의 지지자들에게 상당히 매력적인 해석이다. 그러나 이런 해석은 벤담의 공리주의를 우리가 일반적으로 생각해온 공리주의와는 사뭇 다른 모습으로 묘사하기 때문에 선뜻 받아들이기 어려운 부분이 있다. 첫째로, 그의 자유주의적 면모를 드러내는 논의 어디에서도, 자유에 대한 권리가 공리 증진의 요구를 능가한다든가, 그 요구에 제약을 가할 수 있다는 주장을 발견하기는 어렵다. 자유에 대한 권리는 어떤 미묘한 방식으로든 공리 증진의 요구와 부합하는 한에서만 보장된다. 그는 종종 개인의 자유 확장을 자신이 제안한 법안과 정책을 정당화하거나 뒷받침하는 중요한 요소로 거론하지만, 그것들의 궁극적 목적이라고 말하지는 않는다. 궁극적 목적은 언제나 전체 사회의 복지 혹은 행복의 극대화에 있다.

자유주의적 해석은 벤담의 자유 개념을 기대 혹은 이해관심의 보장이라는 견지에서 바라봄으로써 이러한 지적을 피하려 한다. 그런데 그의 생각과 얼마나 일치하거나 불일치하든 간에, 이러한 관점에서의 자유는 하나의 독립적 목적으로서의 가치나 지위를 가지지 못한다. 그 관점에 따르면, 자유는 생계 수단의 보장이라는 토대 위에서 개인이 품을 수 있는 기대 혹은 이해관심 속에 녹아든다. 다시 말해서 권리 및 자격에 대한 기대 혹은 이해관심의 보장이다. 즉 안전보장과 자유는 마치 동전의 양면과 같은 것이다. 그런데 반자유주의적 해석자들은—이들 외에도 오늘날의 많은 학자는—이러한 자유 개념을 받아들이지 않거나, 이러한 자유 개념은 여전히 전체 사회의 복지 혹은 공리의 극대화에 종속된 목적 혹은 가치일 뿐이라는 반론을 제기할 것이다.

둘째로, 자유주의적 해석자들은 벤담의 입법 기획이 결국 개인의 행복을 겨냥한다고 말하면서, 그의 공리주의를 개인의 이익에 대한 평등한 고려equal consideration에 기초한 이론으로 이해한다. 이러한 이해는 공리 극대화라는 목적을 공리주의 이론의 "궁극적 기초가 아니라 하나의 부산물"로 전락시킨다.[42] 그러나 이러한 관점이 그의 공리주의에 대한 자유주의적 해석을 뒷받침하는 데에는 유리하게 작용할지 모르나, 그의 공리주의에서 공리의 원칙과 자유의 본질적 관계에 대해서는 심각한 의문을 낳을 수 있다. 예컨대 개인의 자유 행사가 공리에 대한 고려와 충돌하는 경우에 대한 물음이 제기될 수 있다. 경험에 비추어 사회경제적 생활의 여러 영역에서 개인의 자유 확장 혹은 보장이 공리를 극대화하는 가장 바람직한 방법이라고 보일 수도 있다. 그러나 개인의 자유가 어느 순간에 어느 정도까지 허용될 것인지는 결국 입법자가 공리주의적 계산에 입각하여 권위적으로 결정할 문제로 남지 않는가 하는 반론이 제기될 수 있다.

셋째로, 자유주의적 해석은 벤담의 경제적 자유주의자라는 면모와 사유재산권을 옹호하는 논의에 크게 의존한다. 그러나 흔히 공리주의는 전체 사회의 복지 혹은 행복을 극대화하는 방편으로 재분배redistribution를 선택할 것이라는 일반적 견해를 완전히 배제할 수는 없다. 모든 나라에서 대다수 사람이 빈곤했던 시대적 상황에, 복지의 전체 크기, 소위 '파이'를 키우는 것은 빈민의 생활여건을 개선할 수 있었다. 한 사회의 압도적 다수가 빈곤할 경우, 부자로부터 빈민에게로 재화를 재분배하는 것은 거의 항상 사회 행복의 총량과 평균을 모두 증가시킨다. 여기서 벤담의 두 가지 모습을 어떻게 융합시킬 것인가 하는 물음이 제기될 수 있다. 말하자면 자유주의적 해석자들은 전체 사회의 복지 혹은 행복의 극대화를 위한 일종의 재분배 원리로서 한계효용체감의 원리를 주창한 벤담과 사유재산권 및 사회경제적 현상 유지를 강력히 옹호한 벤담은 어떻게 융합될 수 있는가 하는 물음에 답할 수 있어야 한다.

4. 엇갈린 '자유'들

대체 벤담 한 사람의 자유 개념에 대해 지금껏 논한 것처럼 상반된 해석들이 존재하는 이유는 무엇인가? 이에 대해 몇 가지 가설을 추론할 수 있다. 이미 암시한 것처럼 양 진영의 해석자들은 여러 분야에 걸친 그의 방대한 저술들 가운데 서로 다른 분야의 저술들에 관심을 집중하고, 자신이 주목한 저술들이 그의 사상의 참된 성격을 표상한다고 확신하는 것처럼 보인다. 비유컨대 그들은 벤담의 얼굴을 서로 다른 각도에서 바라보면서 자신이 본 모습이 그의 진짜 얼굴이라고 주장하는 셈이다. 우리는 사람의 얼굴이 보는 각도에 따라 얼마나 다른 인상을 풍길 수 있는지 잘 알고 있다.

반자유주의적 해석자들은 빈민법 개혁안과 파놉티콘 감옥의 기획처럼 공리주의적 입법자와 정부의 역할이 부권주의적 혹은 권위주의적 성격을 뚜렷하게 드러내는 법안이나 제도에 관한 저술들에 초점을 맞춘다. 그들은 이러한 저술들에서 특히 법의 강제성과 자유의 대립양상을 강조하고, 그의 사상의 전반적 경향을 간섭주의로 규정하려 한다. 이에 반하여 자유주의적 해석자들은 대체로 그의 민법과 헌법 관련 저술들, 그리고 경제 관련 저술들에 탐구의 초점을 맞춘다. 그들은 이러한 저술들을 통해 공리주의적 입법자는 자유가 개인의 행복에 필수불가결하고 따라서 최대 행복의 산출에 이바지하는 요소이므로 그것의 가치를 존중해야 한다는 견해를 전개한다. 간섭은 오직 개인의 자유를 위한 선행조건, 즉 지속적 존재를 위한 생계 수단이 결핍된 상황에서만 요구된다. 벤담에게 "법의 목적"은—다시 말해서 법의 강제성은—그 자신의 말처럼 "자유를 보존하고 확대하는" 것이다.[43]

한편으로 양 진영의 해석자들이 이렇게 서로 다른 분야의 저술들에 초점을 맞춘다는 사실은 양자 모두가 편파적이거나 불완전하다는 의미일 수도 있다. 반자유주의적 해석자들은, 예를 들어 한 친구에게 보낸 벤담의 편지에 나오는 구절, "자유의 정의가 내 체계의 초석 중 하나다"라는 구절이 뜻하는 바에 대해서는 그다지 주목하지 않을 것이다.[44] 어쩌면 그들은 이 구절을 그가 젊은 시절에 별 의미 없이 내뱉은 말로 간주할지도 모른다. 반면 자유주의적 해석자들은 그가 자연권 사상을 단호히 거부한 부분과 더불어, 한 개인의 좋음이 더 많은 사람의 더 큰 좋음에 우선한다는 생각, 요컨대 개인의 권리나 이해관심이 전체 사회의 이익에 우선한다는 생각을 엄중히 비판한 부분에 대해서는 애써 무시하려는 경향을 보인다.

만약 이렇게 양 진영의 해석이 모두 편파적이거나 불완전하다고 가정한다면, 그런데도 양자는 각자 주목한 저술들에 대해 나름대로 틀리지 않은 해석을 제시하고 있다고 가정한다면, 이로부터 추론할 수 있는 새로운 가설은 벤담의 사상이 전체적으로 일관성을 결핍하고 있다는 것이다. 그는 비교적 젊어서부터 상당히 오랜 세월 저술 활동을 지속했고 저술의 양과 범위도 워낙 방대하기에, 그가 자신의 이론을 설명하고 적용하는 과정 전반에서 완벽한 일관성을 발견하려는 시도 자체가 오히려 비현실적일 수 있다. 그는 흔히 대다수 시민과 관련된 구체적 사안에 대해서는 간섭주의적 태도를 보여주면서, 동시에 여러 저술은 그의 자유주의적·민주주의적 정서를 드러내는 표현을 풍부하게 담고 있다. 개인은 경제적으로 자율적일 수 있다. 왜냐하면 이것이 교육받은 사람과 유산 계급의 사람이 번영할 자유를 의미하기 때문이다. 그러나 그는 빈민이나 범죄자나 사회 부적응자에 대해서는 사뭇 다른 태도를 취하는 것처럼 보이는 것도 사실이다. 요컨대 반자유주의적 해석과 자유주의적 해석의 대립은 그의 이러한 일관성 없는 태도에서 비롯된 것이라고 말할 수도 있다.

그가 정말 이렇게 일관성 없는 태도를 보였더라도, 그 태도가 반드시 벤담의 학자적 자질의 문제라고 확대 해석할 필요는 없다. 그가 제안한 개혁 프로그램은 명백히 진보적이고 인도주의적 요소를 지녔지만, 그 역시 자신이 속한 역사적 맥락, 말하자면 "그가 살던 시대의 미성숙한 자유주의의 모순" 속에 있었다고 말할 수 있기 때문이다.[45] 그는 1780~90년대의 저술에서 이미 여성의 투표권을 비롯한 민주적 제도에 대해 상세한 논변을 구상했지만, 실제로는 이러한 논변의 현실적 적용에 대한 문제를 접어두고 다른 개혁 프로그램에 매달렸다. 어쩌면 그는 당시 영국이 자신의 구상을 실현할 만한 단계에 도달하지 못했다고 판단했을지도 모른다. 그러나 19세기에 들어와서도 그는 다른 영국 지식인들과 마찬가지로 보통선거제와 같은 민주적 정치제도에 대해 완전한 확신을 지니지는 못했던 듯하다. 이는 그가 투표의 자격요건으로 글을 읽고 쓰는 능력의 검사를 제안한 사실에서 암시된다. 개혁의 실현을 위해서는 국가의 기본 제도의 민주화가 선행되어야 한다고 생각하고서 헌법에 대한 방대한 저술에 전념한 것은 훨씬 나중에 일어난 일이다.[46] 그리고 일부 학자는 벤담은 결국 이론적으로든 실천적으로든 민주주의와 공리주의를 융합할 수 있는 구체적 방법을 제시하지 못했다고 평가하기도 한다.[47]

어쨌든 위와 같은 관찰을 통해 그가 보여준 일관성 없는 태도는 사실 시대적 상황의 변화와 그것에 따른 그의 생각과 관심사의 변화에서 비롯된 것일 수 있다는 견해가 제시된다. 그러나 이러한 입장은 적어도 자유주의적 해석자들에게는 전혀 그럴듯하지 않다. 왜냐하면 이러한 견해에 따를 때, 그의 사상에 대한 자유주의적 해석은 대체로 후기 저술에서 그 결정적 근거를 발견할 것이라는 결론이 나오기 때문이다. 하지만 실상 로젠이나 켈리 같은 대표적인 자유주의적 해석자들이 의존하는 전거는 벤담의 후기 저술에 국한되지 않는다. 그래서 그들의 편에서 말하자면, 그의 인생의 어느 시점에서 상대적으로 현저하고 구체적으로 나타났든 간에, 그의 자유주의적 경향은 그의 사상 전반에서 일관적이다. 반자유주의적 해석자들도 다른 방향으로 그의 사상의 일관성을 부정하고 싶지는 않을 것이다.

자유주의적 해석자들은 벤담 사상의 비일관성에 대한 논변을 받아들이지 않는다. 그들이 반론으로 제시한 논변에 따르면, 그의 자유 개념은 제멋대로 행동할 자유 혹은 무정부주의적 형태의 자유가 아니라 법과 정부에 의해 창출된 혹은 보장된 자유를 의미한다. 그는 이러한 자유를 지시하는 말로 '안전보장'을 채택한다. 그래서 안전보장과 자유, 혹은 공리와 자유 사이에는 아무 충돌이 있을 수 없다. 왜냐하면 그것들은 동전의 양면 같은 개념들이기 때문이다. 마찬가지로 반자유주의적 해석자들도 그의 사상의 비일관성에 대한 논변을 받아들이지 않을 것이다. 왜냐하면 그들에게 그가 말하는 공리와 자유는 전혀 다른 수준의 가치들, 요컨대 공리는 포괄적인 지배적 가치이자 목적인 데 비해서, 자유는 그것의 실현에 이바지할 수 있는 종속적·도구적 가치이자 목적이기 때문이다. 반자유주의적 해석에 따르면, 공리와 자유는 벤담의 체계에서 일관적으로 이렇게 우열이 분명한 가치들이다.

이러한 차이를 통해 볼 때, 양 진영의 해석 대립은 궁극적으로 벤담의 '공리' 개념과 '자유' 개념에 대한 해석의 차이에서 비롯된다고 말할 수 있다. 반자유주의적 해석자들에 따르면, 그의 체계에서의 자유는 최대 행복의 실현을 저해할 수도 있기에 법으로 억압될 수 있는 가치다. 이에 반해 자유주의적인 해석자들에 따르면, 최대 행복의 실현이란 궁극적으로 정부와 법에 의해 창출된 자유, 즉 "시민적 혹은 정치적 자유"의 실현이다.[48] 그렇다면 양 진영의 해석을 저울질하는 작업은 벤담의 '공리' 개념과 '자유' 개념에 대해 어느 진영이 더 설득력 있는 논거를 제시하는가의 문제로 귀결될 수 있다. 물론 이 문제는 전혀 간단치 않다.

반자유주의적 해석은 벤담의 공리주의만이 아니라 공리주의 일반에 대한 비판과 연계될 수 있다. 요컨대 공리주의는 자유 혹은 자율, 더 나아가 공정한 분배의 가치를 본질적 가치로 받아들일 수 없다는 비판과 실로 연계되는 현상을 나타낸다. 이에 반해 자유주의적 해석은 그의 공리주의만이 아니라 확실히 공리주의 일반에 대한 옹호적 입장과 연계될 수 있다. 적어도 그의 체계에서 공리는 자유, 평등, 분배 등의 가치와 대립하는 독립적 가치가 아니다. 그래서 양 진영의 해석 대립은 그의 '공리' 개념과 '자유' 개념에 대한 면밀한 검토로부터 접근해야 한다.

여전히 간단치 않은 문제는, 벤담의 고유한 '자유' 개념에 대해서는 자유주의적 해석이 옳다고 해도, 반자유주의적 해석자들은 그의 '자유' 개념 자체를 수용하지 않을 수 있다는 점이다. 그리고 '자유' 개념 자체에 대해 이렇게 상반된 태도를 견지한다면, 양 진영 해석자들 사이의 대립이 해소될 여지는 희박할 것으로 보인다. 자유주의적 해석을 따라서 그것을 '시민적 혹은 정치적 자유' 혹은 다른 무엇이라고 부르든 간에, 반자유주의적 해석자들은 벤담이 말하는 자유란 미리 설정된 궁극적 목적, 즉 전체 사회의 복지 혹은 행복의 극대화라는 목적에 부합하는 법과 정부에 의한 통제와 강요에 토대를 두기 때문에, 그 자체로 혹은 내재적 가치를 지닌 온전한 의미의 자유가 아니라고 반론할 수 있다.

이러한 반론은 나름 직관적 설득력을 지닌다. 한 사람의 해석자 혹은 평가자가 어떤 개념과 관련하여 자신이 해석하려는 대상자의 생각을 무조건 따라갈 이유는 없다. 이러한 한에서 벤담의 공리주의만이 아니라 공리주의 일반에 대한 전형적 비판은 여전히 유효할 수 있다. 그렇지만 반자유주의적 해석이 그의 사상에 대한 완벽히 공정한 해석은 아닌 듯하다. 그것은 언뜻 보기에도 그의 방대한 저술들 가운데 그것의 정당화에 유리한 부분만을 취하고, 다방면의 원문에서 결정적 근거를 제시하기보다는 공리주의 일반에 대한 기존의 비판적 논의에 편승하려는 의도 내지는 자세를 보인다. 마찬가지로 자유주의적 해석도 20세기 후반에 전개된 현대 공리주의의 논조를 그의 사상에 대한 해석에 투영한다는 점에서는 완벽히 공정한 해석은 아니라고 평할 수 있다. 그렇지만 벤담의 이론에 대한 자유주의적 재구성을 통해 공리주의 일반이 자유, 정의, 분배 등과 같은 가치를 그것의 체계로 수용할 수 있는 하나의 모형을 제시한다는 점에서, 자유주의적 해석이 훨씬 더 흥미로운 해석일 수는 있다.

5. 행복의 증진과 자유

당연히 더 흥미롭다고 해서 더 정확한 해석이라고 말할 수는 없다. 자유주의적 해석과 입법자의 역할에 대한 벤담의 언명 사이에는 분명 모종의 긴장 관계가 있다. 그의 정의에 따르면, 입법자가 발휘해야 할 기술, 즉 입법 기술이란 "어떻게 한 사회를 구성하는 다수의 사람이 **입법자가 적용하**

는 동기에 따라서 전체 사회의 행복에 대체로 가장 도움이 되는 행동을 추구하도록 할 수 있는지를 가르친다(『서론』, 17장, 20절. 강조는 필자)." 다시 말해서 공리주의적 입법자는 이 기술을 통해 사회 구성원의 행동을 전체 사회의 최대 행복이라는 궁극적 목적에 부합하도록 직간접적으로 교정하는 임무를 수행한다. 이러한 논지는 다음에서 다소 더 명시적으로 표현된다. "개인들의 강제되지 않고 계몽되지 못한 성향과 힘은 **입법자의 통제와 지침** 없이는 그 목적에 부합하지 않는다는 것은 역사적 증거와 인간 본성과 정치사회의 존재가 아주 잘 증명하는 사실이다."[49]

한편으로 그는 경제적 자유주의를 옹호하는 맥락에서 개인에게 자신의 경제적 삶에 대한 최종 판단의 자격을 부여한다. 다른 한편으로 그는 개인들을 둘러싼 사회 여건의 변화에서 입법자의 계도적 역할을 강조한다. 그러나 입법자의 역할에 대한 벤담의 이러한 주장이 그의 체계 전체를 반자유주의적이라고 낙인찍을 만한 논거는 아니라고 보인다. 자유주의적 해석자들이 생각하는 바대로, 우선 공리주의를 비판하는 맥락에서 롤즈가 묘사했던 '불편부당한 관망자'나 '이상적 입법자'가 벤담이 생각했던 입법자에 대한 아주 정확한 묘사는 아니다. 롤즈는 이 관망자 혹은 입법자를 다음과 같이 묘사한다.

바로 이 관망자에 의해서 모든 이의 욕구들이 일관된 하나의 욕구 체계로 조직된다고 생각되며, 이러한 구성에 의해서 많은 사람이 하나로 융합된다. 이상적 동정심과 상상력을 갖춘 불편부당한 관망자는 다른 사람들의 욕구를 자신의 욕구인 것처럼 경험하고 동일화할 수 있는 완전히 합리적인 개인이다. 이렇게 해서 그는 이러한 욕구들의 강도를 확인하고 하나의 욕구 체계 속에서 그 각각이 가져야 할 응분의 비중을 할당하게 되며, 이상적 입법자는 사회 체제의 규칙들을 조정하여 그 욕구 체계의 만족을 극대화하는 데 힘쓰게 된다(TJ, 27쪽).

　벤담에게도 입법자는 인간의 쾌락과 고통, 그리고 인간의 심리 일반에 대한 지식을 두루 갖추고 전체 사회의 행복에 도움이 되는 최선의 법체계를 고안해야 하는 사람이다. 요컨대 그저 아무나가 아니다. 그런데 롤즈가 말하듯이 "다른 사람들의 욕구를 자신의 욕구인 것처럼 경험하고 동일화할 수 있는" 존재는 현실에 존재하지 않는다. 이러한 존재는 지극히 허구적이다. 지극히 현실주의자면서 이토록 허구적인 존재자의 상정에 항상 냉담했던 벤담은 입법자를 그렇게 묘사한 적이 없다. 요컨대 입법자도 결국 사람이다.

　개인이 쾌락과 고통을 느끼는 능력에 영향을 미치는 여러 요인의 분석에서도 나타나듯이, 벤담은 서로 다른 개인들이 같은 원인에 의해서도 그들의 감수성에 영향을 미치는 고유한 요인에 의해 서로 다른 양의 쾌락이나 고통을 느낄 수 있다는 점을 단지 인정하는 정도가 아니라 입법자가 반드시 참작해야 할 사항으로 간주한다(『서론』, 6장). 인간의 모든 행동을 지배하는 주인이 쾌락과 고통뿐이라고 해서, 인간이 느끼는 쾌락과 고통의 종류나 그것들을 느끼는 인간이 놓인 여건이 그렇게 단순한 것은 아니다. 신이 아닌 다음에야 각 개인이 무엇에 대해 가장 강렬한 욕망을 느끼는지, 어떤 욕망의 만족이 그에게 가장 강렬한 쾌락을 줄지, 이 모든 것에 복합적 영향을 미치는 그가 처한 특수한 상황이 무엇인지 모두 알 수는 없다. 아무리 '완전히 합리적인 개인'일지라도, 역시 제한적 경험 세계를 지닌 한 개인에 불과한 입법자가 다른 모든 사람의 욕구를 마치 '자신의 욕구인 것처럼 경험하고 동일화할 수는' 없다.

　어떤 욕구를 지니고 있는지, 어떤 욕구의 만족에서 가장 큰 쾌락을 느끼는지, 그리고 자신이 처한 고유한 상황에 대해―비록 완벽하지는 않더라도—가장 잘 판단할 수 있는 자는 바로 각 개인 자신이다. 물론 각 개인은 잘못된 정보나 편견에 사로잡혀 자신의 진정한 욕망에 대해 오판할 수도 있고, 심지어 적잖은 경우에 쾌락과 고통을 혼동할 수도 있다. 이러한 오판과 혼동을 바로잡는 것이 교육의 기능이고, 대부분의 교육론은 교육의 이러한 기능을 권위주의적이라고 배제하지는 않을 것이다. 입법자에게 문제가 되는 상황은 각 개인이 자신의 욕구를 충족하는 과정에서 '강제되지 않고 계몽되지 못한 성향과 힘을' 발휘하여 다른 사람들이나 전체 사회의 행복에 명백히 해로운 행동을 따르는 경우다. 이러한 경우에 해악의 제거를 우선시한다는 것은 법의 목적에 대한 벤담의 기술에서 드러난다. "모든 법이 공통으로 가지거나 가져야 하는 일반적 목적은 공동체의 전체 행복을 증가시키는 것이다. 그러므로 우선 이러한 행복을 감소시키는 **경향**을 가진 모든 것을 가능한 한 제거해야 한다. 달리 말해서 해악을 제거해야 한다."(「서론」, 8장, 1절) 그래서 한편으로 입법자의 최우선적인 소극적 역할은 사람들의 권익을 침해하여 그들의 행복을 저해하고, 그래서 전체 공동체의 행복을 저해하는 행동을 위법행위offense로 규정하고, 예컨대 형벌로서 그것을 예방하는 것이다. 다른 한편으로 입법자의 적극적 역할은 예컨대 보상reward을 통해 사람들이 전체 사회의 행복에 이로운 경향을 가진 동기를 가지도록 유도하는 것이다.

각 개인은 자신의 쾌락과 행복에 대해 다른 누구보다 더 잘 이해할 수 있는 능력을 지닌 존재다. 각 개인은 각자의 쾌락과 행복에 대한 고유한 관념과 동기를 가지고, 의도와 행위를 통해 각자의 목적을 실현하려 한다. 입법자의 역할은 그들의 행위가 명확히 다른 사람들이나 전체 사회의 행복을 저해하는 경우에 이러한 행위를 막거나 예방할 수 있는 가장 효과적인 수단을 마련하는 것이다. 그리고 일정한 경향의 동기와 일정한 경향의 행위 사이의 밀접한 인과관계가 일반적 경험을 통해 추정되는 경우, 입법자는 그 자체로 고통 혹은 악인 직접적 처벌로 이미 발생한 위법행위를 단죄하는 것보다는, 이러한 행위를 유발하는 경향을 가진 반사회적 욕망과 동기를 포기하도록 유도하는 것이 더 효과적이라고 판단한다. 요컨대 입법자는 일차적으로 사람들의 반사회적 욕망과 동기를 감소시켜야 하고, 더 나아가 그들이 앞서 설명한 사회적 혹은 적어도 준사회적 동기에 따라서 행동하도록 유도한다. 이러한 동기가 '입법자가 적용하는 동기'라는 말이 지시하는 바다.

어떤 종류의 행위·욕망·동기가 전체 사회의 행복에 도움이 되는가에 대해, 입법자는 그것들의 일반적 경향에 대한 경험적 판단에 의존한다. 벤담의 정의에 따르면, "공리의 원칙은 이해당사자의 행복을 증가시키거나 감소시키는 것처럼 보이는, 혹은 달리 말해서 그의 행복을 증진하거나 방해하는 것처럼 보이는 **경향**에 따라서 각각의 행동을 승인하거나 불승인하는 원칙"이다. 법의 목적에 관한 기술과 더불어 여기서 주목할 것은 '경향tendency'이라는 낱말이 함축하는 바다. 행위의 경향, 즉 어떤 특정한 유형의 행위가 일반적으로 산출하는 결과의 성질과 이러한 유형의 행위의 배후에 있는 동기나 욕망의 성질이 반드시 일치하지는 않는다. 그래서 행위의 경향, 즉 그것이 산출하는 결과의 성질은 일반적으로 좋지만, 그것의 배후에 있는 동기나 욕망은 악의적일 수도 있고, 그 반대의 경우도 가능하다. 그렇지만 동기들 사이나 욕망들 사이에는 공리의 명령과 일치하는 정도에 따라서 탁월함의 서열이 있다. 이러한 서열은 그것들이 일반적으로 초래하는 행위의 결과의 성질에 대한 경험적 판단에 따라서 결정된다.

이러한 경험적 판단에 근거하여 사람들이 적어도 다른 사람들이나 전체 사회의 행복에 해로운 결과를 가져오는 경향을 가진 동기와 욕망을 자제하도록 하거나, 더 나아가 전체 사회의 행복에 도움에 되는 동기나 욕망을 가지도록 유도하는 것을 억압적 통제와 기만적 조종이라고 간주하고, 이러한 역할과 권한을 입법자에게 부여하는 벤담의 체계를 권위주의적이고 반자유주의적이라고 비난하는 것은 다소 비상식적이고 불공정하다. 거의 모든 나라의 법제法制는 같은 종류의 위법행위라도 그 행위의 배후에 있었다고 추정되는 동기에 따라서 다르게 판결한다. 이러한 법제의 취지는 어떤 동기나 욕망을 단지 부도덕하다는 이유로 비난하려는 것이라기보다는, 적어도 부분적으로는 그 나라 전체의 행복에 해로운 행위를 일반적으로 산출하는 동기나 욕망을 억제하려는 것이다. 그리고 거의 모든 나라에는 전체 사회의 행복에 유익한 행위를 일반적으로 산출하는 동기나 욕망을 칭찬하고 그것을 고무하는 정책이나 교육제도가 존재한다. 우리는 이러한 법제나 정책이나 교육제도를 억압적이고 기만적이라고 비난하지 않는다.

입법자의 역할은 자기 공동체의 모든 구성원을 공리주의적 개인들로 주조하는 것이 아니다. 공리주의적 입법자가 수행하는 기능은 그 구성원에게 직접 입법에서처럼 가시적으로, 그리고 간접 입법에서처럼 비가시적이고 은밀하게 작용한다. 이러한 이중적 작용을 통하여 입법자는 구성원이 다른 사람들이나 전체 사회의 행복을 저해하지 않고, 더 바람직하게는 그것을 증진하는 경향을 가진 행동을 하도록 유도한다. 입법자의 역할은 롤즈가 말하는 것처럼 구성원 전체를 위한 "하나의 욕구 체계"를 모형화하고, 그 체계 안에서 각각의 욕구들이 "가져야 할 응분의 비중을 할당"하는 것이 아니다. 그것은 자신의 욕구 체계를 최대로 만족시키려는 각 개인이 숙고해야 할 문제다. 입법자의 역할은 다만 개인들의 욕구 체계가 상충하여 서로의 욕구 만족을 저해하는 상황을 예방하거나 서로의 욕구 만족을 증진하는 경향을 가진 동기를 고무하는 것뿐이다.

반자유주의적 해석자들의 주된 공격대상 중 하나인 벤담의 파놉티콘 감옥의 기획에 대해서도 단지 범죄자를 사회로부터 격리하는 시설에 불과했던 당시 유럽 국가의 감옥과 비교하여 그 기획의 인도주의적 요소를 강조함으로써 그 기획에 대한 호의적 해석을 끌어낼 수도 있다. 그 기획에 따르면, 파놉티콘의 수감자는 청결을 유지해야 하고, 그들의 노동은 생산적이고 이익을 창출해야 하고, 석방된 후에 그들이 노동시장으로 복귀할 때에 유용할 만한 기술을 습득해야 한다. 자유를 기대의 충족 보장으로 정의할 경우, 파놉티콘 감옥의 기획은―일반 시민보다 상대적으로―낮은 일반적 기대치를 지닌 수감자들에게 그리 부당한 것은 아니라고 변호할 수도 있다.[50]

이러한 호의적 해석에 대응하여 반자유주의적 해석자들은 파놉티콘의 수감자는 광범위한 선택권과 외부세계에 대한 정보를 박탈당한다는 점을 강조하면서, 수감자에게 부과되는 강제노역도 파놉티콘 운영의 효율성을 높이기 위한, 즉 공리 극대화를 위한 것이지 수감자의 자유 혹은 기대 충족의 극대화와는 거리가 멀다고 반박할 수 있다. 그러나 이것은 지나치게 일방적인 시각의 반론으로 보인다. 파놉티콘 감옥 설계의 한 초점은 분명 효율성 혹은 공리의 극대화에 있다. 그러나 이렇게 효율성 혹은 공리 극대화에 초점을 두고 파놉티콘 감옥을 기획한 의도의 인도주의적 측면을 간과해서는 안 된다. 벤담의 진정한 의도는 당시의 참담한 감옥 환경과는 차별되는 수감시설의 확산을 통하여 수감자의 기대 충족을 높이려는 것이라고 이해할 여지는 충분히 열려 있다.

벤담의 배경적 의도를 이렇게 이해할 경우, 파놉티콘의 기능을 "권력의 실험실"로 규정하고, 그것의 의의를 현대 감시사회surveillance society의 전조로 묘사한 푸코(Michel Foucault, 1926~1984)의 해석은 그 의도를 크게 오도할 가능성이 있다.[51] 보기에 따라서, 파놉티콘의 설계는 실로 인도주의적 의도를 형상화한 것이다. 벤담은 "좋은 정부"가 가져야 할 건축물의

미셸 푸코

구조에 대한 지침으로서, "**감옥들**로부터 학대를 없애길 바라는 [건축물]은 수감자의 행동이나 그들이 받는 대우가 원하는 모든 사람의 눈에 지속적으로 노출되지 않는 공간을 가져서는 안 된다"고 주장한다.[52] 또 그 설계 자체가 의도한 대로 감시자의 행동은 수감자에게는 드러나지 않지만, 감시자의 행동은 일반 대중의 공식적 혹은 비공식적 조사에는 열려 있어야 한다. 비교적 분명하게 그 설계의 배경적 의도는 수감자에 대한 억압적 통제나 감시가 아니라 그들을 학대나 부적절한 대우로부터 보호하는 것에 있었다.

반자유주의적 해석자들은 벤담이 범죄 충동의 제거를 통한 범죄의 예방이라는 명목으로 간접 입법과 같은 방법을 통하여 수감자의 정신세계를 변형하고 조종하려 한다고 지적한다. 그러나 이러한 지적도, 예컨대 재범 방지를 위한 실효성 있는 교화 프로그램의 부족을 비인도적이라고 비판하는 작금의 우리나라 현실에 비추어볼 때, 파놉티콘 감옥의 기획에 대한 치명적 비판이 될 수는 없을 듯하다. 왜냐하면 우리가 범죄자를 감옥이라는 형태의 폐쇄된 공간에 일정한 시간 동안 격리할 때에는 당연하게도 그들에게 어떤 정신적 변화가 일어나기를 바랄 것이기 때문이다. 그리고 우리는 범죄자 자신의 성찰을 통한 변화만을 기대할 수는 없다. 범죄에 대한 대응에서 사형과 같은 극단적이고 단순한 형벌과 사회로부터의 격리만이 아니라 수감자의 사회 복귀rehabilitation를 목표로 삼은 '교화' 개념의 도입 자체는 부정할 수 없는 인도주의적 가치를 지닌, 적어도 당시로는 시대를 한참 앞서나간 선구적 구상임은 틀림없다.

6. 소결

지금까지의 논의에서 나는 대체로 벤담의 공리주의적 입법 기획에 대한 반자유주의적 해석에 대응하여 자유주의적 혹은 수정주의적 해석자들이 펼친 호의적 해석을 위주로 살펴보았다. 그러나 이러한 호의적 해석이ㅡ아무리 그것이 최신의, 그리고 벤담 원전에 대한 더 많은 정보를 통하여 도출된 해석일지라도ㅡ반자유주의적 해석을 비롯한 여러 비판적 시각을 완전히 압도하지는 못한다. 최대 다수의 최대 행복이라는 궁극적 목적의 설정은 그것의 실현 과정에서 개인의 자유를 무자비하게 억압할 가능성을 내재하고 있다는 지적에 대해, 공리주의자는 이러한 가능성은 실제로는 매우 희박하거나 이러한 억압은 오히려 그 목적의 실현을 저해할 뿐이라고 답할 수도 있다. 그러나 이러한 식의 대응이 여러 비판적 논의의 중심을 관통하지는 못한다. 이러한 비판적 논의에서 이야기되는 자유는 다른 가치에 의해 상쇄되거나 교환될 수 있는 성질의 가치가 아니다.

앞서 언급한 것처럼, 벤담에게는 생존 혹은 생계 수단이 보장되지 않은 상태에서의 자유란 유명무실한 자유다. 이것을 다소 속된 말로 표현하자면, '배고픈 자유'는 진정한 자유가 아니다. 이러한 생각에 대해 사람들의 직관과 선택은 엇갈린다. 한편으로 적잖은 사람은 이러한 생각을 수긍할 수도 있다. 인간이 추구하는 그 어떤 숭고한 이념이나 가치도 인간의 자기보존 내지는 생존의 욕구보다 강할 수 없다. 생존 혹은 생계 수단의 보장은 인간의 모든 가치 추구의 토대 내지는 선행조건이다. 다른 한편으로 역시 적잖은 사람은 벤담의 생각과 같은 것을 예컨대 개발독재와 같은 통제적 정치경제 체제를 정당화하는 논리의 일부로 간주할 수도 있다. 자유의 가치는 단순히 사람들이 그것을 욕구한다는 사실에 있는 것이 아니다. 욕구라는 차원에서만 본다면, 자유는 아마도 생존이나 생계보다 강하지 못할 수도 있다.

　많은 비판자의 눈에는, 벤담은 인간의 본능적 욕구를 넘어선 차원에 존재하는 자유의 가치를 발견하지 못한다. 왜냐하면 그의 공리주의에서 인간이 추구할 만한 모든 가치는 최대 행복이라는 궁극적 목적으로 수렴하기 때문이다. 그리고 그것은 그에게 반박할 수 없는 사실의 문제로 인식된다. 그 자체로 완전한 혹은 궁극적 목적인 행복에 대해 인간의 모든 행동과 생각과 말은 수단에 불과하다. '인간은 왜 자유로워지고 싶어 하는가'라고 물으면, 공리주의자는 자유로움이 인간을 행복하다고 느끼게 만들어주니까 하는 대답밖에 생각해내지 못할지도 모른다. 그런데 인간의 행복 추구의 수단인 여러 가지 것들 가운데서도 위계는 존재한다. 공리주의자는 어쩌면 자유를 인간의 행복 추구의 **불가결한 수단**이라고 규정하고, 거기에 자유의 중요성과 가치가 있다고 답할 수도 있다. 물론 여전히 비판자의 귀에는 '수단'이라는 말이 썩 마음에 들지 않을 것이다. 그러나 이어지는 장들에서 살펴보겠지만, 이러한 불만이 그가 권위적 정치체제나 통제적 경제체제, 즉 전체적으로 반자유주의적 사회를 지지하리라는 생각을 뒷받침하지는 않는다.

제3장

공리주의적 민주주의

제러미 벤담과 현대

1. 정치적 사유의 전환

공리의 원칙은 옳고 그름의 기준을 제시한다. 이러한 원칙에 바탕을 둔 공리주의는 그 자체로는 규범 윤리의 체계지만, 정치경제를 비롯한 거의 모든 공적 영역으로 활발하게 확장하는 경향을 보여준다. 그런데 공리주의는 특징적으로 어떤 공적 영역에서든 하나의 특정한 이론이나 체제를 고정적으로 지지하지 않은 경향도 드러낸다. 공리주의의 기본 원칙, 즉 '최대 행복 원칙'은 하나의 "특수한 종류의 행동action"으로 간주하는 한에서 예컨대 어떤 "정부의 정책"을 평가할 수 있는 기준이지,[1] 그 자체로 어떤 정부가 토대로 삼는 정치체제를 평가할 수 있는 기준은 아니다. 요컨대 공리주의는 그 자체로 특정한 정치체제에 대한 지지를 함축하지 않는다.

그런데도 고전 공리주의자로 분류되는 벤담·밀·시지윅은 모두 민주주의를 지지했다. 더 엄밀히 말해서, 전자의 두 사람은 대의민주주의repre-sentative democracy를 주창했다.[2] 그런데 특정한 정치체제를 함축하지 않는다는 공리주의와 민주주의는 어떻게 결합할 수 있는가? 일반적으로 전자는 규범 윤리의 특정한 체계를 지칭하는 용어고, 후자는 특정한 정치체제를 지칭하는 용어다. 만약 가능하다면, 이 결합에서 그것들의 관계는 무엇인가? 윤리와 정치 사이의 경계와 관계에 대한 설명조차 제각각인데,

특정한 규범 윤리 체계로서의 공리주의와 특정한 정치체제로서의 민주주의의 결합과 그것들 사이의 관계에 대해 우리는 완벽하게 납득할 만한 설명을 기대할 수 있을까?

의미도 불명확하고 자주 사용되는 용어도 아니지만, 공리주의와 민주주의의 모종의 조합을 '공리주의적 민주주의utilitarian democracy'라고 부르기로 하자.[3] 이러한 조합에 대한, 아니 정치체제를 통한 공리주의적 목적의 실현 일반에 대한 전형적 비판은, 그것이 '국민을 위한'for the people 정치체제일지는 모르나, '국민의'of the people 혹은 '국민에 의한'by the people 정치체제는 아닐 것이라는 비판이다.[4] 이러한 비판적 지적의 단서는 공리주의의 본질적인 결과주의적 성격에 내재한다고 말할 수 있다.

최대 행복의 실현을 단일한 도덕적 목적으로 설정하는 공리주의적 관점에서는, 이 목적에 부합하는 정치체제의 선택은 곧 이 목적의 달성을 위한 최선의 수단의 선택일 뿐이다. 요컨대—반드시 민주주의가 아니더라도—어떤 정치체제와의 결합을 시도하든, 공리주의의 선택은 필시 '국민을 위한'—더 정확히 말하면, 국민의 최선의 이익 혹은 행복을 위한—정치체제여야 한다. 그런데 문제는 이러한 정치체제에서는 '국민을 위한'다는 명목이 '국민에 의한'과 '국민의'라는 명목을 압도할 개연성이 높을 것으로 보인다는 점이다. 말하자면 공리주의적 민주주의는 어쩌면 참된 민주주의의 본질적 요소라고 말할 수 있는 의사결정의 공정한 절차를 비롯하여 시민적 권리의 보장에 대해 오직 수단적 혹은 전략적 가치만을 부여하리라는 것이다.

이러한 비판이 실로 벤담의 민주주의 이론에도 적용될 수 있는가 하는 문제는 그의 정치적 사유에서 가장 중대한 전환의 시점과 계기에 대한 해석과 깊이 연관되어 있다. 그가 대의민주주의 체제에 대한 옹호를 공식적으로 천명한 것은 1810년대 후반이라고 추정되고, 그것에 대한 체계적 구상을—예컨대 『헌법』[5]에서—제시한 것은 그의 오랜 저술경력의 말기에 해당하는 1820년대 후반이라는 것이 유력한 견해로 보인다. 이러한 견해를 제시한 대표적 학자인 필립 스코필드Philip Schofield의 주장에 따르면, 이 시기 이전의 벤담은 "공리의 원칙에 기초한 성문화된 형법 및 민법 체계가 (…) **정부 형태와 관계없이** 어느 국가에든 도입될 수 있다"고 가정했다.[6] 다시 말해서 최대 공리, 즉 최대 행복의 실현과 정치체제와의 밀접하고 필연적인 연관성을 아직 의식하지 못했다고 말할 수 있다.

벤담의 정치적 사유에서의 전환은 흔히 공리주의적 목적의 실현에 적합한 정치적 환경에 대한 인식의 변화, 요컨대 새로운 수단 혹은 전략의 선택으로 해석될 수도 있다. 이러한 해석에 따르면, 그에게 민주주의는 그 자체로 목적이 아니라 어디까지나 공리주의적 의미의 '좋은 통치'good governance를 실현하기 위한 수단 중 하나였을 뿐이다. 그의 공리주의와 정치적 사유의 여정에는 이러한 해석을 뒷받침하는 문헌적 근거가 적지 않다. 그러나 내가 생각하기에 그에게 민주주의는 단순히 시세時勢에 따른 전략적 방편의 선택만이 아닌 필연적 귀착점이었지만, 말년의 성숙한 정치적 견해에 이르러서야 그 귀착점을 분명히 밝힐 역량을 갖추었다는 해석도 가능하다. 다소 속된 표현으로, 아무리 위대한 사상가라도 청년기의 다소 부족한 식견은 이해해줄 수 있지 않으냐는 말이다.

후자와 같은 해석의 가능성도 간략히 살펴볼 것이다. 그러나 이 장의 중심 논의는 벤담의 정치적 사유에서 중대한 전환을 일으킨 계기가 무엇이었는가 하는 물음에 집중될 것이다. 여러 벤담 전문가가 그 계기로 지목한 것은 통치계급의 '사악한 이해관심'sinister interest의 존재에 대한 벤담의 명확한 인식이다. 요컨대 통치계급 역시 자신의 이익에 따라서 행동하는 개인들의 집합일 뿐, 그들이 전체 국민의 이익 혹은 공익을 위하여 행동하리라고 전적으로 신뢰할 수 없다는 인식이다.7 앞으로 살펴보겠지만, 이러한 인식이 그의 정치적 급진주의radicalism로의 이행에서 결정적 요소라는 점은 부정할 수 없다.

그래서 나는 벤담이 이 요소, 즉 통치계급의 사악한 이해관심의 존재를 인식하게 된 시점과 그것에 대한 인식이 그의 정치적 사유에 미친 영향을 집중적으로 살펴볼 것이다. 만약 그것에 대한 인식이 그가 대의민주주의를 최선의 정치체제로 선택한 결정적 계기라면, 그 인식의 시점에 대한 고찰은 그의 민주주의 이론의 생성 과정과 공리주의와의 결합 과정을 밝혀줄 것이라고 기대할 수 있다. 그리고 나는 그 인식이 구체적으로 어떤 정치적 제안들로 이어졌는가를 살펴봄으로써, 그의 민주주의 이론의 전반적 성격을 조망하고자 한다. 이러한 조망을 통하여, 앞서 언급한 공리주의적 민주주의에 대한 전형적 비판이 그의 정치이론에도 적용될 수 있는가 하는 물음에 대한 해답에 접근해보고자 한다.

2. 사악한 이해관심의 인식과 민주주의로의 전향

양원제에 기초한 영국 의회민주주의의 역사는 중세로까지 거슬러 올라간다. 따라서 벤담이 대의민주주의의 옹호를 통해서 영국 역사에서 전대미문의 정치체제 도입을 주장했던 것은 전혀 아니다. 다만 앞서 언급한 것처럼, 공리주의는 그 자체로는 어떤 특정한 정치체제에 대한 지지를 함축하지 않는다. 달리 말하면 공리주의는 그것이 설정한 궁극적 목적, 즉 최대 다수의 최대 행복을 실현할 수만 있다면 원리상으로는 그 어떤 정치체제든 받아들일 수 있다. 실로 청년기의 벤담은 최대 행복의 실현과 정

벤담 당시의 영국 의회(1834년 화재로 소실되기 전의 모습)

치체제 사이의 연관성에 대해서는 깊이 숙고하지 못했던 듯하다. 그랬던 그가 특정한 정치체제, 즉 대의민주주의에 대한 확고한 신념을 갖게 된 계기가 무엇인가를 살펴보고자 한다.

대의민주주의의 옹호와 관련하여 벤담이나 밀이 제시했을 법한 공리주의적 논거는 보통선거universal suffrage에 기초한 대의민주주의를 통해서만 각 유권자의 **이해관심**이 그 정치체제 안에서 종합되고 반영될 수 있다는 것이다. "이상적으로 최선의 형태의 정부는 (…) 모든 상태의 문명에서 실현할 수 있거나 가질 수 있는 정부가 아니라 (…) 즉시든 미래에든 최대량의 유익한 결과를 수반하는 정부다. 완전한 국민의 정부completely popular government는 이러한 성격의 요구권리를 만들어낼 수 있는 유일한 정부 형태다."[8] 그런데 앞서 언급한 것처럼 벤담이 대의민주주의를 적극적으로 옹호하게 된 결정적 계기로서 지목된 것은 통치계급의 사악한 이해관심의 존재에 대한 인식이다. 특히 그의 말년의 성숙한 정치이론에서 이러한 인식의 중대성은 간과할 수 없다. 민주주의적 통치구조에 대한 자신의 체계적 구상을 밝힌 『헌법』을 비롯한 1820년대의 저술에서, 그의 정치적 제안은 주로 통치계급의 사악한 이해관심을 효과적으로 억제하여 그들이 전체 국민의 이익 혹은 행복에 봉사하도록 만들 수 있는 수단과 깊이 연관되어 있다.[9]

그러나 벤담이 통치계급의 사악한 이해관심을 인식한 시점과 이러한 인식이 대의민주주의의 옹호로 이어진 과정에 대한 해석은 여러 논쟁거리를 안고 있다. 먼저 그가 '사악한 이해관심'의 존재를 강렬하게 인식한 시점에 대해서는, 그것이 1800년대 초반이라는 해석이 유력한 것으로 보인다. 이 해석에 따르면, 그가 그 문구에 대한 상세한 설명을 제공한 시점은 "파놉티콘 기획에 대한 정부의 거부에 깊은 좌절을 느꼈던 때인 1804년"부터다.[10] 파놉티콘 감옥의 기획은 1783년부터 1803년까지 오랜 시간 그의 대부분의 개혁 활동을 좌우했다. 이 기획이 최종적으로 영국 정부에 의해 무산된 것에 대한 그의 실망감은 실로 대단한 것이었다. 그리고 그는 이러한 무산의 원인이 당시의 국왕(조지 3세)의 독단적 권력 행사에 있다고 확신했다. 이것은 그가 곧장 군주제를 맹렬하게 비판하는 계기가 된다.[11] 다시 얼마간의 시간이 흘러서, 군주제에 대한 실망과 비판은 민주주의적 정부의 구상과 그 구상에서 정치적 책임성 및 행정의 투명성을 확보할 수 있는 구체적 대책에 대한 제안으로 이어진다.

그런데 또 다른 해석에 따르면, 사실 사악한 이해관심에 대한 원형적 관념은 영국의 법체계, 소위 보통법common law 체계에 대한 1770년대 청년 벤담의 비판에서 이미 모습을 드러내고 있다. 그의 눈에는 보통법 법정은 극소수만 이해할 수 있는 전문용어가 난무하고 법관들조차 어리둥절하게 만드는 불가사의한 절차로 진행되었다. 이러한 법정은 오로지 판사와 변호사 같은 전문가 집단의 독점적 지위를 강화하고, 공익에 반하는 그들의 전횡과 사악한 이해관심에 이바지할 뿐이었다. 보통법 체계의 결함과 자신의 이득을 위하여 결함투성이의 이러한 법체계를 수호하려는 집단에 대한 비판적 인식은 사악한 이해관심에 대한 인식이 그의 경력의 상당히 초기로까지, 심지어 웨스트민스터 홀에서 열리던 재판과정을 참관하던 소년 시절로까지 거슬러 올라간다는 점을 보여주는 듯하다.

그러나 위의 유력한 해석에 따르면, 사악한 이해관심에 대한 벤담의 초기 분석은 대체로 영국의 보통법 체계와 그 체계 안에서 득세한 판사와 변호사에 대한 비판에 국한되었다. 그리고 이러한 비판에 따른 벤담의 일차적 목표와 포부도 성문화codification를 비롯한 법체계의 개혁에 집중되었다. 그래서 초창기의 그는 자신이 주창하는 입법 규정과 제도 개혁을 실행할 용의를 가진 어떤 정치체제에서든 전체 사회의 최대 행복을 실현할 수 있다고 생각한 것으로 보인다. 이에 비하여, 특히 1800년대 초에 발표한 『의회개혁 계획』을[12] 통하여 민주주의적 개혁의 의지를 공식화한 시점을 전후하여, 그가 통치계급에 대해 가졌던 인식은 그를 정치적 급진주의로 이행시킨 결정적 계기로 간주된다.

정치적 급진주의로의 이행에서 벤담은 비판 대상을 법조계 인사의 사악한 이해관심에서 정치 엘리트 일반의 사악한 이해관심으로 확대한다. 비로소 보통법 체계의 결함이 판사와 변호사의 이해관심에 이바지한 것처럼, 정치체제의 결함은 군주, 귀족, 세습특권을 비롯한 지배세력의 이기적 이익 추구에 이바지한다는 인식에 도달한다. 영국 법질서의 개혁을 구상하면서 초창기의 벤담은 공리 혹은 공익에 반하는 해악으로서 주로 비합리적·비효율적 사법 절차에서 발생하는 고충, 예컨대 "금전적 비용"pecuniary expense, "성가심"vexation, "지연"delay 등에 주목했다.[13] 이에 비하여 말년의 벤담은 예컨대 "불필요한 공직, 쓸모없는 공직, 과도한 비용의 공직, 한가로운 공직" 등으로 부풀려진 정부 관료조직 구성의 문제에 주목하게 된다.[14]

비판 대상의 이러한 확대는 법조계의 사악한 이해관심과 정치 엘리트 일반의 사악한 이해관심이 서로 긴밀히 결부되어 있다는 인식, 다시 말해서 기존 법체계를 개혁하기 위한 제안이 거부당한 실제 원인은 그 법체계를 지지하고 있고 통치계급의 사악한 이해관심의 만족에 유리하게 만들어진 정치체제에 있다는 인식에서 기인한다. 이제 벤담은 "사악한 이해관심이 국가의 모든 측면에 스며들어 있다는 통찰," 그리고 사악한 이해관심은 군주제, 귀족제, 세습특권 같은 정치질서의 내재적 특징이라는 통찰을 통하여, "그 자체로 목적이 아니라—목적은 언제나 최대 행복이다— 그 목적을 위한 **필수불가결한 수단**"으로서, 다시 말해서 "공직자의 적절한 적성을 확보하고 정부의 비용을 최소화하는 효과적 조치를 실행할 수 있는" 유일한 통치체제로서, 대의민주주의를 주창하게 된다.[15]

프랑스혁명 이전 구체제의 징표

그런데 사악한 이해관심에 대한 인식이 대의민주주의의 옹호로 이어지는 과정에 대한 관찰에서 주목할 만한 부분은, 프랑스혁명 초기에 벤담은 프랑스 혁명정부에 민주주의적 통치방식과 여성을 포함한 보통선거 및 비밀선거 제도를 제안했다는 사실이다. 그의 정치이론의 발전에서 이 부분이 지닌 의의에 대해 여러 학자가 서로 다른 해석과 평가를 제시한다. 위와 같은 해석, 즉 대의민주주의가 사악한 이해관심을 제거할 필수불가결한 수단이라는 확고한 신념은 1800년대에 들어서, 그것도 거의 그의 말년에 정립되었다는 해석을 지지하는 학자들은 대체로 그가 프랑스혁명 초기에 제시한 민주주의적 개혁 제안의 중요성을 축소하려는 경향을 보인다.

이러한 경향의 해석에 따르면, 프랑스혁명 초기의 벤담은 "런던에서는 왕정주의자royalist였고 (…) 파리에서는 공화주의자republican였다."[16] 요컨대 그는 아직 어떤 특정한 정치체제에 대한 확고한 신념을 가지고 있지 않았다. 그는 혁명 프랑스에서와 같은 "그렇게 급진적인 수단이 영국에서는 필요하지 않다"고 생각했다.[17] 왜냐하면 영국의 정치체제는 이미 그가 공리주의적 목적의 실현에 필요하다고 생각하는 요소, 즉 "언론의 자유, 임의적 집행권의 부재, 정의의 공정한 집행"을 갖추고 있었기 때문이다.[18] 이러한 해석의 요지는 그가 프랑스 혁명정부에 제시한 개혁 제안은 그의 후기의 정치적 입장의 단서로 인정하기 어렵다는 것이다.

제안들의 내용적 유사성이나 일관성에도 불구하고, 스코필드의 견해에 따르면, 벤담이 민주주의적 개혁을 주장한 이유는 1789년과 1809년 사이에 크게 달라졌다. 전자의 시기에 그의 개혁안은 혁명기 프랑스의 특수한 정치적 상황에 따른 다분히 전략적 선택일 뿐인 데 비하여, 후자의 시기에는 대의민주주의가 어느 나라의 통치계급에나 존재할 수 있는 사악한 이해관심에 맞서서 그 나라 국민의 최대 행복을 담보할 수 있는 보편적이고 거의 유일무이한 수단으로서 인식된다. 이러한 해석은, 무엇보다 프랑스혁명이 폭력적 양상을 띠고 영국에서도 애초에는 혁명을 지지했던 지식인들 사이에서 그것을 비판하는 여론이 들끓기 시작하자 프랑스 혁명세력의 이론과 실천의 근본적 결함을 지적하면서, 그는 민주주의 자체에 대해서조차 강한 의혹과 반발을 드러냈다는 점에 근거를 두고 있다.[19]

그러나 프랑스 혁명정부에 제시한 개혁 제안과 1809년 이후에 제시한 의회개혁 제안 사이의 원리적 일관성 내지는 내용적 유사성에 더욱 주목한다면, 어쩌면 벤담은 1809년에 "거의 20년 전에 정립했던 [자신의] 정치적 입장으로 되돌아온" 것이라는 해석도 그럴듯하게 들릴 수 있다. 이러한 해석의 한 실마리는 그가 프랑스혁명 무렵에 저술한 『정치적 전략』에서 발견될 수 있다.[20] 여기서 그는 의회, 즉 정치 엘리트 집단의 이해관심이 "되도록 공동체의 이해관심"과 일치해야 하는데, 이러한 일치를 확보하기 위한 최우선적 조건은 "직접 선거"Direct Election라고 주장한다.[21] 여기서 그는 정치 엘리트 일반의 이해관심을 통제하는 필수적 수단으로서 실효성 있는 선거제도를 구상하고 있다. 이것은 프랑스나 영국 등의 특수한 정치적 상황과는 무관한 제안이었다.

또 비슷한 시기에, 이번에는 프랑스혁명 직전에 저술된 미출판 원고에서, 벤담은 보통선거에 대한 신념을 다음과 같은 비유적 표현으로 기술한다. "모든 사람이 신발을 만들 수 있는 것은 아니다. 그러나 신발이 만들어지면 모든 사람은 그것이 자신에게 맞는지를 쉽게 알 수 있다. 모든 사람이 제화공일 수는 없지만, 누구든 자신의 제화공을 선택할 수 있다."[22] 이러한 비유가 전달하려는 메시지는 비교적 명확하다. 그는 모든 시민이 입법에 직접 참여할 수는 없으나 대다수 시민이 자신의 입법자를 선택하고 그 입법자의 입법 활동을 평가할 수 있는 충분한 지적 능력이 있다는 신뢰를 표출하고 있다. "성공적 입법에는 지식과 기술이 필요하다. 그러나 입법자의 선택은 이러한 지식이나 능력을 지닌 사람에게만 국한되지 않는다. 반대로 대다수 사람은 입법이 성공적으로 수행되었는가를 판단할 수 있다."[23]

벤담은 글을 읽고 쓸 수 있는 능력을 공동체의 이익을 판단할 능력 보유 여부를 가리는 유일한 기준으로 설정하고 문맹의 선거권 제한을 주장한다. 물론 당시 영국의 문맹률이 상당히 높았을 것이라는 점을 고려하면, 이 주장은 실로 상당수 시민으로부터 선거권을 박탈하자는 주장일 수 있다. 그러나 문맹 여부를 제외하고는 재산 유무를 비롯하여 당시 정치권에서 떠돌던 여러 임의적 제한사항을 배제하자는 주장으로 본다면, 이것은 어쨌든 선거권 부여의 범위를 더 넓히자는 주장으로 간주할 수 있다. 여하튼 그는 의원, 즉 입법자의 선택은 비범한 지식이나 기술을 요구하는 것이 아니고, 대다수 시민이 이러한 선택의 능력과 자격을 갖춘 것으로 상정한다. 이로부터 그는 자신의 제안이 실질적인 보편적 선거권의 부여라는 입장에 도달한다. 같은 시기의 다른 저술에서 그는 프랑스와 영국의 선거제도, 말하자면 전자에서 국민에 의한 직선제 방식과 후자에서 선출자에 의한 일종의 간선제 방식 사이의 차이를 논하면서, 전자와 후자는 불편함에서 큰 차이가 없다고 논한다. 요컨대 국민에 의한 직선제 방식이 큰 불편을 초래하지 않을 것으로 주장한다. 더 나아가 그는 단순히 전략적 선택이 아니라 선거 과정에서의 부정부패를 차단할 수 있는 필수적 방편으로서 투표의 비밀유지를 강조한다. "비밀선거는 부패의 영향력을 해제함으로써 모든 형태의 부패를 죽인다."[24] 이 모든 제안은 그가 논의의 확장을 통하여 1809년 이후 의회개혁 계획에서 밝힌 핵심적 제안과 폭넓게 중첩된다.

벤담은 프랑스혁명 당시에 작성한 프랑스 헌법 개혁과 대의민주주의에 대한 논문에서 처음 선거권 확대를 뒷받침하는 공리주의적 논변을 개괄하는데, 이 논변을 영국의 의회개혁을 논하는 맥락에서 재현한다. 이렇게 본다면, 한편으로 프랑스혁명 초기에 그가 제기한 개혁안이 그의 후기의 정치적 입장의 실마리라는 해석도 나름 수긍할 만하다. 다른 한편으로 혁명의 과격화 이후 그가 혁명세력의 정치사상을 공개적으로 비판하면서 프랑스 공화주의의 이념적 초석인 「인간과 시민의 권리선언」Declaration of the Rights of Man and the Citizen까지 공격한 점, 그리고 일시적으로나마 실로 민주주의에 대한 확신에서 크게 물러섰던 점은 이러한 해석에 의문을 제기할 만한 단서다. 그렇지만 "사악한 이해관심의 출현"만을 그의 정치적 급진주의의 유일한 단서라고 간주하는 견해는[25] 어쩌면 그의 정치적 사유의 흐름을 너무 예리하게 단절하려는 시도라는 인상을 준다.

3. 민주주의적 개혁의 도구적 성격

벤담이 비교적 초창기부터 사회 지배세력의 사악한 이해관심을 인식하고 선거권 확대를 통한 대의민주주의에 대한 신념을 품었다고 해석하더라도, 민주주의의 기본 원칙인 국민주권國民主權 개념은 분명 그의 말년의 정치이론에서 더 명확해진다는 점을 부정하기는 어렵다. 오늘날의 관점에서 보면, 그의 정치적 사유의 출발은 국민주권 개념과는 거리가 멀다. 그 출발점에서 그의 정치적 사유의 기본 원칙은 통치자는 국민의 최선의 이익, 즉 최대 다수의 최대 행복을 위하여 통치해야 한다는 것이다. 이것은 단순히 통치자가 선량한 마음으로 재량껏 국민의 이익을 보살펴야 한다는 취지의 원칙은 아니다. 따라서 이 원칙이 일종의 부권주의적 전형을 제시하는 것은 아니다. 그의 초창기 입장에 따르면, "주권sovereign power은 (…) 공리의 원칙에 따르면, 신탁fiduciary일 뿐이다."[26] 비록 매우 추상적 의미에서지만, 주권은 원칙적으로 국민에게 있다. 통치자는 단지 주권 행사의 수탁자일 뿐이다.

그런데 이러한 신탁 모형도 그 자체로는 특정한 정치체제에 대한 선호를 함축하지 않는다. 수탁자는 희망컨대 계몽된 군주일 수도 있고—반드시 모든 국민이 참여할 필요는 없지만—일정한 형태의 선거를 통하여 선출된 대표자 혹은 대표자 집단일 수도 있다. 벤담의 초기 입장은 아마도 자신이 희망했던 개혁을 추진할 수만 있다면 그 수탁자를 어떻게 결정해야 하는가 하는 문제에 대해서는 크게 괘념치 않았던 듯하다. 그래서 그의 신탁 모형은 통치자와 피통치자, 즉 추상적 의미의 주권자인 국민과 현실적 주권 행사자인 정부 혹은 통치자의 분리를 당연시하고, 또한 전자는 자신의 복지를 후자에게 전적으로 의존할 수밖에 없는 상황을 설정하는 것으로 보일 수도 있다.

그러나 벤담의 '신탁' 개념은 정확히 이러한 모형을 지지하지는 않는다. 그는 피통치자가 통치자를 전적으로 신뢰하고 모든 결정을 통치자에게 내맡길 수는 없다는 점을 분명하게 밝힌다. 정치적 처녀작인 『정부론』(1776)에서, 그는 "통치자와 피통치자 사이의 손쉽고 빈번한 입장 **변환**"이 가능하여 "한 계급의 이익이 다른 계급의 이익과 다소 분리될 수 없을 정도로 융합되는" 사회구조와 관행을 통해서만 정치적 자유가 보장될 수 있다고 역설한다.[27] 이렇게 통치자와 피통치자 사이의 입장 변환과 더불어 그들의 이익이 융합되는 상황을 만들 수 있는 필수적 조건으로서, 벤담은 "언론의 자유"와 "결사의 자유" 등을 제시한다. 그런데 이러한 조건은 통치자의 "부주의와 편견"inattention and prejudice에 의한 결정을 견제하기 위한 수단일 뿐,[28] 아직 그는 통치계급의 사악한 이해관심에 의한 결정을 견제할 수 있는 유력한 수단으로서 보편적이고 빈번한 선거에 의한 통치계급의 교체 가능성을 염두에 두고 있지는 않았다.

이에 비하여 후기 입장에서 벤담은 국민을 주권자인 동시에 주권 행사자로 격상시킨다. "주권은 국민에게 있다. 그것은 헌법적 권한constitutive authority의 행사를 통해서 집행된다. (…) 입법부 구성원을 (…) 선출하고 해임하는 것이 헌법적 권한에 속한다."[29] 여기서 입법부 구성원을 해임하는 것을 국민이 행사할 수 있는 헌법적 권한으로 언급한 부분은 눈여겨볼 만하다. 물론 대의민주주의의 특성상―대통령제를 채택한 경우가 아니라면―국민에 의한 주권의 직접적 행사는 대체로 입법부 구성원의 선출에 국한되고, 국민은 자신이 선출한 입법부 구성원을 통하여 간접적으로 주권을 행사하게 된다. 그래서 입법부 구성원과 그들로 구성된 정부 주요 공직자는 국민의 직간접적 주권행사의 대리인deputy이 된다.

벤담은 입법부 구성에서 국민에 의한 주권의 직접적 행사와 입법부를 통한 주권의 간접적 행사를 구분한다. 주권의 직접적 행사는 선거를 통한 입법부 구성원을 선출함으로써 그 구성원에게 힘을 부여하거나 박탈하는 권한에 해당한다. 이에 비하여 주권의 간접적 행사는 국민이 선출된 입법부 구성원을 통해서 힘을 작용하거나 집행하는 권한에 해당한다. 국민주권에 기초한 대의민주주의 체제에서, 유권자는 자신이 선출한 대표자에게 작용의 권한을 부여하고, 대표자는 주권을 실무적으로 집행할 행정부를 구성한다. 어쨌든 직접적으로는 주권자, 즉 국민의 역할은 자신의 이익에 부합하도록 행동할 입법부의 수립에서 권한 부여 행위에 국한되는 셈이다. 이 부분은 거의 모든 형태의 대의민주주의 체제의 한계이지, 벤담이 구상한 체제의 고유한 한계는 아니다.

그런데 선거권 확대와 관련하여 벤담의 후기 입장에서 주목할 만한 부분은 앞서 언급한 문맹을 비롯하여 여성을 배제한 부분이다. 오히려 프랑

베르사유궁을 향한 여성들의 행진

스 헌법 개혁에 대한 논문에서는 여성의 선거권을 매우 강력하게 옹호했던 반면에, 그의 후기 입장은 선거권의 "실질적 보편성"virtual universality을 고려하면서도 명백하게 여성의 배제를 받아들인다.[30] 그 의미를 달리 해석하면, '실질적 보편성'은 당시의 현실적인 정치적 상황에서 선거권을 부여받을 수 있는 모든 사람을 포함한다는 뜻으로 이해될 수 있다. 따라서 '실질적 보편성'을 논하면서 여성의 배제를 인정했다는 것은 벤담이 당시의 현실적인 정치적 상황을 여성의 선거권을 도저히 받아들일 수 없는 상황으로 판단했다는 뜻이다. 나중에 다시 논하겠지만 어쨌든 적절한 배제 영역이 정해지자, 그는 국민이 이러한 선거권을 통하여 자신의 이익을 대변할 대표자를 적절히 통제할 수 있다고 생각했다. 그렇지만 최고 권한자로서 국민의 역할은 마치 여기서, 즉 대표자를 선출하는 것에서 끝나는 것처럼 보인다.

국민주권에 대한 원론적 진술을 제외하면, 벤담의 헌법이론은 정부의 효율적 조직구성과 공직 적성official aptitude의 발달 문제에 집중된다. 그는 정부에 의해 권한을 위임받은 자의 행동과 그 행동의 공지성 및 책임성 accountability을 '공직 적성'이라는 표제 아래에서 다룬다. 그는 말년의 대표작 『헌법』에서 '공직 적성의 극대화'를 헌법적 제도의 명시적 목표로 설정한다. 그의 말년의 민주주의 이론에는 민주주의적 사회에 대한 설명은 없다. 계몽주의의 후예를 자처하면서도, 동시대의 다른 계몽주의자나 급진주의자와는 달리, 그는 민주주의를 계몽이나 시민사회의 진보라는 이념과 결부시켜서 설명하지 않는다.

벤담의 헌법이론의 성격에 대해, 누군가는 "여러 면에서 그의 이론은 민주주의 이론이라기보다는 통치방식governance에 대한 이론"이라고 평할 수 있다.[31] 혹은 어떤 의미로든 그것이 민주주의 이론이라고 인정하더라도, 그것은 "압도적으로 민주주의적 국가운영기술statecraft에 대한 설명"이라고 평할 수 있다.[32] 그것이 민주주의 이론인가 아닌가 하는 문제를 떠나서, 로젠은 벤담의 헌법이론을 "엘리트 이론"이라고 평한다. "그의 논증을 뒷받침하는 주요 명제는 어떻게 선택되든 모든 통치자는 그들의 부와 정치적 권력 덕분에 별개의 계급을 형성하고 그들이 행복을 보장해야 할 국민과 잠재적으로 충돌할 수 있다는 것이다."[33] 정기적이고 빈번한 선거를 통하여 민주주의는 통치자와 피통치자를 연결하고 통치자가 피통치자에게 의존하고 책임지도록 만드는 기제다. 그러나 이러한 기제만으로 국민이 스스로 통치한다고 말할 수는 없다. 요컨대 벤담의 민주주의 이론은 '국민에 의한 통치'보다는 '엘리트 통치'에 대한 설명일 뿐이라는 것이다.

이러한 다소 비판적 지적은 벤담의 대의민주주의 구상이 국민주권이나 평등 원칙보다는 오로지 하나의 원칙, 즉 최대 행복 원칙 혹은 공리의 원칙에 기초한다는 점을 밝힌다. 요컨대 이러한 지적은 그의 구상에서 민주주의의 도구적 성격을 부각하려 한다. 전술한 초기의 기본적 입장에서처럼, 그에게 입법자를 비롯한 정치 권력자의 궁극적인 도덕적 목적은 언제 어디서나 전체 사회의 행복을 최대로 증진하는 것이다. 후기의 그가 이러한 목적의 달성에 최대 장애물로 절실히 인식하게 된 것이 통치계급의 사악한 이해관심이다. 자연히 그의 후기 이론은 이 사악한 이해관심을 억제하고 실정을 방지하는 현실적이고 체계적인 대책에 집중된다.

『헌법』을 비롯한 후기 저술에서 그가 제시한 대부분의 개혁 제안은 이러한 도구적 대책에 대한 설명이랄 수 있다. 예컨대 헌법적 제도의 명시적 목표인 '공직 적성의 극대화'는 실정 방지의 가장 중요한 대책 중 하나다. 공직 적성은 크게 세 가지, 즉 도덕적, 지적, 활동적active 적성으로 나뉜다. 이 세 가지 적성은 모두 직간접적으로 전체 사회의 이익추구, 즉 공리주의적 목적과 결부된다. 첫째로 지적 적성은 단순히 해당 직무수행과 관련된 지식과 판단력만이 아니라, 전체 사회의 이익을 올바르게 파악하는데 필요한 지식과 판단력을 뜻한다. 둘째로 활동적 적성은 각 공직자가 국민의 세금으로 받는 급료에 부합하도록 성실하고 양심적으로 직무를 수행하는 성향을 의미한다. 더 나아가 각 공직자는 이러한 성향과 더불어 자신의 직무에 "흥미"relish를 지녀야 한다.[34]

마지막으로 도덕적 적성은 다른 두 적성보다 더 큰 중요성을 지닌다. 그것은 우선 각 공직자가 자기 이익을 앞세우지 않고 전체 사회의 행복 증진에 전념하는 성향을 뜻한다. 더 나아가 그것은 각 공직자가 국민의 목소리, 즉 여론에 귀를 기울인다는 것을 뜻하기도 하다. 그래서 벤담은 "적절한 도덕적 적성이란 공직자가 엄격히 여론에 의존하는 정도와 정확히 비례한다"고 말한다.[35] 그런데 주목할 점은 도덕적 적성은 단지 공직자가 지녀야 할 성향에 대한 추상적 서술만이 아니라 다소는 구체적 지침을 제시한다는 점이다. 이른바 '좋은 정부'에서 도덕적 적성은 다음과 같은 요구를 함축한다.

1. 통치자의 이해관심과 국민의 이해관심의 동일화
2. 통치자의 권력의 최소화
3. 통치자가 마음대로 사용할 수 있는 돈의 최소화
4. 통치자의 급여의 최소화
5. 법적 책임의 극대화
6. 도덕적 책임의 극대화[36]

단지 통치계급만이 아니라 인간은 본성적으로 자기 이익을 추구하려는 본능적 충동 혹은 이해관심을 가질 수 있는 존재다. 이러한 충동 혹은 이해관심이 그 자체로 악은 아니다. 사악한 이해관심은 전체 사회의 이익을 희생하여 어떤 특정한 집단의 이익을 증진하려는 집단적 혹은 편파적 이해관심을 일컫는다. 문제는 누구라도 이러한 집단적 혹은 편파적 이해관심에 빠질 수 있다는 것이다. 그렇기에 도덕적 적성은 가장 중요하다. 그런데 공직 적성의 극대화는 단지 이미 그 적성을 적절히 갖춘 사람을—엄밀한 시험을 거쳐서—신중하게 선발하는 문제만은 아니다. 그것은 전체 사회의 이익을 희생하여 자기 이익을 추구하는 방식의 권력 남용이 원천적으로 불가능하도록 정부 기관을 조직하고 규제를 강구함으로써 강제적으로 추구해야 할 목적이다.

최근 제정된 '부정청탁 및 금품등 수수의 금지에 관한 법률,' 이른바 '김영란법'은 바로 이러한 목적의 규제로 보인다. 이러한 규제는 국민의 권익을 보호하고 넓은 의미에서 민주주의를 실현하기 위한 것이라고 말할 수 있다. 그러나 일부 학자는 다시 벤담의 최대 관심사는 대의민주주의 체제의 결과인 공직 적성이지 국민의 민주주의적 참여가 아니었다고 지적한다. 다시 말해서 대의민주주의 체제하에서만 "공직자의 적절한 적성을 확보하고 정부의 비용을 최소화하는 효과적 정책이 실행될 수 있다는 의미에서," 그의 정치이론에서 그 체제는 '좋은 정부'를 위한 도구였을 뿐이라고 지적한다.[37] 공직 적성의 극대화라는 목적은 사악한 이해관심을 억제하는 것에 있고, 다시 이러한 억제의 궁극적 목적은 전체 사회의 최대 행복의 달성에 있다는 점에서, 공리주의적 규범과 대의민주주의 체제는 목적과 수단의 관계로 결합한다.

이러한 지적은 앞서 언급한 소위 '공리주의적 민주주의'에 대한 전형적 비판과 일맥상통하는 것으로 보인다. 요컨대 그의 진정한 관심사는 '국민을 위한' 통치방식 내지는 국가운영기술이지, '국민에 의한' 혹은 '국민의' 정치체제가 아니라는 것이다. 이러한 주장을 뒷받침하는 논거로 자주 언급되는 것 중 하나가 그가 여성에 대한 선거권 부여를 반대했다는 부분이다. 이제 그의 다른 개혁 제안이 이러한 비판적 주장에 대해 어떤 식으로든 변론을 제공할 수 있는지 살펴보고자 한다.

4. 여론 법원과 여성 선거권

벤담의 정치적 사유에서 일관적으로 주장된 명제 중 하나는 언론과 결사의 자유 등의 법적 보장을 통한 정치적 자유의 실현이다. 공리주의적 관점에서 정치적 자유의 실현이 중요한 까닭은, 그것이 통치자의 실정을 막는 필수적 안전보장책이고, 이러한 안전보장책은 실정으로 인한 손실을 최소화함으로써 최대 행복의 실현과 직결되기 때문이다. 전체 사회의 복지 혹은 행복이 통치계급의 행동에 깊이 의존한다고 생각했던 점에서, 그는 확실히 전통적 정치이론을 계승한다. 그에게 안전보장책의 상승은 곧 정치적 자유의 상승이다.[38] 후기에는 선거권 확대를 통한 "민주주의의 상승"democratic ascendancy이 정치적 자유의 실현에 포함된다.[39]

비록 여성의 배제를 주장했지만, 벤담의 관점에서 실질적인 보편적 선거, 즉 보통선거는 선출된 입법부 구성원이 전체 사회 구성원의 의지에 충분히 의존하는 상태에서 직무를 수행하도록 보장하는, 말하자면 국민주권을 실현하는 핵심 장치다. 그러나 그는 입헌군주제와 의회민주주의의 독특한 조합으로 산출된 영국의 현실 정치를 완전히 뒤엎으려 하지는 않았다. 그는 말년까지도 군주제와 상원House of Lords의 폐지를 요구하지 않았다. 그의 이러한 처신은 당시의 지배적인 정치적 분위기와 영국민의 여론을 고려할 때 그것들의 폐지가 현실적으로 불가능하다고 판단했기 때문으로 보인다.[40] 이렇게 여론의 추이와 개혁의 현실적 실행 가능성을 고려하는 부분에서, 그의 개혁추진 방식은 철저히 공리주의적이었다고 평할 수 있다.

그의 민주주의 이론에서 벤담이 국민의 정치참여를 최대한 늘리려 했다는 사실은 실질적인 보편적 선거만이 아니라 다른 개혁 제안에서도 나타난다. 그가 청년기부터 일관적으로 강조해온 언론의 자유의 보장은 헌법상의 기구로서 여론 법원Public Opinion Tribunal의 설치에 대한 제안으로 이어진다. 그것은 정부의 실정을 막는 대책으로써 국민의 비판적 여론에 헌법적 권한을 제공하는 장치다. 그는 그것이 부패와 사악한 이해관심에 대항할 수 있는 가장 강력한 제도라고 역설한다. "권력 남용을 막는 수많은 안전보장책 가운데 (…) 가장 중대한 부분은 (…) 필시 여론 법원의 힘에 의존한다."[41] 이 제도는 2007년부터 시행되고 있는 우리나라의 청원제도와 기능상 유사한 부분이 있다. 예컨대 그가 말하는 여론 법원의 한 중요한 기능은 공직자의 부정행위를 심판하고 징계를 요구할 수 있는 기능인데, 우리의 청원법에도 이러한 조항이 있다. 그러나 우리의 청원제도에는 국민이 직접 판결을 내릴 권한은 없는 데 비하여, 그가 제안한 여론 법원은 이러한 권한까지 지닌 좀 더 공식적인 기구의 성격을 가진다.

이 법원은 당연히 국민에 의해 구성되고, 여성도 배제되지 않는다. 비록 수사적 표현에 불과할 수도 있지만, 그는 이 법원의 힘이 "다른 모든 법원의 힘을 합친 것보다 더 강력하다"고 선언한다.[42] 이 법원의 결정은 "공직자의 운명을 결정할" 수도 있고, 여기서 "선고한 처벌은 피할 수 없다." 물론 이렇게 강력한 권위를 부여받은 국민 여론도 오류를 범할 수 있다. 다시 말해서 다수의 국민이 자신의 참된 이익에 대해 오판할 수도 있다. 이러한 오류는 어떻게 교정될 수 있는가? 이 문제의 해결에 대한 벤담의 생각은 대체로 낙관적이다. 비록 다수가 틀릴 수도 있지만 그들의 "장기적 경향성"long-run tendency은 그들을 자신의 이익에 대한 올바른 이해로 인도할 것이다.[43] 그래서 여론 법원은 "계속해서 **계몽**되는 경향을 가질" 것이다.[44] 요컨대 그는 국민의 정치적 성숙성이 계속 성장할 것이라는 믿음을 가지고 있었다.

이러한 여론 법원이 정부 활동에 대한 비판과 통제의 기능을 제대로 발휘하려면, 국민은 정부 활동에 대한 상세한 정보에 쉽게 접근할 수 있어야 한다. 이러한 취지에서 벤담은 공공 기록보관소의 설립을 주장하는데, 심지어 이 제도에 대한 설명이 『헌법』의 가장 복잡한 부분을 차지한다. 그는 이 기록보관소를 통한 정부 문건의 공개가 헌법적 중요성을 지닌 문제로 이해했으며, 이 보관소를 국민이 쉽게 접근할 수 있을 장소에 마련하는 것이 정부의 책임이라고 말한다. 그는 이러한 보관소의 설치를 통하여 정부 활동의 "공지성이 항상 극대화될 것"으로 기대했다.[45]

공공 기록보관소는 정부 활동의 투명성 및 공지성과 그 활동에 대한 감시 기능을 확보하고, 여론 법원은 정부 활동의 책임성과 그 활동에 대한 제제 기능을 확보한다. 이러한 장치들을 통한 정부 활동에 대한 감시와 통제의 기능은 앞서 설명한 공직 적성의 함양으로 이어진다. 이렇게 공직 적성의 극대화를 명시적 목표로 삼고 그 수단으로서 여론 법원과 공공 기록보관소의 설치를 제안한다는 점에서, 벤담의 헌법이론의 초점은 결국 엘리트 통치계급의 행동에 있는 것으로 보일 것이다. 다시 말해서 그 모든 개혁 제안의 취지가 공직 적성을 극대화하여 통치계급의 행동이 전체 사회의 이익에 부합하도록 강제하는 것에 있는 것으로 보인다. 그래서 그의 이론이 "엘리트 이론"이라는 로젠의 지적이 일면 타당한 것처럼 보일 수도 있다.

그러나 벤담의 모든 개혁안의 취지를 공직 적성의 극대화로 환원하려는 것은 다소 일면적인 관찰일지도 모른다. 선거권 확대를 비롯하여 여론 법원과 공공 기록보관소의 설치를 헌법 조항에 명시하려고 시도한 것은 국민의 정치참여 확대에 초점을 둔 것으로 논할 수 있기 때문이다. 물론 그에게 국민의 정치참여 확대가 그 자체로 목적은 아니다. 궁극적 목적은 언제나처럼 전체 사회의 복지 혹은 행복의 극대화다. 그런데 이 목적의 실현에서 국민의 정치참여 확대는 단지 전략적 가치를 지닌 수단으로만 간주할 수 없다는 점을 주목해야 한다.

전체 국민은 전체 사회의 이익 실현에 부합하는 법과 제도를 제정할 입법부 구성원의 선출에 참여한다. 그런데 공리주의적인 "이상적 입법자"ideal legislator에 대한 현대적 비판에서 나오는 주장과는 달리,[46] 벤담에게 이렇게 선출된 입법자는 전지적omniscient 관점에 설 수 있는 자도 아니고, 저절로 자신의 모든 사리사욕을 초월할 수 있는 도덕적 영웅도 아니다. 그래서 입법자는 전체 사회의 이익의 최선의 판단자도 아니고, 법적·도덕적 제재를 회피할 수 있는 존재도 아니다. 그래서 해리슨의 말처럼, 벤담의 입법자는 "데우스 엑스 마키나"deus ex machina가 아니다.[47] 오히려 전체 사회의 이익의 최선의 판단자는 국민의 일반 의지다. "전체 공리의 가장 확실한 가시적 표식이자 직접적 증거는 [국민의] 일반적 합의general consent"에 있다.[48] 벤담은 "문명화의 현재 단계에서도," 여론의 "명령"은 "대다수 지점에서 최대 행복 원칙의 명령과 일치한다"고 확신했다.[49]

이러한 표식이자 증거인 국민의 일반 의지가 법·제도·정책에 제대로 반영되려면, 국민은 언론의 자유의 보장을 비롯한 여러 헌법적 장치를 통하여 정치적 결정에 적절히 관여할 수 있어야 하고, 입법자를 비롯한 통치 엘리트의 행동에 실효성 있는 제재를 가할 수도 있어야 한다. 이러한 제재의 효력을 보증하는 방편으로서, 벤담은 실질적인 보편적 선거와 비밀투표에 의한 매년 선거, 그리고 여론 법원의 설치를 제안한 것이다. 앞서 설명한 것처럼 이러한 방편을 통한 공직 적성의 극대화도 결국 공직자가 국민 여론을 충실히 받들려는 태도를 함양하는 것에 있다. 이리하여 국민의 직접적 주권행사는 단지 자신의 대표자를 선출하는 일에서 끝나지 않는다. 여기에 당시 유럽 대다수 국가의 정치적 환경까지 더해서 보면, 그의 민주주의 이론은 '엘리트' 통치에서 '국민에 의한' 통치로의 상당히 의미심장한 행보였다고 평가될 수 있다.

그러나 이러한 긍정적 평가에 가장 심각한 걸림돌은 역시 여성의 선거권 배제다. 잠재적 유권자의 절반 혹은 그 이상에 해당하는 국민의 선거권을 배제하는 이러한 선거를 보통선거라고 말할 수는 없다. 여기에 적잖은 문맹 인구까지 더해지면, 그것은 우리가 일반적으로 생각하는 보통선거와는 확연히 멀어진다. 벤담 스스로 밝힌 바에 따르면, 그가 프랑스혁명 초기에는 강력히 옹호했던 여성의 선거권 부여를 반대하게 된 까닭은 여성을 포함하는 것이 자신이 희망하는 다른 개혁의 실현 가능성을 저해할 것이라는 우려 때문이다. "내가 아는 한, 새로운 헌법이 만들어지는 시기에 여성의 선거권을 제안하는 것이 유리하다고 생각할 수 있는 정치 국가는 하나도 없다. (…) [오히려 그 제안으로 인하여] 일어난 다툼과 혼란이 대중의 마음을 완전히 사로잡아 다른 모든 형태의 개선까지 멀리 내쳐질 것이다."[50] 다시 말해서 그는 여성의 선거권을 포함하는 개혁안을 제시할 경우 당시의 현실 정치인들은 다른 안건은 쳐다보지도 않고 여성의 선거권에 대한 제안만을 물고 늘어질 것이고, 결국 자신의 다른 개혁안도 모조리 거부당하는 불행한 결과를 낳을 것이라는 불 보듯 뻔한 지극히 현실적인 상황을 우려한 것이다.

선거권 확대와 관련하여 벤담이 말하는 '실질적'virtual 보편성은 문자 그대로의 보편성과 결과적으로 큰 차이가 날 수밖에 없다. 그것은 현실적인 정치적 상황, 요컨대 당시 국민 일반의 지배적 여론 및 정서와 유력 정치인들의 전반적 태도 등을 종합적으로 고려한 결과로서의 보편성이다. 그의 다분히 전략적 태도에 대한 비판적 견해는 대략 다음과 같다. 최대 행복의 실현은 헌법 개혁을 절실히 필요로 하고, 이 개혁은 선거권을 확대하고 입법자가 유권자에게 책임지도록 만든다. 이러한 개혁의 성취를 위하여 여성의 선거권 배제가 필요하다면, 그렇게 해야 한다. 만약 그의 개혁 제안의 진정한 취지가 국민의 정치참여 확대를 통하여 전체 사회의 이익을 더 정확하게 인식하고 실현하는 것에 있었다면, 그는 다른 모든 개혁보다 여성의 선거권을 최우선으로 옹호했어야 한다. 그러나 그는 『헌법』에서 여성을 헌법적 권한에서 배제한다. 이것은 그의 개혁 취지가 국민의 민주주의적 정치참여의 확대에 있지 않았음을 방증한다.

그러나 이러한 견해 역시 너무 일면적인 관찰에서 비롯된 것일 수 있다. 그는 『헌법』에서 여성의 선거권 배제를 분명하게 받아들인다. 그러나 그 이유는 여성의 선거권 문제를 둘러싼 그가 판단하기에 다소 불가항력적인 상황 때문이다. "왜냐하면 [여성]의 포함에 반대하는 선입관이 현재로서는 너무나 일반적이고 너무나 강렬하여 그들을 포함하자는 제안에 찬성할 기회를 줄 수 없기 때문이다."[51] 이렇게 비관적인 관찰에 곧바로 이어지는 진술은 모두 여성의 선거권을 옹호하는 뉘앙스를 지닌다. "최대 행복 원칙에 따른다면, [여성]의 요구는 (…) 남성의 요구와 마찬가지다. 한 여성의 행복과 이해관심은 보편적 행복과 이해관심에서 남성의 그것과 같은 크기의 부분을 구성한다. 한쪽 성의 사람이 다른 쪽 성의 사람보다 덜 행복해야 할 이유를 찾을 수가 없다. (…) 만약 [행복의 외부적 수단에서] 차이가 있다면, (…) 평등 원칙은 남성보다 여성의 편이어야 한다. 남성에게는 없으나 여성에게는 있는 고통의 원인이 아주 많다는 점을 고려한다면 말이다."[52] 그 뉘앙스는 공리주의적 관점에서는 지극히 당연한 논리가 전혀 받아들여지지 않는 현실을 개탄하는 것이었다.

이외에도 벤담은 여성이 지적 적성에서 남성과 동등함을, 여성 가운데 성공적 군주도 있었음을, 그리고 여성이 남성에게 신체적으로 불리하다면 더욱더 대표자를 필요로 함을 역설한다. 요컨대 그는 원론적으로는— 말하자면 자신의 공리주의적 관점에 따른다면—여성의 선거권을 반대할 이유를 전혀 발견하지 못한다. 오히려 여성의 포함을 적극 지지한다고 보는 편이 더 타당하다. 그가 여성의 배제를 수긍한 배경은 오직 여성의 선거권 부여의 공적 실행 가능성에 대한 고려에 있었다. 물론 그는 여성의 포함에 대한 명확한 결론을 내리지 못하고, 다만 여성의 선거권에 대한 지지가 어리석다고 생각될 이유에 대한 의문을 제기하는 것에서 그친다. 그렇지만 그가 여성의 배제에 찬성한 것은 어디까지나 이른바 '전략적 후퇴'일 뿐이지 여성의 선거권에 대한 그의 기본적 입장과는 무관하다.

5. 이상과 현실

벤담은 자신의 말년의 영국이 심각한 위기 상황에 놓여 있다고 판단한 것으로 보인다. "나라는 이미 [혁명] 직전의 상태에 있다—개혁 혹은 격변, 아니면 그와 비슷한 것만이 대안이다."[53]

한편으로는 프랑스 혁명세력의 폭력성과 무정부주의적 혼란을 목격하면서 그는 사회개혁의 방법으로서 혁명은 결코 바람직하지 못하다는 인식에 도달했다. 정확히 말하면, 그는 프랑스혁명 발발을 전후하여—즉 1788년과 1790년 사이에—자신이 프랑스 국민의회National Assembly에 제출한 헌법 개혁안이 모두 거부된 시점부터 이미 프랑스 혁명세력의 움직

루이 16세의 처형

임에 관심을 잃기 시작했다. 더 나아가 국민의회가 채택한 「권리선언」에 대해 반감을 드러냈다. 그러나 그가 프랑스혁명에 극단적 반감을 느끼게 만든 사건은 역시 루이 16세의 처형이었다.

앞서 언급했듯이, 벤담은 나중에 파놉티콘 기획의 무산에 대한 실망감으로 군주제를 맹렬히 비난하게 되었다. 그러나 그의 개혁 의지는 프랑스혁명 시기뿐만 아니라 그 이후에도 군주제 폐지로까지 나아가지는 않았다. 프랑스혁명에 대한 비판여론이 팽배하던 분위기 속에서, 그는 일시적으로 개혁주의 자체로부터 후퇴하는 태도를 보이기도 했다. 다른 한편으로 그는 이러한 혁명을—그것이 가져올 폭력과 무질서를—피하기 위해서라도 영국은 혁명에 상응하는 근본적 개혁이 필요하다는 인식에 도달했다. 이러한 의미에서 그는 자신의 개혁 제안을 스스로 '급진적'이라고 표현한다. 그러나 씁쓸한 실패를 수차례 경험했던 말년의 그가 자신의 제안이 일거에 받아들여지리라고 상상하지는 않았을 것이다. 더 그럴듯한 짐작은 그의 공리주의적 사고는 이상과 현실을 오가면서 이중적으로 작용했으리라는 것이다.

한편으로 그의 공리주의적 사고는 전체 사회의 최대 행복을 정치체제의 도덕적 목적으로 설정하면서, **이상적으로는** 다수 국민의 정치참여를 헌법상의 권리로 보장하고 이를 통한 통치 엘리트의 사악한 이해관심을 차단하는 것이 이 목적을 달성하기 위한 필수불가결한 방편임을 밝힌다. 다른 한편으로 그의 공리주의적 사고는 개혁 실현을 위한 **현실적인** 전략적 접근방식을 제공한다. 군주제 및 상원의 존속과 여성의 선거권 배제를 수긍한 것도 이러한 전략적 접근방식의 결과로 이해될 수 있다. 후자, 즉 여성의 선거권 문제와 관련하여 아마도 그는 우선 남성의 보편적 선거권이라도 확보되어야 국민 여론의 기능이 제대로 발휘될 수 있을 것이고, 일단 자신이 바란 개혁이 차례로 수용되어 국민 여론의 기능이 제대로 발휘되면 여성도 머지않아 선거권을 획득하리라고 기대했을 것이다.

물론 벤담이 여성의 선거권 배제를 받아들인 것은 단순한 전략적 후퇴라기보다는 지나치게 현실 정치에 순응한 결과로 평가할 수도 있다. 그러나 대부분의 유럽 국가에서 여성이 선거권을 쟁취한 것은 그의 사후 거의한 세기가 지난 뒤였다는 사실, 그리고 프랑스혁명과 같은 사회급변의 상황에서도 참정권을 요구한 여성단체가 오히려 정치적 탄압에 직면했다는 사실을 참작한다면, 그가 생전에 여성 선거권의 실현 가능성을 매우 낮다고 본 것은 전혀 잘못된 관찰이 아니었다. 더 나아가 그가 활동했던 시기에 여성 참정권에 대해 벤담만큼 긍정적으로 언급한 영국 사상가를 발견하기도 어렵다는 사실을 인정해야 한다. 따라서 그는 한편으로 급진적 개혁안을 제시하는 와중에도 항시 실현 가능성을 염두에 두면서 일련의 개혁을 순차적으로 풀어가야 한다고 생각했던 것으로 짐작할 수 있다.

벤담의 민주주의 이론을 이 장의 시작에서 언급한 '공리주의적 민주주의'로 이해하고 후자에 대한 비판이 전자에도 적용된다는, 그래서 그의 민주주의 이론이 정부의 조직과 통치계급의 규제에만 초점을 둔 순전한 '엘리트 이론'이라는 견해는 그의 철학에 대한 밀의 비판적 견해에서 이미 나타났던 바다. 밀은 벤담의 철학이 유일하게 기여할 수 있는 바는 "사회 제도의 업무 부분만을 조직하고 규제하는 수단을 가르치는" 것인데, "그는 이러한 업무 부분을 세상일의 전부로 가정하는 실수를 저질렀다"고 평한다.[54] 그래서 벤담은 정치제도의 도덕적 효과, 말하자면 정치제도와 사회 구성원의 전반적인 정신적 진보 사이의 관계를 놓치고 있다.

그런데 이것은 청년 밀이 벤담의 생각을 세밀하게 살피지 못한 상태에서 내린 결론일 수 있다. 다면적으로 관찰했을 때, 벤담의 개혁 제안의 근본적 취지는 최대 행복의 최선의 판단자인 국민의 여론을 국정에 반영할 수 있는, 다시 말해서 국민의 일반 의지가 통치계급의 의지에 영향력을 행사할 수 있는 헌법적 장치의 마련이다. 예컨대 당장은 실현되기 어려우나 공리주의적 관점에서 합당한 목표인 여성 참정권은 바로 이러한 장치를 통하여 국민 여론의 힘으로 해결될 수 있는 문제다. 그는 아마도 공리주의적 관점에서 합당하다고 판단되는 다른 개혁도 이렇게 국민 여론의 힘이 성장함으로써 점진적으로 해결되리라고 짐작했을 것이다. 왜냐하면 그는 앞서 인용한 것처럼 국민 여론은 '지속적으로 계몽되는 경향'을 가지고 있고, 그것의 장기적 경향성은 최대 행복 원칙, 즉 공리주의의 근본 원칙에 부합하리라고 생각했기 때문이다. 그의 관점에서 인간의 계몽 혹은 정신적 진보가 수렴될 지점은 당연히 공리주의적 공동체 혹은 국가다. 그런데 이러한 진보는 국민의 자유로운 정치적 대화가 가능한, 그리고 그 대화 속에서 형성된 국민의 일반 의지가 현실 정치에서 실현될 수 있는 토대를 필요로 한다. 그의 헌법이론은 이러한 토대 혹은 출발점에 대한 제안이라고 평가될 수 있다.

이 장 전반에서 나는 다분히 의도적으로 벤담의 정치이론에 대한 호의적 해석의 가능성을 제시하려고 시도했다. 그러나 이러한 가능성의 제시가 앞서 언급한 여러 학자의 다른 유력한 해석을 결정적으로 논파할 수 있다고 생각하지는 않는다. 다만 공리주의 자체에 대한 가혹한 평가, 말하자면 공리주의는 최대 행복이라는 궁극적 목적을 위하여 그 어떤 수단도 수용할 수 있다는 이해에 기초하여, 벤담의 정치이론에서 민주주의는 전체 사회의 최대 행복이라는 목적을 위한 단지 선택적·전략적 수단일 뿐이라는 비판은 너무 편파적이라는 생각을 밝히고 싶었다.

말년의 벤담은 계몽 군주나 성군聖君의 출현을 통한 개혁 실현을 기대할 만큼 순진무구하지 않았다. 프랑스혁명 전후의 초창기에는 분명 이러한 기대를 품었을지 모르나, 말년의 그는 여성 선거권 부여에 대해 "너털웃음이나 비웃음이나 경멸적 표현이나 진부한 익살"로 대응하는 현실 정

프랑스혁명 당시 동등한 정치 참여의 권리를 주장하던 여성 클럽

치인과 마주하고 있었다.[55] 이러한 자들에 맞서 자신의 공리주의적 개혁 제안을 통과시키려는 노력에서 민주주의는 단순한 선택적 수단이 아니다. 현실 정치인에게 맞서 장차 개혁을 차례로 이루어낼 진정한 힘은 공리주의 철학자의 외로운 헌신보다는 국민의 여론의 힘과 정치참여에서 나온다. 그러므로 그는 적어도 어떤 정부가 '국민을 위한' 정부이려면, 그것은 필시 '국민의' 그리고 '국민에 의한' 정부여야 한다는 점을 분명하게 인식하고 있었다. 비록 중심적 내용이 '통치방식'이나 '국가운영기술'에 집중되어 있었음을 부정하기는 어렵지만, 그의 정치이론이 민주주의의 기본 원리인 국민주권, 국민자치, 입헌주의를 원론적으로 함축하고 있음은 명백하다.

벤담의 정치이론에 대해 비판적 견해를 제시하는 학자들은 한편으로는 오늘날에 일반화된 민주주의 체제와 그 기본 제도의 관점에서, 다른 한편으로는 비유적으로 표현해서 마치 자신들이 완성된 민주주의의 청사진이라도 가진 듯한 관점에서, 그의 정치이론을 민주주의 이론이 아니라 전근대적 통치기술로 격하시킨다. 그러나 우리가 민주주의를 이미 완성된 형태로 존재하다가 인류에게 발견되는 이념이 아니라 인간의 정신적 진보와 더불어 생성되고 발전하는 성장적 이념이라고 간주한다면, 한 사상가의 민주주의 이론은 그의 시대의 지배적 현실과 관점, 다시 말해서 그의 시대의 사람들의 정신적 진보의 실질적 수준을 통하여 평가되어야 한다. 예컨대 권력분립과 여성 선거권처럼 그가 자신의 공리주의적 계산과 전략의 차원에서 당장 받아들이지 못한 제도도 있다. 그러나 그가 민주주의를 자신의 공리주의적인 궁극적 목적의 실현을 위한 필수불가결한 토대로 인식하고, 한편으로는 시대를 앞서나간 급진적 제도의 제안을 통하여 다른 한편으로는 구체적이고 실현 가능한 제도의 안착을 위한 노력을 통하여 이상과 현실을 오가면서 민주주의의 조각들을 맞춰나가려고 시도했다는 점은 분명한 듯하다. 이러한 맥락에서 그의 정치이론은 적어도 그의 시대의 지배적 현실과 관점에서는 민주주의 이론이라고 일컬어질 충분한 자격을 지닌다.

6. 소결

물론 우리 시대의 지배적 현실과 관점에서 보면, 벤담의 정치이론의 적잖은 부분은 민주주의 이념과 그것의 실현에 관한 우리의 기대치에 한참 미치지 못할 수도 있다. 우리는 이러한 부분을 다소 관대하게 그의 시대적 한계라고 참작해줄 수도 있다. 그러나 많은 학자는 이렇게 실망스러운 부분이 그의 공리주의로부터 연유한 것이어서, 그것은 단순히 시대적 한계가 아니라 이론적 혹은 원천적 한계라고 냉담하게 지적할 수도 있다. 그런데 시대적이든 원천적이든 이러한 한계에도 불구하고 그가 제시한 개혁안들 가운데는 우리 시대에도 주목할 만한 것이 적잖아 보인다.

아무리 국민의 정치참여 범위와 자유가 과거보다 월등하게 확대되었다 해도, 오늘날에도 대다수 국가에서 채택한 대의민주주의 체제의 근본적 한계에 대해서는 많은 비판이 제기되고 있다. 그중 하나는 정경유착을 비롯한 정치 엘리트의 사악한 이해관심을 통제하기가 매우 어렵다는 문제다. 많은 학자가 벤담의 정치이론이 이러한 정치 엘리트 계층의 통제 문제에만 집중되어 있다는 점을 비판하지만, 이 문제가 고대로부터 오늘날까지 민주적 의사결정 절차를 혼탁하게 만드는 결정적 요인이라는 사실을 부정할 사람은 없을 것이다. 오늘날 입법·사법·행정의 모든 영역에 속한 엘리트 계층에 대한 국민의 불신은 팽배해있다. 이러한 불신은 정치

무관심으로 이어져 늘어난 정치참여의 범위와 반비례하여 국민의 정치참여 의지는 눈에 띄게 쪼그라들고 있다. 정치 엘리트 계층의 이러한 혼탁과 부정부패는 벤담의 일관된 관심사였다.

이 문제와 관련하여 벤담이 제안한 여론 법정의 설치, 공공기록보관소의 운영, 매년 선거 등의 개혁안은 정부 공직자와 국회의원 같은 정치 엘리트 계층의 효과적인 통제를 위하여 시도해볼 만한 가치가 충분하다. 예컨대 이러한 제도를 통하여 우리는 고의든 아니든 잘못 계산된 정책 입안과 집행으로 국세를 낭비한 공직자의 도덕적 해이 내지는 무책임성을 단죄할 수 있다. 그리고 국민 여론과 의지에 반하는 법안 발의와 통과로 많은 국민에게 손해를 끼치거나 고통을 낳은 국회의원으로부터 국민의 대표자라는 지위를 박탈할 수도 있다. 적어도 허술하거나 특정 집단의 이익을 위한 국세 집행이나 법안에 대해서는 반드시 그 책임을 물을 수 있어야 한다. 속된 표현으로, 정부 공직자와 국회의원이 국민 무서운 줄 알게 만들 수 있다.

앞서 논한 것처럼, 벤담의 정치이론은 민주주의 발전에서 시민사회의 역할에 대한 논의를 포함하지 않는다는 비판적 지적을 받아왔다. 그러나 그의 개혁안은 국민의 적극적 정치참여와 시민사회의 성장을 견인할 수 있고, 실로 그것을 목적으로 삼는 것으로 보인다. 벤담은 공공기록보관소는 유예기간 없이 공직자의 행동에 대한 모든 정보를 모든 국민에게 제공할 수 있어야 한다고 말한다. 이 기록보관소는 정부 활동의 투명성을 보장하는 동시에 중대한 공익과 관련된 사안에 대한 국민의 관심과 참여를 증진할 수 있다. 정보 접근성은 국민의 정치참여 확대를 위한 필수불가결한 토대다. 이렇게 공적 사안의 해법에 대한 자유로운 소통과 여론 형성을 통하여 시민사회의 힘과 역할은 더욱 성장할 수 있을 것이다. 예컨대 이러한 개혁안은 현재 우리 사회의 쟁점인 과거사 문제에 대한 여론 수렴 및 해결방안 모색에 크게 이바지할 수 있었을 것으로 짐작된다.

어쩌면 우리는 스스로 우리 시대가 벤담의 시대보다 민주적 의사결정이라는 측면에서 월등히 나은 사회에 살고 있다고 생각할지 모른다. 충분히 가시적 측면에서 확실히 그러하다. 국가 행정과 법률, 그리고 국회의원의 의정활동에 관한 국민의 정보 접근성은 과거보다 월등히 좋아졌다. 그러나 우리 시대에도 여전히 그의 시대에 벤담이 요구했던 개혁의 골자가 필요하다는 점을 인정한다면, 우리 시대의 민주주의도 아직 갈 길이 멀다는 진실에 맞닥뜨릴 것이다.

제 4 장

경제적 자유와 정부 간섭

제러미 벤담과 현대

1. 벤담 경제이론의 양면성

워낙 법과 정치에 관한 저술의 양이 압도적인 까닭에, 벤담의 경제 관련 저술과 경제학자로서의 면모는 상대적으로 덜 주목받아온 듯하다. 벤담 전문가들은 그가 경제학 분야에서도 한계효용체감 원리의 원형을 선구적으로 제시하는 등의 적잖은 공헌을 했다고 평한다. 그러나 스타크W. Stark 가 총 3권으로 엮은 그의 경제 관련 저술의 모음집이 출판되기(1952년) 전까지, 그의 경제이론을 심도 있게 다룬 논문 몇 개를 찾기도 힘든 것이 사실이다. 그런데도 앞서 다룬 그의 정치이론과 앞으로 다룰 그의 경제이론은 완전히 분리될 수 없다. 그의 정치이론은 순전히 정치 현상에 관한 탐구에 머무르지 않고 개인의 경제적 삶의 자유와 정부의 간섭과 관련된 그의 경제이론에 침투하고, 그의 경제이론은 순전히 경제 현상에 관한 탐구에 머무르지 않고 정부의 역할과 기능에 관한 그의 정치이론과 만난다. 따라서 이 장과 다음 장에서 실제로 다루어질 주제는 그의 소위 '정치경제학' political economy인 셈이다.

경제학 분야와 관련된 벤담의 사상을 다루기에 앞서, 우리는 우선 그가 살았던 시기가 정치 영역에서만이 아니라 경제 영역에서도 전례 없는 변혁의 시기였음을 유념할 필요가 있다. 우선 그가 살았던 시기는 소위

중상주의는 교환·분업 시스템과 그에 의한 생산력의 비약적인 상승으로, '생산과 소비의 균형' 대신 특정 지배계급만의 이익을 위한 '무역상의 균형'을 추구했다. 하층계급에 대한 착취는 일상적이었다.

'산업혁명'industrial revolution 시대의 중심에 있었고, 경제사상 분야에서도 기존의 중상주의mercantilism와 중농주의physiocracy를 비판하면서 흔히 스미스의 『국부론』을 그 시초로 삼는 '고전 경제학'classical economics이 발흥한 시기였다. 이러한 변혁의 시기에 벤담은 분명 변화하는 물질적 주변 환경과 새로운 사상의 흐름으로부터 영향을 받았지만, 자신의 공리주의 이론을 바탕으로 나름의 독자적 입장을 형성했다. 그런데 보는 사람에 따라서 이러한 입장이 달리 보였을 것이라는 점을 미리 참작할 필요가 있다.

이전 장에서 살펴본 것처럼, 벤담의 말년의 정치이론은 국민주권·국민자치·입헌주의 원칙에 입각하고, 이러한 원칙의 실현을 위한—당시의 상황에서는 충분히 '급진적'이랄 만한—제도적 개혁을 포함하는 대의민주주의 정권의 수립에 귀착한다. 이러한 귀착은 공리주의의 근본 원칙, 즉 최대 행복 원칙과 여타 기본적 전제들, 즉 인간은 전체 사회의 이익을 희생하면서까지 자기 이익을 추구하려는 이기적 충동을 가질 수 있는 존재고, 각 개인은 자신의 이익에 대한 최선의 판단자라는 경험적 전제들이 결합한 결과라고 말할 수 있다. 그리고 통치계급의 사악한 이해관심을 억제할 수 있는 헌법적 장치의 고안과 문맹의 선거권 배제에 관한 주장은 모두 최대 행복 원칙과 이러한 경험적 기본 전제들의 결합에서 도출된 결론이다. 이러한 전제들 없이는, 최대 행복 원칙은 그 자체로는 어떤 특정한 정치체제에 대한 선호를 필연적으로 함축하지 않는다.

이렇게 특정한 체제나 이론을 함축하지 않는다는 양상은 경제 부문에서도 나타난다. 말하자면 공리주의는 그 자체로는 어떤 특정한 경제이론이나 경제체제에 대한 선호를 필연적으로 함축하지 않는다. 원론적으로 최대 행복 원칙을 수용한 19세기와 20세기의 많은 경제학자 가운데 일부는 최대 다수의 최대 행복을 실현하는 최상의 방법으로서 사회주의적socialist 경제체제에 주목했던 반면, 다른 일부는—예컨대 일부 신고전학파 경제학자는—동일한 근거에서 자유주의 시장경제를 옹호했다. 실로 공리주의의 근본 원칙은 이렇게 극과 극을 오가는 다양한 적용방식에 개방된 양상을 띠며, 이와 유사한 양상이 벤담의 경제학적 사유에서도 발견된다.

한편으로 그의 활동 시기가 고전경제학파의 대표적 인물인 애덤 스미스(1723~1790), 데이비드 리카도(David Ricardo, 1772~1823), 토머스 맬서스(1766~1834) 등과 절묘하게 맞물린다는 단순한 우연만이 아니라, 그들과 경제적 자유주의economic liberalism의 중심 명제를 공유하고 있었다는 관찰에 기초하여, 벤담의 경제이론을 근본적으로 자유방임주의laissez-faire로 간주하는 견해가 오랫동안 지배적이었던 것으로 보인다. 벤담 사상의 추종자들 가운데 한 사람인 다이시Albert Venn Dicey는 "자유방임주의에 대한 신념이 (⋯) 입법적 벤담주의의 본질"이라고 논했다.[1] 또 너무도 유명한 경제학자 케인스John Maynard Keynes 역시 벤담에게서 "우리는 우리의 선조가 알았던 형태의 자유방임주의의 규칙을 발견한다"고 주장했다.[2] 그러나 지난 세기 중반에 접어들면서 이 지배적 견해에 대한 반론, 요컨대 그의 경제이론은 "여러 측면에서 '자유방임주의'와 정반대"라는 주장이 꾸준히 제기되었다.[3] 이러한 견해 대립의 결과로 오늘날 그의 경제학적 사유에 대해서는 상반된 성격 규정, 즉 '자유방임주의'라는 성격 규정과 '국가통제주의'statism라는 성격 규정이 공존하고 있다. 앞으로 살펴보겠지만, 각 성격 규정은 나름대로 결정적인 문헌적 근거를 지닌 것으로 보인다.

사실 이러한 혼란의 실마리는 부분적으로 벤담 자신에게 있다고 말할 수 있다. 공공 영역에 대한 그의 개혁적 사유의 배후에서 항구적으로 작용하는 원리는 의문의 여지 없이 최대 행복 원칙이다. 정치 영역에서 이 원칙의 작용은 그가 제기한 개혁 제안을 당시 유행한 특정 학파나 이론에

ADAM SMITH, LL.D.

Edinburgh, Published by Adam Black & William Tait.

AN

INQUIRY

INTO THE

NATURE AND CAUSES

OF THE

WEALTH OF NATIONS.

By ADAM SMITH, LL. D.

WITH A LIFE OF THE AUTHOR,
AN INTRODUCTORY DISCOURSE, NOTES, AND
SUPPLEMENTAL DISSERTATIONS.

By J. R. McCULLOCH, Esq.
PROFESSOR OF POLITICAL ECONOMY IN THE UNIVERSITY OF LONDON.

IN FOUR VOLUMES.
VOL. I.

EDINBURGH:
PRINTED FOR ADAM BLACK, AND WILLIAM TAIT;
AND LONGMAN, REES, ORME, BROWN, AND GREEN,
LONDON.
M.DCCC.XXVIII.

애덤 스미스와 그의 주저 『국부론』의 속표지

속하는 것으로 규정하거나 일반화하기 어렵게 만든다. 예컨대 그는 공직자의 부정부패를 막고 그들이 민의를 충실히 반영하도록 만들 헌법적 장치의 고안을 역설하면서도, 계몽주의 시대에 유행했던 권력분립separation of powers 이론에 대해서는 그것이 비효율적이라는 이유로 반대했다. 이와 마찬가지로 최대 행복 원칙의 작용은 경제 부문에서 정부의 간섭과 관련된 그의 견해를 당시 유행한 특정 학파나 이론에—고전학파든 신고전학파든—속하는 것으로 규정하거나 일반화하기 어렵게 만든다.

이러한 양상, 즉 벤담의 경제이론 안에 자유방임주의의 성격과 국가통제주의의 성격이 혼재하는 것처럼 보이는 양상에 대한 한 가지 유력한 설명방식은 그의 입장이 전자에서 후자로 점진적으로 이행했다고 보는 방식이다. 요컨대 "이따금 자유방임주의의 준칙을 발언했을지라도, (⋯) 세월이 흐르면서," 그는 "점점 더 국가의 경제적 기능을 주창하게 되었다"고 말하는 설명방식이다.[4] 또 하나의 유력한 설명방식은 전자 성격의 주장과 후자 성격의 주장이 혼재하지만, 그 주장들이 모두 그의 공리주의 이론과 정합적이라고 말하는 방식이다. 요컨대 양자의 주장이 모두 그의 공리주의적 사유로부터 파생된 결과물일 뿐이라는 것이다. 다소 비판적 의도로 혹자는 그의 경제이론에서 일관된 흐름이나 원리를 전혀 발견할 수 없다고 논할 수도 있다. 그러나 어떤 설명방식에 따르든, 요지는 분명한 것으로 보인다. 말하자면 그의 경제학적 사유를 정당하게 평가하려면, 우선 그것이 어느 특정 주의나 학파에 속한다는 선입견을 버려야 한다.

위에서 열거한 설명방식들 사이의 우열을 가리려는 의도는 아니지만, 벤담의 경제이론의 혼잡한 양상에 접근하기 위한 실마리로서 우선 그것의 자유방임주의 성격의 주장과 국가통제주의 성격의 주장을 개별적으로 개괄해보고자 한다. 이 과정을 통하여, 나는 각각의 성격이 얼마만큼의 문헌적 논거에 기초하고 있는지를 관찰할 것이다. 그런 다음, 이러한 주장들이 실로 하나의 일관된 원리, 즉 최대 행복 원칙과 어떻게 연결되어 있는지를 살펴봄으로써, 그의 경제이론과 공리주의 사이의 관계를 밝혀보고자 한다.

2. 자유방임주의의 면모

순수한 경제 문제를 다루는 맥락에서, 벤담은 자유방임주의 원칙에 대한 신념을 다소 명확히 드러낸다. 상황에 따라서 정부의 간섭이 필요할 경우도 있을 수 있지만, 행복과 경제적 번영은 대부분의 경제 문제와 관련된 정부 활동을 제한함으로써 가장 빠르게 증진된다. 그는 1804년에 저술한 『정치경제학 원리』에서 자유방임주의를 강력히 옹호하는 주장, 요컨대 국부 증진을 위하여 정부가 할 일은 단 하나도 없다는 다소 과격한 견해를 펼친다. "잠자코 있어라Be quiet가 정부의 좌우명이어야 한다."[5] 이 '잠자코 있어라' 명제와 관련하여 벤담이 제시한 논거는 국부 증진을 위한 정부의 간섭은 첫째로 불필요하고, 둘째로 별로 도움이 되지 않는다는 것이다.

국부國富, 즉 "전체 공동체의 부는 그 공동체에 속하는 여러 개인의 부를 합친 것으로 구성된다. 그러나 개인의 특수한 몫을 증가시키는 일은 일반적으로 말해서 그 개인 자신이 항상 노력과 관심을 기울이는 대상 중 하나다."[6] 벤담의 정의에 따르면, 어떤 공동체 혹은 국가란 자기 이익을 추구하는 개인들의 집합일 따름인 "가공의 **조직체**"로서, 그 공동체 혹은 국가의 이익은 "그것을 구성하는 여러 개인의 이익의 총합"일 뿐이다.[7] 그래서 어떤 국가의 이익 혹은 부의 증진은 그 구성원인 각 개인의 이익

DEFENCE of USURY;

Shewing the Impolicy of the

PRESENT LEGAL RESTRAINTS

ON THE TERMS OF

PECUNIARY BARGAINS.

IN A

SERIES OF LETTERS TO A FRIEND.

TO WHICH IS ADDED,

A LETTER

TO

ADAM SMITH, Esq; LL, D.

On the Discouragements opposed by the above

Restraints to the Progress of

INVENTIVE INDUSTRY.

BY

JEREMY BENTHAM, of Lincoln's Inn, Esq.

DUBLIN:

Printed for Messrs. D. WILLIAMS, COLLES, WHITE, BYRNE, LEWIS, JONES, and MOORE.

MDCCLXXXVIII.

『고리대금의 변호』 책표지

혹은 부의 증진을 통해서 이루어진다. 그런데 각 개인은 이미 자기 자신의 이익을 위하여 누구보다 더 깊은 관심과 노력을 기울이고 있다. "일반적으로 말해서, 당신만큼 당신에게 이익인 것을 잘 아는 사람은 아무도 없고, 그것을 당신만큼 열심히 계속해서 추구하려는 사람도 아무도 없다."[8] 따라서 정부의 간섭은 사실 불필요하다. 이렇게 자기 이익의 추구에 열심인 만큼 각 개인은 자기 이익의 추구에 최고로 효과적인 방법도 찾아낼 것이다. "각 개인은 자신의 부의 몫을 보존하거나 증가시킬 수단에 대해 정부가 쏟거나 쏟을 수 있는 것보다 더 많은 시간과 주의를 쏟고 있는데, 이것이 (…) 그의 경우에 그를 대신하여 정부가 취할 수 있는 어떤 방침보다 더 효과적인 방침을 취할 수 있다."[9] 따라서 정부의 간섭은 사실 도움이 되지도 않는다. 아니 더 나아가 그것은 "일반적으로 말해서 (…) **유해할** 수 있다."[10]

이 저술보다 훨씬 더 앞서 벤담을 확고한 자유방임주의자로 각인시킨 문헌적 근거는 그의 경제학적 처녀작인 『고리대금의 변호』(1787)에서 발견된다. 여기서 그는 공공복리를 위협하지 않는 한에서는 정부가 이자율 interest rate 등과 관련된 민간경제 문제에는 관여하지 않아야 한다고 주장한다. 예컨대 이자율을 제한하는 정부 정책의 장점은 다음과 같다고 주장되었다. 첫째, 이러한 정책이 국부를 증가시킬 것이다; 둘째, 국민이 더 유리한 이자율로 돈을 가져가고 보유할 수 있게 되어 국민 부담을 감소시킬 것이다. 그러나 벤담은 이러한 장점들이 모두 거짓이라고 반박한다. 첫 번째 장점과 관련하여, 그는 정부에 의한 이자율 제한은 "어떻게든 국부의 크기를 증가시키는 뚜렷한 경향을 보이지 않으며, [오히려] 그것은 다양한 방식으로 국부의 크기를 감소시키는 경향을 보인다"고 주장한다.[11] 두 번째 장점과 관련하여, 그는 다음과 같이 적는다. "그 두 번째 장점이란 것도 장점의 형태로 존재하지 않는다. 대중은 더 유리한 조건의 이자율로 개인들의 돈을 빌릴 수 있거나 없겠지만, 이러한 상황에서 국부의 크기는 조금도 늘어나지 않는다."[12] 고로 국민 전체는 이자율을 제한하는 정부 정책으로부터 아무런 이득을 얻지 못할 것이다. 오히려 "모든 자유의 제약은 어디까지나 악일" 따름이다.[13]

벤담의 생각에 따르면, 어떤 분야든 산업 생산은 미리 축적된 상당한 자본의 뒷받침 없이는 실행될 수 없고, 각 산업체가 산출할 수 있는 생산량은 그 업체가 이미 가지고 있거나 다른 개인으로부터 빌릴 수 있는 자본의 양에 달려 있다. "통치자 측의 어떠한 규제나 노력도 일정 기간에 산출되는 부의 양을 수중에 있는 자본의 생산력이 산출할 수 있는 것보다 더 많은 양으로 끌어올릴 수는 없다."[14] 그런데 정부의 이자율 제한은 대부업과 같은 투자 통로를 위축시켜 개인이 생산에 필요로 하는 자본의 획득을 방해할 뿐이고, 결과적으로 국부의 증가를 저해할 것이다.

모든 자유의 제한을 악으로 본다면, 대부업을 비롯한 경제적 교류에서의 자유를 제한하는 것도 원리적으로 악이다. 일반적으로 스미스는 국가가 경제 영역에 대한 모든 간섭을 삼가야 한다고 요구한다. 그러나 그는 이 규칙에 대한 예외를 인정하는데, 예컨대 최고 이자율의 고정을 통한 자본 시장에 대한 정부 간섭과 해외 무역에 대한 정부 간섭을 용인한다. "이자를 허용하는 나라들에서는 고리대금의 착취를 막기 위하여 법은 일반적으로 처벌을 받지 않고 취할 수 있는 최고 이자율을 고정한다. 이 이자율은 항상 최저 시장가격보다 약간만 높아야 한다."[15] 만약 이자율을 제한하지 않는다면, 개인이 빌릴 수 있는 대부분의 돈은 방탕한 사람이나 사업 설계자와 같이 고리의 이자를 기꺼이 물려는 사람들에게만 돌아갈 것이기 때문이다. 이러한 주장에 반하여 벤담은 이렇게 법정 이자율의 고정을 통한 정부 간섭은 "필요하지도 적절하지도 않다"고 주장하면서, 고리대금에 대한 오래된 부정적 선입견을 버리고 그것의 작용을 객관적으로 바라볼 필요가 있다고 역설한다.[16] 이러한 점에서는 벤담의 자유방임적 태도는 스미스의 그것을 능가했다고 말할 수 있다.

여러 다른 맥락에서 나타나듯이, 벤담은 이자율 제한만이 아니라 정부에 의한 자본 통제나 운용에 대해서도 반대하는 것으로 보인다. 그의 관찰에 따르면, 정부가 자본, 말하자면 국가 예산을 운용하는 전형적 방식은 일종의 돌려막기 방식이다. 요컨대 한쪽에서 빼서 다른 쪽에 집어넣는 방식일 뿐이다. "어떤 사람이 어떤 산업 분야에서 자기 자본의 사용을 시작하거나 계속하도록 유도하려면, 정부는 그 사람이 그만큼 다른 모든 산업 분야에서 자기 자본의 사용을 취소하거나 보류하도록 만들 수밖에 없다."[17] 그가 이러한 방식을 반대하는 이유는 비교적 상식적이고 단순하다. 그것은 성과를 거두기가 어렵다는 것이다. 각종 산업 분야에 대한 정부 관료나 정치인의 제한된 지식은 이러한 방식의 자본 운용을 비효율적인 것으로 만든다.

> 예컨대 재무부 장관이든 여타 국회의원이든 무역부 장관이든 농사에 대해 농부만큼, 증류에 대해 증류업자만큼, 제조업에 대해 제조업자만큼, 농산물 판매나 국내외 무역에 대해 그것들의 판매를 업으로 삼는 사람보다 더 많은 지식을 얻을 기회를 가질 수 없다.[18]

요컨대 정치인은 각종 산업과 관련된 지식에 있어서 해당 산업에서 실제로 종사하는 사람보다 열등한 처지에 있다. 또 정치인은 각종 산업에 대해 해당 산업에서 실제로 종사하는 사람만큼 지속적인 관심을 쏟을 수도 없다. "재무부 장관이나 여타 국회의원이나 무역부 장관은 농부만큼 농사에, 증류업자만큼 증류에, 모든 부문의 제조업에 대해 제조업자만큼 그렇게 오랜 시간 동안 관심을 쏟을 가능성이 없다."[19] 각종 산업에 종사하는 개인은 절약과 자신이 종사하는 업계에 대한 지식을 총동원하여 자본을 더 효율적으로 운용할 수 있다. 어쩌면 중대한 순간에는 불가피한 수단일 수 있겠으나, 정부의 강제나 개입은 정상적 상황에서 장기적으로는 자본의 효율적 운용을 방해하고 사회에 부담을 초래할 것이다. 경제 영역에서의 정부의 강제나 개입이 실물경제에서는 역효과를 내는 경우를 쉽게 관찰할 수 있다.

벤담은 조세제도 자체를 부정하지는 않으나 정부가 조세로 형성된 자금을 운용하는 것에 대해서는 극히 신중해야 한다는 견해를 취한다. 공리의 원칙의 적용은 경제 영역에서는 비용편익분석cost-benefit analysis에 해당한다. 그래서 국민의 세금으로 마련된 정부 자금의 운용으로 예상되는 긍정적 효과, 즉 편익은 항상 그 자금을 형성한 조세로 인하여 초래되는 국민의 부담 혹은 고통, 즉 비용과 신중히 저울질되어야 한다. 정부는 조세 재원을 통하여 어떤 특정 산업을 육성하려는 기획에 대해 극히 주의를 기울여야 한다. 왜냐하면 "조세로 얻어진 것은 강제로 취한"[20] 것이고, 이러한 강제는 그 자체로 국민 복리의 침해이기 때문이다. 강제는 고통을 유발하고 이러한 강제가 그것이 유발한 고통을 상쇄할 만한 이익을 가져오지 못한다면, 그것은 결국 최대 행복 원칙에 역행하는 것이다.

어쩌면 지극히 상식적인 주장처럼 들리지만, 이것은 오늘날 우리나라뿐만 아니라 여러 나라의 정치인이 보여주는 행태에 대해 시사하는 바가 매우 크다고 말할 수 있다. 전형적으로 정치인은 막대한 조세 자금을 통한 어떤 특정 산업의 육성이나 어떤 특정 계층의 복지 확대를 공약하면서 이러한 사업의 긍정적 효과나 편익만을 대대적으로 선전할 뿐, 그 효과나 편익이 과연 국민의 조세 부담 혹은 고통을 상쇄할 만한 것인지는 자세하게 밝히려 하지 않는다. 그들은 심지어 자신이 그것을 투명하고 상세하게 밝혀야 할 책무가 있다고 생각하지조차 않는 듯하다. 그리고 최근 우리나라에서도 관찰되었듯이 정부 주도의 거대 사업에는 정관계 인사와 자본가의 불순한 의도가 개입할 가능성이 농후했고, 설령 국민 복지를 향상하겠다는 순수한 의도에서 시작된 사업이었을지라도 그것이 막대한 혈세낭비로 이어지는 경우는 어느 나라에서나 드물지 않게 발견되는 일이다. 이것은 벤담이 그의 헌법이론에서 역점을 두었던 문제, 즉 공직자의 책임성과 연관된 문제기도 하다.

이러한 인식하에서 벤담이 생각하는 정부의 중심적이고 일차적인 역할은 국민의 "자연적" 충동을 규제하는 일에 있다. "부를 증진하려는 경쟁에서 한 사람은 자신의 부를 증진하면서 다른 사람에게 더 많은 부를 감소시키는 일이 발생할 수 있다. 바로 여기서 법의 개입에 대한 요구가 발생한다."[21] 자연적 방식으로 행동하는 인간은 사회의 자연적 활동을 저해하는 독점의 상황을 창출할 수 있다. 정부의 간섭은 오직 이러한 상황을 교정하는 소극적 역할에 대해서만 요구된다. 다시 말해서 정부의 중심적역할은 적극적으로 국민의 복리를 증진하려는 사업을 주도적으로 벌이기보다는 국민이 스스로 자신의 복리를 효율적으로 증진하는데 장애나충돌을 초래할 만한 요소를 제거하거나 조율하는 작업이다. 예컨대 공정거래위원회나 금융감독원 등의 기관이 수행하는 역할이 경제 영역에서정부가 수행해야 할 일차적 역할이다.

3. 국가통제주의의 면모

벤담 경제이론의 권위자로 손꼽혀온 스타크는 한편으로 벤담을 "자유방임주의의 확고한 숭배자"였다고 평했다.[22] 그런데 다른 한편으로 그는 벤담이 "대체로 보아 경제 문제에서 전형적인 19세기 자유주의자였지만, 이미 죽은 혹은 죽어가는 자유방임주의 원칙의 제단에 모든 것을 제물로 바칠만한 교조주의자doctrinaire는 아니었다"고 평했다.[23] 언뜻 모순되는 말들처럼 들릴지도 모르는 이 두 가지 평가는 벤담의 경제이론과 자유방임주의의 관계가 여하튼 그렇게 단순하지 않음을 암시한다.

벤담의 경제학적 사유를 자유방임주의 혹은 극단적 자유주의로 규정하는 견해는 인간의 자연적 본성과 정부의 역할에 대한 그의 중심 명제와 고전 경제학들의 중심 명제 사이의 유사성에 주목한다. 예컨대 벤담과 리카도학파가 공유했던 명제는 다음과 같이 열거될 수 있다. (1) 인간은 본성적으로 이기적 동물이다. (2) 자유가 보장된다면, 근대 시장경제는 개인의 복지와 공공의 복지 사이의 충돌을 방지한다. (3) 정부 간섭이 이러한 시장경제를 방해해서는 안 된다. (4) 평등할수록 사회는 더 효과적으로 작동할 것이다. 특히 마지막 명제의 기저에는, 어떤 거대한 힘의 억압이 아니라 평등한 힘들의 자유로운 상호작용이 가장 건전하고 만족스러운 평형equilibrium 상태를 이루리라는 직관적 신념이 깔려 있다.

그런데 벤담에게 자유방임주의 혹은 극단적 자유주의는 어떤 국가나 사회의 현실적 경제 상황을 도외시한 "절대적 이상"은 아니었다.[24] 공리주의는 항상 최종 결과에 관심을 두므로, 그것은 어떤 경제학적 주의나 이론의 원칙을 모든 상황에서 절대시하기보다는 그것이 적용될 대상의 현실적 상황을 고려해야 한다. 예컨대 경제 문제에 대한 국가의 절대적 불간섭 원칙은 일정한 경제적 수준이나 단계, 특히 대영제국이 도달한 것과 같은 당시로는 최상의 수준에 도달한 국가에서만 적절하게 적용될 수 있는 원칙이었다. 이러한 맥락에서 그는 지리적 상대성을 염두에 두고 있다.

> 각자의 부와 전체의 부 사이의 양립불가능성은 있을 수 없다. 그러나 동일한 규칙이 생존과 **방어**에는 적용되지 않는다. 개인은 전체의 생존 이나 전체의 방어를 저해할 수 있는 상업 활동에서 자신의 개인적 이 익을 구하려 할 수도 있다. 이러한 일은 특히 거대 공동체와 이웃한 작 은 공동체에서 일어날 수 있다. 작은 공동체에서 무역의 무제한적 자 유를 확립해보라. 거대 공동체는 금으로 그 작은 공동체를 파멸시킬 수도 있다. 기근 상황에서, 거대 공동체는 모든 양식을 사들일 수도 있 다. 전쟁이 다가올 때, 거대 공동체는 모든 무기를 사들일 수도 있다.[25]

법률제도나 정치제도의 경우에서도, 벤담은 영국의 그것들을 전혀 다 른 정치적·문화적·지리적 환경을 가진 나라, 예컨대 영국의 식민지였던 인도와 같은 나라에 적용하는 것은 전연 합당하지 않다고 생각했다. 예컨 대 그는 영국의 보통법 체계는 그 자체로도 별로 훌륭하지 않지만, 이러 한 체계를 전혀 다른 문화적 배경을 가진 인도에 적용하는 것은 더욱 어 리석은 일이라고 생각했다. 이러한 생각은 경제 제도의 경우에도 적용된 다. 특히 경제력 면에서 전혀 대등하지 않은 나라들이나 공동체들이 서로 맞붙어 경쟁하는 상황에서, 그 나라들이나 공동체들이 같은 경제 제도로 운영된다는 것은 전연 합당하지 않다. 오늘날에 적용하면, 이러한 생각은 경제력 면에서 전혀 대등하지 않은 나라들 사이에 예컨대 자유무역협정 (FTA)을 맺는 것이 과연 합당한가 하는 물음과도 연결된다. 지난 반세기 의 역사만을 돌아보아도, 여러 저명한 경제학자가 지적하듯이, 이러한 협 정이 강대국의 이익에만 봉사했다는 사실은 충분히 분명하다.

어떤 경제이론이나 제도의 가치에 관한 이러한 상대주의적 태도로부터, 벤담의 경제학적 사유는 고전학파나 신고전학파의 기본적 신념에서 멀어지기 시작한다. 고전학파나 신고전학파에게 물리학의 전범을 따른 경제이론의 논구는 순전한 지식추구의 일환이지만, 벤담에게 어떤 경제이론이나 지식추구의 가치는 오직 실천적 목적의 달성, 즉 전체 사회의 복지 혹은 행복의 증진에 있다. 그래서 그에게 "정치경제학은 과학인 동시에 기술art이다. 애덤 스미스에게는 과학만이 직접적이고 항구적인 목적이고, 기술은 부수적이고 우연적인 목적이다. 그러나 벤담에게 과학의 가치는 (…) 그것이 기술에 이바지한다는 것에 있다."[26]

이러한 실천적 목적의 추구로부터, 한때 '맨체스터 자유주의자'Manchester-liberal[27]라고도 일컬어졌던 벤담은 오히려 소위 '강단사회주의' socialism of the chair가 제시했던 목표, 예컨대 국고보조에 의한 노동계급의 임금인상을 옹호했다. 예컨대 최근 우리 정부에서 시행하고 있는 최저임금 인상을 위한 '일자리 안정자금 지원사업'과 같은 제도를 옹호했다고 말할 수 있다. 단지 물질적 부의 극대화가 최고선 혹은 최대 행복의 달성은 아니다. 최대 행복의 달성을 위하여 국가는 대체로 간섭을 삼가는 편이 최선이지만, 이 목적이 물질적 부의 극대화를 통해서만 달성되는 한에서 그렇다는 말이다. 다시 말해서 물질적 부의 극대화를 위해서는 국가 간섭을 최소화해야 하지만, 공리주의의 궁극적 목적인 최대 행복은 물질적 부 이상의 것을 포함한다. 그래서 때로는 사회 입법social legislation이 물질적 부의 산출보다 우선해야 할 수도 있다.

단지 물질적 부의 극대화만을 목적으로 삼는다면, 예컨대 손실이 과대한 사업 분야에 대한 재정적 지원을 중단하는 편이 옳다. 그러나 이러한 지원이 그 분야에서 실제로 종사하는 수많은 노동자의 경제적 몰락을 막을 수 있다면, 사정은 달라질 수도 있다.[28] 그래서 회생 전망이 불투명한 경우라도, 국고보조를 통하여 많은 노동자가 고용된 사업장의 파산을 막는 것은 최대 행복의 달성이라는 취지에서 정당화될 수도 있다. 이것은 예컨대 대규모 사업장의 경영악화로 인한 실업 사태를 방지하거나 완화하기 위하여 정부가 이러한 사업장에 자금을 지원하는 경우다. 그리고 그는 국가가 국고보조를 통하여 "빈민 가운데 신체 건강한 사람의 간헐적 생활비와 고용"을 책임지는 공공부조와 같은 사회보장제도의 필요성을 역설한다.[29]

더 나아가 벤담은 어쩌면 자유방임주의 원칙과 상충할 수도 있는 사회 입법의 이론적 정당성을 다음과 같이 주장한다.

> 가장 번영한 상태의 사회에서도 대다수 시민은 자신의 일상적 근면 외에 다른 재원을 가지지 못할 것이고 결과적으로 항상 빈곤과 마주할 것이다 (…) 이것이 사회의 가장 서글픈 측면이다. (…) 법과 무관하게 이러한 악[빈곤]에 맞서는 수단은 두 가지 방법 뿐이다―절약과 **자발적 기부**다. 만약 이 두 가지로 충분하다면, 우리는 반드시 법의 간섭을 피해야 한다 (…) 그러나 잠시만 살펴봐도 이 두 가지 구원 수단이 (…) 충분하지 않다는 것을 능히 납득할 수 있다 (…) 이러한 관찰로부터, 내가 보기에, 입법자는 빈민의 필요를 채워주기 위한 정기적 조세를 법률로 제정해야 한다는 것을 일반적 원칙으로 정할 수도 있다.[30]

여기서 이야기하는 원칙은 필시 국고보조의 원칙이다. 그는 분명 개인의 영역에는 어떠한 간섭도 있어서는 안 된다는 견해를 견지한다. 경제적 가치의 관점에서, 자유와 사유재산권의 보장은 최상위의 가치를 지닌다. 그러나 이러한 경제적 가치보다 더 상위의 가치가 있다. "빈민의 권리가 과다한 재산을 가진 소유자의 권리보다 더 강력하다. 방치된 빈민에게 당장 닥쳐오는 죽음의 고통은 남아도는 재산 일부를 빼앗겼을 때 부자에게 닥쳐올 실망의 고통보다 언제나 더 큰 악일 것이다."[31] 이러한 상황에서는 빈민을 구제하는 것이 사유재산권의 불가침성을 보장하는 것보다 우선해야 한다. 여기서 그는 이른바 '소극적 공리주의'negative utilitarianism, 즉 쾌락이나 행복의 증대보다 고통이나 불행의 감소를 더 중요하게 바라보는 관점을 드러낸다.

후기로 갈수록 벤담은 경제학적 저술에서 정부의 기능이나 역할에 대해 더 많이 언급한다는 것은 비교적 분명하다. 다만 그 기능이나 역할에 대한 그의 견해를 정확히 일반화하기 어렵다는 문제가 있다. 이렇게 일반화할 수 있으려면, 우리는 그의 경제학적 사유를 전기와 후기로 선명하게 구분할 수 있어야 하는데, 이러한 구분을 뒷받침할 만한 문헌적 근거는 그다지 충분치 않다고 보인다. 그래서 그의 후기 견해를 어떤 특정한 학파나 주의로 분류하는 것은 부담스러운 일이지만, 정부의 기능이나 역할에 대한 언급에서 그는 고전학파와 차별되는 견해를 더 분명하게 드러내기 시작한다. 예컨대 허치슨T. W. Hutchison의 분석에 따르면, 그의 경제학적 사유의 변화로부터 나타난 고전학파와의 차별점은 다음과 같이 요약될 수 있다.[32]

　(1) 곧이어 간략히 살펴보겠지만, 후기의 벤담은 저축savings과 투자 investment에 관한 튀르고(Anne Robert Jacques Turgot, 1727~1781)와 스미스 등의 중심 이론뿐만 아니라 이자율이 저축과 투자의 "유익한 자동적 조절 장치"라는 그들의 생각을 거부하게 되었다. 저축과 투자, 즉 자본의 흐름을 자동으로 조절하는 장치에 대한 가정을 거부한 것은 어떤 인위적 장치에 대한 구상, 말하자면 경제 영역에서 정부의 긍정적 혹은 적극적 기여의 가능성에 관한 생각으로 이어진다. 그는 정부가 거시적 차원에서 투자

튀르고

와 고용에 유익하게 작용할 수 있고, 투자와 고용이 높은 수준으로 유지되도록 책임져야 한다고 주장하게 된다. 정부에 이러한 기능 혹은 역할을 부여하는 주장은 고전학파에서는 발견하기 어려운 것이다.

(2) 초창기에는 정부에 의한 자본 통제나 운용에 반대했던 것과 달리, 벤담은 영국 은행의 국유화 및 지폐 발행의 정부 독점을 주장하게 된다. 『고리대금의 변호』에서 모든 금융거래의 자유를 주장했던 것과 달리, 그는 이제 모든 금융거래를 정부가 인가하고 관여해야 하며, 심지어 대학을 비롯한 각급 교육기관, 과학연구, 통계수집 등을 통한 지식과 정보의 전파에도 정부가 관여해야 한다고 주장하게 된다. 더 나아가 정부는 병원, 공공의료, 교통, 통신 등의 공공분야에 대해서도 책임을 떠맡아야 한다는 식으로, 그 기능의 확대를 주장한다. 이외에도 정부의 안정성과 연속성은 큰 규모의 보험 사업에서도 민간 기업보다 더 적합하다고 판단한다. 예컨대 전 국민을 대상으로 한 연금이나 건강보험 사업에는 민간 기업보다 정부가 더 적합하다는 판단이라고 말할 수 있다. 말하자면 그는 오늘날 우리 정부에서 시행하고 있는 각종 연금 및 건강보험 제도와 유사한 것을 제안했다고 말할 수 있다.

(3) 벤담은 최대 행복을 지향하는 경제 정책의 네 가지 하위 목적을 설정한다. 중요도 순으로, 그것은 생계subsistence, 안전보장security, 풍요abundance, 평등equality이다. 다음 장에서 더 자세히 다루겠지만, 이 네 가지 하위 목적의 달성은 경제 영역에서 정부의 활동과 규제를 정당화할 뿐만 아니라 실로 그것들을 절실히 필요로 한다. 생계와 안전보장과 평등은 본성상 정부의 매우 광범위한 개입을 요구한다. 예컨대 현실적으로 강제적 법규의 형태로 노동자의 임금을 "평균 규모 가족의 생계에 충분한 정도" 이상으로 인상할 수는 없겠지만, 벤담은 정부가 적어도 이러한 가족의 "생계 수단을 보장"하는 것은 가능한 일일 뿐만 아니라 그것의 임무라고 역

설한다.[33] 이것은 예컨대 현재 우리 정부에서 시행하고 있는 '국민기초생활보장제도'와 유사한 제안으로 볼 수 있다. 만약 그가 이러한 구상을 구체적 제도로 실현하고자 했다면, 사회복지라는 개념 자체가 없었던 당시로는 실로 획기적 제안이었을 것이다. 어쨌든 이러한 구도는 스미스가 자유시장 체제의 본질적 유익성에 대한 신념에서 출발하여 정부의 활동과 규제의 틀을 이러한 체제의 유지와 예외적 상황에서의 교정 및 보완에 국한했던 것과는 대비된다.

(4) 벤담은 스미스가 말한 '보이지 않는 손'invisible hand의 기능을 신뢰하지 않는다. 앞서 살펴본 것처럼, 한편으로 개인이 자신의 이익에 대한 최선의 판단자라는 점을 기본적 전제로 삼으면서도, 다른 한편으로 벤담은 "입법자의 통제와 지도가 없는 상태에서는 개인들의 강제되지 않고 계몽되지 않은 성향과 힘이 그 목적에 적합하지 않다는 점은 역사의 증거와 인간의 본성과 정치사회의 존재가 증명하는 사실"이라고 선언한다.[34] 따라서 모든 사람의 생계보장이라는 목적의 실현은 예컨대 국가의 식량 공급 상태에 따라서 대규모 식량 보관소를 건설하거나 식료품의 최고가를 고정하는 것과 같은 정책을 요구할 수도 있다.

(5) 벤담이 제시한 마지막 하위 목적인 평등은 한계효용체감diminishing marginal utility에 대한 분석과 함께 언급되는데, 이러한 분석은 고전 경제학자한테서는 명확한 형태로 발견되지 않는다. 이 분석에 따르면, 우리가 잘 알고 있듯이, 소득이 증가할수록 그것의 한계효용은 감소한다. "한 사람이 이미 소유하고 있는 재산의 양이 더 커질수록, 재산의 추가로 그가 얻는 행복의 양은 일정한 양으로 줄어든다."[35] 그렇다면 이상적으로 최대 행복은 모든 국민의 소득이 평등하게 분배된 상태에서 성취된다. 물론 현실주의자 벤담은 이러한 상황이 가능하지도 않고 바람직하지도 않다고 생각한다. 그렇지만 한계효용체감에 대한 그의 분석은 소득의 분배를 자

유시장에 맡겨두라는 원칙, 말하자면 "다른 모든 계약처럼 임금은 공정하고 자유로운 시장의 경쟁에 맡겨져야 하고 결코 입법부의 간섭에 의해서 통제되어서는 안 된다"는 리카도의 견해와 충돌한다.[36]

분명 벤담은 자신이 제시한 경제 정책의 네 가지 하위 목적 가운데, 다음 장에서 더 자세히 다루겠지만, 신체와 명성과 특히 재산의 보장 등을 포함하는 안전보장이라는 목적을 평등보다 우위에 놓는다. 여기서 말하는 안전보장은 각 개인이 이미 소유하고 있고 필시 불공정하고 불평등하게 분배되었을 재산뿐만 아니라 이렇게 불평등한 분배를 초래한 사회구조의 안정성 내지는 현상 유지에 대한 보장도 포함한다. 따라서 안전보장의 우위는 필시 소득의 불평등한 분배를 초래할 수밖에 없다. 안전보장과 평등한 분배는 동시에 성취될 수 없는 목적들이고, 그것들이 충돌할 경우 평등은 상위의 목적인 안전보장에 굴복해야 한다. "평등은 그것이 안전보장을 해치지 않은 경우를 제외하고는 우선시되어서는 안 된다."[37]

실로 이렇게 양자의 경계와 우열이 확실하게 유지될 경우, 말하자면 안전보장을 위협하지 않는 한에서만 평등을 추구할 경우, 이론적으로는 양자가 서로 충돌할 이유는 없다. 그렇지만 현실적 상황에서는 안전보장에 대한 요구와 평등한 분배에 대한 요구 사이에는 항상 긴장 관계와 충돌 가능성이 상존한다는 점을 의식하면서, 벤담은 평등의 두 가지 유형, 즉 절대적absolute 평등과 실행 가능한practicable 평등을 구분해야 한다고 주장한다. 이 구분에 따르면, 절대적 평등은 사회의 모든 구성원이 같은 양의 이익과 부담을 고르게 나누어 가지는 상태로서, 그는 이러한 상태는 현실적으로 거의 실현될 수 없을 뿐만 아니라 설령 실현될 수 있더라도 최대 행복의 실현이라는 목적을 달성하는 데에는 바람직하지 않은 상태라고 생각한다. 왜냐면 이러한 상태는 모두를 가난하게 만들기 때문이다. 이에 비하여 실행 가능한 평등은 다른 하위 목적과의 충돌을 피하면서—비록 현실에서 실현될 수 없지만 하나의 이상으로서—절대적 평등의 상태에 근접하려는 모든 가능한 수단을 시도하여 현실적으로 기대할 수 있는 상태다. 그래서 "실행 가능한 평등"이란 평등을 현실적으로 극대화하는, 혹은 더 정확히 말해서는 불평등을 현실적으로 최소화하는 원칙을 말한다.[38]

현실적 실현 불가능성뿐만 아니라 다른 목적들과의 충돌 가능성을 고려한다면, 벤담이 최대 행복의 성취를 위한 경제 정책의 하위 목적으로서 염두에 두었던 평등은 필시 절대적 평등이 아니라 실행 가능한 평등일 것이다. 그리고 그 실행 가능한 평등의 실현을 위한 모든 가능한 수단의 시도에는 필시 인위적이고 간섭적인 요소, 요컨대 경제 영역에 대한 정부의 통제나 개입도 포함될 것이다. 그런데 좀 더 균형적인 시각에서 보면, 그에게 정부의 통제나 개입이 실행 가능한 평등을 실현할 유일하거나 중심적인 수단인지에 대해서는 의문을 던질 수 있다. 경제 정책의 네 가지 하위 목적의 달성, 그리고 이 네 가지 목적의 실현을 통한 더 궁극적 목적, 즉 최대 행복의 실현에서 정부의 통제나 개입의 역할은 지나치게 과장되어서는 안 된다. 그 통제나 개입은 개인의 경제적 삶에서 자유의 보장과 반드시 조화를 이루어야 한다.

4. 자유와 간섭의 조화

앞선 논의를 통하여 벤담의 경제학적 사유의 양면성, 말하자면 경제 영역에 대한 정부의 통제나 개입을 대체로 불필요하거나 유해하다고 규정하는 양상과 일정 영역에서의 정부의 통제나 개입의 필요성을 인정하고 최대 행복이라는 궁극적 목적에 대한 그것의 기여를 긍정적으로 평가하는 양상을 살펴보았다. 이 두 양상 사이의 긴장 관계를 설명 혹은 완화할 수 있는 하나의 유력한 방법은 그의 경제학적 사유가 전자의 양상에서 후자의 양상으로 이행했다는 근거를 밝히는 방법이다. 그런데 이러한 이행의 결정적 시점을 특정하는 것, 즉 그의 경제학적 사유를 전기와 후기로 선명하게 구분하는 것은 앞서 말한 것처럼 결코 쉬운 일이 아니다. 그렇지만 자유방임주의 혹은 고전 경제학자의 기본적 명제에 반하는, 달리 말해서 경제 영역에서 정부의 적극적 기능이나 역할을 논하는 내용이 1800년 이후 그의 인생 후반의 저술에서 주로 발견된다는 점은 어느 정도 사실에 가깝다. 다만 이러한 내용이 그의 생각의 어떤 중대한 전환을 가리킨다면, 이러한 전환의 계기를 밝히는 것 역시 중요한 문제일 것이다.

벤담 학자들 사이에서 공통적 견해 중 하나는 그의 경제학적 사유의 출발점은 의문의 여지 없이 애덤 스미스의 『국부론』이라는 점이다. 『고리대금의 변호』(1787)에서 그는 저축과 투자에 대한 튀르고와 스미스의 이론을 복기하면서, 그는 자발적 절약과 저축이 자본 축적에 필수적이라는 결론에 도달한다. "누가 돈을 저축하든 (…) 그만큼 전체 자본의 양을 증가시킨다. (…) 세계는 그 자본의 양을 오직 한 가지 방식으로만 증가시킬 수 있다. 즉 절약parsimony에 의해서다."[39] 여기서 절약이란 개인의 사적 저축을 의미하고, 이렇게 축적된 자본의 양이 투자와 무역의 규모를 결정한다. 이때 자본의 축적과 그 자본에서 산출되는 부의 양에 대해 정부가 기여할 수 있는 바는 아무것도 없다. 정부의 어떤 규제나 노력도 부의 양을 늘릴 수 없다.[40] 정부 활동은 어쩌면 투자 재원의 방향을 바꿀 수 있을지는 몰라도, 투자 규모를 증대시킬 수는 없다. 『고리대금의 변호』 이후에 나온 그의 가장 중요한 경제학적 저술인 『정치경제학 설명서』(Manual of Political Economy, 1793~1795)에서도, 벤담은 여전히 자유방임주의적 태도, 요컨대 경제 영역에서의 정부의 역할에 대해 부정적 태도를 견지한다. "규제로 무역의 총량을 증가시킬 수 있다고 생각하는 정치인은 다 먹지도 못하면서 욕심만 부리는 어린아이와 같다."[41] 여기서도 정부는 자본의 양을 증대시킬 수 없고, 그렇기에 부의 양도 증대시킬 수 없다는 결론이 다시 제시된다.

그런데 1800년대에 들어서면서, 그 정확한 계기를 분명하게 밝히기는 어렵지만, 고전 경제학자의 이론에 대한 벤담의 태도는 다소 극적인 변화를 일으키는 것으로 나타난다. 1801년에 출판된 『진짜 경보』The True Alarm 에서, 역시 앞서 언급한 것처럼, 그는 저축과 투자에 대한 튀르고와 스미스의 이론을 근본적으로 거부하기 시작한다. 여기서 그는 절약의 증가나 소비의 감소로부터 나오는 결과를 검토하면서, 소비의 감소는—달리 말해서 절약의 증가는—가격·생산·수익·투자 등의 감소로 이어진다는 결론에 도달한다. 그래서 절약은 이제 더는 무조건 부의 증가에 유익한 방법이 아니다. 그리고 『정치경제학 설명서』에서는 정부의 지폐 발행이 자본을 증가시키는 효과가 있는지에 대해 반신반의하는 상태였다면, 그는 이제 통화팽창 정책이 자발적 저축 없이도 경제활동의 규모를 증대시킬 수 있다는 견해를 명시적으로 밝힌다.[42] 같은 해에 출판된 『최고가의 변호』The Defence of a Maximum에서는 빵에 대한 정부의 최고가 정책을 옹호하면서, 그는 시장 이자율이 자동으로 평형을 이루는 경향을 가진다는 견해를 부정한다. 이것은 이자율에 대한 정부의 규제와 관련하여 『고리대금의 변호』에서 취했던 태도와는 상반된 태도다.

앞서 열거한 학자들, 즉 스타크, 다이시, 케인스 등은 경제 문제에 한해서는 벤담은 확고한 자유방임주의자였다고 논한다. 이에 반하여, 오그덴C. K. Ogden과 브레너 등의 학자는 그의 경제이론을 자유방임주의나 개인주의가 아닌 집산주의collectivism로 규정한다.[43] 역시 유력한 벤담 학자인 맥 M. P. Mack은 "벤담은 개인주의의 아버지라기보다 영국 집산주의의 가장이라고 말하는" 편이 더 진실에 부합한다고 주장한다.[44] 이 지점에서 우리는 그의 정치이론을 다룰 때와 유사한 물음을 제기할 수 있다. 어떻게 한 사람의 경제이론에 대해 이렇게 극적으로 상반된 해석들이 존재할 수 있는가? 누구의 해석이 옳은가 하는 문제를 떠나서, 어쩌면 이렇게 상반된 해석들은 어느 시기의 그의 주장을 그의 경제학적 사유의 뿌리로 간주하는가에 달려 있다고 말할 수도 있다. 요컨대 그의 경제이론은 전자의 해석을 뒷받침할 만한 양상에서 후자의 해석을 뒷받침할 만한 양상으로 이행했다는 관찰은 여전히 유효한 셈이다.

전자와 같은 해석을 제시하는 학자는 벤담은 결국 『국부론』의 큰 그늘에서 벗어나지 못했다고 보는 듯하다. 스미스의 이론을 근본적으로 비판하는 견해를 제시한 『진짜 경보』에서도 벤담은 『국부론』을 "여전히 정치경제학의 교과서이고 그럴만한 자격이 있다"고 평한다. 앞서 언급한 것처럼, 경제 정책의 하위 목적으로서 그가 염두에 두었던 평등은 '실행 가능한' 평등이다. 그런데 이러한 종류의 평등을 실현하기 위한 가장 이상적인 조건으로서 그는 순수한 시장경제를 제시한다. 실행 가능한 평등을 성취하려면, 순수한 시장경제 체제에 근접하는 정책을 취해야 한다. 독점과 무역 제한은 철폐되어야 하고, 부의 편중을 조장하는 법률도 철폐되어야 한다. 완벽한 경쟁체제가 수립된 경우에만 재산은 별다른 노력이나 혁명 없이도 점진적으로 분배될 수 있고, 훨씬 더 많은 사람이 적당한 몫의 재산을 분배받을 것이기 때문이다.[45] 일단 완벽한 경쟁체제가 수립되면, 지금까지 법의 보호를 받으면서 특권을 누렸던 개인들은 그 특권을 상실하고 경제적으로 낮은 계층의 개인들과 경쟁에 돌입하게 된다. 여기서 더 광범위한 기회의 평등이 발생하고 본격적인 평등화equalization의 과정이 시작된다. 이러한 흐름의 추론을 공유한다는 점에서, 벤담의 생각과 스미스의 생각은 분명한 유사성을 드러낸다. 양자는 모두 소수자를 위한 정부 규제와 특권을 철폐해야 하고, 완벽한 경쟁이 가능한 자유시장 체제가 실행 가능한 평등의 실현을 위한 이상적 조건이라고 인식한다. 비록 다른 맥락에서지만, 양자는 모두 미국을 이러한 체제의 가장 희망적 예시로 제시한다.[46]

그런데 이외에 다른 유사성을 추가로 제시한다고 해도, 바로 이 지점에서 그들 사이의 명백한 분기점도 드러난다. 벤담은 평등과 생계를 경제 정책의 명백히 바람직한 목적으로 설정한다. 이에 비하여 스미스나 리카도에게 모든 경제활동의 가장 중요한 목적은 풍요이고, 이 목적의 성취를 위한 최우선적 조건은 안전보장이다. 그들은 다양한 방식으로 불평등을 정당화하거나 무시하고, 최소한의 생계유지는 자유방임적 체제를 통해서 자동으로 보장될 것이라고 가정한다. 이에 비하여 벤담에게 모든 사람의 최소한 생계유지는 자동으로 이루어지리라고 낙관만 할 수 있는 목적이 아니라 정부 간섭과 같은 인위적 노력으로라도 반드시 보장되어야 하는 목적이다. 그리고 평등은 안전보장보다는 아래에 있으나 그것에 못지않게 궁극적 목적, 즉 최대 행복의 실현에 이바지하는 하위 목적이다. 그리고 평등에 대한 고려로부터 경제학사에서 그의 가장 위대한 기여라고 평할 수 있는 한계효용체감에 대한 분석이 탄생한다.

전기와 후기 사이의 변화를, 그리고 고전 경제학자와의 유사성과 차이점을 일관성 있게 설명할 수 있는 또 하나의 방법은 벤담의 경제학적 사유를 특정 학파나 주의, 앞서 열거한 자유방임주의나 집산주의로 규정하거나 일반화하려는 시도 자체가 그의 경제학적 사유의 토대를 오도한다는 점을 밝히는 것이다. 다시 말해서 그의 경제학적 사유는 자유방임주의(혹은 개인주의)나 집산주의(혹은 국가통제주의)가 아니라 그 자신의 단일한 원칙, 즉 최대 행복 원칙으로부터 도출된다는 점을 밝히는 방식이다. 이러한 설명방식은 그의 경제학적 사유의 진정한 토대가 무엇인가라는 물음에 접근하는 방식이다.

많은 고전학파나 신고전학파의 경제학자도 그렇게 설정했듯이, 벤담에게 인간은 쾌락을 추구하고 고통을 피하려는 본성을 가진 동물이다. 인간의 모든 행동뿐만 아니라 모든 말과 생각은 쾌락과 고통이라는 원초적인 자연적 감정에 비추어 해석되어야 한다. 그래서 그에게 심리학은 모든 과학체계의 토대다. "직접적으로든 간접적으로든 복리well-being는 (…) 모든 생각의 주제고 모든 행동의 대상이다. (…) 항상 그리고 필시 그것은 실제로 그러하다. (…) 행복학Eudæmonics은 (…) 모든 부문의 기술의 대상이고 모든 부문의 과학의 주제라고 말할 수 있다."[47] 과학체계에 대한 이러한 구도는 개인 심리의 분석이 모든 경제 현상의 분석을 위한 출발점이어야 한다는 견해로 이어진다. 요컨대 경제학은 심리학의 토대 위에서 수립되어야 한다.

한 개인에게 이해득실이나 쾌락과 고통의 심리적 비교는 그 개인의 모든 사회경제적 활동에 결정적이고, 그 심리의 분석은 모든 경제체제의 이해에도 결정적이다. 우리 안에서 쾌락과 고통은 명확한 크기 혹은 양으로 나타난다. 벤담은 강도intensity, 지속성duration, 확실성certainty, 근접성propinquity 등을 쾌락과 고통의 크기 혹은 양을 계량할 수 있는 척도로서 제시한다. 이러한 척도에 따라서 우리는 행복의 요소에 산술적 계산을 적용할 수 있다. "일정 길이의 시간 동안 경험된 **복리**의 양 혹은 정도는 쾌락의 총합의 **크기**와 정비례하고 같은 길이의 시간 동안 경험된 **고통**의 총합의 **크기**와 반비례한다."[48] 산술적 계산을 통한 심리적 크기 혹은 양에 대한 객관적 파악은 경제이론을 정밀한 과학으로 만든다.

이렇게 심리학적 토대에 대한 신념과 함께, 벤담은 '가치' 개념의 정의에서 스미스나 리카도와는 다른 길을 선택한다. 그에게 "모든 가치는 공리에 기초한다. (⋯) 사용use이 없다면, 어떤 가치도 없다."[49]

교환가치exchange value와 사용가치use value의 전통적 구분에서, 그는 후자를 확실히 더 중요한 것으로 간주한다. "가치는 (1) 일반적 혹은 교환가치, 그리고 (2) 특수한 혹은 특이한—그 자신의 개인적 사례에서의 사용가치로 구분될 수 있다. (⋯) 어떤 사물의 교환가치는 그것의 사용가치에서 나오거나 사용가치에 철저히 의존하거나 비례한다—왜냐하면 어떤 사람도 사용가치가 없는 것과 교환하여 사용가치가 있는 것을 주려 하지 않을 것이기 때문이다."[50] 다시 어떤 상품의 사용가치는 그 상품을 이용하는 개인의 쾌락에 기초한다. 이리하여 공리의 원칙은 '가치' 개념의 토대를 제공한다.

무엇보다 공리의 원칙은 벤담의 경제학적 사유의 중대한 변화의 계기에 대한 설명을 제공할 수 있다. 후기의 저술에서 그는 경제 영역에 대한 정부 간섭의 필요성과 긍정적 기여에 대해 호의적으로 논한다는 점은 사실의 문제다. 예컨대 그는 사람들의 생계 수단의 보장을 위한 적극적 "정부 간섭의 필요성"을 주장하고, 여전히 특정한 생산부문에 자본과 노동의 투입을 결정하는 문제에서는 "비효과적"이지만, 정부 간섭이 "자본의 증가"에 "효과적"일 수 있다는 점을 인정하기 시작한다.[51] 어쨌거나 어떤 경제 정책을 채택할지나 경제 영역에 대한 정부의 통제 혹은 개입을 얼마만큼 허용할지는 어디까지나 궁극적 목적, 즉 최대 행복의 실현에 종속되는 물음이다.

정부의 존재 목적은 의문의 여지 없이 '최대 다수의 최대 행복'의 실현에 있다. 그러나 이것은 정부가 이 목적의 실현을 위하여 국민의 경제적 삶에 일일이 간섭해야 한다는 것을 의미하지 않는다. 오히려 이 목적의 실현을 위한 공리주의적 전략은 국민의 경제활동의 일정 영역에서 정부의 간섭을 일절 배제하는 것일 수도 있다. 다시 말해서 정부의 간섭을 배제한 자유로운 경쟁 환경이 이 목적의 실현에―역시 공리주의적 관점에서 보면―더 적합할 수 있다. 그러나 이러한 경우에도 정부가 해야 할 일이 아무것도 없는 것은 아니다. 정부는 이러한 환경이 유지될 수 있는 제도적 기반을 제공해야 한다. 독점을 비롯하여 자유롭고 공정한 경쟁에 걸림돌이 될 만한 해로운 요소를 제거하는 역할을 적극적으로 수행해야 한다.

그리고 정부는 최대 행복의 실현을 위한 공리주의적 전략의 일환으로서 국민의 경제적 삶의 일정 영역에 대해서는 적극적으로 개입할 수 있다. 다음 장에서 더 자세히 논하겠지만, 벤담에게는 생계유지와 그 수단의 보장은 개인의 존재 혹은 삶 자체이고, 사회질서의 안정성과 풍요의 추구를 위한 토대다. 요컨대 최대 행복의 실현을 위한 절대적 필요조건이다. 이러한 수단의 보장을 위하여, 정부는 개인들의 자율적 통제에만 맡겨두면 장기적으로든 단기적으로든 그 결과가 유해하거나 불확실한 영역에 대해서는 개입할 수도 있다. 예컨대 벤담은 앞서 언급한 것처럼 곡물 가격과 수입에 대한 정부의 간섭에 찬성하게 된다. 그리고 직접적으로는―강제적 법규를 통해서는―그다지 바람직하지 않지만 적어도 우회적으로는 정부가 노동자의 임금을 높이려고 노력해야 한다고도 주장한다.

초기에는 이자율이 저축과 투자의 자동적 조절장치라는 고전 경제학자들의 이론을 추종했으나 1800년대에 접어들면서 그것을 부정하는 견해를 제시한 것은 벤담이 자신의 분석을 스스로 교정한 결과라고 말할 수 있다. 후기로 갈수록 경제 영역에서의 정부의 기능 혹은 역할에 대한 언급이 늘어나면서 고전경제학파와 결별하는 특징을 드러냈다는 것은 그의 사유의 중대한 변화를 가리키는 것일 수 있다. 그러나 몇몇 특징적 주장을 근거로 그의 전반적인 경제학적 입장을 자유방임주의와 국가통제주의 중 하나로만 규정하는 것만큼이나, 초기와 후기 사이의 변화를 그의 경제학적 사유가 자유방임주의로부터 국가통제주의로 이행한 결과로 단정하는 것 역시 다소 섣부르다고 생각된다. 그는 후기에도 개인 간의 돈 거래에서 정부의 간섭을 배제해야 한다는 자신의 초기 입장을 완전히 폐기하지 않는다. 그리고 특정한 산업부문을 계획적으로 육성하기 위하여, 앞서 언급한 것처럼, 정부가 직접 자본과 노동을 운용하는 것은 "비효과적"이라는 생각도 전혀 포기하지 않는다. 요컨대 그는 후기에도 자신이 초창기에 가졌던 주요 견해의 상당 부분을 그대로 유지한다.

개인들은 자신의 이익에 대한 최선의 판단자고, 정부가 추구해야 할 전체 사회의 최대 행복은 이러한 개인들의 행복 혹은 이익의 합산이기 때문에, 정부의 일차적 기능은 개인들이 스스로 자신의 이익을 가장 효과적으로 추구할 만한 여건을 마련해주는 것이다. 이러한 여건의 마련은 개인들의 경제활동에 직접 간섭하는 방식보다는 그들에게 자유 혹은 불가침의 영역을 제도적으로 보장해주는 간접적 방식을 취한다. 그런데 이러한 자유 혹은 불가침의 영역에 대한 요구권리는 자연권 이론에서 이야기하는 권리와는 다르다. 이러한 영역에 대한 요구권리는 어디까지나 특수한 경제적 상황을 지닌 현실 사회의 법과 제도하에서만 획득될 수 있다. 따라서 그 요구권리는 자연적 권리도 무제약적 권리도 아니다. 그 요구권리는 특수한 경제적 상황에서 전체 사회의 최대 행복의 실현이라는 궁극적 목적의 추구와 조화되어야 한다. 이러한 배경적 관념에 비추어, 외견상으로 자유방임주의에 더 부합하든 국가통제주의에 더 부합하든, 벤담의 제안을 근본적으로 최대 행복 원칙에서 귀결되는 것으로 보는 편이 그의 경제학적 사유의 일관성을 발견할 수 있는 더 적절한 방법인 듯하다.

5. 소결

지금까지의 논의를 통해서 나는 이 장의 시작에서 언급했던 견해, 즉 공리주의는 그 자체로는 어떤 특정한 경제이론이나 주의를 함축하지 않는다는 견해를 재확인하고자 했다. 고전 경제학자들과 몇몇 특징적 명제를 공유한다는 관찰에 기초하여 그를 자유방임주의자로 규정하는 견해와 경제 영역에 대한 정부의 간섭과 개입을 정당화하거나 심지어 요청하는 측면에 대한 관찰에 기초하여 그를 국가통제주의자로 규정하는 견해 사이에서, 나는 이러한 양면성이 그의 경제학적 사유의 비일관성이나 본질적 변화를 나타내기보다는 그 자신의 기본 원칙, 즉 공리의 원칙으로부터 흘러나온 양상들이라고 본다. 물론 스미스와 튀르고의 이론을 비판하게 되는 맥락에서, 그의 경제학적 사유는 어떤 가시적 변화 내지는 성장의 양상을 드러내기도 한다. 그러나 이러한 변화 내지는 성장을 견인한 것도 결국은 자신의 공리주의 원칙에 대한 더 성숙한 통찰과 적용을 통한 것이라고 말할 수도 있다.

따라서 그의 경제이론은 그것이 자유방임주의적이냐 국가통제주의적이냐 하는 문제를 논하는 맥락에서가 아니라 그의 공리주의로부터 나온 결론이라는 맥락에서 그 가치와 타당성을 이해해야 한다. 앞서 언급한 것처럼, 예컨대 그는 어떤 특정한 산업을 육성하기 위한 정부의 자금 운용에 대해 반대하는 태도를 보인다. 중요한 문제는 이러한 태도가 산업 분야에 대한 정부 개입에 반대하는, 그래서 자유방임주의적 견해로 읽힐 수 있느냐 하는 문제가 아니라 그것의 공리주의적 정당성 내지는 현실적 타당성이다. 우리나라는 지난 몇 정권을 거쳐오면서, 경제 활성화와 실업률 해소 등의 명목으로 정부가 막대한 조세 재원을 투입하여 각종 대규모 사업들을 추진했다. 그런데 대단한 경제학자가 아니어도 우리는 그 결과가 크게 기대에 미치지 못했다는 사실을 관찰할 수 있다. 공리주의적 계산으로 따져보면, 완전한 실패라고도 말할 수 있다. 게다가 이러한 결과의 도출에는 자본가와 기업뿐만 아니라 정치권의 사악한 이해관심의 침투가 한몫을 담당했다. 더 큰 문제는 부실한 사업 타당성 분석 등으로 인하여 크고 작은 혈세 낭비가 발생해도 누구도 책임지지 않는 상황이고, 이러한 상황은 각종 산업 분야에서 정부의 자금 운용의 효율성에 대해 의문을 던질 수밖에 없게 만든다. 정부의 개입에 대한 벤담의 부정적 태도는 어쩌면 이러한 모든 현실적 상황을 참작한 결과로 볼 수도 있다.

또 다른 예로 벤담은 정부가 국민의 생계유지를 책임져야 한다는 당시로는 획기적인 사회보장제도의 청사진을 제시한다. 전 국민의 생계유지를 책임진다는 것은 필시 경제 영역에 대한 정부의 광범위한 개입과 규제를 동반할 여지가 다분하다. 여기서도 중요한 문제는 이러한 청사진의 제시가 국가통제주의적 입장으로 읽힐 수 있느냐 하는 문제가 아니라 그 청사진의 공리주의적 정당성 내지는 현실적 타당성이다. 공리주의적 정부는 사회 각 구성원의 행복 추구 자체에 개입하지 않는다. 이 정부의 실질적 목표는 각 구성원의 행복 추구를 위한 현실적 여건을 제공하는 것에 있다. 다시 이러한 여건의 기초는 각 구성원의 생존 혹은 생계의 보장이다. 지극히 당연한 논리로, 한 개인은 살아 있기에 행복하기를 바랄 수 있다. 개인들이 얻는 행복의 총합으로 구성되는 전체 사회의 행복은 결국 각 개인의 생존 혹은 생계의 보장에 기초한다. 따라서 공리주의적 정부는 각 개인의 생존 혹은 생계의 보장을 일차적 목표로 삼아야 한다. 생존 혹은 생계의 보장 단계를 넘어서—그것이 그 개인의 행복을 증진하는 한에서—풍요로 나아가기 위해서는 어쩌면 정부의 개입과 규제는 더 확대될 여지가 있다.

그런데 바로 이 지점에서 공리주의적 정부는 깊은 주의를 기울여야 한다. 더 많은 풍요의 산출을 명분으로 정부의 개입과 규제를 확대하는 것은 훨씬 더 광범위하고 정밀한 계산을 요구한다. 풍요를 비롯한 물질적 부는 필시 행복의 한 중요한 원천이지만 그 자체로 행복이 아니고 개인의 행복을 보장하지도 않는다. 개인의 행복의 주관성과 개인의 행복 추구에 대한 정부의 가치중립성value-neutrality을 받아들인다면, 공리주의적 정부는 항상 과도한 개입과 규제가 최대 다수의 행복 추구를 저해할 수 있다는 점을 염두에 두어야 한다. 여기서 모든 자유의 제약은 그 자체로—그것이 가져올 이익을 상쇄하는—악이라는 벤담의 명제를 다시 떠올려야 한다. 그렇지 못하면, 즉 풍요의 추구라는 명목으로 자유를 제약하는 것이 결국 획득된 풍요 이상의 해악을 가져올 수 있음을 깨닫지 못한다면, 공리주의적 정부는 개발독재로 나아가게 된다. 공리주의적 정부는 단순히 물질적 부의 추구만이 아니라 공리주의 본연의 행복 추구를 위하여 훨씬 더 복잡한 계산을 감당해야 한다. 그래서 공리주의적 정부가 오로지 물질적 부의 추구를 위하여 다른 모든 중대한 가치를 희생시킨다는 비판은 어쩌면 잘못된 것일 수 있다.

제 5 장

분배적 정의와 평등

제러미 벤담과 현대

1. 최대 행복과 정의

공리주의는 그 시작부터 빈민의 고통에 대해 지대한 관심을 지니고 있었다. 앞서 살펴본 것처럼, 정부 개입을 통한 국민의 생계유지 보장과 관련된 벤담의 제안은 거의 최초의 사회복지 프로그램 중 하나로 간주할 만하다.[1] 그런데 이것은 그만의 독창적 기여라기보다는 공리주의적 기준의 실천적 귀결이라고 말할 수도 있다. 기본적 의식주 문제와 관련된 빈민의 고통은 개인의 다른 주관적 고통에 비하여 쉽게 인지될 수 있을 뿐만 아니라 상대적으로 쉽게 해소될 수 있다. 그리고 이미 충분한 재산을 가진 사람의 행복을 증대시키는 것보다 빈민의 고통을 감소시키는 편이―공리주의적 관점에서―최대 행복의 실현을 위한 훨씬 더 효과적인 방편일 것이다.

그러나 행복 혹은 만족 극대화 체계로서의 공리주의에 대한 수많은 비판의 주된 표적은―행복을 어떻게 정의하든, 그리고 무엇의 만족이든―분배적 정의에 대한 그것의 무관심이다. 이러한 비판의 대표자로서 롤즈는 공리주의에서의 정의란 공리의 원칙으로부터 "파생된"derivative 준칙에 불과하다고 논한다. "공리주의 정의관의 특징은 이러한 만족의 총량이 개인들에게 어떻게 분배되는지에 대해 간접적으로만 문제 삼는다는 것이다."[2] 그의 주장에 따르면, 정의 개념은 분배의 평등과 그 절차의 공정성을 함축하고, 그래서 "당장 직감적으로도 옳음의 개념에 속하는 것으로 이해되는데" 비하여, 공리주의에서의 정의란 단순히 전체 혹은 평균 공리의 극대화를 위한 수단으로만 다루어진다. 단지 고전 공리주의만이 아니라 공리주의 일반을 향한 이렇게 광범위한 비판에 대해 공리주의자라면 어떻게 대응할 수 있을까 하는 문제를 고찰하는 것은 이 장의 목적이 아니다. 이 장에서 나는 주로 벤담이 행복의 분배 자체에 무관심했다는 지적과 그의 공리주의가 분배적 정의와 평등 개념을 이론적으로든 실천적으로든 어떻게 담아낼 수 있는가 하는 문제를 탐구하고자 한다.

'정의'는 서양 사상사에서 고대로부터 주목받아온 개념이며, 그 오랜 역사만큼 복잡한 개념이다. 예컨대 정의는 한편으로 회고적retrospective 원칙이다. 그것은 '사람은 자신이 행한 바에 따라서 보상받는다'와 같은 원칙에서처럼 회고적이다. 여기서 정의는 무슨 일이 일어났는지 되돌아보고 과거의 공헌을 배분의 기본 원리로 채택한다. 이러한 의미의 정의는 응보desert나 공적merit 등의 개념과 연관된다. 그런데 이에 비해서 공리의 원칙은 전향적forward-looking 원칙이다. 그것은 어떤 **미래**의 바람직한 사태를 위하여 **지금** 공리를 극대화라고 명한다. 과거에 무슨 일이 일어났는지, 말하자면 누가 무언가를 어떻게how 획득했는가는 무관하다. 다시 정의는 무엇what의 배분과 연관되는지에 따라서 다양한 논의의 맥락을 양산한다. 그 가운데 경제적 재화의 분배라는 맥락의 정의가 널리 주목받게 된 것은 반세기 정도에 불과하다. 오늘날 여러 부류와 계층의 사람들이 이러한 맥락의 정의에 대해 드러내는 민감하거나 진지한 태도를 관찰한다면, 롤즈의 『정의론』(1971년) 이전에 그 개념에 대한 체계적 이론을 거의 발견하기 어렵다는 사실은 참으로 놀랍다.

만약 인간이 본성적으로 이기적 존재라면, 어떻게 재화의 분배, 다소

속되게 표현해서 자신의 몫을 챙기는 일에 무관심할 수 있었겠는가. 저 원시 부족공동체에서 근대 문명국가에 이르기까지 모든 인간 사회는 아무리 다르더라도—오늘날의 관점에서 공정하거나 불공정하거나—필시 재화의 분배와 관련된 규칙을 가지고 있었다. 인간은 지금까지 재화의 분배 자체에 무관심했던 것이 아니라 어쩌면 그것에 정의가 아닌 예컨대 운명이라는 개념을 대입하는 것에 익숙했던 것일 수도 있다. 아니면 이러한 맥락의 정의 개념에 대한 정합적 이론을 산출할 만한 성숙하고 안정적인 정치체제에 도달하지 못했던 것일 수도 있다. 어느 쪽이든 거의 200년 전의 인물인 벤담에게서 정의에 대한 오늘날의 주류 관념과 유사하거나 그것에 필적할 만한 무언가를 기대하는 것은 애초에 불가능한 일이었다고 생각될 수도 있다.

정의처럼 광범위한 개념에 대한 오늘날의 주류 관념을 한마디로 표현하는 것은 물론 어려운 일이다. 그러나 그것을 공리주의적—특히 벤담의—관념과 대비하여 말하는 것은 어쩌면 가능한 일일지도 모르겠다. 오늘날의 주류 관념은 정의를 행복 혹은 쾌락과 독립된 내재적 가치로 보는 반면에, 쾌락주의적 공리주의자 벤담에게는 정의만이 아니라 그 어떤 것도 행복 혹은 쾌락과 독립된 가치일 수 없다. 그에게 쾌락과 고통은 인간의 모든 가치의 원천이자 토대다. "쾌락과 고통을 없애보라. 그러면 행복뿐만 아니라—지금까지 애써 그것들[쾌락과 고통]과 무관한 것으로 보아야 한다고 주장해왔던—정의와 의무와 책무와 덕은 모두 공허한 소리empty sounds일 뿐이다."3 그는 마치 다음과 같이 말한다. 누구나 행복이 무엇인지 알고 있다; 왜냐면 누구나 쾌락이 무엇인지 알고 있기 때문이다; 그런데 정의는 항상 논쟁거리다; 그렇다면 왜 우리는 이미 잘 알고 있는 것, 즉 쾌락의 경험으로부터 시작하지 않는가?

인간은—가끔은 혼동하지만—쾌락의 경험과 고통의 경험을 구분할 수 있는 존재이고, 인간의 행복은 가장 중요한 실재적 존재자real entity인 쾌락과 고통의 경험으로 결정된다. 인간의 공통적인 생리적 구조로부터 비롯되는 원초적 쾌락과 고통을 산출하거나 완화하는 수단의 목록에서는 일치할 수 있어도, 벤담은 각자에게 쾌락을 주는 것들과 고통을 주는 것들의 목록은 서로 다를 수 있음을 명백히 인정한다. 그렇기에 각 개인은 자신의 행복에 대한 최선의 판단자인 것이다. 그런데 그 목록이 아무리 다를지라도, 그를 비롯한 쾌락주의적 공리주의자가 보기에, 행복은 쾌락과 고통의 경험으로 환원될 수 있는 요소로 구성된다.

쾌락과 고통의 경험은 우리가 사용하는 말 혹은 개념에 실재와의 연결성, 요컨대 그것에 의미sense를 부여한다. 따라서 그것이 유의미한 말 혹은 개념이 되려면, 정의 역시 최대 행복 (혹은 쾌락) 원칙의 견지에서 해석되어야 한다. 벤담이 활동했던 시점에서 여태껏 정의가 무엇인지가 논쟁거리로 남았던 이유는 이렇게 그 개념을 바라볼 올바른 토대 혹은 관점을 발견하지 못했기 때문이라고 말할 수 있다. 정의는 "쾌락과 고통과 무관한" 별개의 토대를 가진 내재적 가치가 아니다. 오히려 그것의 가치는 최대 행복 원칙에 의존하거나 그 원칙으로부터 파생된 것이다.

물론 정의에 대한 이러한 관념은 롤즈를 비롯한 많은 학자가 비판했던 바다. 정의에 대한 오늘날의 주류 관념을 공유하는 사상가에게 정의를 최대 행복이라는 지상至上 목적 혹은 가치에 대해 이렇듯 의존적 혹은 파생적 가치로 이해한다는 측면, 혹은 더 나아가 이 목적의 실현을 위한 도구적 가치로까지 격하시킨다는 측면은 심각한 비판의 대상이다. 그런데 만약 이러한 비판의 초점이 단순히 정의를 행복과 대등하거나 행복보다 우위에 두지 않는다는 주장이라면, 벤담을 비롯한 공리주의자는 어쩌면 '왜 행복이 아니라 정의여야 하는가?' 라고 반문할 수도 있다. 요컨대 공리주의자와 비판자 사이의 대립은 가치의 우선순위priority에 대한 서로 다른 직관의 대립일 뿐이라고 보일 여지도 있다. 물론 단순한 직관의 대립이라 해도, 인류가 고대로부터 오늘날까지 정의에 부여해온 가치의 무게를 합당하게 평가하지 않는다는 비판은 충분히 가능하다. 벤담의 사상적 업적을 비교적 호의적으로 해석하면서도, 포스테마Gerald J. Postema는 정의 개념에 대한 벤담의 태도에 대해서는 다음과 같이 힐난한다. "벤담의 손에서 정의 개념만큼 손상을 입은 도덕적 개념은 없다 (…) 이 개념을 심각하게 다루려 하지 않으면서, 그는 (…) 정의에 대한 논의를 (…) 흔히 사회적 반감이나 악의를 감추는 가면으로 일축한다."[4]

그러나 벤담의 공리주의에 대한 비판의 초점은 최대 행복 혹은 공리의 원칙으로부터는 일관성 있는 분배적 원칙을 도출할 수 없다는 주장에 집중되는 것처럼 보인다. 이러한 비판에서 공리의 원칙은 행복의 극대화 혹은 그것의 최대 총량에만 관심을 두는 순전한 집합적aggregative 원칙으로만 간주된다.[5] 공리의 원칙은 어떠한 분배적 원칙도 제공할 수 없다. 왜냐면 행복 혹은 쾌락의 총량이 극대화될 수만 있다면, 분배와 관련된 규칙은 언제든 기각되거나 변경될 수 있기 때문이다. 예컨대 롤즈의 지적에 따르면, 설득력 있는 도덕관은 집합적 원칙과 분배적 원칙을 모두 포함해야 하는데, 공리의 원칙은 집합적 단일 원칙이면서 분배와 관련된 "모든 기준을 불필요한 것으로 만들어버린다."[6]

물론 철학적 도덕론의 원칙을 집합적 원칙과 분배적 원칙으로 분류하는 이분법을 전제하고 공리의 원칙을 순전히 집합적 원칙으로만 간주하는 것은 정의에 대한 주류 관념을 형성한 롤즈를 비롯한 여타 의무론자 사이의 해석일 뿐이다.[7] 벤담의 입장을 변호하는 차원에서, 논의에서 종종 생략되지만 '최대 행복'에 따라붙는 '최대 다수'라는 문구가 행복의 최대 총량의 평등한 분배를 함축한다는 해석을 제안할 수 있다. 그리고 그의 민법 혹은 분배법 관련 저술에서 분배와 관련된 광범위한 논의를 발견할 수 있다는 사실을 지적할 수도 있다. 이러한 해석과 지적을 통해서, 그의 정의 개념과 최대 행복 원칙 사이의 관계는 좀 더 공정한 관찰을 요구한다는 점, 그리고 무엇보다 그는 결코 분배 문제 자체에 무관심하지 않았다는 점을 피력할 수 있다.

2. 전체 사회의 행복을 위한 평등

벤담에게 사람은 자신의 경제적 처지의 향상, 요컨대 자기 이익에 대한 자연적 혹은 본능적 욕망을 지닌 존재다. 애덤 스미스와 유사하게, 자기 이익에 대한 욕망은 사람의 행동을 추동하는 일차적 원동력이자 매우 유용한 욕망임을 역설하면서, 그는 다음과 같이 말한다.

> "자기보존의 욕망은 자연적 성향natural propensity으로, 즉 승인을 받는 것으로 간주된다. (…) 이득에 대한 욕망도 이에 못지않게 자연적 성향인데, 더 유용하면서도 이 경우에는 [자기보존의 욕망과] 같은 승인을 받지 못하는 것으로 간주된다. 이것은 해로운 편견이고 (…) 따라서 이 편견의 영향력에 맞서 싸울 필요가 있다."[8]

이렇게 자기 이익을 추구하려는 성향을 행동의 근본적·공통적 동기로 가질 뿐만 아니라 다른 사람의 이익보다 자신의 이익을 선호하는 자연적 성향을 역시 공통으로 가진다는 점에서, 그리고 앞서 여러 차례 언급했듯이 각 개인은 자신의 이익의 최선의 판단자라는 점에서, 사람은 기본적으로 평등하다고 간주되어야 한다. 더 나아가 입법자의 그것과 같은 거시적 관점에서 행복의 총량을 계산하는 벤담의 방법에는 '각 개인의 행복은 행복의 집합에서 다른 개인의 행복과 동등하게 중요하다'는 평등주의 혹은 불편부당성의 공리公理가 작용한다. "가장 무력한 극빈자의 행복은 보편적 행복에서 그 공동체의 가장 힘 있고 가장 부유한 구성원의 행복만큼 큰 부분을 구성한다. 그러므로 가장 무력하고 가난한 사람들의 행복은 가장 힘 있고 부유한 사람들의 행복만큼 입법자에 의해 존중받을 자격을 가진다."[9] 이 공리는 사회 구성원 사이의 상호작용과 그 산물의 분배적 측면에서 모든 사람을 평등한 입장에 놓으려는 기준이 된다. 모든 개인의 행복의 평등한 중요성에 대한 공리는 그 행복의 수단 혹은 보장에 대한 불편부당한 자격 혹은 권리의 인정으로 이어진다. "만약 최고의 헌법적 권한을 나누어 가짐이 행복의 수단 내지는 그것의 보장 수단이라면, 가장 힘 있고 부유한 사람들만큼이나 가장 무력하고 가난한 사람들도 이러한 보장 수단을 가져야 할 충분한 이유가 있다."[10]

평등은 한편으로 정치적 권리의 평등을 의미할 수도 있지만, 위의 공리를 통하여 벤담이 논하려는 평등은 재산의 분배에서의 평등이다. "평등은 법에서 나오는 모든 이득과 관련된 것이라고 생각할 수 있다. 정치적 평등 혹은 정치적 권리와 연관된 평등─시민적 평등 혹은 시민적 권리와 연관된 평등. 그러나 이 낱말이 홀로 사용될 때는 그것은 보통 재산의 분배를 가리키는 것으로 이해된다."[11] 실로 '평등'이라는 낱말의 일반적 용법은 기본적 권리와 자유의 평등한 보장과 같은 정치적 맥락보다는 재화의 분배와 관련된 경제적 맥락과 더 긴밀하게 연관되는 것으로 보인다.

이러한 의미, 즉 재화의 분배와 관련된 평등은 전체 사회의 행복 실현을 구성하는─앞 장에서 간략히 언급한─네 가지 종속적 목적 중 하나다. 행복은 물론 쾌락 및 고통의 면제를 뜻하고, 한 개인의 행복은 그가 경험하는 쾌락의 총량에서 고통의 총량을 제한 값이고, 다시 전체 사회의 행복이란 이러한 개인들이 획득한 행복을 모두 합한 총량이다. 그런데 전체 사회의 행복의 극대화를 궁극적 목적으로 삼는 입법자는 한 개인이 자신의 행복의 극대화를 추구하는 방식과는 다른 방식으로 자신의 목적에 접근한다. 그 방식은 앞서 말한 바와 같은 하위 목적의 달성을 통한 방식이다.

> 권리와 책무의 분배에서 입법자는 (…)그 국가body politic의 행복을 자신의 목적으로 삼아야 한다. 더 구체적으로 이 행복이 어디에 놓여 있는가를 탐구하면서, 우리는 네 가지 종속적 목적을 발견한다. 생계subsistence, 풍요abundance, 평등equality, 안전보장security (…) 이 모든 특수한 목적을 더 완벽하게 누릴수록 사회적 행복, 특히 그 법에 의존하는 행복의 총량은 더 커질 것이다.[12]

한계효용체감의 원리에 따르면, 앞 장의 논의를 잠시 반복하면, 이상적으로 사회적 재화 내지는 소득이 평등하게 분배될수록 전체 사회의 행복은 증대한다. 왜냐면 이 원리에 따라서 이미 충분한 혹은 과다한 재화를 소유한 사람들이 느낄 일정 단위의 행복의 양을 증가시키는데 필요한 재화의 양은 점증하므로, 소수의 사람에게 재화가 편중되는 것은 말하자면 공리주의적으로 비효율적이기 때문이다. 모든 구성원이 느낄 일정 단위의 행복의 양을 증가시키는데 필요한 재화의 양이 완전히 같아졌을 때, 이론상으로는 그 모든 구성원이 느낄 행복의 총량은 최대치에 도달한다. 그리하여 평등은 최대 다수의 최대 행복이라는 궁극적 목적의 달성에 이바지하는 바람직하고 이상적인 목적이다.

그런데 문제는 현실 사회에서 위의 특수한 종속적 목적들이 동시에 성취되기 어렵다는 점에 있다. 예컨대 안전보장은 "신체, 명예, 재산, (삶의)

조건"의 보장을 뜻한다.[13] 역시 앞서 언급한 것처럼, 벤담이 말하는 평등은 재산과 연관된 평등이다. 요컨대 안전보장과 평등은 공통으로 재산 및 그것의 분배와 연관되어 있다. 그런데 양자의 목적이 재산 및 그것의 분배와 관련된 상이한 조건을 제시할 경우, 그것들은 충돌할 수 있다. 평등의 실현을 위하여 요구되는 조건이 개인 재산권의 안전보장을 침해할 수도 있기 때문이다. 예컨대—최근 우리나라에서 다소 민감한 사안으로 떠오른—주택 보유의 평등화를 지향하여 다주택 소유자나 임대사업자 등에게 압력을 가하는 차별정책이 이러한 충돌의 사례로 제시될 수 있다. 이외에도 여러 충돌의 사례들을 제시할 수 있으나, 이렇게 하위 목적들이 상충할 경우 평등은 어떤 지위를 가져야 하는가 하는 문제는 벤담의 정의관을 얼마만큼 평등주의적이라고 평가할 수 있는가 하는 문제와 직결된다.

우선 평등의 지위와 관련된 전자의 문제는 네 가지 하위 목적 사이의 관계를 관찰함으로써 실마리를 찾을 수 있다. 생계와 풍요는 모두 부wealth의 문제와 연관된 목적이다. 그래서 그것들은 평등 논의의 초점이다. 우선 생계와 관련하여 평등의 실현은 논란의 여지가 있을 수 없는 목적이다. 다시 말해서 생계의 평등은 다른 하위 목적과의 충돌을 무릅쓰고라도 마땅히 실현되어야 하는 목적이다. 생계와 관련해서는 평등의 등급이라는 것은 있을 수 없다. 왜냐면 생계는 곧 존재이고, 평등한 인간들 사이에 존재의 등급이라는 것은 있을 수 없기 때문이다. 그래서 생계에서의 평등은 생존 수단에 대한 모든 사람의 당연한 요구권리 혹은 자격을 가리킬 뿐이다. 그렇지만 이러한 요구권리 혹은 자격에 대해 '절대적'이라는 수식어를 사용하기는 어렵다는 점도 유념해야 한다.

생계유지를 넘어선 수준의 부의 획득을 의미하는 풍요는 물론 생계와는 별개의 문제다. 부의 수평적 체제는 현실적이지도 않고, 사실상 벤담은 이러한 체제를 지지하지도 않는다. 그렇지만 부의 양과 행복의 양은 비례하지 않는다는 점을 지적함으로써, 그는 사회적 재화를 되도록 평등하게 분배하는 것이 최대 행복 원칙에 부합한다는 점을 암시하려 한다. 이러한 암시에서 저 유명한 한계효용체감 원리의 원형을 발견할 수 있다.

> 평등한 이익의 유용성은 다음과 같은 입장에 의존한다. 1. 한 사람이 소유하는 행복의 양은 그 사람이 소유하는 재산의 양과 같지 않다. 2. 한 사람이 이미 소유하고 있는 재산의 양이 더 커질수록 재산의 증가로 인하여 그가 얻게 되는 행복의 양은 어떤 일정한 양으로 줄어들 것이다. 3. 재산에 의한 행복의 증가는 이러한 비율로 증가한다. (…) 최대량의 재산을 가진 사람이 최소량의 행복의 수단을 가진 사람보다 두 배의 행복을 누리는지는 알 수 없는 문제다.[14]

부의 척도로서 돈은 행복의 척도로도 기능할 수 있다. 돈의 단위와 행복의 단위를 동일시하고 소유하는 돈의 양, 즉 부가 증가할수록 행복도 증가한다는 단순한 관념에서 출발하지만, 그는 "가장 부유한 사람들 편에서 행복의 초과량은 그의 부의 초과량만큼 크지 않을 것"이라고 단언한다. 가장 부유한 사람들 편에서 부의 한 단위의 증가는 사회 전체의 행복의 총량에 점점 더 적은 양의 증가를 가져올 것이다. 오히려 사회의 여러 계층 사이의 부가 평등에 근접할수록, 그 계층에게서 나오는 행복도 평등에 근접할 것이고 사회 전체의 행복은 증대될 것이다. 이러한 맥락에서, 평등한 분배 혹은 분배의 평등을 증대시키는 정책이 최대 행복 원칙에 부합할 것이다. 물론 현실이 이러한 추론에 부합하지는 않지만, 이러한 분배에 역행하는 움직임은 필시 정당화를 요구한다.

그런데 생계 및 풍요와는 달리 사회적 행복의 또 하나의 하위 목적인 안전보장은 불평등한 분배를 정당화할 수 있는 기반을 제공한다. 벤담의 분류에 따르면, 위의 네 하위 목적 중에서 생계와 안전보장이 하나로 엮이고, 풍요와 평등은 별개의 부문을 형성한다. 전자의 "두 목적은 삶 자체와 같다. 마지막 둘은 삶의 장식물ornaments이다."[15]

생계는 생존을 위하여 필수적이고, 안전보장은 이러한 생계 수단의 확보를 위하여 필수적이다. 이리하여 안전보장은 생계의 선행조건이 된다. 그런데 안전보장은 동시에 풍요의 선행조건이기도 하다. 안전보장 없다면, 풍요를 가진 사람은 그것의 유지를 장담할 수 없게 되기 때문이다. 이러한 의존관계에 놓임으로써, 생계 및 풍요와 안전보장 사이에는 별다른 충돌이 발생하지 않는다. 이에 반하여 안전보장과 평등은 충돌할 수 있다. 만약 불평등한 분배 체제에 대한 안전보장이 존재한다면, 분배의 평등을 증진하려는 경향은 이러한 분배 체제의 안전보장에 저항할 것이다. 이러한 저항과 충돌의 상황에서 무엇이 우위에 놓이겠는가?

이 물음에 대한 벤담의 대답은 비교적 명확하다. 평등은 항상 안전보장에 대해 종속적 지위에 놓인다. 이러한 입장을 뒷받침하는 그의 논변은 다소 소박하다. 생계는 삶 혹은 생존의 유지에 필수적이다. 재산은 이러한 생계 수단을 생산하는 수단과 그 생산과정의 산물로 구성된다. 따라서 재산은 생계를 유지한다. 그런데 한 사람의 노동의 결과물, 즉 재산에 대한 안전보장이 없는 경우, 생산적 노동에 대한 유인은 사라질 것이다. 왜냐면 자기 이익에 대한 욕망은 인간 행동을 ― 즉 노동을―지배하는 동기이기 때문이다. 요컨대 재산에 대한 안전보장은 노동과 그것에 기초하는 산업의 필수조건이다. 만약 산업이 없다면, 생계 수단이 생산될 수 없으므로 생계 자체가 유지될 수 없을 것이다. 다시 생계는 행복의 기회와 행복의 수단을 가리키는 풍요의 토대이기 때문에, 안전보장은 사회 전체의 행복의 극대화에서 평등보다 우선하는 고려사항이어야 한다.

부유층과 빈곤층의 거주지 격차를 극명하게 보여주는 항공사진(케이프타운, ⓒ Wikimedia Commons)

몇몇 인상적 구절에서 벤담이 평등에 대한 안전보장의 우위 내지는 우선성을 주장한다는 것은 거의 반박할 수 없을 정도로 명확하다. 한 예로 그는 다음과 같이 선언한다. "평등은 그것이 안전보장에 해를 끼치지 않는 경우, 즉 법이 산출한 기대expectations를 방해하지 않는 경우, 즉 현재로 확립된 분배구조에 혼란을 가져오지 않는 경우를 제외하고는 선호되어서는 안 된다."[16] 유념할 것은 이 맥락에서 그가 말하는 평등은 재산의 극단적인 수평적 분배에 의한 평등이라는 점이다. 곧이어 그는 이러한 평등의 재앙적 결말을 예언한다. "만약 모든 재산이 평등하게 분배되면, [이러한 분배의] 확실하고 즉각적인 결과는 머지않아 더는 분배할 것이 없어지리라는 것이다. 모든 것은 빠르게 파괴될 것이다."[17] 이러한 구절들은 단지 평등에 대한 안전보장의 우위 혹은 우선성을 주장할 뿐만 아니라, 평등의 목적을 실현하려는 작용이 매우 제한적이어야 한다고 주장하는 것으로 들릴 수 있다. 요컨대 그가 옹호하려는 평등은 어떤 사회의 분배구조의 적극적 변혁을 뒷받침하기보다는 현상現狀의 유지, 비록 불평등할지라도 안정적으로 작동하는 현존의 분배구조를 유지해야 한다는 조건에 의해 제약되는 것처럼 보인다. 물론 안전보장의 우위를 확고하게 설정하고 평등의 작용을 이렇게 제한적으로 설명함으로써 양자의 목적 사이의 충돌은 해소될 수 있을지도 모른다. 그러나 평등의 작용에 대한 이러한 제한적 입장은 필시 벤담의 정의관에 대한 부정적 인상을 강화할 것이다.

3. 실행 가능한 평등

3장에서 논한 자유 개념과 마찬가지로, 공리주의자에게 정의 개념은 행복 개념과 불가분하다. 그래서 공리주의자에게는 한 사회에서 어떤 의미로든 '정의로운' 분배란 필시 그 사회의 최대 다수의 최대 행복에 이바지하는 분배여야 한다. 여기서 '최대 다수'라는 문구가 평등주의적 분배를 함축한다고 말할 수도 있다. 그러나 인간의 생산적 활동의 토대인 안전보장은 분배적 준칙인 평등과 충돌할 수 있다. 이 문제에 대해 벤담이 제시한 해결책은 안전보장을 평등보다 우위에 두는 것, 다시 말해서 최대 행복을 보장해야 한다는 준칙을 평등한 몫을 보장해야 한다는 준칙보다 더 우월한 것으로 설정하는 것이다. 이러한 해결책을 뒷받침하는 맥락에서, 그는 불평등한 분배구조의 정당성을 다음과 같이 피력한다. 한 사회의 대부분 경제력, 즉 "정치경제학 용어로 생산자본productive capital이라고 불리는" 생산수단을 형성하는 것은 불평등한 노력으로부터 나오는 불평등한 몫이다.[18]

벤담이 상상한 바로는, 평등을 성취한다는 명목으로 노동에 대한 유인 내지는 보상을 제대로 보장하지 않을 경우, 행복의 산출을 위한 수단의 양은 최소 생계의 수준 이하로 하락할 것이다. 이러한 결과는 어떤 관점에서든 재앙으로 보일 것이다. 이러한 재앙을 피하고 최대 다수의 최대 행복을 산출하려면, 안전보장을 우선시하고 평등한 분배를 지나치게 강조하지 않아야 한다. 그 딜레마는 우리에게 익숙한 것이다. 모든 사람에게 적은 결과물의 평등한 몫을 나누어주거나 모든 사람에게 더 많은 결과물의 불평등한 몫을 나누어주는 것이다. 이때 후자의 선택은 모든 사람에게 최소한의 생계 수단을 보장함과 동시에 일부 사람에게는 풍요를 보장한다. 공리주의자는—합리적인 사람이라면 누구라도—당연히 후자를 선택할 것이다.

이러한 선택에서 벤담이 전체 사회의 행복의 하위 목적으로 제시한 평등은 독립적 목적 내지는 내재적 가치로서의 평등이 아니라, 최대 행복이라는 궁극적 목적의 성취를 위하여 추구되는 다른 상호의존적 하위 목적혹은 원칙과의 조율을 통하여 현실적으로 성취할 수 있는 평등이다. 이러한 맥락에서, 앞 장에서 언급한 것처럼, 그는 절대적 혹은 "상상할 수 있는 최고도의"utmost conceivable 평등과 현실적 혹은 "실행 가능한"practicable 평등을 구분한다.[19] 상상할 수 있는 최고도의 평등은 말하자면 모든 사회 구성원이 동일한 양의 이득과 부담을 나누어 가지는 상태를 의미한다. 이에 비하여 실행 가능한 평등은 전자의 평등에 근접하기 위해서 가능한 여러 현실적 수단을 시도한 결과로 도달하게 되는 상태다. 이러한 의미에서 벤담은 후자의 평등을 "평등을 극대화하는, 혹은 더 적절한 표현으로 불평등을 최소화하는 원칙"이라고 부른다.[20] 물론 여기서 "평등을 극대화"한다거나 "불평등을 최소화"한다는 것은 다른 하위 목적과의 충돌을 피해야 한다는 조건에 의해 제약되며, 바로 이러한 의미에서 현실적 혹은 실행 가능한 평등인 것이다.

그런데 다른 하위 목적과의 조율이 반드시 평등의 성취라는 목적에 제약을 가하는 것만은 아니다. 벤담은 다음과 같은 물음을 던진다. "그래서 **안전보장**과 **평등**, 두 경쟁자 사이에는 지속적 대립, 즉 영원한 전쟁만이 있을 것인가?" 이 물음에 대해 그는 스스로 다음과 같이 답한다. "어떤 지점까지는 그것들은 양립할 수 없다. 그러나 약간의 인내심과 기술을 발휘한다면 그것들이 서서히 일치하게 만들 수 있다."[21] 이 특정한 맥락에서 그가 말하는 '인내심'은 기다림의 인내심이다. "시간이 이 두 상반된 관심사들 사이의 유일한 중재자다." 그리고 '기술'이란 "법이 분배에 간섭할 수 있는" 기술을 말한다.[22] 잠시 뒤에 논할 것처럼, 그는 여기서 상속제도와 관련된 법을 개선하여 사람들이 죽어서 남긴 재산을 분배할 방식을 언급한다. 그래서 여기서 말하는 '시간'은 다시 말해서 사람들이 죽음에 도달하는 시간이고, '기술'은 그들이 남긴 재산을 분배하는 기술이다.

불평등을 최소화하는 원칙으로서 실행 가능한 평등이라는 목적이 불평등한 분배구조의 유지를 뒷받침하는 안전보장의 목적과 반드시 충돌하는 것만은 아니다. 오히려 평등은 안전보장이라는 목적의 추구를 통해서 성취될 수 있는 결과로 보일 수도 있다. 다시 말해서 안전보장은 불평등을 최소화하는 여건을 산출할 수도 있다. 이러한 상황이 어떻게 가능한가에 대한 설명은 다음과 같다. 만약 모든 사람이 자신의 노동 결실에 대한 견고한 보장을 얻는다면, 그들은 더욱 근면해질 것이다. 왜냐면 더 열심히 일하는 것이 그들이 바라는 행복의 수단을 더 많이 확보하는 방법일 것이기 때문이다. 그리고 만약 법이 생산수단의 독점이나 무역 제한을 통한 불평등을 허용하지 않는다면, 요컨대 공정하고 자유로운 경쟁체제를 역시 견고하게 보장해준다면, 자기 이익의 만족을 극대화하려는 각자의 의지는—예컨대 더 높은 생산력을 통하여—더 많은 사람에게 이익을 가져다주는 결과를 산출할 것이다.

벤담은 법률제도를 통하여 개인의 노동 혹은 노력의 산물과 자유로운 경쟁체제가 보장될 경우, 그리하여 생산수단의 소유가 합법적으로 소수의 사람에게 편중되지 않을 경우, 자연적 생산성이 증대하는 동시에 평등의 실현에 근접할 것이라는 낙관론을 펼친다. 평등은 가장 중요한 목적, 즉 안전보장의 확보라는 목적을 방해하지 않고 추구되어야 하는데, 이러한 평등은 순수한 시장경제 체제와 부합하는 종류의 평등일 수 있다. 그가 염두에 두었던 시장경제 체제의 가장 좋은 사례는 미국이다. 만약 완벽히 공정하고 자유로운 경쟁이 존재한다면, 사회적 재화는 별다른 조치나 혁명 없이도 점점 고르게 분배될 것이고, 훨씬 더 많은 사람이 적당한 부의 몫을 얻게 될 것이다. 다시 말해서 만약 완벽한 경쟁체제가 수립되면, 기존의 법으로 보호받고 특권을 누리던 개인들은 그 특권을 상실하고 경제적으로 낮은 계층의 개인들과의 경쟁에 돌입하게 된다. 이러한 경쟁은 더 많은 사람에게로 기회의 평등을 확대하고 부와 소득의 평등화 과정을 진전시킬 것이다.

그렇다면 이렇게 공정하고 자유로운 경쟁체제를 만들어가고 제도적으로 그것의 유지를 보장하는 것 자체가 평등의 목적을 실현하는 결정적 방편이 된다. 그 목적은 현재의 분배구조를 완전히 무너뜨리는 혁명과 같은 과격한 수단에 의해서가 아니라, 이러한 경쟁체제의 견고한 보장을 통하여 점진적으로 성취되어야 할 목적이다. 아마도 벤담은 이러한 맥락에서 다소 불평등할지라도 현재의 분배구조를 유지하는 안전보장의 목적을 평등의 목적보다 우위에 놓았고, 이것이 현실적이고 더 바람직한 방향이라고 생각한 것으로 보인다.

앞서 그의 정치이론에 대한 논의에서 살펴본 것처럼, 벤담은 프랑스혁명 과정에 대한 관찰로부터 폭력과 무질서에 대해 매우 깊은 반감을 품게 되었다. 이러한 반감에서, 아무리 급진적일지라도 모든 개혁은 사회질서, 특히 법치질서가 유지되는 한에서 이루어져야 한다는 신념에 도달한다. 역시 이러한 신념으로부터 경제적 재화의 분배에서 평등의 실현이라는 목적도 현상現狀으로부터의 점진적 변화를 통해서 추구해야 한다는 생각에 도달한 것으로 보인다. 그 점진적 변화의 첫 단추가 말하자면 각자의 노동의 결실을 안정적으로 보장하는 체제와 공정하고 자유로운 경쟁을 역시 안정적으로 보장하는 체제를 구축하는 것이다.

자유로운 경쟁은 모든 사람의 이익과 총 생산물의 증대를 위한 최적의 조건을 창출한다. 그리고 이러한 조건은 개인들의 이해관심의 조화에 본질적이다. 만약 절대적 평등을 추구한다면, 누구도 견실한 대규모 산업을 일으킬만한 충분한 자본을 축적할 수 없을 것이다.[23] 왜냐면 이러한 평등의 추구는 필시 개인의 노동 혹은 노력의 결실에 대한 견고한 보장을 불가능하게 만들 것이고, 산업의 시작을 위한 자본을 여러 개인에게 흩어놓을 것이기 때문이다. 이렇게 되면, 풍요와 행복의 근간이 되는 산업 대부분은 사라질 것이다. 사유재산의 보장은 현재 생계를 간신히 유지하는 수준으로 살고 있고 현재 소유한 자본을 모두 잃는다면 달리 소득의 원천을 구하지 못할 사람들의 일자리를 보호한다. 사람들이 흔히 상상하는 것과 달리, 오히려 모든 사람에게 생계를 보장하고 일부에게 풍요를 보장하는 불평등한 분배구조에서 개인들의 이해관심의 조화가 이루어질 수 있다. 벤담은 이와 다른 분배구조에서는 아무도 이득을 얻지 못할 것이라고 역설한다. 만약 그가 포스테마의 말처럼 "정의에 대한 논의는 (⋯) 사회적 반감이나 악의"에서 나온 것이라고 말했다면, 여기서의 '정의'는 자신의 현재의 경제적 처지에 대해 심한 불만을 지니고 있거나 다른 사람의 부에 대한 질투에 사로잡힌 사람이 외치는 절대적 평등에 대한 비합리적이고 비현실적인 열정을 의미한다.

정의든 평등이든, 그것은 최대 행복이라는 궁극적 목적을 지향해야 한다. 시장에서의 자유로운 경쟁의 효과에 대한 벤담의 낙관론이 다분히 당시의 고전적 혹은 자유방임적 자유주의를 연상시킨다는 점도 이러한 맥락에서 이해되어야 한다. 자유로운 경쟁체제에 대한 옹호에서 그의 방점은 사실 자유가 아니라 이러한 경쟁체제의 **효과**에 있었다. 따라서 그의 경제이론을 자유방임주의로 규정하는 해석을 제시하는 학자는 종종 그가 공리주의자라는 더 분명하고 중대한 사실을 망각하는 것처럼 보인다.

"만약 고리대금이 위법행위라면, 그것은 합의로 저질러진 위법행위"

라고 말하면서, 그는 금전거래에서 자신의 조건을 내걸 개인의 자유를 지지한다. "성숙한 나이에 건전한 정신으로 자유롭게 행동하는 사람은 (…) 자신이 적절하다고 생각하는 대로 (…) 이러한 거래를 하는 것을 (…) 방해받아서는 안 된다."[24] 이자를 받고 돈을 빌려주는 것은 미래의 이익을 위하여 현재의 이익을 교환하는 선택이다. 이것은 어리석지도 유해하지도 않다. 사업을 시작하면서 생산과정을 실행하기 위하여 돈을 빌리는 것은 모든 산업에 필수적이다. 만약 산업에 종사하는 사람이 빌린 돈으로 자신이 갚을 돈보다 더 많은 것을 기대할 수 없다면, 그는—충분히 합리적인 사람이라고 가정하면—애초에 돈을 빌리지도 않을 것이다.[25] 따라서 이자율을 고정할 필요는 없다. 그것은 돈을 빌리는 개인이 알아서 결정할 일이다.

이와 같은 맥락에서, 『고리대금의 변호』에서 이자율에 대한 정부의 규제나 법률을 비판하면서 벤담이 역설하려 한 것은 경제 영역에서의 개인의 자유보다는 이러한 규제나 법률이 모든 사람의 이익과 국가의 경제발전에 미칠 수 있는 부정적 결과다. "만약 정부가 강제로 이자율을 내리면, 거기서 나올 것은 대중에게 아무 이득도 없이 한편으로는 빈곤과 다른 한편으로는 억압뿐이다."[26] 그의 주장에 따르면, 고리대금을 금지하거나 이자율을 규제하는 법률은 긴급하게 돈이 필요한 사람들이 그 돈을 융통하지 못하게 방해하고, 오히려 이러한 법률이 없었다면 더 낮은 이자율로 빌릴 수 있었던 사람들이 더 높은 이자율로 돈을 빌리게 만들 수도 있다. 일반적으로 수요에 따른 자본의 공급이 자연스럽게 이자율을 통제할 터인데, 이자율의 규제가 새로운 산업의 시작을 돕기는커녕 새로운 사업기획을 방해할 경우, 경제의 진보는 그만큼 어려워질 것이다.

벤담은 아마도—오늘날 우리 사회에서 흔히 목격하는—약탈적 대부업자들에 의해 서민들이 당하는 고통에 대해서는 다소 무관심했던 것으로 보일 수도 있다. 고리대금과 관련된 그의 논의는 생활자금을 빌리는 경우보다는 주로 사업자금을 빌리는 경우와 관련되어 있다. 오늘날 많은 사람은 약탈적 금융에 대해 정부의 강력한 규제와 법정금리 상한제와 같은 제도를 요구한다. 그런데 이러한 규제와 제도가 오히려 경제적 약자들을 약탈적 금융으로 내모는 결과를 초래할 수도 있다. 예컨대 이러한 규제와 제도로 인하여 흔히 제도권 금융사업자는 대출 자격조건을 높게 설정하여―생활자금이든 사업자금이든―급전이 필요한 서민들은 접근조차 어렵게 만들어버린다. 그리하여 서민들은 낮은 이자율의 제도권 금융사업자로부터 돈을 빌리지 못하고, 법정금리 상한치의 이자율로 빌려주는 대부업자에게 향할 수밖에 없는 상황에 놓인다. 위에서 말한 벤담의 주장은 바로 이러한 상황을 염두에 둔 것으로 보인다.

다시 말하지만, 자유로운 경쟁의 옹호에서 진정한 초점은 자유로운 경쟁 자체보다는 모든 사람의 행복을 증대시킬 사회적·경제적 진보에 있다. 그렇기에 벤담은 오히려 어떤 절박한 상황에서는 정부의 간섭이나 규제가 소비재의 흐름을 통제하는 대안적 수단이 될 수도 있음도 인정한다.[27] 이러한 맥락에서 그는 토지 소유주를 사회의 비생산적 구성원이라고 공격한다.[28] 왜냐면 이러한 사람은 그가 얻는 소득에 비하여 모든 사람의 실질적 부의 증대에는 아무런 기여도 하지 않기 때문이다. 토지를 비롯한 재산을 점유하고만 있고 물질적 부의 산출에 아무 기여도 하지 않는, 그리고 이러한 불로소득을 소모하지조차 않는 사람은 오히려 국부를 감소시킨다. 그래서 그는 이러한 소득에 대해 세금을 부과하여 정부의 활동비용을 조달할 가능성을 상정한다.

벤담에게는 노동자만이 실질적으로 국부를 늘리는 사회 구성원이다. 그래서 노동의 생산적 측면에 대한 보상, 즉 노동자의 임금에 관심을 기울인다. 그런데 그는 통화가 정규직 노동자보다는 실직 노동자에게 주어졌을 때 더 유용하게 사용될 것이라고 주장한다. "만약 통화의 유입이 정규직의 손에만 들어간다면 (…) 그것은 (…) 전체 국부에 아주 적은 증가도 산출할 수 없을 것이다. 그것은 비례적으로 노동의 가격을 상승시킬 뿐이다 (…) 상품 생산을 위하여 고용된 노동의 가격으로 결정되는 상품가격을 상승시킬 뿐이다."[29] 요컨대 국부를 사회의 더 많은 생산적 구성원의 생계유지를 위하여 분배하는 편이 전체 국부에 더 이로운 결과를 가져올 것이다. 그리고 벤담은 이렇게 더 많은 생산적 구성원의 생계를 보장하면서 노동 임금을 높이는 편이 "국가의 안전보장과 더 부합한다"고 말한다.[30]

4. 사회질서 안정과 기대 보장

생계 수단의 보장은 하나의 적극적 권리 내지는 구체적 혜택에 대한 권리를 어떤 사회의 분배구조 안에 집어넣는 것이다. 물론 어떤 경우에도 여기서 말하는 '적극적 권리'라는 것이 자연적 혹은 절대적 권리를 의미하지는 않는다. 어쨌든 한 사회에서 모든 구성원의 생계 수단을 보장한다는 것은 그 사회의 기초적 분배구조에 중대한 영향을 미칠 것이다. 그렇기에 이러한 생계 수단의 보장을 원칙으로 수립한다는 것은 그 사회 구성원이 모종의 합의를 이루어야 할 중대한 사안일 것이다. 벤담에게 이러한 권리는 각 사회 구성원이 자신의 사회에 대해 기대하는 바를 보장하는 것과 이어지고, 다시 이러한 기대의 보장은 안정적 사회질서의 본질적 여건을 형성한다. 공리주의적 국가의 입법과 정책은 다음과 같은 목적을 지닌다.

보편적 안전보장을 극대화하는 것—공동체의 모든 구성원의 적절한 생계 수단의 존재와 충분성을 보장하는 것, 모든 형태의 풍요의 양을 극대화하는 것, 풍요의 분배에서 평등에 최대한 근접하고 여러 형태의 재산을 보장하는 것 (…) 입법자의 목적은 공동체의 모든 구성원이 생계와 부를 되도록 안정적으로 소유하고 누릴 수 있도록, 그리고 보장해야 할 상위의 이익과 양립될 수 있는 한에서 생계와 부가 평등하게 분배되도록 문제를 정리하는 것이다.[31]

언뜻 보기에 국가의 입법과 정책의 초점 혹은 목표는 안전보장에 있다. 그런데 안전보장의 영향력은 다른 모든 하위 목적의 성취에 두루 미친다. 그것은 생계와 풍요를 거쳐서 평등에까지 확장된다. 앞서 언급한 것처럼, 사회 전체의 행복을 구성하는 네 하위 목적 가운데 생계와 안전보장이 하나로 엮이고 풍요와 평등이 따로 엮인다. 여기서 전자의 목적이 더 근본적이고 더 높은 가치를 부여받는다. "안전보장 없이는 평등은 하루도 버티지 못할 것이다. 생계 없이는 풍요는 존재할 수도 없다."[32] 요컨대 안전보장과 생계는 입법자가 자신의 옳음의 원칙으로 삼는 공리의 주된 원천이다.

각 개인이 자신의 행복을 실현할 수 있는 필요조건은 그 행복을 능동적으로 추구할 수 있는 생계 수단과 물질적 여건, 그리고 이것들에 대한 기대를 보장하는 것이다. 최대 다수의 최대 행복 혹은 최대의 사회적 복리는 행복 실현의 이러한 조건과 보장을 최대한 넓고 평등하게 분배함으로써 성취된다. 벤담은 특히 개인에게 자기 노동의 산물을 보장하는 수단으로서 안전보장의 역할을 강조한다. 그리고 안전보장의 이러한 역할을 뒷받침하는 것은 물론 법이다. "법은 어떤 사람에게 '일하라, 그러면 내가 너에게 보상을 줄 것이다'라고 말하지는 않는다. 그러나 그것은 그에게

'일하라 (…) 그러면 내가 너에게 너의 노동의 결실 (…) 그것의 자연적이고 충분한 보상을 너에게 보장할 것이다'라고 말한다. 만약 산업이 세워지면, 그것을 보존하는 것은 법이다."[33] 이러한 보장이 없이는 생산적 노동에 참여하려는 동기는 무너질 것이고, 사람들이 생계를 마련할 방편이 불확실한 상태에서는 사회질서의 안정성이 무너질 것이다.

바로 위의 구절에서 벤담이 뜻하는 바는 국가가 법으로 직접 생계비를 책임진다는 것이 아니라, 노동의 결실의 정당한 몫을 보장한다는 것이다. 다시 말해서, 각 사회 구성원에게 일정액의 생계비를 국고에서 지급하는 것을 법으로 규정할 수는 없지만, 생산적 노동에 참여하는 사람에게 각자의 노동의 대가를 확실히 보장하는 것은 법으로 규정할 수 있다는 주장이다. 예컨대 국가는 임금체불이나 부당해고, 혹은 노동강도보다 터무니없이 낮은 임금을 법으로 규제할 수는 있다. 이것은 우리나라의 고용노동부에서 담당하는 역할과 비슷하다. 생계 수단을 보장한다고는 하지만, 벤담의 주장은 최근 활발히 논의되는 기본소득basic income과 같은 것을 법으로 보장한다는 것은 결코 아니다. 그러나 이 정도도 당시로는 상당히 진보적 발상이었다고 평가할 수 있다.

어떤 관점에서 보더라도, 거대한 규모의 빈곤과 경제적 권리의 박탈은 사회질서의 근간을 위태롭게 만든다. 공리주의적 정치제도의 원리는 각 개인이 자신의 행복 혹은 이익을 추구하는데 필요한 최소한의 여건을 제공하여 사회적 복리의 최대치를 끌어내는 것이다. 그러나 이러한 목적 혹은 결과의 추구에서 절대적 평등은 불가능하다. "불평등은 인류의 자연적 조건이다 (…) 인간이 인간인 한에서, 인간이 태어나고 항상 태어났고 항상 태어날 곳은 현실의 국가다 (…) 절대적 평등은 절대적으로 불가능하다."[34] 이러한 평등의 수립은 망상, 그것도 해로운 망상에 지나지 않는다.

우리가 현실적으로 추구할 수 있는 것은 불평등을 줄이는 일뿐이다. 물론 인간의 원초적 존재 여건을 불평등하다고 규정하고 이러한 불평등을 최소화하려는 목적 혹은 원칙으로서의 평등은 정의론의 본질적 구성요소로서의 평등이 아니라 단지 한계효용체감 원리에 따른 부의 평등화일 뿐이다. 그리고 이러한 평등화는 결국 최대 행복의 실현을 위한 부차적 혹은 보완적 역할을 담당할 뿐이다. 엄밀히 말해서, 한계효용체감 원리의 적용도 다른 공리주의적 고려사항에 의해 제한된다. 이러한 측면에서, 말하자면 평등은 결국 공리 극대화를 위한 수단적 목적에 지나지 않는다는 점에서, 벤담의 공리주의는 심히 "반평등주의적 함축"을 지닌다고 비판할 수 있다.[35]

그러나 이러한 비판은 벤담이 생계 수단의 보장을 강조한 것의 의미를 다소 지나치게 저평가한 결과로 보일 수도 있다. 만약 생계가 사회적 행복의 극대화에 필요조건이라면, 분명 사회적 행복은 생계 수단에 대한 평등한 자격을 함축한다. 생계 수단에 대한 평등한 자격은 평등에 대한 벤담의 논의가 한계효용체감 원리에 의해 지시된 평등화 계획에 국한되지 않는다는 점을 보여준다. 생계 수단의 적극적 제공은 이러한 평등화 계획의 결과가 아니라 사회적 행복의 일부로서의 평등에 대한 실질적 관여라고 말할 수 있다. 예컨대 켈리P. J. Kelly의 해석에 따르면, "생계 수단에 대한 평등한 접근성을 제공할 필요성은 공리의 원칙이 분배적 정의의 원칙을 함축한다"는 것을 보여준다.[36]

앞서 언급한 것처럼, 벤담은 모든 재화 혹은 소득의 완전한 수평화를 지지하지 않는다. 부와 권력의 불평등에는 분명한 공리주의적 정당화가 있다. 그것은 서양 근대와 그 이전 시대의 권위주의적 혹은 세습적 정당화와는 완전히 다른 차원에 있다. 그는 개인의 노력에 따른 부와 소득의 불평등을 일관적으로 인정하면서, 이러한 불평등이 경제활동에의 능동적 참여를 유지하는 데 필요하다고 주장한다. 그러나 토지 소유주에 대한 공격에서 밝혀진 것처럼, 불로소득이나 지속적 노동을 자극하는 데 유용하지 않는 소득은 평등화되어야 한다. 이러한 맥락에서 그는 개인의 능동적 노동과 창의성을 견인할 수 있는 부의 재분배를 찬성한다.[37] 그런데 그가 지지한 재분배 정책은 어디까지나 사회질서의 안정성을 확보해야 한다는 목적에 의해 제약된다. 그래서 그는 한계효용체감 원리를 무제약적으로 적용하는 재분배 정책에는 찬성하지 않는다. 왜냐면 이러한 정책은 사회적 행복의 다른 세 하위 목적과 조화를 이룰 수 없고, 결국 안정적 사회질서의 존재와 그것의 혜택을 감소시킬 것이기 때문이다. 앞서 말한 것처럼, 사회질서의 안정성을 위협할 때에는 평등은 안전보장을 위하여 포기되어야 한다.

사회질서의 안정성을 유지하고 그 질서 안에서 구성원이 품을 수 있는 기대를 보장하는 것은 사회적 행복의 극대화에 가장 중요한 조건이다. 사회질서와 기대의 안정성을 보장하는 것은 각 개인이 자신의 행복 개념 혹은 이해관심을 형성하고 실현할 수 있는 확실성의 영역을 제공하는 것이다. 이렇게 개인의 이해관심의 형성과 실현의 조건 중에서 다시 가장 중요한 것은 기대의 안정적 보장의 영역 안에서 주어지는 개인의 자유 혹은 불가침의 영역이다. 입법자의 임무는 바로 이러한 자유 혹은 불가침의 영역을 구현하는 권리와 원칙을 법의 형태로 제도화하는 것이다. 이러한 사회 구조가 취하는 형태는 벤담이 '안전보장제공 원칙'security-providing principle이라고 일컫은 분배적 정의의 형식적 원칙에 의해 결정된다. 이 원칙이—누가 그것을 어떻게 평가하든—정의의 원칙인 이유는 그것이 개인의 불가침 영역에 실체를 부여하는 권리와 자격의 정형을 결정하기 때문이다.

각 개인이 자신의 이해관심을 추구하려면, 입법자는 개인의 자유 혹은 불가침 영역을 고르게 분배하고 유지해야 한다. 자유의 가치는 그것이 개인의 이해관심 혹은 행복의 추구에 본질적이라는 점에 있다. 이러한 맥락에서 그것의 가치는 공리의 원칙의 규범적 틀 안에 위치하고, 공리의 원칙은 개인이 누릴 자유의 형태를 결정하는 기준이 된다. 입법자는 바로 이러한 기준, 즉 공리의 원칙에 따라서 개인이 누릴 자유를 실현할 권리와 자격에 대한 기대의 보장을 법의 형태로 제도화한다. 이러한 맥락에서, 벤담은 '자유'를 '기대 보장'이라는 문구로 대체한다.

다시 말하지만, 입법자의 궁극적 임무는 언제나 전체 사회의 행복을 극대화하는 것이다. 그러나 그가 실질적으로 수행하는 작업은 행복의 실현 조건을 극대화하는 것이 아니라, 기대의 보장을 통해서 그 조건을 분배하는 것이다.[38] 물론 그가 모든 사회 구성원의 모든—사소하거나 고유한—기대에 관심을 기울일 수는 없다. 그는 특정한 중심적 기대, 말하자면 개인의 정당한 기대를 파악해야 한다. 이러한 기대를 파악하면서, 그는 어떤 특정한 좋음 개념의 실현을 추구하는 것이 아니라 개인들이 자유롭게 자신의 목적을 추구할 수 있는 여건에 대한 기대를 분배하는 것이다.

정당한 기대의 집합은 네 가지의 기본적 해악의 부재, 즉 (1) 신체, (2) 재산, (3) 유익한 삶의 환경, (4) 명성에 대한 해악이 없음을 포함한다. 벤담은 이것들 가운데 재산을 정당한 기대의 모든 원천을 포괄하는 개념으로 사용한다. "그것들의 본성에서는 아무리 이질적이더라도, 네 가지 대상은 (…) 때로는 '소유물'possessions이라는 공통적 용어에 포함된다."[39] 이렇게 개인의 정당한 기대의 집합을 재산이라는 항목으로 환원하면서, 그는 기존의 확립된 분배방식에 기초한 사유재산제를 강력히 옹호한다.

안전보장이라는 원대한 원칙을 참조하면서, 현존하는 대부분 재산과 관련하여 입법자는 무엇을 명령해야 하는가? 그는 현실의 수립된 분배방식을 유지해야 한다. 이것이 정의의 이름으로 마땅히 그의 첫 번째 의무로 간주되어야 한다. 그것은 모든 국가에 적용될 수 있는 일반적이고 단순한 규칙이다 (…) 안전보장이라는 최상위의 원칙은 이 모든 분배방식의 보존을 명령한다.[40]

여기서 벤담은 언뜻 보기에 입법자가 분배적 정의의 실현을 위한 개혁보다는 사회적·경제적 현상 유지에 힘써야 한다고 주장하는 것처럼 보인다.[41] 그러나 앞으로 살펴볼 상속제 개혁의 제안에서 나타나듯이, 그는 사유재산을 존중하는 체제 안에서 공리주의적 정의론에 기초한 재분배 정책의 가능성을 수용한다. 따라서 이 문단은 일단 그가 기대의 원천으로서 사유재산에 상당한 중요성을 부여했다는 의미로만 받아들여져야 한다.

사유재산은 개인의 자유 혹은 불가침 영역의 구성요소로서 사회질서의 안정성 유지에 결정적 조건이다. 사유재산에 대한 권리는 어떤 재산의 소유자나 사회의 여타 구성원에게나 정당한 기대를 창출한다. 이 권리는 미래의 생산적 노동을 보장하기 위한 필요조건이고, 이것이 궁극적으로 전체 사회의 최대 행복을 가져온다.[42] 이러한 도구적 정당성을 넘어서, 사유재산은 개인의 지속적 존재의 조건이기도 하다. 개인이 자기 자신에 대한 지속적 개념을 형성할 수 있는 것은 자신이 속한 사회에서 자신이 누릴 수 있는 것에 대한 기대의 형성을 통해서인데, 사유재산은 바로 이러한 기대의 근본적 원천이다. 다시 말해서, 사유재산의 가치 혹은 정당성은 그것이 기대 형성의 주요 조건이자 그 기대를 전제로 삼는 개인의 행복 실현의 조건이라는 점에 있다.

이렇게 사유재산의 보장을 사회질서 안정성의 토대로서 전제하더라도, 벤담의 정치이론 및 경제이론에서처럼, 이것이 어떤 특정한 유형의 분배방식을 주장하거나 정당화하는 것은 아니다. 어떤 유형이든 특정한 분배방식이 정당화되는 근거는 그것이 작용하는 특수한 상황에서 그것이 가져오는 전체적 결과에 있다. 그의 분배이론에서 중요한 문제는 사람들이 어떻게 개인의 불가침 영역을 결정하는 권리를 획득하는가가 아니라, 전체 사회의 최대 행복을 성취할 수 있도록 어떻게 그 권리가 분배되어야 하는가이다. 평등의 가치는 궁극적 목적인 전체 사회의 행복의 극대화에 종속된다. 따라서 개인의 불가침 영역을 평등하게 실현하는 권리의 정형은 전체 사회의 행복을 극대화하는 정형이다.

신체와 삶의 조건과 명성을 보호받을 권리는 모든 개인이 자신의 이익을 실현하고 보호하기 위하여 똑같이 필요로 하는 것이고, 따라서 이 권리는 거의 절대적으로 평등하게 보호받아야 한다. 그리고 사유재산의 보호는 모든 사람에게 똑같이 중요하다. 그러나 더 중요한 것은, 전체 사회의 최대 행복을 확보해야 한다는 궁극적 목적에 비추어, 그리고 어느 특정한 이익이 가장 가치 있는지를 결정할 수 없다는 사실에 비추어, 입법자는 각 개인이 자신의 좋음 혹은 행복 개념을 추구할 수 있는 여건을 제공해야 한다는 점이다. 입법자는 각 개인이 자신의 이익을 확보할 평등한 자유를 제공할 때에 전체 사회의 행복의 최대치에 근접할 수 있다. 이러한 의미에서 입법자가 제정하는 법은 자유를 제한하는 것이 아니라, 오히려 개인이 자신의 이해관심을 형성하고 추구할 여건을 제공함으로써 자유를 창출한다. 벤담은 이러한 의미의 자유를 안전보장이라고 부른다. 이러한 자유, 즉 안전보장을 평등하게 분배함으로써, 공리주의적 입법자는 기존의 자유를 재분배할 뿐만 아니라 사회적 상호작용의 여건을 창출한다.

5. 실망방지와 재분배

구성원이 누리는 행복의 총합으로 이루어지는 전체 사회의 행복을 극대화해야 하는 입법자는 그 사회의 현실적 상황에 맞게 네 가지 하위 목적, 즉 생계, 풍요, 안전보장, 평등이 조화를 이루는 법률제도를 마련하여 각 구성원이 자신의 행복을 실현할 수 있는 여건을 제공해야 한다. 이러한 공리주의적 입법자의 역할 및 공리주의적 사회질서의 구도에 대해, 많은 비판자는 전체 사회의 행복의 극대화라는 목적 자체로부터 어떤 일관성 있는 분배적 원칙이 도출될 수 있는가, 그리고 공리의 원칙이 평등이나 자유와 같은 이념의 가치를 충실하게 담아낼 수 있는가 하는 의문을 제기한다.

첫 번째 물음, 즉 최대 행복이라는 목적 자체로부터 어떤 일관성 있는 분배적 원칙이 도출될 수 있는가 하는 물음과 관련하여, 공리주의자는 전체 사회의 행복을 극대화하는 것은 필시 모종의 분배적 결과 혹은 양상을 가져올 것이라고 말할 수도 있다. 요컨대 행복을 극대화하는 과정은 어떤 형태로든 그 행복을 분배하는 과정이다. 그런데 이것은 공리의 원칙이 곧 바로 분배적 **원칙**임을 뜻하지는 않는다. 왜냐면 — 원칙이란 어떤 일관성 있는 규칙을 뜻한다면 — 우리는 그 분배적 결과 혹은 양상에서 어떤 일관성도 기대할 수 없을 듯하기 때문이다. 그런데 사회계약론자가 상상한 원시적 자연상태가 아니라 법과 제도를 갖춘 현실 사회에서 벤담이 주창하는 공리의 원칙의 적용은 '각 개인의 행복은 다른 개인의 행복과 동등하게 중요하다'는 평등주의 혹은 불편부당성의 공리公理에 의해 제약된다. 이러한 제약의 귀결로, 공리의 원칙은 생계의 **보편적** 보장 혹은 접근과 기본적 해악으로부터의 **보편적** 보호라는 분배적 원칙을 함축하게 된다.

두 번째 물음, 즉 공리의 원칙이 평등과 자유 같은 이념의 가치를 충실하게 담아낼 수 있는가 하는 물음과 관련하여, 공리주의자는 현실 사회에서 공리의 원칙이 '각 개인이 자신의 이익에 대한 최선의 판단자다'라는 공리에 의해 제약된다는 점을 피력할 수 있다. 공리주의적 입법자는 개인에게 특정한 이해관심의 형성과 실현을 강요할 수 없고, 단지 각자가 고유한 이해관심을 형성하고 실현할 수 있는 여건을 제공할 뿐이다. 요컨대 그는 개인의 이해관심에 대해 중립적 견해를 취해야 한다. 이러한 중립성의 귀결로서, 공리의 원칙은 개인의 자유 혹은 불가침 영역의 평등한 보장, 말하자면 평등한 자유equal liberty의 원칙을 함축하게 된다. 그리하여 공리주의는 각 개인이 자신의 이해관심에 따라서 자유롭게 인생 목표를 설정하고 그 목표를 성취할 계획에 따라서 살아갈 권리를 존중한다. 이러한 권리는 최대한 고르고 넓게 분배되어야 한다. 그렇게 하는 것이 최대 행복이라는 목적의 달성에 더 유리한 방편이기 때문이다.

벤담이 평등과 자유를 최대 행복에 대해 종속적 혹은 도구적 가치로만 인정한다고 비판하는 사람들은 그가 안전보장을 평등보다 우위에 둔 점, 그리고 공리의 원칙을 자유의 형태를 결정하는 기준으로 삼는 점에 주목할 것이다. 그러나 그에게 진정한 평등은 절대적 혹은 허구적 평등이 아니라 현실 사회에서 각 개인이 합리적으로 바랄 수 있는 권리 및 혜택과 관련된 실행 가능한 평등이다. 그리고 진정한 자유는 무제약적이거나—프랑스혁명을 주도한 세력과 관련하여 그가 비판했던 무정부주의에서처럼—자멸적인 자유가 아니라 안정적 사회질서가 유지되는 한에서 법과 제도에 의해 허용된 혹은 보장된 자유다. 안전보장은 이러한 의미의 평등과 자유의 토대를 제공한다. 보편적 안전보장, 말하자면 생계의 보장과 기본적 해악으로부터의 보호, 그리고 자유 혹은 불가침 영역의 평등한 보장은 공리주의적 사회질서의 안정성을 뒷받침하고, 각 개인이 자기 사회에서 현실적으로 추구할 수 있는 행복에 대한 기대를 형성한다.

이러한 안전보장은 공리주의적 사회질서의 **형식적** 요건을 제공한다. 안전보장제공 원칙은 예컨대 우리의 헌법에 나열된 여러 형식적 기본권의 보장과 밀접한 유사성을 가진다. 이러한 형식적 요건의 만족을 통하여, 개인은 자신의 생계와 그 수단에 대한 평등한 접근성을 보장받고, 자신의 신체·재산·명성에 대한 위해로부터 적어도 다른 개인만큼 보호받고, 자신의 특수한 이해관심에 따라서 행복 혹은 이익을 추구할 최소한도의 자유를 허락받는다. 그런데 벤담은 이러한 형식적 요건의 만족을 넘어서 분배적 정의의 여건을 제공하기 위하여 입법자가 **실질적**으로 수행해야 할 바를 지시하는 원칙으로서 '실망방지 원칙'disappointment-preventing principle을 제시한다.

벤담 전문가들 사이에서 '안전보장제공 원칙'과 '실망방지 원칙' 사이의 관계는 상당한 논란의 대상이다. 예컨대 켈리의 해석에 따르면, 전자가 형식적 요건을 제시하는 원칙이라면, 후자는 실질적 요건을 제시하는 원칙이다.[43] 이러한 해석에 따르면, 서로 다른 원칙이지만 어쨌든 후자는 전자에 의존한다. 전자는 후자가 적용되어야 할 목적과 그 방식을 설정하기 때문이다. 다른 한편으로 로젠의 해석에 따르면, 실망방지 원칙은 단지 특정한 문제와 연관된 안전보장제공 원칙의 변형일 뿐이다. "재산 문제의 모든 변형과 관련하여 안전보장에 적용되는 안전보장제공 원칙의 변형이 실망방지 원칙이다."[44] 이 두 가지 원칙이 서로 다른 수준의 구별될 수 있는 원칙이든, 후자가 단지 전자의 변형이든, 후자가 분명 벤담의 후기 이론에서 두드러진 부분을 반영하고 있다는 점에 대해서는 대체로 견해가 일치한다.

'안전보장제공 원칙'이 공리주의적 입법자가 지향해야 할 대략적 방향성을 설정한다면, '실망방지 원칙'은 사유재산의 보장에서 나오는 기대를 침해하지 않은 한에서 재산의 평등화를 겨냥하는 실천적 방안을 제시한다. 벤담은 공동체의 행복 추구에 매우 긴요하여 입법자가 재산권에 간섭할 수 있는 공공선이 존재한다고 주장한다. 이러한 공공선은 외부의 적과 내부 무질서에 대한 방어, 물리적 재난으로부터의 보호, 사법제도와 경찰제도의 제공 등이다. 입법자는 공리 증대라는 명목으로는 재산을 재분배할 수는 없지만, 더 큰 안전보장에 이바지하는 수단으로서 재산권에 간섭할 수도 있다. 그러나 입법자가 안전보장 유지와 무관하게 공리 증대라는 명목으로 재산권을 침해한다면, 그의 행동은 기대의 안정성에 심각한 해를 끼칠 수 있다. 안전보장 유지가 아닌 명목으로 재산의 보장을 침해하는 행위는 재산권 간섭의 해로운 선례를 남길 것이다.

어떤 경우에도 재산권을 침해하지 않는 한에서, '실망방지 원칙'은 재산의 평등화를 위한 구체적 개혁의 제안으로 이어진다. 벤담이 재산의 평등화를 성취할 수 있는 주된 수단으로 간주한 것은 유언과 상속을 관장하는 법률이다. "어떤 사람이 죽었을 때, 자연스러운 사태의 진행에 따라서 일어나는 분배로 (…) 평등이 (…) 증진된다."[45] 요컨대 최근 사망한 사람으로부터 새로운 세대에게 재산을 재분배하는 것이 여러 사람이 자신의 목적 달성에 필요한 물질적 수단에 접근할 수 있는 방편이 된다. 그러나 벤담은 당시의 상속제가 재산 소유의 평등화에 도움이 되지 않는다고 판단했다. 그래서 거대한 보유재산을 해체하여 그것을 공동체에 더 고르게 재분배하기 위한 개혁안을 제시한다.

상속제와 관련하여 벤담이 제안한 가장 중요한 개혁은 우선 남성과 여성의 법적 평등, 그리고 여성이 남성 상속자와 동등한 조건으로 재산을 물려받을 권리를 보장하는 것이다.

제1조. 상속 문제에서 양성兩性은 동일한 입장에 놓인다. 같은 가족의 자녀 가운데서 비록 남성만 언급되지만, 여성도 고려되어야 한다. 원칙, 평등.

관찰. 만약 차별이 있다면, 그 차별은 더 약한 성에게 호의적이어야 한다. 더 많은 필요를 가지면서도 더 약한 성[즉, 여성]은 더 적은 방법과 수단을 가진다. 재산을 획득할 소질뿐만 아니라 자신이 가진 것을 최대한 활용한 소질도 더 적다 (…) 사실상 온갖 좋은 것을 가지고 달아나는 쪽은 더 강한 성[즉, 남성]이다.[46]

그는 상속 관련법에서 성평등이 전체 공동체에 재산을 실질적으로 재분배하는 결과를 가져오리라 생각했다. 여성주의자라고까지 말하기는 어렵지만, 그는 당시 여성 억압의 중요한 원천인 경제적 의존성의 완화를 주장하고 있다. 그리고 재산의 평등화는 상속법의 주된 목적 중 하나가 되어야 한다고 역설한다. "상속과 관련된 법을 만들면서 세 가지 목적을 염두에 두어야 한다. 첫째, 자라나는 세대를 부양할 필요성 (…) 2. 실망의 방지. 3. 재산의 평등화."[47]

모든 사람은 죽을 운명이고, 그들의 재산은 남는다. 장자상속제 대신 모든 부양가족에게 유산의 평등한 몫을 나누어줌으로써, 즉 한 사람의 재산을 여러 사람에게 고르게 나눔으로써, 사회 전체의 재산이 고르게 분배되는 결과가 발생한다. 더 나아가 벤담은 직계가족이 없는 사람의 경우에는 국가가 그 재산을 점유해야 한다고까지 주장한다. 이렇게 상속 관련 규칙의 개선을 통하여, 기존의 기대를 좌절시키지 않고 재분배를 진행할 수 있다. 물론 유언을 통해서 자신의 재산이 누구에게 돌아갈 것인가를 결정할 수 있는 권리는 사유재산에 대한 권리의 일부이자 개인의 불가침 영역이라고 반론할 수도 있다. 그러나 벤담은 죽은 사람에게는 보장해야 할 기대가 없으므로 상속법 개혁에 따른 재분배가 그의 기대를 좌절시키는 것은 아니라고 생각한 것으로 보인다.

벤담은 소득의 직접적 평등화가 반드시 전체 사회의 행복의 극대화를 가져오지는 않을 것으로 생각한다. 공리주의자가 가장 선호할 만한 사회제도는 최대의 경제적 진보를 가져올 사회제도이지 평등화 자체를 지향하는 사회제도는 아니다. 그의 기본적 입장은 분배와 생산 혹은 경제적 성장이 보조를 맞추어야 한다는 것이다. 요컨대 그가 지지하는 평등화 정책은 경제적 진보에 가장 적합한 형태이고, 사유재산의 보장은 경제적 진보의 본질적 구성요소다.[48] 따라서 그는 어떤 경우에도 기존에 확립된 재산 분배방식에 대한 직접적이고 지속적인 간섭에는 반대한다. 왜냐면 이러한 간섭은 재산권에 대한 기대의 좌절을 가져오고, 사회질서의 안정성을 해칠 가능성이 더 크기 때문이다. 그렇기에 그는 이미 재산을 소유한 사람들의 기대를 지나치게 희생시키지 않는 방식으로 사회의 부를 재분배하는 방법을 찾으려 했고, 그 방법들 가운데 하나가 죽은 사람의 재산 분배와 관련된 제도를 개혁하는 것이다.

그렇지만 이러한 개혁안에 대해 제기된 반론은 결코 가볍게 무시될 수 없다. 사람이 살아서 표현한 의지는 그가 죽어서도 존중되어야 한다. 예컨대 죽었다고 해서 우리가 본인의 의사에 반하여 어떤 사람의 장기를 마음대로 이용해도 되겠는가. 양성이 평등하게 상속받을 권리를 가져야 한다는 주장에는 필시 많은 사람이 호응할 것이다. 그러나 그 목적이 아무리 사회적 부의 평등화를 위해서라고 해도, 죽은 사람의 생시의 의사에 반하여 그의 재산을 처분하는 것은 기대의 안정성을 크게 해칠 우려가 있다. 상상컨대 이러한 일이 허락된다면, 사람들은 생전에 자신이 아끼는 후손에게 미리 재산을 증여하거나 은닉하려고 시도할 개연성이 높아진다. 우리 사회에서 이러한 일은 실제로 벌어지고 있다. 어쩌면 이러한 상황에서 사람들은 과도한 재산을 모으려고 노력하지 않을 개연성도 높아져 재산의 평등화에 이로운 결과를 낳을지도 모른다. 그렇지만 이러한 상황이 가져올 결과에 대한 공리주의적 계산은 불확실하다.

6. 소결

어떤 이론이 분배와 관련하여 평등주의적인가 하고 묻는다면, 우리는 단순히 그 이론이 부를 얼마만큼 분산시키는 결과를 가져올 수 있는가 하는 문제만을 염두에 두는 것은 아니다. 오히려 우리는 평등이라는 가치 혹은 이념이 그 이론에서 얼마나 중심적인가 하고 묻는 것일 수도 있다. 분배 문제와 관련된 공리주의에 대한 비판은 아마도 후자의 물음과 관련되어 있을 것이다.

　엄밀히 말해서 지금까지의 논의에서 나는 벤담이 제시한 안전보장제공 원칙과 실망방지 원칙이 사회적 재화를 평등하게 분배하는 효과를 위주로 살펴보았다. 그러나 아무리 호의적으로 보더라도, 평등이라는 가치 혹은 이념이 그의 분배이론에서 얼마만큼 중심적인가 하는 물음에 대해서는 긍정적으로 답하기 어렵다. 평등은 어쨌든 사회적 행복의 달성을 위한 하위의 종속적 목적이다. '종속적' 목적이란 그 자체로는 목적이 될 수 없는 목적이다. 그것이 하나의 목적이 되는 것은 오로지 그것이 최대 행복이라는 궁극적 목적의 실현에 이바지하는 경우만이다. 그래서 단순히 평등화의 효과만을 보고 그의 분배이론을 평등주의적이라고 간주하는 것은 '평등주의적'egalitarian이라는 표현의 진정한 의미를 오도하는 것일 수 있다.

혹자는 어쩌면 벤담의 공리의 원칙이 함축하는 안전보장제공 원칙과 실망방지 원칙에서 현실적으로 산출될 수 있는 평등화의 효과가 매우 안정적일 뿐만 아니라, 그가 살았던 시대적 배경에 비추어 상당히 진보적이었음을 인정해주어야 한다고 주장할 수 있다. 실로 생계의 안정적 보장과 기본적 해악으로부터의 보호를 충실히 실현하는 작업은 사회적 재화의 매우 강력한 평등화를 실현할 수도 있다. 그리고 초기 자본주의 단계에서 노동자 계급이 겪어야 했던 고통을 되돌아보면, 이러한 작업은 당시로는 상당히 급진적 혹은 과격한 체제변화를 요구했을 수도 있다.

그러나 본질에서 공리주의는 인간이 추구하는 모든 가치나 이념을 행복의 추구로 환원한다. 이러한 본질에서 공리주의자의 관심은 정의나 평등 그 자체의 가치가 아니라 그것이 각자의 행복을 추구하는 사람들의 상호작용에 미치는 영향력이다. 그래서 어쩌면 공리주의자들은 자신들이 정의나 평등 그 자체의 가치에 대해서는 무관심하다는 비판을 기꺼이 받아들이려 할지도 모른다. 다시 말해서 공리주의자는 최대 행복과 분배적 정의의 딜레마를 본질적 가치에 대한 직관이나 신념의 차이로 치부할 뿐, 오늘날 분배적 정의에 대한 요구에 만족할 만한 대답을 제시하지 못할 것이다.

이 문제에 관한 논의는 이 정도로, 그리고 공리주의가 지난 세기 후반부터 줄곧 들어왔던 엄중한 지적으로 충분한 듯하다. 앞서 언급한 것처럼, 공리주의는 평등화 자체를 지향하지는 않는다. 그러나 그 자체로 목적이냐 수단이냐 하는 물음을 잠시 접어두고, 앞서 언급한 것처럼, 벤담이 역설한 생계와 그 수단의 안전보장은 사회적 재화의 강력한 평등화의 효과 내지는 분배구조의 전혀 사소하지 않은 변화를 가져올 수도 있다. 이러한 효과 내지는 변화에서 공리주의자가 관심을 기울일 만한 현실적 문제는 '생계', 예컨대 국가가 보장해야 할 최저생계비를 규정하는 것이다.

더불어 이러한 생계 비용의 기초가 되는 임금수준, 예컨대 최근 우리 사회에서 쟁점화된 최저임금을 규정하는 것이다.

아쉽게도 벤담은 '생계'에 대한 구체적 정의나 규정을 제공하지 않는다. 그러나 이것이 결코 그의 논의의 치명적 결함은 아닌 듯하다. 왜냐면 생계를 구성하는 요소와 수준에 대한 관념은 시대의 변화에 따라 달라지기 때문이다. 또 한 개인이 합리적으로 기대할 수 있는 생계의 수준은 그가 속한 사회의 경제적 수준이나 구성원의 평균적 생활 수준에 따라서도 달라지기 때문이다. 구체적 정의나 규정을 발견할 수 없는 가운데 그의 '생계' 개념에 대해 많은 것을 이야기하기는 어렵지만, 적어도 그것은 다소 속된 표현으로 그저 살아 숨만 쉬는 수준은 아니리라는 것이다. 그가 역설하는 '생계'는 한 개인이 자신의 행복을 자신의 노력과 운으로 최대치로 끌어올릴 수 있는 바탕이 되어야 한다.

벤담은 노동자의 노동 의욕과 근면성을 끌어낼 유인으로서 노동 임금의 보장과 상향을 주장하지만, 역시 아쉽게도 노동 임금의 수준에 대한 구체적 논의는 제공하지 않는다. 그런데 이것도 그의 논의의 치명적 결함은 아니다. 왜냐면 한 노동자가 기대할 수 있는 임금수준은 그가 속한 사회의 경제적 수준과 필시 긴밀하게 연관되어 있기 때문이다. 이렇게 구체적 논의를 발견할 수 없는 가운데 노동 임금의 상향에 대한 그의 주장을 어떻게 평가해야 할지는 막연하지만, 그는 아마도 노동 임금의 적절한 수준을 앞서 언급한 분배와 생산의 공리주의적—말하자면 경제적 진보를 저해하지 않은—균형점에서 찾으려 했을 것이다. 이러한 균형점은 실로 현실에서 우리도 애써 찾으려 하는 바로 그것이다.

제 6 장

법과 도덕

제러미 벤담과 현대

1. 법실증주의의 창시자?

한 사회의 모든 법과 규칙이 도덕과 결부되는 것은 아니다. 예컨대 자동차의 주행 방향을 정한 법령은 도덕과 아무런 연관성이 없다. 그것은 그 자체로는—'공리'와 교환될 수도 있으나 더 넓은 외연을 가진 용어로서—편의expediency와도 사실 아무런 연관성이 없는 것으로 보인다. 물론 사회의 대다수 구성원이 그 법령을 일관성 있게 준수할 경우 그것은 필시 편의를 산출할 수 있다. 그러나 오른쪽이든 왼쪽이든 자동차의 주행 방향 자체가 편의를 도모하는 것은 아니다. 따라서 모든 법과 규칙이 항상 도덕적이어야 한다든가, 항상 편의를 도모해야 한다는 명제는 성립되지 않는다. 그렇지만 사람들은 통념적으로 어떤 사회의 것이든 법과 규칙이 부도덕할 수 있다는 주장을 받아들이지는 않을 것이다. 다시 말해서 사람들의 통념은 어떤 부도덕한 행위가 합법적legitimate이라는 이유로 정당화될 수 없다는, 요컨대 '합법성'은 최소한의 '도덕성'을—아니면 적어도 '부도덕하지 않음'을—전제해야 한다는 것이다.

그런데 어느 정도로든 법과 도덕의 내밀한 연관성을 상정하는 이러한 통념에 비하여, 이른바 '법실증주의'legal positivism 혹은 '실정법주의'의 중심 명제는 흔히 '법과 도덕 사이에는 아무런 필연적 연관이 없다'는 것이다. 벤담은 종종 영국 최초의 법철학자이면서 바로 이 법실증주의의 창시자라고도 일컬어진다. 공리주의가 옳고 그름의 기준을 제시하는 하나의 규범 체계이고 그것의 근본 원칙인 공리의 원칙을 마땅히 하나의 도덕 원칙이라고 간주할 경우, 어떻게 이러한 도덕 원칙에 기초한 광범위한 법률 개혁을 주창했던 사상가가 '법과 도덕 사이에는 아무런 필연적 연관이 없다'는 명제의 창시자일 수 있는가? 더욱이 그는 법의 근본 목적이 해악의 제거에 있다고 명시함으로써, 포괄적 의미의 도덕적 방향성을 법의 존립에 부여하고 있다.

> 모든 법이 공통으로 가지거나 가져야 하는 일반적 목적은 공동체의 전체 행복을 증가시키는 것이다. 그러므로 우선 그런 행복을 감소시키는 경향을 가진 모든 것을 가능한 제거해야 한다. 달리 말해서, 해악을 제거해야 한다.[1]

'최초'니 '창시자'니 하는 수식어를 접어두고 법의 언어와 정의에 대한 세밀한 철학적 분석의 업적만 살펴보아도, 벤담은 그저 공리주의적 계산이 이끄는 대로 이런저런 급진적 법안을 쏟아놓은 인물이 아니라, 당시로는 '법철학자'라고 불릴만한 몇 안 되는 인물 중 하나였다. 그리고 공리주의 전통에 대한 앞선 논의에서와 마찬가지로 '창시자'라는 수식어를 부여하는 것이 많은 논란과 오해를 불러일으킬 수도 있지만, 앞으로 살펴볼 하트H. L. A. Hart의 주장에 따르면, 벤담은 실정법주의 전통의 중심 명제를 당시로는 가장 선명한 형태로 설명한 거의 최초의 인물이었다.

기실 법실증주의의 창시자라는 벤담의 명성은 하트의 『벤담에 관한 논문집』[2]이 출판되기 전까지는 허명에 불과했다고 말할 수 있다. 벤담의 법철학에 대한 독보적 저술을 통하여, 그는 벤담이 법실증주의의 창시자임을 공인한다(EB, 28쪽). 그런데 30여 년이 지난 오늘날에 와서, 그의 해석의 권위는 심각한 도전에 직면하고 있다. 비판의 초점은 다르나 여러 벤담 전문가는 하나의 결론, 요컨대 벤담은—그가 진정 법실증주의자인가 아닌가 하는 더 근원적인 문제를 떠나서—적어도 하트가 규정한 의미의 법실증주의자는 아니었다는 결론을 공유하는 것처럼 보인다.

이러한 결론은 다음과 같은 연쇄적 물음을 불러일으킨다. 우선 하트가 규정한 의미의 법실증주의란 무엇인가? 다음으로 벤담은—하트가 규정한 의미가 아니라면—어떤 의미의 법실증주의자인가? 마지막으로 벤담은 과연 법실증주의자인가? 이 물음들에 대한 논구는 벤담만이 아니라 하트의 법철학 전반에 대한 자못 방대한 고찰로 이어질 수 있다. 그 고찰은 법실증주의의 여러 유력한 유형을 두루 고찰한 다음 벤담의 중심 명제와 가장 부합하는 유형을 발견하려는 시도로, 더 나아가 법실증주의를 규정하는 명제와 관련된 필시 복잡다단한 논의로 확장될 수 있다. 그러나 이 장에서 나의 목적은 위와 같은 물음들에 대한 매우 제한된 범위의 논구를 통하여 벤담 전문가들이 공유하는 결론의 타당성을 검토하는 것이고, 희망컨대 이러한 검토를 통하여 벤담의 법철학에 대한 수긍할 만한 관점을 제시하는 것뿐이다. 따라서 위의 물음들에 대한 논구는 그들의 결론의 타당성을 검토하는 작업과 밀접히 연관된 경우로 국한될 것이다.

첫째, 이 장에서의 논의는 벤담의 중심 명제와 하트가 법실증주의의 핵심으로 규정한 명제 가운데 서로 일치하지 않는 측면을 조명하는 것에 국한될 것이다. 특히 하트가 벤담의 법실증주의의 진정한 핵심이자 가장 중대한 기여로 간주한 '도덕적으로 중립적인 어휘'morally neutral vocabulary의 사용에 관한 명제가 논의의 중심이 될 것이다. 이 논의를 통하여 나는 중립적 표현에 대한 벤담의 요구는 하트가 생각하는 도덕적 중립성과 다르다는 점을, 그리고 벤담의 요구는 그의 '보편적인 설명적 법학'universal expository jurisprudence의 중심이 아니라는 점을 지적할 것이다.

둘째, 이 장에서의 논의는 하트를 비롯한 여러 학자가 벤담을 법실증주의자로 인식하도록 만든 중요한 구분, 즉 설명적expository 법학과 비평적censorial 법학의 구분의 본래적 의미와 철학적 배경에 국한될 것이다. 특히 이 구분과 관련하여 벤담의 공리주의적 법률개혁 기획과 자연주의적 존재론이 지니는 함의에 대한 분석에 초점을 둘 것이다. 이 논의를 통하여 나는 벤담의 설명적 법학과 비평적 법학 구분이 그의 공리주의적 법률개혁을 위한 전략적 방편이라는 점을, 그리고 그의 자연주의적 존재론에 따르면 '있는 법'law as it is과 '있어야 하는 법'law as it ought to be 사이의 구분은 비실체적 수준에서의 구분이라는 점을 밝힐 것이다.

이러한 논의의 목적은 앞서 말한 여러 벤담 전문가들이 도달한 결론, 말하자면 벤담은 적어도 하트가 규정한 의미의 법실증주의자는 아니었다는 주장을 확인하려는 것이다. 법의 도덕성에 대한 통념에 기대어 법실증주의에 대한 여러 신랄한 비판들이 제기되는데, 이러한 비판은 종종 하트가 법실증주의의 창시자로 공언한 벤담에게로 향하기도 한다. 그런데 만약 벤담이 적어도 하트가 규정한 의미의 법실증주의자가 아니었다는 결론이 입증될 수 있다면, 그가 법실증주의의 창시자라는 하트의 주장도 크게 설득력을 잃을 것이다. 그리하여 어쩌면 법실증주의 일반에 대한 비판이 벤담에게로 향하는 것에 대해서도 반론의 여지가 생길 수 있을 것으로 보인다. 이러한 반론의 여지를 통하여, 나는 벤담의 법철학에 대한 공정한 이해의 필요성을 제기하고자 한다.

2. 도덕적 중립성 명제와 보편적인 설명적 법학

하트는 자신의 법이론이 벤담의 보편적인 설명적 법학을 계승하고 발전시킨 것이라고 자평한다. 이러한 자평은 단순히 자기 이론의 철학사적 연원이나 배경을 보강하려는 하찮은 시도는 아니다. 그의 분석에 따르면, 벤담의 보편적인 설명적 법학은 실정법주의 법학의 전통을 수립한 다음과 같은 명제를 포함한다. (1) 법적 개념에 대한 순수한 분석적 연구가 필요하다.[3] (2) 법과 정치에 대한 논의, 혹은 더 정확히 말해서 법체계의 토대에 관한 기술은 "도덕적으로 중립적인 어휘"를 사용해야 한다(EB, 28쪽); (3) 법과 도덕, 혹은 있는 법과 있어야 하는 법을 구별해야 한다.[4] (4) 법은 일종의 명령command이다.[5]

하트의 분석에 따르면, 명제 (1), (3), (4)는 서로 별개의 명제다. 그는 특히 명제 (4), 이른바 "법명령설"imperative theory of law은 "벤담 법학의 중대한 약점"인 동시에, 법실증주의로부터 배제될 수 있는 요소로 간주한다(EB, 18쪽). 역시 하트의 분석에 따르면, 명제 (2)와 (3)은 긴밀히 결합된 명제다. 그것들의 연관성을 지적하면서, 그는 벤담이 "법과 정치에 대한 논의에서 정확하고 도덕적으로 중립적인 어휘를 사용할 것"을 강조한 것은 "특히 법을 다룰 때 있는 것what is에 관한 주장과 있어야 하는 것what ought to be에 관한 주장 사이의 구별에 대한 사람들의 인식을 강화하려는 더 중대한 관심사의 일환"이라고 말한다.[6] 다시 말하자면, 하트의 주장은 명제 (2)에서처럼 법에 대한 논의에서 도덕적으로 중립적인 어휘를 사용해야 한다는 벤담의 생각은 명제 (3)에서처럼—법실증주의를 특징짓는 명제라고 말할 수 있는—법(있는 법)과 도덕(있어야 하는 법)을 구분해야 한다는 생각과 직결되어 있다는 것이다. 여기서 후자의 생각, 이른바 '법과 도덕의 분리' 명제가 벤담에게는 "더 중대한 관심사"였다.

그런데 하트의 주장에 따르면, 명제 (2)는 단순히 명제 (3)에 부차적 명제만은 아니다. 오히려 그것은 벤담 법철학의 진정한 업적이자 보편적인 설명적 법학의 중심이다.

> 벤담의 여러 주장 가운데 (…) 내가 생각하기에 법과 정치에 대한 논의에서 정확하고 되도록 도덕적으로 중립적인 어휘를 사용해야 한다는 주장보다 더 중요한 주장은 아무것도 없다. 비록 이 주장은 단지 언어적 문제로 보일지도 모르나, 그것은 벤담을 그 창시자로 간주할 수 있는 법실증주의의 참된 중심이었으며, 그것의 건전하고 건강한 중심이었다고 말하고 싶다. 그것은 법에 대한 그 자신의 정의를 비롯하여 그의 전체적 이론에 포함된 여러 중요한 주제를 설명한다. 벤담이 법을 정의하기 위하여 사용했던 용어는 아주 단호하게 기술적descriptive이고 규범적으로 중립적normatively neutral이다. (EB, 28쪽)

앞으로 살펴보겠지만, 벤담은 분명 법적 자료를 기술하는 언어는 되도록 중립적이어야 한다고 역설한다. 그러나 하트의 주장은 몇 가지 의문을 제기한다. 첫째, 그가 말하는 도덕적 혹은 규범적 중립성이 벤담이 말하는 중립성과 같은 의미를 지니는가? 둘째, 그가 말하는 도덕적 혹은 규범적 중립성이 진정 벤담의 보편적인 설명적 법학의 근본적 성격을 규정하는가? 셋째, 도덕적으로 중립적인 어휘의 사용이 그의 주장처럼 벤담의 보편적인 설명적 법학의 "건강한 중심"healthy centre인가? 이러한 물음들에 대한 논구는 우선 벤담이 명제 (2)와 같은 생각을 제시하게 된 맥락에 대한 이해를 요구한다.

법에 대한 벤담의 철학적 사색의 출발점은 거의 확실하게 그가 10대 후반에 옥스퍼드에서 청강했던 블랙스톤의 영국법 강의와 후자에게 적잖은 명성을 가져다준 저서 『영국법 논평』이다. 이 저서는 영국의 보통법 체계에 대한 고전적 해설인 동시에, 비법조인도 읽고 이해할 만한 수준으로 저술된 최초의 해설로 평가된다. 그것은 당시의 정통 보통법학자가 극단적으로 거부했던 보통법의 성문화에 대한 구상을 담고 있어서 일견 개혁적 면모를 보여주고 있었다. 그러나 벤담은 이 저서가 결국 보통법에 대한 찬미로 경도되어 있다는 본질에 주목한다.

벤담의 오랜 학술경력은 바로 블랙스톤의 저서에서 설명된 보통법 체계를 뒷받침하는 자연법적 토대와 그 체계 안에서 '있는 법'과 '있어야 하는 법'이 명확하게 구분되지 못하는 문제에 대한 비판에서 시작된다. 바로 후자의 문제, 즉 있는 법과 있어야 하는 법 사이의 구분과 관련된 맥락에서, 그는 설명적 법학과 비평적 법학의 구분에 관한 간결하면서도 포괄적인 설명을 『정부론』에서 제시한다. 이 구분에 대한 설명은 어떤 의미나 유형으로든 그를 법실증주의자로 각인시킨 결정적 문헌이자, 하트가 그로부터 '도덕적으로 중립적인 어휘'의 사용에 관한 명제를 끌어낸 근거라는 점은 분명하다.

이 구분에 따르면, 법을 설명하는 자와 그것을 비평하는 자의 기능은 다음과 같다. 설명자는 "있는 그대로의 법을 (…) 우리에게 설명하고," "사실을 진술하거나 탐구하는" 일에 종사하는 자로서, "입법자와 그의 부하인 판사가 **이미** 행한 바를" 밝힌다. 이에 비하여 비평자는 "그가 있어야 한다고 생각하는 법을 우리에게 말해주고," 그것이 있어야 하는 "이유를 논하는" 일에 종사하는 자로서, "입법자가 **미래에** 수행해야 할 바를 제안한다."[7] 이 두 사람 중에서 보편적인 설명적 법학의 기획과 밀접한 설명자의 기능은 다시 "역사"history와 "해설"demonstration로 나누어지는데, 후자는 "배열arrangement, 서술narration, 추측conjecture" 등의 작업을 포함한다.[8]

보편적인 설명적 법학의 기획에서 벤담의 주된 관심사는 역사보다는 해설에 있었고, "해설자의 기능 가운데 가장 어렵고 가장 중요하다고" 생각한 것은 법적 자료를 "배열" 혹은 분류classification하는 작업이다.[9]

다시 법적 자료를 배열 혹은 분류하는 방법은 기술적technical 방법과 자연적natural 방법으로 나누어진다. 전자의 방법은 명칭대로 특수한 직업훈련을 받은 사람만이 이해할 수 있는 전문용어에 따라서 주요 항목을 만들고 그것을 명명하는 방법으로서, 벤담이 비판했던 보통법 전통의 법률가가 취해왔던 방법이다. 이에 반하여 그가 제안하려는 후자의 방법, 즉 자연적 배열은 사람들이 일반적으로 "인간 본성의 공통적 구성에 의해 주의를 기울이게 되고", "이해하고 기억하기 가장 쉬운" 속성에 따라서 법적 자료를 분류하고 기술하는 방법이다.[10] 이러한 방법은 대상의―즉 인간 행동의―"가장 두드러지고 관심을 끄는interesting 성질에 따른" 분류방식이다.[11] 여기서 말하는 "관심을 끄는 성질"은 실재적 존재자인 쾌락과 고통의 경험을 일으키는 경향성으로서, 그것의 의미를 이해하기 위하여 굳이 법률가에게 자문할 필요가 없는 속성을 말한다. 벤담의 존재론에 따르면, 모든 존재자가 지닌 관심을 끄는 속성이란 쾌락과 고통에 대한 인간의 감각적 경험에 영향을 미치는 속성뿐이다.

법적 자료의 배열 혹은 분류는 의사소통과 사고에 필수불가결한 수단인 언어, 특히 명칭name의 체계에 의존한다. 자연적 배열 혹은 분류에서도 대상에 "명칭을 부여하는 작업이 항상 그 대상의 본성에 관한 참되고 완벽한 지식에 선행한다."[12] 무엇보다 하트가 '도덕적으로 중립적인 어휘의 사용'에 관한 명제를 도출한 부분이 바로 법적 개념의 명명법nomenclature에 대한 벤담의 발언이다. 벤담은 자신의 명명법의 "유일하게 새로운 점"은 "우연적이고 부적합한 관념으로 오염된 의미를 지닌 용어를 모두 버리고, 하나의 **중립적** 표현을 시종일관 고수한 것에 있다"고 말한다.[13]

정의의 여신상_중립을 지키기 위해 그녀는 모든 편견으로부터 눈을 가린 형상으로 존재해 왔다.

그런데 앞서 제기했던 물음에서처럼 여기서 벤담이 말하는 '중립적'이 하트가 말하는 '도덕적으로 중립적'을 의미하는가? 위의 인용에서 분명한 것은, 하트는 도덕적 중립성을 '어휘'에 대한 요구사항으로서 제시한다. 벤담 역시 법적 자료의 배열 혹은 분류에 사용되는 언어, 특히 명칭은 되도록 중립적이어야 한다고 역설한다. 하트는 이러한 생각이 "벤담의 전체적 법이론에서 매우 독특한 부분"이고, "법철학과 정치학에 대한 벤담의 전체적으로 준엄한 접근방식에서 매우 근본적이고 독창적인 특징"이라고 평한다(EB, 27쪽). 이렇게 법적 자료를 기술하는 어휘에 대한 요구사항으로만 이해한다면, 도덕적 중립성은 어쩌면 벤담의 보편적인 설명적 법학의 한 속성으로 보일지도 모른다.

그러나 엄밀히 말해서 벤담은 '도덕적으로 중립적'이라는 문구를 전혀 사용하지 않는다. 그리고 그와 하트에게 '도덕적'은 전혀 같은 의미를 지니지도 않는다. 우선 벤담에게 "중립적 표현" 혹은 어휘에 대한 요구는 어떤 명칭이 문제의 개념만을 표현하고 다른 부당한 편견이나 정서를 끌어들이지 않아야 한다는 요구다. 예컨대 "찬사"eulogistic나 "비난"dyslogistic의 표현처럼 그것을 듣는 사람에게 "자극"excitation을 주거나 특정한 "감정을 불러일으킬" 목적으로 사용되는 감정적 용어를 배제해야 한다는 요구다.[14] 이러한 요구는 도덕적 중립성이 아니라 정서적emotional 혹은 태도적attitudinal 중립성에 대한 요구라고 말하는 편이 더 정확할 것이다.

벤담에게 도덕 판단이란 유용성 혹은 공리에 대한 검증이 가능한 명제이고, 태도나 정서의 문제가 아니라 직간접적으로 쾌락과 고통의 계산과 관련된 문제다. 다시 말해서 태도나 정서의 문제는 도덕의 문제가 아니므로, 태도나 정서의 중립성에 대한 요구는 도덕적 중립성의 요구가 아니다. 이에 비하여 하트는 일반적으로 정서주의emotivism 혹은 비인지주의non-cognitivism 메타윤리학의 견해를 취했던 것으로 해석된다.[15] 따라서 그에게는 도덕 판단은 태도나 정서와 밀접히 연관된 문제다. 그렇기에 그는 부당한 편견이나 정서를 배제하는 명명법을 사용하라는 벤담의 요구를 도덕적 중립성에 대한 요구로 해석했을 가능성이 있다. 물론 하트의 윤리학적 견해에 대한 해석은 확정적이라고 말할 수 없지만, 어쨌든 벤담의 중립성 요구가 도덕적 중립성에 대한 요구가 아니라는 점은 비교적 명확하다.

벤담이 규정하는 설명자는 "사실을 진술"해야 하며, "있는 그대로의 법을 (…) 말해 주어야" 한다. 그러므로 그가 제안하는 자연적 배열은 일종의 사실적 기술이다. 그러나 설명자의 기능에서 정말 중요한 것은 단지 사실을 진술하는 것이 아니라, 어떤 사실을 어떻게 진술하는가이다. 중립적 표현이나 용어에 대한 요구는 벤담의 보편적인 설명적 법학 자체를 도덕적으로 중립적인 기획으로 특징짓지 않는다. 부당한 편견이나 정서를 배제하는, 요컨대 정서적으로 중립적인 명명법의 고안을 위한 노력은 그 자체로 도덕적으로 중립적인 것이 아니다.

벤담은 쾌락과 고통에 대한 인간의 본성적 종속을 인정하고 공리의 원칙을 따르는 학문 일반을 행복론Eudaemonics이라고 명명한다. 행복론은 "모든 기예와 학문이 만나는 공동회관 혹은 중심지고 (…) 모든 기예와 그것에 대응하는 학문은 행복론의 한 부문이다."[16] 따라서 그의 보편적인 설명적 법학도 행복론의 한 부문이고, 그것의 궁극적 목적은 행복의 추구다. 이것은 보편적인 설명적 법학이 실재적 존재자가 지닌 관심을 끄는 속성, 즉 쾌락과 고통의 경험에 영향을 미칠 수 있는 속성에만 관여한다는 것을 의미한다. 보편적인 설명적 법학은 그가 "이성과 법의 손으로 더 없이 행복한 사회구조를 세우려는" 계획의 실행을 위하여 필요하다고 판단된 도구일 뿐이다.[17] 입법은 "어떻게 공동체를 구성하는 다수의 사람이 대체로 공동체 전체의 행복에 가장 도움이 되는 행동 방향을 따르도록 만들 수 있는가를 가르치는" 법학의 부문이고,[18] 실재적 존재자가 지닌 관심을 끄는 속성을 올바르게 밝히는 "좋은 명명법"은 공리주의적 입법을 위한 유익한 도구를 제공한다.[19]

의심의 여지 없이 보편적인 설명적 법학의 한 가지 중대한 목적은 이러한 좋은 명명법을 산출하는 것이다. 이러한 명명법을 통한 기술 방법은 자연적 언어로 법적 자료의 가장 두드러지고 관심을 끄는 속성, 즉 그것의 유용성(혹은 공리)과 비유용성(혹은 반공리)을 드러내는 것이다. 법적 자료의 유용성과 비유용성을 드러낸다는 것은 그것을 도덕적으로 평가하는 것과는 다르다. 왜냐하면 유용성과 비유용성은 사실적 속성으로서 존재하기 때문이다. 만약 도덕적 중립성이 도덕적 무관심이나 무관계를 의미한다면, 벤담의 보편적인 설명적 법학은 확실히 도덕적으로 중립적이지 않은 기획이다. 그가 말하는 것처럼, 보편적인 설명적 법학의 중심인 자연적 배열을 "관장하고 지배하는"[20] 것은 공리의 원칙이고, 보편적인 설명적 법학 자체는 "공리의 원칙의 밑받침으로 계획된 방법"의 결실이다.[21]

전체적 관점에서 보면, 중립적 표현에 대한 벤담의 강조는 주로 방법론의 문제일 뿐이다. 보편적인 설명적 법학은 또 다른 근본적 목적을 지니고 있다. 법률개혁을 위한 벤담의 사전작업은 "법학의 얼굴로부터 신비의 가면을 벗겨" 사람들이 법의 진짜 얼굴을 목격하게 하고, 사람들의 마음에서 모든 기만적 미신을 제거하는 것이다. 요컨대 이러한 작업은 사람들의 "미망을 깨우쳐주는"undeceive 것이다.[22] 그가 생각하기에 이러한 미망의 한 주요 원천은 필시 언어적 문제고, "중립적 표현" 혹은 "좋은 명명법"은 미망을 깨우치기 위한 가장 효과적인 도구다. 그러나 그것이 하트가 말하는 것처럼 보편적인 설명적 법학의 "건강한 중심"이라고 보기는 어렵다. 이 문구는 차라리 그 기획의 진정한 중심이자 공리의 원칙에

의해 지배되는 '자연적 배열'에 적용되는 편이 더 적합할 것이다.[23]

3. 설명적 법학과 비평적 법학의 구분

벤담의 보편적인 설명적 법학은 법적 자료가 지닌 관심을 끄는 속성을 자연적 언어로 기술하여 공리주의적 입법을 위한 기초를 마련한다는 명시적 목적을 가진다. 이러한 목적을 고려한다면, 그것은 전혀 도덕적으로 중립적이지 않은 기획이다. 그런데 하트에게도 도덕적 중립성이 무목적성을 의미하는 것은 아니다. 그의 말에 따르면, 자신의 도덕적으로 중립적인 법이론의 목적은 "어떤 국내법 체계의 독특한 구조에 대해 향상된 분석을 제공하고 법의 강제와 도덕 사이의 유사성과 차이점에 대한 더 나은 이해를 제공함으로써 법이론을 발전시키는 것"이고, 이 이론은 "법에 대한 유용한 도덕적 비판을 위한 중요한 사전단계"다.[24] 요컨대 자신의 법이론은 도덕적으로 중립적일지라도, 그것은 법에 대한 도덕적 비판의 밑거름이 될 수 있고, 그렇게 되기를 의도했다는 주장이다. 더 나아가 그는 자신의 도덕적으로 중립적인 방법이 경험과학에서와 같은 의미의 도덕적으로 중립적인 방법과는 같지 않음을 강조한다. 그는 후자의 방법이 규범적 사회구조의 한 형태인 법에 대한 이해에는 아무런 도움이 되지 않는다고 생각한다.[25]

그렇지만 하트가 위의 명제 (2), 즉 '도덕적으로 중립적인 어휘'의 사용에 관한 명제를 벤담의 보편적인 설명적 법학의 중심으로 인식한 것은 그의 법이론에서 공리주의의 중심성을 받아들이지 않았기 때문으로 보인다. 하트는 벤담의 법실증주의는 그의 공리주의와 논리적으로 무관하고,

그의 공리주의는 오히려 "몇몇 중요한 지점에서 그의 분석적 시각을 방해한다"고까지 말한다(EB, 162쪽).[26] 그러나 이것은 법실증주의에 대한 자신의 관념에 따라서 벤담의 법이론을 철학적으로 재구성하고 평가한 결과로 보일 뿐이다. 오히려 벤담을 법실증주의의 창시자로 부각한 설명적 법학과 비평적 법학의 구분은 영국 보통법에 대한 혹독한 비판과 공리주의적 법률개혁의 의지를 밝히는 맥락에서 나온다는 사실을 주목한다면, 그의 법실증주의는 그의 공리주의와 이론적으로든 실천적으로든 무관할 수 없을 뿐만 아니라, 그의 공리주의적 법률개혁 기획에 포함된 방편이라고 보는 편이 더 그럴듯하다.

무엇보다 설명자와 비평자 모두의 기능을 지배하는 원칙이 공리의 원칙이라는 점은 논란의 여지가 없다. 벤담에 따르면, 설명자의 최우선적 임무는 모종의 자연적 원칙에 따라서 법적 자료를 배열하는 것이다. 물론 그가 말하려는 '자연적 원칙'은 공리의 원칙이다. 일단 이러한 체계적 배열을 마련하고 나면, 설명자는 실제로 법적 자료를 그 배열 안에 위치시키려고 시도하게 된다. 만약 어떤 법 조항이 이러한 배열에 적합하지 않다면, 우리는 즉각 우리가 나쁜 법을 가졌다는 사실을 지각할 수 있다. 이리하여 설명자의 배열 작업은 그 귀결로 나쁜 법을 가려내는 기능을 지니고 있다. 또 비평자의 기능은 역시 공리의 원칙에 따라서 어떤 법 조항을 평가하고 비판하는 것으로 규정할 수 있다. 그렇다면 설명자의 기능과 비평자의 기능은 일정 부분 서로 맞물려 있음을 알 수 있다. 전자는 어떤 법이 나쁜 법인지를 가려내고, 후자는 어떤 법의 좋고 나쁨을 평가한다. 벤담에 따르면, 자연적 배열의 "개요"synopsis는 설명적 부문과 비평적 부문을 동시에 아우르는 "개요서"compendium일 것이고, 이러한 개요서는 설명적 법학에 대한 "보편적 지도"인 동시에 비평적 법학에 대한 "포괄적 스케치"를 제공할 것이다.[27] 다시 말해서 설명적 법학과 비평적 법학은 공리의 원칙으로 그려낸 하나의 큰 설계도 안에 엮여 있으며, 기능적으로도 중첩되는 양상을 드러낸다.

『정부론』에서 이렇게 다소 불명확했던 설명자와 비평자의 기능적 구분은 『서론』에서는 비교적 더 명확해지는 것처럼 보인다. 설명적 법학은 보편적 부문과 지역적local 부문으로 나뉘는데, 이 중 보편적 부문, 즉 보편적인 설명적 법학은 법의 "형식"form에 관련된다는 점에서 비평적 법학과 구분된다. 그래서 전자는 "용어terminology에 국한되어야" 하지만, 후자는 법의 "내용"substance에 관여한다.[28] 비평적 법학은—공리의 원칙에 따라서—법의 내용에 대한 평가와 비판에 관여한다. 법의 형식과 내용 사이의 구분에 따라서 설명자의 기능과 비평자의 기능을 구분하지만, 여전히 그들의 기능을 지배하는 원칙은 동일하다. 그것은 공리의 원칙이다.

보편적인 설명적 법학의 기획은 중요 법적 개념의 분석 이상을 포함한다. 그것의 목표는 "**형식** 면에서, 달리 말해서 방법과 용어 면에서 (…) 완전무결한 법체계"에 대한 포괄적 구도를 산출하는 것이다.[29] 이 목표는 법·책무·권리·권한·자유 등의 개념에 대한 정의를 포함할 뿐만 아니라, 법의 여러 부문 사이의 본질적 관계, 사법적 추리의 표준과 해석의 원칙, 공법公法의 배열 원칙, 입법 초안작성의 원칙 등의 결정을 포함한다.[30] 그래서 보편적인 설명적 법학은 비평적 법학에서 요구되는 개념적 골격과 용어, 그리고 기술적 장치를 모두 제공하려는 기획이다. 이렇게 설명적 법학과 거기서 설명자의 기능은 결국 비평적 법학과 거기서 비평자의 기능, 즉 법의 내용에 대한 평가와 비판을 보조하는 것이다.

『서론』의 「서문」에서 벤담은 법적 주제와 관련하여 자신이 계획하는 열 권의 저술의 제목을 나열한다. 이 저술은 법에 대한 그의 설명적 견해와 비평적 견해의 전체적 구도를 투사한다. 그 구도는 민법, 형법, 소송 절차법, 헌법, 국제법, 정치경제, 재정 등과 관련된 입법 원칙을 포함한다. 마지막 열 번째 저술의 주제는, 앞서 인용한 것처럼, "형식 면에서, 모든 부문에 있어서 완전무결한 법체계에 대한 계획"이고, 이는 보편적인 설명적 법학의 저술 계획에 해당한다. 이렇게 열 개의 제목을 나열한 다음, 그는 자신에게 "**모든 행마다 공리의 명령**으로 보이는 그 열 개 부문의 용도"는 자신이 꿈꾸는 완전무결한 법전, 이른바 '파노미온'pannomion의 구성을 위한 자료를 제공하는 것이라고 선언한다.[31] 이것은 공리의 원칙이 보편적인 설명적 법학뿐만 아니라 그것을 일부로 포함하고 있는 파노미온을 지배하고 있다는 사실을 여실히 보여주는 대목이다.

법의 형식적 문제에 대한 이후의 저술에서도 벤담은 다음과 같이 주장한다. "법 기초 기술nomography의 경우에 지당한 목적은 파노미온의 경우와 같다. 그 목적은 바로 파노미온의 전체나 부분에 그것이 의도하는 위력과 효과를 주는 것이다. 형식 자체는 내용에 완전히 봉사하는 대상이므로, 그 목적은 형식과 내용 모두에 공통으로 속한다."[32] 여기서 형식과 내용 모두에 "공통으로 속하는 목적"은 바로 최대 공리 혹은 최대 다수의 최대 행복이다.

영국의 보통법 체계에 대한 비판에서, 벤담은 해악이 법의 내용이 아니라 그것의 형식과 방법에 있으며, 이것을 훨씬 더 좋지 않은 상황으로 인식한다. 그는 법률개혁을 방해하는 것은 블랙스톤과 같은 보수적 보통법 찬양자와 자연법 옹호자만이 아니라, 그 법체계에 만연한 사고방식과 관념, 그리고 그것이 사용하는 언어에 있다고 인식한다. 그래서 그는 점진적인 공리주의적 입법만으로는 불충분하고, 그 법체계 전체를 전복하여 법에 대한 완전히 새로운 개념으로 대치해야 한다는 급진적 결론에 도달한다. 하트는 벤담의 공리주의가 그의 분석적 시각을 방해한다고 논하지만, 벤담은 어쩌면 "엄밀히 분석적인 (…) 법이론을 구성하려고 의도하지도 시도하지도 않았다"고 말할 수도 있다.[33] 그의 관심사는 정치적으로—혹은 도덕적으로—중립적인, "순전히 사회학적인 법이론"을 개발하는 것이 아니라,[34] 오히려 자신의 공리주의적 정치윤리의 기본적 요소를 법 개혁과 성문화 문제에 적용하려 했다고 말할 수 있다.

이러한 관점에서 하트의 해석을 돌아보면, 그가 위의 명제 (2), 즉 '도덕적으로 중립적인 어휘'의 사용에 관한 명제를 보편적인 설명적 법학의 기획의 진정한 중심으로 부각한 것은 어쩌면 그 전통으로부터 공리주의적 정치윤리의 함의를 배제하고 싶었기 때문일 수도 있다. 그러나 이러한 바람에서 나온 그의 해석은 벤담의 보편적인 설명적 법학의 전체기획, 특히 설명자와 비평자 구분의 배후에서 작동하는 정치적 의도와 공리주의적 정치윤리의 함의를 부당하게 축소 내지는 왜곡하고 있다. 예컨대 이러한 의도와 함의에 대한 포스테마G. Postema의 결론은 다음과 같다.

> 벤담은 무엇을 법으로 간주할 것인가 하는 물음을 완전히 중립적인 관점에서 접근하지 않았다는 점은 아주 분명하다. 그는 특수한 모형, 즉 성문법 모형을 마음에 두고 있었다. 이 모형을 받아들이면 보통법을 설명할 수 없다는 것은 그에게는 걱정거리가 아니었다. 왜냐면 그 기획의 요지는 보통법을 대신하여 (···) 합리적이고 효율적이고 명확하고 이해하기 쉽고 현실적이고 (···) 전반적으로 전체 복지를 극대화할 수 있는 법의 골격을 만들어내는 것이었다. (···) 그 기획은 (···) 법의 본성 및 본질적 특징과 관련된 물음에 대한 그의 전체적 접근방식을 특징짓는다.[35]

반복하자면, 설명자의 기능과 비평자의 기능 모두를 지배하는 원칙은 공리의 원칙이다. 그런데 보편적인 설명적 법학의 기획을 비롯하여 법 개념에 대한 그의 접근방식 전체를 실천적 혹은 공리주의적 고려에 기초한 것이라고 볼 경우, 설명자의 기능과 비평자의 기능 사이의 구분과 더 나아가 있는 법과 있어야 하는 법 사이의 구분에도 "매우 실천적인 논점"이 있다고 말할 수 있다.[36] 다시 말해서 법실증주의의 중심 명제인 법과 도덕의 분리 명제와 직접 연결된 것으로 추정되는 그 구분이 벤담에게는 공리주의적 법률개혁의 실행을 위한 전략 내지는 수단에 불과할 수 있다는 말이다. 그렇다면 그는 과연 어떤 의미에서 법실증주의자라고 말할 수 있는지를 반문할 수 있다.

4. 자연주의적 존재론과 법실증주의

법실증주의의 중심 명제인 있는 법과 있어야 하는 법 사이의 구분─혹은 법과 도덕 사이의 분리에─대한 명제는 존재와 당위 혹은 20세기의 사실과 가치 구분에 대한 견해와 밀접한 연관성을 가진다. 최근의 벤담 전문가, 예컨대 스코필드P. Schofield는 "벤담은 사실 진술과 가치 진술의 궁극적인 존재론적 구분을 받아들이지 않았다"고 역설한다.[37] 훨씬 이전부터 벤담은 자연주의자로 분류되었고, 주지하다시피 무어G. E. Moore는 비자연적 속성인 '좋음 자체'를 자연적 속성인 '쾌락의 극대화'와 동일시한다는 이유로 벤담이 '자연주의적 오류'naturalistic fallacy를 범한다고 지적했다.[38]

프랑케나W. K. Frankena가 제시한 새로운 분석에 따르면, '자연주의적 오류'는 (1) 좋음을 자연적 속성의 용어로 정의하려는 시도와 (2) 존재로부터 당위를 도출하려는 시도로 나뉠 수 있다.[39] 이 중에서 무어가 말하는

'자연주의적 오류'는 전자의 시도, 프랑케나가 '정의주의적 오류'definist fallacy라고 불렀던 것에 해당한다. 프랑케나는 전자와 후자의 오류 사이에는 본질적 연관성이 없다고 지적한다. 그러나 벤담은 전자의 오류뿐만 아니라, 종종 존재 혹은 사실로부터 당위 혹은 가치를 연역하는 후자의 오류도 범한다는 지적을 받는다. 만약 그가 이렇게 양자의 오류를 모두 범한다면, 그가 법과 관련하여 있는 것(존재)과 있어야 하는 것(당위)을 구별한 것은, 아니면 그가 그것들을 구별했다는 주장은 어떻게 이해해야 하는가? 우선은 그가 실제로 양자의 오류를 모두 범하는가 하는 물음을 제기할 수 있다.

이 물음에 대한 벤담 전문가의 일반적 견해는, 벤담은 분명 양자의 오류를 모두 범하고 있지만, 그 자신의 자연주의적 존재론의 관점에서 보면 양자의 오류에 대한 지적은 모두 무의미하다는 것이다. 다시 말해서 자연주의적 오류는 정작 벤담과 같은 자연주의자에게는 전혀 오류가 아니고, 그것을 오류라고 지적하는 사람에게만 오류로 보인다는 말이다. 그는 실로 윤리학을 자연주의적 토대 위에 세우려고 시도했다. 도덕 원칙으로서 공리의 원칙은 그것이 사실적 혹은 자연주의적 토대 위에 세워진 것이기 때문에—달리 증명할 필요나 이유가 없는—참인 것이다. 다시 말해서 이러한 사실적 혹은 자연주의적 토대가 바로 윤리학이 진정한 의의를 지닐 수 있는 유일한 토대다. 그리고 그가 '좋음'을 '쾌락'으로 정의하려 했다는 '정의주의적 오류'에 대한 지적도 엄밀한 분석에 근거한 지적은 아니라고 보인다. 왜냐면 그는 '좋음'을 '쾌락'과 동의어로 다루지 않았고, 다만 '좋음'을 쾌락의 견지에서—달리 말해서, 실재적 존재자에 대한 사실 진술로—**설명**하려 했을 뿐이기 때문이다. 어쩌면 '좋음 자체'를 정의하는 것과 같은 사변적 탁상공론은 그의 관심사가 아니었다고 말할 수도 있다.

벤담에게는 인간의 인지 기능에 나타나거나 나타날 수 있는 모든 대상은 두 부류, 앞서 설명한 것처럼, 실재적real 존재자와 가상적fictitious 존재자로 나뉜다. 실재적 존재자는 정말로 존재하는 물리적 대상이다. 언어는—특히 실명사noun substantive의 경우에는—그것이 어떤 의미를 지니려면 직접적으로든 간접적으로든 실재하는 존재자를 가리켜야 한다. 가상적 존재자는 비록 실재하지는 않으나 우리의 의사소통과 사유를 위하여 절대적으로 필요하고, "대화를 위하여 마치 실재하는 것처럼 이야기되어야 하는" 대상을 뜻한다.[40] 원칙·의무·권한 등을 비롯하여 윤리학이나 법학 등에서 자주 사용되는 낱말이 지시하는 것은 가상적 존재자고, 그 낱말은 그것이 어떤 의미를 지니려면 실재적 존재자를 표현하는 낱말과의 관계를 통하여 설명될 수 있어야 한다.[41]

경험과학 중 하나인 심리학과 도덕은 같은 토대 혹은 원천을 지닌다. 그것들은 실재적 존재자인 쾌락과 고통의 지각과의 연관성에 의해 개념적으로 연결된다. 이리하여 윤리학은 하나의 과학, '도덕 과학'moral science이 된다. 쾌락과 고통의 지각 혹은 경험이 "내재적이고 독립적인 가치를 가지는 유일한 대상"이다.[42] 벤담에게는 쾌락이나 고통과 연결되지 않은 지각은 아무런 중요성을 지니지 않거나 무시될 수 있는 것이다. 그래서 당위·옳음·그름 등과 같은 도덕적 어휘를 포함하는 가치 진술은 그것이 어떤 의미를 지니려면 어떤 특정한 종류의, 즉 쾌락과 고통의 지각과 연관된—결국은—일종의 사실 진술이어야 한다. 도덕적 속성을 비롯하여 모든 속성은 물리적 세계와 독립적으로 존재하지 않는다. 즉 비물리적인—무어가 말하는 '비자연적인'—도덕적 속성이란 것은 없다.

이제 이러한 존재론이 벤담의 있는 법과 있어야 하는 법 사이의 구분에 대해 가지는 함의를 추정해본다면, 그가 어떤 의미에서 법실증주의자인가 하는 물음에 다시 접근할 수 있다. 오늘날의 논의에서 법실증주의는 여러 유형으로 분류된다. 그러나 논의의 편의를 위하여 스티븐 페리s. Perry의 구분에 따른다면, 법실증주의는 크게 두 가지 유형으로 나뉜다.

실체적substantive 법실증주의는 도덕과 법의 내용 사이에는 아무런 필연적 연관성이 없다는 견해다. 방법론적methodological 법실증주의는 법이론은 어떤 특수한 사회현상, 즉 법에 대한 규범적으로 중립적인 기술을 제공할 수 있고, 그러한 기술을 제공해야 한다는 견해다. 방법론적 법실증주의는 법과 도덕 사이에는 아무런 필연적 연관성이 없다고 주장하기보다는 도덕과 법이론 사이에는 필연적이든 아니든 아무런 연관성이 없는 것으로 주장한다고 말할 수 있다.[43]

이러한 구분을 제안하면서, 페리는—홉스와—벤담이 실체적 법실증주의를 채택한다고 지적하지만, 그가 방법론적 법실증주의도 채택하는가 하는 문제에 대해서는 언급하지 않는다. 이에 비하여 하트는 벤담이 있는 법과 있어야 하는 법 사이의 구분에 대한 명제와 도덕적으로 중립적인 어휘의 사용에 관한 명제를 통하여 두 유형의 법실증주의를 모두 채택한다는 견해를 제시하는 것으로 보인다. "『정부론』에 나오는 벤담의 있는 법과 있어야 하는 법 사이의 날카로운 분리와 법체계의 토대는 마땅히 도덕적으로 중립적인 용어로 기술되어야 한다는 그의 주장이 영국 법학의 오랜 실증주의적 전통을 열었다"(EB, 19쪽). 그러나 앞서 설명한 벤담의 자연주의적 존재론은 그의 법이론이 위의 두 가지 유형 중 어느 것에도 해당하지 않을 수도 있다는 해석을 가능하게 한다.

벤담은 분명 있는 법과 있어야 하는 법 사이의 구분을 제시한다. 그러나 앞서 언급한 것처럼, 그 구분은 "매우 실천적인 논점", 요컨대 있는 법과 있어야 하는 법을 일치시켜야 한다는 논점을 가진다. 이 논점은 공리의 원칙에 따른 법률개혁이라는 그의 궁극적 목표를 가리킨다. 그래서 있는 법과 있어야 하는 법 사이의 구분은—또 설명자의 기능과 비평자의 기능 사이의 구분은—이러한 개혁을 위한 다분히 전략적 도구라고 간주할 수 있다. 한편으로 있는 법과 있어야 하는 법 사이의 구분을 스스로 제안한다는 점에서, 그리고 있는 그대로의 사실의 기술이라는 설명자의 기능과 있는 법에 대한 평가 및 비판이라는 비평자의 기능을 혼동했다고 블랙스톤을 비판한다는 점에서, 벤담은 여전히 실체적 유형의 법실증주의자로 분류될 수도 있다. 그러나 다른 한편으로 존재와 당위 혹은 사실과 가치 구분이 이러한 유형의 법실증주의의 "본질적 요소이자 결정적인 기본적 가정"이라면,[44] 자연주의자로서 그 구분을 거부하는 벤담은 이러한 유형의 법실증주의자가 아니라고 주장할 수 있다.[45] 그리고 이러한—존재와 당위 혹은 사실과 가치 구분에 대한—가정이 하트의 법실증주의의 근본적 가정이라면, 벤담은 하트가 말하는 의미의 법실증주의자가 아닌 셈이다.

그렇다면 벤담이 법과 관련하여 있는 것what is과 있어야 하는 것what ought to be 사이의 구분, 즉 존재와 당위 혹은 사실과 가치 구분을 제시한 것을 어떻게 이해해야 하는가? 하나의 가능한 해석은, 그의 자연주의가 다른—존재론적이 아닌—수준에서의 존재와 당위 혹은 사실과 가치 구분과는 양립할 수 있다는 것이다. 다시 말해서 사실 진술과 가치 진술은 실재적 존재자와의 연결성을 통하여 동일한 존재론적 토대를 공유하지만, 여전히 서로 구별될 수 있는 두 종류의 진술이라는 해석이다.

　벤담에게 가치 진술은 어떤 특정한 종류의—실재적 존재자인 쾌락과 고통의 지각에 대한—사실 진술이다. 왜냐면 사실 진술의 전체 영역은—비록 우리에게 아무런 중요성을 지니지 않지만—쾌락과 고통의 지각과 무관한 것에 대한 진술도 포함하기 때문이다. 도덕 원칙으로서 공리의 원칙도 어떤 한 종류의 사실 진술이다. 그것은 특히 미래의 어떤 우연적 사태, 말하자면 감성을 지닌 인간이 경험할 쾌락과 고통에 대한 예언이다. 여하튼 존재론적 수준에서 가치 진술은 궁극적으로는 사실 진술이다. 그렇지만 이 진술에 그것이 구별될 수 있는 서로 다른 차원을 제공하는 요소 중 하나는 그것이 진술하는 대상의 시점時點이다. 앞서 인용한 설명자의 기능과 비평자의 기능 사이의 구분에 대한 설명에서 나타나듯이, 과거나 현재의 사태에—즉 "입법자와 그의 부하인 판사가 **이미** 행한 바"에— 대한 진술과 미래에 일어날 사태에—"입법자가 **미래에** 수행해야 할 바"에—대한 진술의 구분을 통하여 가치 진술은 사실 진술로부터 구별될 수 있다. 이미 일어난 일이나 일어나고 있는 일에 대한 진술은 사실 진술이고, 앞으로 일어날 일에 대한 예언은 가치 진술이다.

말하자면 벤담의 자연주의는—존재론적 수준에서가 아니라면—존재와 당위 혹은 사실과 가치 구분을 완전히 배제하지 않는다. 오히려 이 구분은, 해리슨R. Harrison의 견해에 따르면, "자연법에 대한 벤담의 공격의 중심점"이다.[46] 있는 법(존재)과 있어야 하는 법(당위)이 명확히 구분되지 않고 혼동하는 상황에서 있는 법을 비판하고 그것을 있어야 하는 법에 일치시키려는 변화는 그만큼 어려워진다. 만약 법에 대한 비판과 변화를 허용하는 이러한 구분을 거부한다면, "윤리학의 전체 영역은 (…) 실마리 없는 미궁"이 될 것이다.[47] 그렇지만 여전히 벤담이 이 구분을 강조한 것은 어떤 특수한 실체적 내용에 법적 타당성을 부여하는 블랙스톤의 자연법 이론을 비판하고 법률개혁을 수행하기 위한 전략적 수단이라는 점을 주목해야 한다. 이 구분이 이렇게 전략적 수단이라는 점은 그가 그것을 주로는 특수한 법률을 논하는 수준에서 강조하고, 그것이 "다른 수준에서는, 특히 법의 본성과 적절한 형태를 전반적으로 숙고하는 수준에서는 훨

씬 덜 날카롭다"는 점에서도 드러난다.[48]

한편으로 수준의 차이를 무시하고 벤담이 법과 관련하여 있는 것(존재)과 있어야 하는 것(당위)의 구분을 제안한다는 사실만 강조하는 경우, 아마 그는 실체적 법실증주의자로 보일 수도 있다. 다른 한편으로 그의 자연주의적 존재론은 이러한 구분을 거부할 뿐만 아니라, 이러한 구분에 관한 주장은 단지 공리주의적—즉 도덕적—기획의 전략적 수단이라는 성격을 강조하는 경우, 그를 실체적 법실증주의자로 간주해야 하는지는 다소 모호한 상태로 남는다. 이렇게 그가 실체적 법실증주의를 채택하는가 하는 물음에 대해서는 명확한 결론을 내리기가 어려운 데 비하여, 지금까지의 논의에 비추어 그가 방법론적 법실증주의를 채택하는가 하는 물음에 대한 결론은 비교적 명확한 것으로 보인다.

후자의 물음과 관련하여, 앞서 충분히 논한 것처럼, 법적 자료를 기술하는 언어에 대한 벤담의 중립성 명제는 우리가 일반적으로 이해하는 도덕적 중립성이 아니라 정서적 중립성에 관한 명제다. 더 나아가 그의 보편적인 설명적 법학은 도덕적으로 중립적인 기획이 아니다. 하트는 벤담의 관심사가 용어의 의미를 "가르치는" 것이 아니라 "고정시키는" 것이며, 법 개념에 대한 도덕적으로 중립적인 기술을 제공하는 것이라고 말한다(EB, 110쪽). 그러나 벤담의 진정한 관심사는 법을 기술하는 도덕적으로 중립적인 언어를 구하는 것이 아니라, 윤리학과 법학에서 많이 사용되는 가상적 존재자의 명칭을 그것의 진정한 원천에—실재적 존재자인 쾌락과 고통의 지각 혹은 경험에—연결하는 것이다. 보편적인 설명적 법학은 쾌락과 고통에 대한 공리주의적 언어로 수행되고, 그것의 궁극적 목적은 부적격하고 해로운 법과 제도를 몰아내기 위한 공리주의적 개혁에 이바지하는 것에 있다.

법적 용어의 정의와 설명을 수행하는 진정한 목적은 그것의 유용성 혹은 공리에 있다. 벤담이 이러한 정의와 설명을 위하여 적용하고 개발한 논리와 독창적이면서도 기이한—부연설명paraphrasis, 원형표시arche-typation 등의—명명법의 궁극적 목적은 복리 혹은 행복이다. "어떤 형태로든 복리를 산출하지 않는다면 (…) 세상의 모든 지식은 무슨 가치가 있겠는가?—아무것도 없다."[49] 요컨대 보편적인 설명적 법학의 기획은 도덕적으로 공리주의적이다. 이렇게 본다면, 벤담의 기획의 근본적 성격은 위에서 말한 페리의 구분에서 "법이론은 법 개념에 대한 도덕적으로 중립적인 기술을 (…) 제공해야 하며 도덕과 법이론 사이에는 아무런 필연적인 연관성도 없다고 주장"하는 방법론적 법실증주의와는 상당한 거리가 있는 것으로 보인다.

5. 새로운 이해의 필요성

하트의 편에서 이야기를 해보면, 그는 존재와 당위 혹은 사실과 가치 구분이 자신의 법실증주의의 "본질적 요소이자 결정적 기본 가정"이라고 생각하지는 않은 듯하다. 앞서 언급한 것처럼, 도덕 판단의 본성에 대한 하트 자신의 입장은 일종의 정서주의 내지는 비인지주의로 일컬어진다. 그런데 벤담의 법실증주의와 공리주의가 서로 무관하다고 보았던 것처럼, 하트는 자신의 도덕철학적 입장 역시 있는 법과 있어야 하는 법 사이의 구분과는 무관한 것으로 기각한다.

이제 우리가 도덕에 대한 비인지주의 이론에 대한 거부와, 있는 것과 있어야 하는 것에 대한 진술 사이의 철저한 유형 상의 구분에 대한 부정을 받아들이고, 도덕 판단은 다른 어떤 종류의 판단만큼 합리적으로 옹호할 수 있다고 가정해보자. 이 가정으로부터 있는 법과 있어야 하는 법 사이의 관계의 본성에 대해 어떤 결론이 나오는가? 확실히 이 가정만으로는 아무것도 나오지 않는다. 도덕적으로 얼마나 부정하든, 법은 여전히 (…) 법일 것이다.[50]

하트의 견해에 따르면, 도덕적 정서주의나 비인지주의의 거부는 "얼마만큼 부정하고 어리석든 법은 여전히 법일 것이라는 사실을 바꾸지는 않는다."[51] 법실증주의의 존재와 당위 구분은 자연주의적 오류와 연관된 존재와 당위 구분과 혼동되어서는 안 된다. 그에게는 어떤 사람이 존재와 당위 혹은 사실과 가치 구분을 거부하든 수용하든, 이것이 반드시 있는 법과 있어야 하는 법 사이의 법실증주의적 구분을 훼손하지 않는다. 그렇다면 하트는 어쩌면 벤담에 대해서도 존재론적 수준에서 존재와 당위 혹은 사실과 가치 구분에 관한 그의 입장과 있는 법과 있어야 하는 법의 구분에 관한 그의 입장이 무관하다고 말할 수도 있다. 그리고 그가 법실증주의적 존재와 당위 구분, 즉 있는 법과 있어야 하는 법 사이의 구분에 관한 명제를 벤담에게 돌린 것이 아주 잘못된 해석은 아니다.

그렇지만 법이론은 "도덕 판단의 일반적 지위에 대한 논쟁적인 철학적 이론에 관여하는 것을 피해야" 하고 도덕 판단이 객관적 지위를 가지는가 하는 일반적 물음을 열어두어야 한다는 하트의 요구는 벤담으로서는 결코 수용할 수 없는 요구다.[52] 내가 보기에, 하트의 이러한 입장이 벤담의 정서적 중립성에 대한 명제를 도덕적 중립성에 대한 명제로, "중립적 표현"의 사용에 대한 명제를 보편적인 설명적 법학의 중심으로, 그리고 벤담을 전술한 페리의 구분에서 방법론적 법실증주의자로 잘못 파악한 원인이다. 이러한 점에서 도덕 판단의 본성이나 지위에 대한 하트와 벤담의 견해차가 그들의 법이론에 대해 가지는 함의는 전혀 사소하지 않다.

벤담은 설명자가 자신의 기능을 "단순히 어떤 제도를 자신이 생각하기에 있는 그대로 진술하는" 것에 국한해야 한다고 말한다.[53] 그리고 그는 법의 형식과 내용 사이의 구분으로 설명자와 비평자의 고유한 기능을 분리한다. 그렇지만 있는 그대로의 사실의 기술과 완전무결한 법의 형식에 대한 표상은 그 자체로 비판과 평가의 기능을 수행한다. 말하자면 올바른 것을 보여줌으로써 잘못된 것을 드러내는 기능을 수행한다. 영국 보통법에 대한 벤담의 비판은 그것의 특수하고 구체적인 내용보다는 그것의 형식적 문제점, 즉 그것의 터무니없는 비합리성, 비효율성, 복잡성, 접근불용이성, 불명확성에 집중되어 있다. 추상적 용어를 실재적 존재자와 연결된 언어로 엄밀하게 설명하고 형식 면에서 완전무결한 법체계를 제시하는 것은 그 자체로 영국의 보통법 체계가 결함 있는 형태의 법체계라는 사실을 드러냄으로써 평가와 비판의─다분히 의도된─기능을 수행한다.

　설명자의 기능과 비평자의 기능이 이렇게 서로 중첩될 경우, 그들이 다루는 대상, 즉 있는 법과 있어야 하는 법도 중첩된다고 말할 수 있다. 설명자는 있는 법을 공리의 원칙에 따라서 체계적으로 배열함으로써 궁극적으로 있어야 하는 법의 기본적 골격을 제공한다. 이러한 배열이 물론 있어야 하는 법의 구체적이고 특수한 내용을 직접 결정하지는 않는다. 그런데 있어야 하는 법의 구체적이고 특수한 내용 역시 도덕 원칙으로서 공리의 원칙에 의해 결정된다. 만약 이렇게 하나의 도덕 원칙이 법의 형식과 내용, 즉 있는 법의 배열 및 기술과 있어야 하는 법의 구체적이고 특수한 내용의 결정을 모두 지배한다면, 과연 벤담이 전술한 페리의 구분에서 실체적 법실증주의자인가 하는 의문은 되돌아온다. 그래서 단순히 벤담이 하트가 말하는 의미의 법실증주의자인가 하는 물음을 넘어서, 그를 과연 법실증주의자로 볼 수 있는가 하는 의문은 사라지지 않는다.

이러한 의문은 법실증주의를 규정하는 명제에 대한 더 복잡한 논의를 요구한다. 그러나 지금까지의 논의를 종합해보면, 많은 벤담 전문가가 공유하는 견해처럼, 벤담은 적어도 하트가 규정하는 의미의 법실증주의자로 보기는 어렵다는 결론에 도달할 수 있다. 일단 법적 자료에서 '중립적' 표현을 사용해야 한다는 벤담의 요구는 하트가 생각하는 '도덕적 중립성'에 대한 명제가 아니다. 따라서 하트의 해석, 요컨대 벤담의 법이론에서 '도덕적으로 중립적인 어휘'의 사용에 대한 명제가 법과 도덕, 즉 있는 법과 있어야 하는 법 사이의 분리에 대한 명제를 뒷받침한다는 해석은 시작부터 이론의 여지를 남긴다. 그리고 벤담이 있는 법을 있는 그대로 기술하는 설명자의 기능과 있는 법에 대한 평가와 비판을 토대로 있어야 하는 법을 제안하는 비평자의 기능을 구분한 것이 법과 도덕의 분리에 대한 명제를 뒷받침하는 것인가에 대해서도 이론의 여지가 있다.

벤담에게는 있는 법을 있는 그대로 기술하는 설명자의 기능조차도 법학을 비롯한 모든 학문적 논구의 궁극적이고 다분히 도덕적인 목적, 즉 행복 혹은 복리에 이바지해야 한다는 목적을 지향하고 있다. 올바른 법체계는 사회질서의 안정을 위한 가장 신뢰할 만한 기반인 동시에 이러한 법체계의 개혁은 전체 복리의 증진을 위한 사회개혁의 가장 결정적인 수단이다. 그리고 이러한 법체계는 복리의 증진과 구체적으로 연관되는 그것의 특수한 내용에서뿐만 아니라, 이 특수한 내용을 담아낼 수 있는 그것의 보편적 형식에서도 완전무결함을 지향해야 한다. 설명자의 기능은 바로 법체계의 형식 면에서의 완전무결함의 지향을 위하여 작용한다. 당시의 벤담에게는 설명자의 이러한 기능과 작용은 기존의 영국 보통법 체계에 대한 도전과 그것의 개혁, 말하자면 공리주의적 관점에서 지극히 해로운 장애물을 제거하는 것이다. 다시 말해서, 있는 것을 있는 그대로 기술하는 작업에도 다분히 도덕적인 목적이 개입하고 있다. 있는 법에 대한 평가와 비판을 통하여 있어야 하는 법을 제안하는 비평자의 궁극적 판단기준은 당연히 공리의 원칙이다. 이러한 식으로 공리의 원칙은 법체계의 형식과 내용을 모두 지배하는 원칙이 된다.

어쩌면 벤담 자신은 원하지도 않았을 '창시자'의 영예를 안기면서 법실증주의자의 대열로 끌어들이고, 그의 법이론과 공리주의를 서로 무관한 것으로 간주하면서 법과 도덕의 분리 명제를 그에게 귀속시킨 하트의 해석은 그의 법이론에 대한 (어쩌면 받지 않았을지 모를) 불필요한 오해와 비판을 불러들였다. 그의 해석은 전문가나 일반 대중이 법실증주의와 함께 벤담을 연상하도록 만들었고, 법실증주의에 대한 원초적 비판이 부당하게도 벤담의 법이론에 대한 부정적 견해로 이어지도록 만들었다.

6. 소결

그 자신이 법실증주의의 옹호자면서 벤담 연구의 권위자인 하트는 자신의 법실증주의 이론을 전개하는 과정에서 벤담을 비유컨대 지원군으로 끌어들였다. 벤담의 사상에 대한 그의 이해의 깊이를 깎아내리고 싶지는 않지만, 법률개혁을 통하여 공리주의적 정부의 수립을 염원한 벤담의 법이론을 해석하면서 정작 그 알맹이인 공리주의를 배제하려 했던 하트의 의도는 실로 이해하기 어렵다. 벤담 법철학의 시작이자 그 중심은 보통법 체계에 대한 비판이다. 다시 이 비판의 중심은 그 체계의 비합리성과 반유용성이고, 따라서 이 비판의 토대는 그의 공리주의다. 이러한 비판적 시각에서 나온 것이 설명자의 기능과 비평자의 기능에 대한 해설이다. 요컨대 양자의 기능은 분리되면서도 그 목적에서는 완벽하게 일치한다. 공리의 원칙에 따른 법률개혁이다.

벤담이 자신의 시대에 그렇게 생각했듯이, 오늘날에도 법률개혁은 사회개혁의 가장 결정적인 방편이다. 물론 오늘날에는 법률개혁의 바탕이 되어야 할 근본적인 도덕적 토대나 이념에 있어서 그와 의견을 달리하더라도, 그가 법과 도덕을 분리하려 했다는 견해는 받아들이기 어려운 견해인 듯하다. 오히려 어떤 시각에서는 그의 법철학에서 법과 도덕은 너무 단단히 엮여 있다고 말할 수 있다. 법은 그 내용과 형식 모두와 심지어 그것이 사용하는 언어조차 옳고 그름에 대한 공리주의적 원칙, 즉 도덕 원칙에 기초해야 한다.

벤담의 법률개혁 취지 중 하나, 아니 가장 분명하고 중요한 취지는 나쁜 법으로부터 발생하는 해악, 국민의 고통을 줄이는 것이다. 이러한 고통의 주된 원인에는 소위 전문법조인의 사악한 이해관심도 포함되어 있다. 그는 자신의 정치이론에서처럼 법이론에서도 이른바 엘리트 계층의 사악한 이해관심이 대중에게 가하는 해악을 억제하는 것에 초점을 두고 있다. 이러한 취지에서 그는 법적 자료에 사용되는 언어가 되도록 일반인도 그 의미를 쉽게 추적할 수 있는 자연적 언어여야 한다고 역설한다. 그리고 그는 특히 소송절차의 비용과 시간으로부터 발생하는 국민의 고통에 대해, 동시에 이러한 비용과 시간으로부터 전문법조인이 편취하는 이익에 대해 매우 강렬한 반감을 드러낸다. 이러한 측면에서 그의 법률개혁 기획은 한편으로 전문법조인 집단의 도덕성을 제고하려는 것이었다고 볼 수 있다.

오늘날 우리 사회에서 법조인의 도덕성이 쟁점으로 떠올랐고, 그들에 대한 사람들의 신뢰도는 바닥을 찍었다. 이러한 법조인의 도덕성을 다스리는 방법도 결국 법일 수밖에 없다. 이것이 벤담의 생각의 한 중심이었다. 그런데 그가 제안한 방법은 단지 부도덕한 법조인을 벌하는 것만이 아니라, 법의 형식과 내용 자체를, 그리고 그 형식과 내용을 기술하는 언어를 변화시키는 것이었다. 그리하여 공직자의 경우에서와 마찬가지로, 법조인이 자신의 사악한 이해관심을 펼치지 못하도록 방지하는 것이었다. 이러한 방법은 최근 우리 사회의 과거사 문제의 해결에도 시사하는 바가 적지 않다고 보인다. 단지 부정한 판결에 연루된 몇몇 개인을 처벌하거나 법조인의 자발적 각성과 쇄신에 대한 약속에 의존하는 것보다는 더 근본적인 개혁이 필요하다는 인식을 촉구한다.

제 7 장

평화주의와 반제국주의

제러미 벤담과 현대

1. 벤담의 낯선 얼굴

벤담은 어쩌면 서양 사상가 중에서 가장 방대한 저술을 남기고도 심히 저평가된 사상가일 것이다. 특히 국내에서 그러하다는 것에 대해서는 많은 학자가 동의할 듯하다. 그런데 그의 여러 면모 가운데 가장 저평가된 것은 필시 동시대의 루소나 칸트에 버금가는 평화사상가라는 면모일 것이다. 공리주의와 평화사상이 무슨 관계가 있는가 하는 물음에 대해 홍민식은 다음과 같이 말한다. "세계제국론을 통하여 평화를 실현하고자 했던 단테에서부터 에라스무스(Desiderius Erasmus, 1446~1536), 그로티우스(Hugo Grotius, 1583~1645), 홉스, 로크, 생-피에르(Abbe de Saint-Pierre, 1658~1743), 루소, 벤담, 그리고 칸트로 이어지는 근대 평화사상의 핵심은 '평화가 전쟁보다 좋다'는 **공리적**(강조는 필자) 관점이다."[1] 이것은 물론 지나친 단순화고, 자칫 이 사상가들이 전개한 평화론의 심오한 철학적 배경과 독창성을 탈색할 우려가 있다. 게다가 이러한 단순화는 정작 공리주의의 대표자인 벤담의 평화론조차 왜곡할 가능성이 있다.

"전쟁은 (…) 행복을 추구하고 불행을 회피하려는 공리의 원리에 어긋나는 '최대 규모의 해악'이며 '모든 악의 복합'이라고 역설"했다는 주장으로 벤담의 평화론을 요약할 수도 있다.[2] 이러한 요약이 완전히 잘못된 것은 아니다. 그의 평화론을 이렇게 공리의 원칙을 주축으로 이해하려는 태도는 충분히 납득할 만하다. 분명 벤담 자신이 이러한 이해의 빌미를 제공한다. 그의 평화 담론의 대표작인 『보편적 영구평화 계획』에서, 그는 주저 없이 "보편적이고 지속적인 평화의 공리에 대한" 담론으로 시작한다.[3]

벤담의 평화론은 제국주의와 식민지배의 도덕성에 대한 그의 비판적 견해와 깊은 연관이 있다. 유럽 제국들의 경쟁적 식민지 확장과 이로 인한 그들 사이의 충돌은 그의 평화론의 한 핵심적 쟁점이고, 이 쟁점에 대한 그의 단호한 견해는 『보편적 영구평화 계획』에서 선명하게 드러난다. 따라서 그의 평화론에 대한 고찰은 그의 반식민주의와 반제국주의 사상에 대한 고찰에서 시작되어야 한다. 『보편적 영구평화 계획』이 그의 평화론의 대표작임은 틀림없지만, 이 저술이 그의 평화사상의 전모를 투영하지는 않는다. 그의 평화사상은 제국주의 및 식민지 문제와 관련된 여러 저술에 다소 산만하게 흩어져 있다. 게다가 이 모든 저술에 나타난 그의 입장이 완전히 정합적이지는 않다는 점은 이미 널리 인식된 바이다. 그래서 이 장에서 내가 수행할 작업은 부분적으로는 그의 사상적 비정합성을 들추는 것에 있다.

그러나 이 장에서 나의 진정한 목적은 공리주의에 대한 선입견에 가려서 제대로 드러나지 못했던 벤담의 인도주의적·다원주의적·관용적 면모를 조명하는 것이다. 그의 이러한 면모를 재발견하려는 시도에서 가장 중요한 역할을 하는 인물은 바로 제임스 밀과 존 스튜어트 밀 부자父子다. 앞으로 살펴보겠지만, 벤담과 밀 부자는 제국주의 및 식민지와 전쟁에 관한 생각과 태도에서 주목할 만한 차이를 보여준다. 그의 사상과 그의 무례한 후계자인 존 스튜어트 밀의 사상을 비교하는 것이 특히 중요하다. 한편으로 이러한 비교는 대중적 이미지와 달리 '만족한 돼지보다 불만족한 소크라테스'를 선택한 존 스튜어트 밀의 정신적 고상함의 추구에 내포된 관용

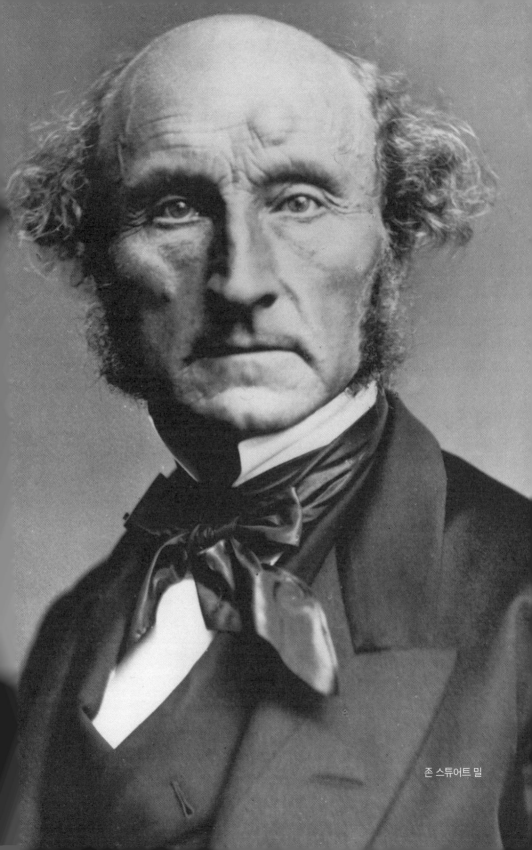
존 스튜어트 밀

의 한계를 보여줄 것이다. 다른 한편으로 이러한 비교는 공리주의가 제국주의를 옹호할 가능성이 농후하다는 편견에 대해 심각한 의문을 제기할 것이다.

2. 벤담과 평화운동

앞서 그를 루소나 칸트와 어깨를 나란히 하는 근대의 주요 평화사상가로 평했지만, 벤담의 사상이 실제로 당시나 이후의 평화 운동가나 사상가에게, 그리고 국제 사회는 관두고라도 영국 사회에서조차, 얼마만큼의 영향력을 발휘했는가에 대해서는 논란의 여지가 많다. 다만 한 가지 분명한 점은 벤담이 당시의 평화 사상이나 운동의 전개에 매우 독창적이거나 결정적인 기여를 제공했다고 주장하기에는 불리한 증거가 더 많다는 것이다. 그래서 그를 선구적 평화사상가로 추켜세우는 것이 이 장의 목적은 전혀 아니다.

사실 공리나 경제적 이익에 대한 고려에 기초하여 전쟁과 식민지에 반대한다는 것은 전혀 독창적인 것이 아니었다. 엄밀히 말해서, 공리주의 자체가 벤담의 독창적 창작물이라고 할 수 없다. 이미 2장에서 살펴본 것처럼, 결과를 중시하고 행복을 겨냥하는 공리주의적 관점이나 태도는 "18세기의 도덕철학과 정치철학뿐만 아니라 신학, 정치경제학, 정치적 토론에 널리 퍼져 있었다."[4] 그의 『서론』이 출판되기 전에도 공리주의는 이미 경험주의적이고 실용주의적인 근대 영국인의 내면적 사고를 지배하고 있었다. 평화를 논하면서 한편으로는 생명의 소중함이나 종교적 계명을 들먹일 수도 있으나, 기실 대중에서 더 설득력 있는 논변은 필시 평화의 이득 내지는 전쟁의 경제적 손실과 관련된 것일 것이다.

당시의 평화론자는 성공적 전쟁이 큰 경제적 이익을 가져오리라는 근거 없는 생각을 부정했고, 실제로 이것은 그들의 반전反戰 주장의 핵심적 논거였다. 근대 유럽에서 일어난 여러 전쟁의 결과에서 보듯이, 어렵게 전쟁에 승리하더라도 승전국은 별다른 이익을 얻을 수 없었다. 오히려 이기든 지든 전쟁이 가져올 것은 육체적 고통과 대규모 살상, 전쟁 비용을 충당하기 위한 세금 증가, 점령 지역의 행정관 배치로 인하여 늘어난 관리의 부정부패일 뿐이었다. 누구나 알만한 예로, 미국 독립전쟁 참전으로 프랑스 재정은 파산 직전에 몰렸고, 어려운 재정을 메꾸려고 제3신분에게 과중한 세금을 부과한 것이 혁명의 한 빌미를 제공했다. 이렇게 전쟁이 경제적 이익에 반한다는 주장은 칸트의 논의에서도 발견된다. 그도 계속 늘어가는 전쟁 부채는 전쟁 자체를 비경제적인 것으로 만들 것이라고 예언했다.[5]

벤담이 활동했던 시대의 평화론자의 기본적 주장에는 이미 여러 공통점이 있었다. 예컨대 벤담은 국제법의 성문화와 자유무역의 채택이 전쟁을 회피하는 가장 효과적인 방법이라고 주장했는데, 이러한 주장의 배경으로는 그로티우스와 푸펜도르프(Samuel von Pufendorf, 1632~1694) 같은 국제법의 선구자와 동시대의 급진적 자유무역주의자의 영향을 간과할 수 없다. 이와 같은 주장은 다시 칸트의 『영구평화론』에서도 발견될 수 있다.[6]

칸트는 영구평화는 보편적 좋음이고 그것을 성취하는 것이 도덕적 의무라는, 즉 우리는 영구평화를 성취해야 한다는 당위의 관점에서 접근한다. 그의 주장에 따르면, 세계시민법과 그것의 제약, 즉 보편적 우호의 조건에 스스로 구속되려는 의지가 없는 한에는, 다시 말해서 개인이 근대적 국민국가의 제약을 극복하고 세계시민으로 거듭날 가능성이 담보되지 않

임마누엘 칸트

는 한에는, 전쟁은 불가피한 사태다. 칸트는 대체로 자신의 철학 체계를 종합하여 세계시민주의cosmopolitanism와 영구평화에 대한 사변적 관념을 확증하려고 시도한다. 이에 비하여 벤담은 이러한 사변적 관념의 확증보다는 현실의 전쟁에서 현실의 인간이 겪는 고통과 온갖 전쟁의 실질적이고 경험적인 원인을 규명하는 것에 더 깊은 관심을 지니고 있었다.[7] 그렇지만 국제 법정의 판결이 결코 군사적 행동이나 강압에 의해서가 아니라 그 판결의 공공성과 국제 여론의 힘으로 집행되어야 한다는 그의 주장은 "징벌적 전쟁"punitive war의 정당성을 인정하지 않으려는 칸트의 태도와 일맥상통하는 것으로 보인다.[8]

벤담은 많은 전쟁이 국가 내부의 변화를 통해서만 피할 수 있다고 확신한다. 그는 특징적으로 전쟁 이외에도 민중의 온갖 고통의 실질적 원인을 소수 지배자의 '사악한 이해관심'과 관료들의 부정부패에서 찾는다.[9] 전쟁에 대해서도 그는 소수 지배자가 전쟁을 정당화하면서 '명예'나 '국익'과 미사여구를 사용하지만, 사실 그들은 자신의 입지와 이익만을 염두에 둘 뿐이지 국민의 실익에는 아무런 관심도 없다고 통렬히 비판한다. 지배계층의 이렇게 사악한 이해관심에 대응하기 위해서, 그는 국민에게 신문이나 관련 단체를 통한 평화교육이 절실히 필요하다고 생각한다. 다소는 다른 맥락에서지만, 칸트 역시 인간들 사이의 충돌에 대한 해답은 "도덕적 질서"에 있고 이러한 질서는 오직 교육을 통해서만 성취될 수 있다고 말하면서, 공교육에 대한 통치자의 야박한 투자를 개탄한다.[10]

전쟁의 경제적 비실용성에 대한 지적과 더불어, 자유로운 국제통상이 국제정부의 수립과 영구평화의 토대를 마련할 수 있으리라고 예견한 점에서도 칸트와 벤담 사이의 공통점을 발견할 수 있다. 더 나아가 그들은 공통으로 방어적 전쟁의 합법성을 인정한 것으로 보인다.[11] 칸트는 분명 정의로운 전쟁론just war theory에 대해 부정적 자세를 취하면서 국가들 사이의 관계를 강자와 약자 혹은 "주인과 노예"의 관계로 전락시키는 전쟁은 반대하지만,[12] 전쟁이 한 국가가 다른 국가를 향하여 그것의 주권을 행사하는 수단일 수 있음은 인정한다. 이외에도 그들과 당시의 거의 모든 평화론자가 공통으로 주장했던 바에는 예컨대 다른 나라에 대한 내정 불간섭, 군비 축소, 비밀외교 반대 등이 포함되어 있다.

이러한 정황을 종합하면서, 스티븐 콘웨이Stephen Conway는 "우리는 여러 중요한 논점에서 평화운동가들의 견해가 벤담의 견해와 유사했다는 이유만으로 그들이 벤담으로부터 자신들의 생각을 끌어냈다고 가정할 수는 없다"는 조심스러운 견해를 제시한다.[13] 이러한 견해에 따른다면, 벤담의 평화론이 당시 평화사상의 흐름에 어떤 독창적 기여를 제공했다기보다는 그 흐름에 충실히 부응했을 뿐이라고 보는 편이 더 합당할 것으로 보인다. 이제 그의 평화론이 과연 당시 평화사상의 흐름에 어떤 독창적 기여를 제공했는가 하는 문제를 잠시 살펴보자.

벤담이 살던 시대에 영국의 평화운동을 주도한 것은 1816년에 창립된 '평화협회'(정식 명칭은 the Society for the Promotion of Permanent and Universal Peace)이고, 본질적으로 퀘이커교도 중심의 종교단체인 이 협회의 기본적 입장은 공격적이든 방어적이든 모든 형태의 전쟁에 반대하는 것이었다. 영국의 평화운동에 대한 벤담의 영향력은 이 단체에 대한 그의 영향력을 통하여 부분적으로 가늠해볼 수 있다. 앞서 암시한 것처럼, 그의 영향력에 대한 전반적 평가는 부정적이다. 이 단체가 창립된 해에 그는 이미 노년에 접어들었고 무엇보다 1832년에 사망했기 때문에 벤담이 이 단체에 직접적 영향을 미쳤을 수 있는 기간은 매우 짧았다. 기록상으로 그는 생전에 이 단체의 정기모임 등에 전혀 참석하지 않은 것으로 보인다.[14]

게다가 벤담의 『보편적 영구평화 계획』은 존 보우링에 의해 1833년에야 출판된 40여 쪽 분량의 매우 개략적인 소논문에 지나지 않는다. 그 논의 범위는 영국과 프랑스 사이의 식민지 경쟁과 관련된 문제에 국한되어 있고, 전쟁과 평화에 대한 자료는 그의 방대한 미출판 원고에 산만하게 흩어져 있다는 사실에서, 저술을 통한 간접적 영향력 행사의 가능성에 대해서도 그다지 긍정적으로 평가하기가 어렵다. 다시 콘웨이의 분석에 따르면, 오히려 영국 '평화협회'에 참여했던 사람들은 윌리엄 래드(William Ladd, 1778~1842)나 윌리엄 제이(William Jay, 1789~1858) 같은 미국인 평화사상가로부터 더 많은 영향을 받았다.[15]

만약 이러한 분석이 정확하다면, 벤담이 직접적으로든 간접적으로든 당시의 평화운동 전개에 어떤 결정적 역할을 했으리라고 판단하기는 어렵다. 그러나 이것이 이 장의 목적과 관련하여 중요한 사실은 아니다. 게다가 독창적이지도 결정적이지도 않았다고 해서, 그의 영향력이 완전히 무시되는 것은 아니다. 그의 저술은 당시 지식인 사회의 많은 유력한 인물들에 의해 읽혔고, 그들에게 어떤 식으로든 영향을 미쳤을 가능성은 충분히 짐작할 수 있다. 예컨대 당시 급진적 자유주의의 대변인이자 평화운동가인 리처드 코브던Richard Cobden은 분명 벤담의 국제법 관련 저술에 대해 익히 알고 있었고, 자신의 연설에서 특히 전쟁과 관련된 벤담의 표현을 인용하기도 했다.

전쟁을 "최대 규모의 해악"mischief upon the largest scale으로 규정하는 공리주의적 반전론을 전개하면서 식민지배를 전 지구적 분쟁과 인류의 고통의 근본 원인으로 통찰했다는 점,[16] 그리고 단지 전쟁의 한 원인으로서가 아니라 그것이 필연적으로 동반하는 타민족이나 타국민에 대한 야만적 억압과 폭력과 경멸에 근거하여 식민지배 자체를 부도덕하다고 규정한 점은 적어도 벤담주의자를 자칭했던 인물들의 식견을 뛰어넘는 것이다. 벤담으로부터 영향을 받은 많은 사람을 열거할 수 있겠지만, 그와 가장 깊은 개인적·사상적 교류를 가졌을 제임스 밀과 특히 그의 사상적 후계자로 일컬어지는 존 스튜어트 밀에 대한 관찰은 그의 평화론의 특징적 면모를 발견하는데 가장 중요한 열쇠로 보인다.

3. 반식민주의와 반제국주의

식민지 문제는 벤담 평화론의 핵심 쟁점이며, 이 점은 『보편적 영구평화계획』에서 확연히 드러난다. 저서의 초반부에서 그는 영구평화 토대의 구축을 위하여 특히 당시에 격렬한 식민지 경쟁을 벌이던 영국과 프랑스가 해야 할 일이 무엇인가에 대한 자신의 성찰을 14개의 명제로 요약한다. 그 중 첫 번째가 바로 "해외 속국을 가지는 것은 전혀 대영제국에 이익이 되지 않는다"는 명제다. 이와 똑같은 명제가 여섯 번째 명제로서 프랑스에도 적용된다.[17] 그는 이러한 명제의 타당성을 뒷받침하는 첫 번째 논거로 속국, 즉 식민지가 "전쟁의 가능성"을 높인다는 견해를 제시한다. 두 번째 논거는 식민지의 비경제성에 관련된 것이다. 이러한 논거들로부터 그는 일체의 기존 식민지를 포기하고 새로운 식민지를 더는 건설하지 말라는 최종적 답안으로 나아간다. 이것은 분명 영국과 프랑스뿐만 아니라 다른 서유럽 국가들의 제국주의적 확장 야욕에 정면으로 도전하는 답안이다.

이렇게 평화 문제와 관련하여 가장 중요한 논제로 제기된 식민지 문제와 관련하여 벤담과 존 스튜어트 밀의 입장은 극명한 대조를 보여준다. 이러한 대조의 단적인 예를 들어보자. 벤담은 1790년대부터 1820년대에 이르기까지 「당신들의 식민지를 해방하라!」Emancipate Your Colonies!와 「해외

식민지를 없애라」Rid Yourselves of Ultramaria! 같은 저술을 통하여 영국·스페인·프랑스의 제국주의를 비판했다. 여기서 그는 비유럽권 민족과 문화에 대해 후대 공리주의자들이 취했던 심판자적 태도를 거부한다. 이에 비하여 존 스튜어트 밀은 아이러니하게도 그를 진보적 자유주의자와 관용의 사상가로 부각한 저서인 『자유론』에서 "그들의 향상improvements을 위해서라면 전제정치는 야만인을 다루는 데 합당한 통치방식"이라고 선언한다.[18]

그러나 그들이 이 문제에 대해 근본적 견해차를 가졌다는 점을 입증하기 위해서는 보충적 설명과 근거가 필요하다. 왜냐면 벤담의 견해의 일관성에 대한 의혹과 더불어, 그의 견해와 자칭 그의 추종자들의 견해 사이의 관계에 대해 엇갈린 해석이 존재하기 때문이다. 한편으로 일부 학자는 공리주의를 본질적으로 제국주의적—혹은 제국주의에 호의적일 가능성이 큰—이론으로 규정하면서, 식민지배에 대해 긍정적인 자칭 벤담 추종자들의 견해를 벤담 본인의 견해로 추적해 들어간다.[19] 다른 한편으로 일부 학자는 벤담의 견해의 부분적 비일관성은 인정하더라도 식민지배에 대해 벤담과 자칭 그의 추종자들 사이의 견해차가 충분히 가시적이라고 역설한다.[20]

『보편적 영구평화 계획』, 「당신들의 식민지를 해방하라!」, 「해외식민지를 없애라!」 등에서 표명된 식민지배에 대한 벤담의 열정적이고 일관적인 반대성명을 고려할 때, 전자의 해석은 후자의 해석에 비하여 확실히 설득력이 떨어지는 것으로 보인다. 그렇지만 전자의 해석이 아주 무근한 것은 아니다. 밀 부자는 식민지 소유가 유럽 식민지 개척자에게 어떤 의미에서 이익이 될지를 의문시하면서도, 식민지배가 문화적 후진국 국민에게는 이익이 될 수 있다고 확신한다. 전제적 식민통치에 대해 밀 부자만큼 열의를 보인 적은 없으나, 벤담 역시 예컨대 보편적이고 영구적으로 안정된 정부를 수립하고 영국인의 도덕적 품행이 자연스러운 사회적 기준을 형성했으리라는 점에서 이집트와 미국은 모두 영국의 통치를 받는 편이 이익이었을 것이라고 단언한다.[21] 잘 알려진 것처럼, 그는 북미대륙의 식민지들이 영국의 통치로부터 독립을 선택한 것에 대해 애석하게 생각했다. 이러한 생각의 근거는 정착 유럽인이든 원주민이든 모두 영국의 통치로부터 이익을 얻었으리라는 것이다.

또 다른 예로 벤담은 식민지 철폐를 호소한 대표적 저술인 「당신들의 식민지를 해방하라!」에서조차 인도인의 민주적 자치 능력에 대해 의문을 제기한다.

> 티푸 술탄의 권력은 더는 없다. 만약 자유의 나무를 거기에 심는다면, 그 나무가 자랄까? 인권선언문이 산스크리트어로 번역될까? 브라만, 크샤트리아, 바이샤, 수드라, 하리잔이 동등한 입장에서 만나게 될까? 만약 아니라면, 여러분은 그들을 스스로에게 맡겨두기가 약간 어렵다고 느낄 것이다.[22]

이 말을 곧바로 인도에 대한 영국의 전제적 식민통치를 정당화하는 주장으로 해석하는 것은 다소 섣부르다. 그러나 적어도 그가 당시의 인도에 민주적 자치정부가 출현할 가능성에 대해 무척 회의적이었음을 감지할 수 있다. 이와 유사한 맥락에서 그는 "영국 연대聯隊들이 영국령 인도에서 철수한다고 해서 그것이 어떤 면에서 혹은 얼마만큼 힌두교도나 이슬람교도에게 이익이 되겠는가?" 하는 의문도 제기한다.[23]

이러한 의문의 제기와 "인도인은 반드시 주인을 가져야 한다"는 식의 그의 언급은 또 어떻게 해석되어야 하는가? 이것들을 전제적 식민통치는 아니더라도 적어도 인도주의적 차원의 간섭을 용인하는 태도로 해석되어야 하는가? 에릭 스톡스Eric Stokes는 벤담의 이러한 의문의 배경에는 인도가 영국적 혹은 공리주의적 입법자를 절실히 필요로 한다는 확신과 바로 자신이 "인도의 솔론"Indian Solon이 되겠다는 입법가로서의 야심이 있었다고 논한다.[24] 그러나 벤담의 이 몇몇 발언이 식민지배와 제국주의에 대한 그의 전반적 견해와 자칭 그의 추종자들의 견해를 거시적으로 동일하다고 판단할 근거는 아니라고 보인다. 이러한 생각을 뒷받침하기 위해서는 식민지배에 대한 그의 반론의 구조를 조금 더 깊이 들여다볼 필요가 있다. 더 자세히 살펴보겠지만, 식민지배에 대한 벤담의 반대는 단순히 그것이 유럽인에게 재정적 이익이 되느냐의 문제, 요컨대 단순한 비용편익 계산을 넘어선 것이다.

『보편적 영구평화 계획』의 시작에서처럼, 별로 놀랄 일도 아니지만, 식민지배에 대한 벤담의 주된 반론은 분명 이익 혹은 공리에 기초하고 있다. 식민지는 경제적으로 불건전하고 비효율적이며, 부자의 이익을 위하여 빈민에게 세금을 거두며, 군사력의 불필요한 증강을 조장하면서 정작 본국은 군사적으로 취약한 상태에 빠지게 만든다. 무엇보다 식민지는 소모적이고 파괴적인 충돌과 전쟁으로 이어진다. 이 마지막 주장에 대해 벤담이 제시한 논리는 지극히 상식적이고 단순하다. 식민통치 체제의 유지는 필연적으로 토착 원주민에 대한 폭력적 억압과 부당한 대우를 수반할 것이고, 이러한 억압과 대우에 대한 토착 원주민의 저항은 물리적 마찰과 내전으로 이어질 것이다.

　「당신들의 식민지를 해방하라!」에서 벤담은 "인류의 **행복**이 [진정] 당신의 목적이라면 (…) 당신은 그들을 풀어줄 것이다"라고 선언한다.[25] 이 문장만 본다면 그는 추상적 공리주의 원리를 통하여, 즉 최대 행복의 실현을 위한 최선의 수단이라는 견지에서 식민지배에 대한 자신의 반론을 전개한 것처럼 보일 수 있다. 그러나 사실 그의 반론은 때때로 일반적 견해로는 공리의 원칙에 포섭되지 않는다고 여겨지는 이념과 가치에 호소하고 있다. 이것은 그가 단순히 전쟁을 피하는 수단으로서 식민통치를 반대한 것이 아니라, 식민통치를 본질적으로 부도덕하고 반인륜적인 사태로 인식한다는 사실을 드러낸다.

다시 「당신들의 식민지를 해방하라!」의 시작 부분에서 벤담은 다음과 같은 물음을 던진다. "당신은 당신 자신의 정부를 선택한다. 그런데 왜 다른 사람은 자신의 정부를 선택하지 못하는가? 당신은 진심으로 세계를 지배할 작정이고, 그것을 **자유**라고 부르겠는가?" 또 그는 이렇게 말한다. "입으로는 **형제애**를 말하면서, 당신은 인류에게 전쟁을 선포하고 있다."[26] 또 이렇게도 말한다. "**정의**를 따르는 것이 가장 힘세고 가장 자랑스러운 국가가 해야 할 일이다. 그냥 제자리에 앉아서 전쟁과 폭력의 길로 몰아가는 것을 **용기**라고 말하지 마라. 그러한 용기는 가장 치사한 비겁함과 다를 바가 없다."[27] 이러한 문장들은 정치한 논변의 논거라기보다는 수사학적 표현일 뿐이라고 보일 수도 있다. 어쨌거나 이러한 발언들에서 그는 행복이나 경제적 이익에 기초한 논증에 못지않게, '자유', '형제애'fraternity, '정의', '용기'와 같은 추상적 이념이나 덕목에 호소하고 있다.

이와 더불어, 벤담의 반론은 특징적으로 식민지 관료의 부정부패, 말하자면 중앙정부의 감독이 미치지 못할 정도로 멀리 떨어진, 따라서 일반 시민의 관심도 적고 그 병폐도 제거하기 어려운[28] 지역에 파견된 사법관 및 행정관의 타락에 대한 우려를 포함한다. 관료의 부정부패에 대한 우려는 그의 법사상의 전개에서 일관된 주제고, 이것은 한편으로 법 집행의 비효율성과 같은 공리주의적 계산과도 연결되지만, 다른 한편으로 그는 항상 이러한 부정부패로 인하여 민중이 겪어야 했을 고통에 관하여 기술한다. 식민통치 문제와 관련해서도, 그의 우려는 식민지에 파견된 관료의 부정부패로 인하여 자국민과 토착 원주민이 함께 감당해야 했을 고통에 있다. 이러한 고통에 대한 그의 반응은 냉정한 비용편익의 계산보다는 다분히 인도주의적 정서의 표출로 보인다.

이렇게 추상적 이념이나 덕목에 호소한 부분과 관련하여, 『보편적 영구평화 계획』과 「당신들의 식민지를 해방하라!」 각각의 목적과 성격의 차이에 주목할 필요도 있다. 전자는 분명 '공리' 혹은 '이익' 개념을 중심으로 논의를 전개한다. 거기서는 위와 같은 추상적 이념이나 덕목에 대한 호소를 찾아볼 수 없다. 이 글은 한 편의 완결된 논문으로서, 내용상 그가 예상했던 독자는 물론 프랑스인도 포함되겠지만 주로는 영국인이었을 것이다. 이에 비하여 후자, 즉 「당신들의 식민지를 해방하라!」는 1793년 프랑스 국민의회에 제출된 일종의 연설문으로서, 전자와 일부 중복되는 주장을 담고 있으면서도 전혀 다른 논조를 띠고 있다. 특징적으로 이 연설문에서 벤담은 '정의' 개념으로부터 논의를 시작하고 '자본의 양'과 같은 경제적 이익에 대한 논의는 후반부에 위치시킨다. 이렇게 추상적 이념이나 덕목에 대한 정서적 논조로 시작한 것은 아마도 프랑스 국민의회라는 특정한 청자를 전략적으로 고려한 결과라고 짐작할 수 있다.

'자유', '정의', '형제애', '용기'에의 호소를 이렇게 전략적 고려일 뿐이라고 한다면, 식민지배에 대한 벤담의 반론이 본질적으로 이익의 계산, 즉 원형적 공리주의의 원칙을 크게 벗어난다고 말하기는 어렵다. 그렇지만 분명 그는 인도에 대한 식민통치에 대해 밀 부자와는 전혀 다른 결론에 도달했다. 그 원인으로는 그의 공리주의가 인도주의뿐만 아니라 다원주의pluralism를 포용할 만한 도량을 지녔기 때문이라고 볼 수 있다. 다시 인도 이야기로 돌아가 보자.

흔히 법학자로서 벤담은 입법가로서의 야심, 즉 법체계의 개혁을 통하여 인도 사회의 개혁과 향상을 도모하려는 야심을 가졌었다고 관찰된다. 어쩌면 할레비Elie Halevy의 주장처럼, 고전 공리주의자에게 식민지는 박애와 개혁을 실험할 수 있는 매력적 기회의 장일 수도 있었다.[29] 그러나 그의 이러한 야심은 결코 전제적 식민통치를 통한 강압적 개혁의 야심으로 이어지지는 않는다. 이 책의 여러 곳에서 언급한 것처럼, 그는 당시 영국의 보통법 체계에 대해 누구보다도 비판적이었다. 그는 당시 영국의 법체계가 비정합적이고 불필요하게 복잡하고 몹시 불명확하고 부정부패를 조장하기 쉬운, 그야말로 야만적 수준에 머물러 있다고 판단했다. 이러한 결함을 차치하고라도, 그는 영국 법체계를 인도에 적용하는 것은 어리석은 짓이라고 생각했다.

요컨대 그의 입법가로서의 야심은 결코 어떤 한 민족의 문화와 관행과 현재 상태를 도외시하고 유럽의 정치·사회·법률 체제를 주입하려는 오만한 야심이 아니었다. 무엇보다 영국의 전제적 통치와 간섭을 정당화하는 것과는 거리가 멀었다. 앞서 언급한 것처럼, 그는 인도인의 민주적 자치역량에 대해 의문을 제기했지만, 이러한 역량을 완전히 부정하지도 않는다. 한 예로 『소송절차의 원리』에서 벤담은 인도에 배심원재판 제도의 도입을 제안한다.[30] 분명 그는 인도인의 전체적 교육수준이 매우 낮다는 사실을 잘 알고 있었으나 그들이 배심원재판 제도의 도입이 불가능할 정도로 무례하거나 야만적이라고 생각하지는 않았다.

무엇보다 이것은 제안이었다. 벤담은 인도 사회와 법률의 향상을 위한 개혁안을 제시했다. 그러나 그는 이 제안에서 인도 사회나 인도인이 특별히 향상을 필요로 한다고 말하지는 않는다. 그리고 이러한 개혁의 필요가 인도인의 후진성이나 무능력에서 나온다고 말하지도 않는다. 그는 어느 국가든 그 국민이 자신들에게 이익이 되는 것에 대해 제일 잘 알고 있고,

비유럽권 국가의 명사와 관료도 충분히 자기 나라를 잘 다스릴 수 있다고 확신했다. 따라서 인도 사회에 대한 그의 개혁안은 그가 영국뿐만 아니라 다른 모든 유럽 국가에 제안했던 개혁안과 정확히 같은 취지와 성격을 가진 것으로 이해되어야 한다.

벤담의 눈에는 영국뿐만 아니라 유럽의 어느 제국의 것이든 식민지 자체는 애당초 정복민이나 피정복민의 이익을 위한 것이 아니다. 상식적으로만 생각해보아도, 피정복민의 진보와 향상을 도모한다는 것은 식민지배를 정당화하는 전형적이고 가식적인 명분이라는 점은 자명하지 않은가? 식민지배의 실질적 목적은 주는 것보다 더 많은 것을 가져가는 것이지 않은가? 게다가 그것은 오직 산업·금융·전문직 계급의 이익을 위한 것이고, 그것이 우연한 결과로 산출한 소위 진보와 향상이 얼마만큼 대단하든지 간에, 정복민과 피정복민 모두의 더 큰 고통과 희생을 요구할 것이 처음부터 의도된 바였다.[31] 벤담에게 이것은 너무나 자명한 진실이고, 『보편적 영구평화 계획』이든 「당신들의 식민지를 해방하라!」든 그의 궁극적 목적은 이 자명한 진실에 대한 깨달음 혹은 시인을 촉구하는 것이다.

4. 밀의 공리주의적 제국주의

식민지배에 대한 벤담의 반론은 밀 부자의 견해와 비교함으로써 그 의의가 더욱 선명하게 드러난다. 두 사람 모두 동인도회사East India Company의 고위직에까지 올랐다는 유사한 경력과 아울러 식민통치에 대한 존 스튜어트 밀의 견해는 공리주의적 제국주의의 고전적 사례로 평가되는 그의 부친 제임스 밀의 견해와 매우 밀접하다.[32] 먼저 제임스 밀의 견해를 잠시

살펴보자.

제임스 밀은 1813~1816년 사이에 평화와 전쟁에 대한 여러 편의 글을 『박애주의자』Philanthropist 저널에 기고했다. 이 글에서 그는 방어적 전쟁만이 합법적 전쟁이며, 전쟁은 국민이 아니라 통치자에게만 이익이 되고, 통치자는 국가의 명예니 영광이니 하는 사탕발림으로 국민을 현혹하는데 온갖 노력을 기울인다고 주장한다. 그리고 앞서 거론된 것처럼, 그 역시 국제재판소의 판결은 무력이 아니라 국제 여론의 힘으로 집행되어야 한다고 주장한다.[33] 이 친숙한 주장은 분명 벤담의 평화론에서 나오는 제안과 유사하며, 정확히 벤담이 사용했던 언어를 사용한다는 점에서, 그의 견해의 형성에서 벤담의 영향력을 대략 짐작할 수 있다.[34]

그러나 식민지 문제에 관해서는, 1819년부터 20년 가까이 동인도회사 고위직에 있었다는 정황을 참작하더라도, 제임스 밀의 입장은 다분히 모순적이다. 벤담의 영향인지는 단언할 수 없으나, 한편으로 그는 식민지 확장이 정복국에게 재정적으로 전혀 도움이 되지 않을 뿐만 아니라 통치계급의 사악한 이해관심에 의해 억지로 떠맡겨진 것이라고 기술한다.[35] 정복국민에 대한 식민지의 비경제성은 밀 부자와 벤담이 공통으로 인식한 바이다. 그렇지만 자신의 저서 『영국령 인도의 역사』(The History of British India, 1817)에서 제임스 밀은 인도인의 지적·도덕적·문화적 열등함을 강조하면서 그들은 영국의 통치에 참여할 능력이 전혀 없다는 결론을 내린다. 이러한 다소 이중적인 태도는 반드시 모순적이라고 말할 수는 없다. 그는 대체로 고전적 정치경제학을 바탕으로 정복국민의 이익이라는 관점에서는 식민지 소유를 비판하면서도, 일종의 공리주의적 인도주의의 실현이라는 관점에서는 특히 인도와 같은 상황의 비유럽권 국민은 영국의 식민지로 편입되는 편이 그들의 행복과 진보에 도움이 되리라는 확신을 지니고 있었을 따름이다.

존 스튜어트 밀은 인도와 그곳 영국 정부의 역할에 대해서—인도만이 아니라 그 어떤 비유럽권 사회와 문화에 대해서도—자기 부친의 견해를 성심으로 받아들인 것처럼 보인다. 그는 문명국과 비문명국 사이에는 명확한 위계가 있으며, 인도인은 자치 능력이 없는 야만인이며, 영국의 전제적 식민통치가 인도를 위한 최선의 통치 형태라는 부친의 주장을 여과 없이 받아들인 것으로 보인다. 오히려 그는 벤담이 문명화된 민족과 야만적 민족의 구분에 관심이 없었다는 점은 역사적 이해의 부족 때문이라고 비판한다.[36] 또 다른 저술에서도 그는 벤담이 동일한 제도를 상이한 문명화 단계에 있는 상이한 국가에게 적합하다고 생각한 것은 이러한 역사적 이해의 부족 때문이라고 지적한다.[37]

인도인의 열등함에 대한 존 스튜어트 밀의 믿음은 어쩌면 자신의 부친보다 더 깊었을지 모른다. 1859년에 발표한 논문에서 밀은 문명화된 민족과 야만적 민족에게는 상이한 국제관계의 기준이 적용되어야 한다는 생각을 변호하면서 다음과 같이 말한다.

> 동일한 국제적 관례와 국제적 도덕 규칙이 (⋯) 문명화된 민족과 야만인 사이에서 통용될 수 있으리라고 가정하는 것은 심각한 오류다. (⋯) 무엇보다 통상적인 국제적 도덕 규칙은 상호성을 함축한다. 그러나 야만인은 답례하지 않을 것이다. 그들이 어떤 규칙을 지키리라고 신뢰할 수 없다. 그들의 정신은 그렇게 큰 작용을 할 능력이 없다.[38]

이러한 발언이 나온 시기를 살펴보면, 인도인의 정신적 열등함에 대한 확고한 믿음뿐만 아니라 야만적 민족과 문명화된 민족의 위계에 대한 밀의 소견은 그의 젊은 시절부터 형성되어 비교적 말년에 이르기까지 이어졌던 것으로 보인다. 벤담이 사망한 직후에 출판된 「벤담의 철학에 대한 소견」에서 밀은 벤담을 인간의 본성과 성품의 중요성에 대해 제대로 인식하지 못한 사상가로 그리고 있다.[39] 요컨대 벤담의 공리주의는 행위의 직접적 결과만을 고려할 뿐, 그보다 더 중요한 행위자의 성품 발달에는 무관심한 사상가였다는 지적이다.

다시 자신의 논문 「벤담」에서 밀은 성품에 대한 논의를 개인적 차원에서 국가적·민족적 차원으로, 이른바 '국민성'national character에 대한 논의로 확대하면서 다음과 같이 벤담을 꼬집는다.

> 국민성에 대한 철학에 기초하지 않은 법률과 제도에 대한 철학은 어리석은 것이다. 그러나 벤담의 의견이 국민성에 대해 무슨 가치가 있겠는가? 극소수 매우 빈약한 유형의 개인적 성품에만 갇혀 있었던 그가 어떻게 이러한 고차원적 일반화에 도달할 수 있었겠는가?[40]

밀은 '국민성'을 단순히 진보와 퇴보의 문제로 본다. 그렇기에 그는 인종적 혹은 생물학적 결정론을 거부하며, 시간이 흐르면 국민성은 변할 수 있다고 생각한다. 따라서 그를 즉각 당시에 이미 유행하던 고전적 인종차별주의자로 매도할 수는 없다. 그렇지만 이 성품을 전향-퇴행, 능동-수동, 냉정-흥분 등의 원초적 이분법으로 기술하고, 영국인과 독일인은 전자에 해당하고 아일랜드인과 프랑스인과 남유럽인과 '동양인들'은 후자에 해당한다는 식으로 여러 나라와 민족의 국민성에 대한 그의 평가는 적잖이 구체적이다. 한편으로 국민성은 시간과 장소와 환경에 의해 가변적이라고 생각하고 나라와 민족마다 그 국민성을 형성한 독특한 역사적 사회적 배경이 있었다는 점을 인정하는 다원주의적 태도를 취한다.[41] 그러나 결국 그는 서구 중심적 진보 개념을 바탕으로 독특함과 다양성을 설명하고, 이 기준에 따라서 국가와 민족의 우열을 가늠하려고 한다.

국민성 문제와 관련된 벤담과 밀의 견해차는 제국주의적 통치에 대한 그들의 견해차를 설명하는데 매우 중요한 부분이기도 하다.[42] 국민성 혹은 문화적 차이에 대한 밀의 의견은 어떤 식으로든 전제적 혹은 부권주의적 식민통치에 대한 그의 확고한 긍정적 태도와 이어져 있다. 피츠는 이것이 대의민주주의에 대한 그의 옹호적 태도와도 연계되어 있다는 해석을 제시한다.[43] 반면에 벤담은 문화적 다름을 존중하는 자세를 취한다고 해석되며, 이러한 면에서 불간섭주의와 민족자결주의의 선구자 중 하나로 평가될 수 있다. 그는 결코 사회적 진보의 수준에 비추어 국가와 민족의 위계를 설정하지 않는다. 더 나아가 진보의 수준이 후진국에 대한 전제적 식민통치를 정당화한다고도 생각하지 않는다.

사실상 식민지 문제에 대한 밀의 태도에는 다소 모순된 부분이 있다. 그는 자유주의를 설파하면서는 자기와 관계된self-regarding 것이든 타자와 관계된other-regarding 것이든 '해악'harm 개념에 초점을 맞추었다. 그런데 그랬던 그가 어째서 식민지 문제에 대해서는 피지배자의 향상만을 이야기하고 식민통치로 인하여 그들이 겪게 될 고통과 해악에 대해서는—그것이 수반하는 폭력적 억압에 대해 누구 못지않은 지식과 경험을 가졌을 그가—백안시했는지는 이해하기 어렵다. 어쩌면 그는 영국의 식민통치를 통하여 야만적 상태의 피정복국민이 획득할 수 있는 향상의 기회가 그들이 당장 겪게 될 고통과 희생을 능히 상쇄하리라는 확신, 요컨대 그들의 고통과 희생이 언제 어떻게든 더 크게 보상받을 것이라는 확신을 지니고 있었을지도 모른다.

어쩌면 밀은 식민통치를 열등한 자에 대한 동정심의 발휘로 간주했을지도 모른다. 그에게 최대 행복의 실현이라는 목적은 문화적으로 열등한 사회에 대한 온정적 간섭이나 더 나아가 전제적 통치를 도덕적으로 용인할 만한 수단으로 만든다. 오히려 인도의 식민통치에 대한 반대를 벤담의 경험 부족과 정서적 고립에서 기인한 것으로 묘사하면서, 그는 이렇게 말한다. "인간 본성의 가장 자연스럽고 가장 강렬한 여러 감정 중에서 [벤담은 동정심이 없었다."44

그러나 벤담의 편에서 보면, 밀의 이러한 말은 단순히 문화적 자부심을 넘어선 오만함의 표현이고, 식민지배의 전쟁 유발 위험과 본질적 부도덕성에 대한 몰지각으로 보였을 수도 있다. 무엇보다 받아들이기 어려운 부분은 영국이 그 식민지에서 범한 온갖 잔학행위와 폭력적 억압의 희생자에 대한 밀의 다소 무심한 반응이다. 예컨대 밀은 철학사에서 누구보다도 많은 저술과 서한을 남겼지만, 그가 여전히 동인도회사에서 근무하던 1857~1858년 사이에 일어난 세포이 반란Sepoy Rebellion과 이에 대한 영국의 폭력적 진압에 대해서는 한마디도 남기지 않았다.

또 다른 예로, 1865년 10월에 발생한 자메이카인의 반란에 대한 진압과정에서 과도한 폭력을 사용한 것에 대해 당시 자메이카 총독이었던 에드워드 존 에어Edward John Eyre를 기소하려던 밀의 시도를 들 수 있다. 이른바 '모란트 베이 반란'Morant Bay Rebellion이라고 불리는 이 폭동에서 지역 치안판사를 비롯하여 몇몇 백인이 사망했다. 이러한 사태에 대응하여 에어 총독은 30일간 그 지역에 계엄령을 선포했다. 그리고 반란을 진압하는 과정에서 식민지 관리는 439명의 흑인 및 혼혈인 자메이카인을 재판도 없이 혹은 군법회의로 처형했고, 600여 명에게 태형을 가했고, 1,000여 채의 가옥을 불태웠다. 백인 농장주와 본토의 일부 시민은 총독의 재빠른 진압을 칭찬했고 심지어 영국 정부조차 그의 방식을 지지했다. 그러나 이 사건 직후에 구성된 소위 '자메이카 위원회'의 주요 위원이었고 1866년부터는 이 위원회의 의장을 맡았던 밀은 진압과정의 폭력 사용의 책임자에 대한 조사와 재판을 추진했다.

이 예에서 주목할 만한 점은 에어 총독에 대한 재판을 추진하는 과정에서 밀의 관심사는 소수의 백인 지배자에 의해 다수의 흑인 및 혼혈인 피지배자에게 가해진 부정의를 바로잡는 것이 아니라, 단지 그 지역의 법치질서를 회복하는 것이었다는 점이다. 말하자면 그는 식민통치 체제의 특징적 부정의와 식민지에서 불가피하게 발생하는 잔학행위에 대한 위험을 외면하면서, 단지 일부 개인의 범죄행위에만 비난의 초점을 맞춤으로써 식민통치 체제 자체의 무고함을 두둔하려 했다. 실제로 그는 에어 총독의 범죄와 식민통치 체제의 연관성에 대한 논의를 되도록 피하려 했다. 오히려 그는 이 사건을 영국 본토 정부의 더욱더 적극적이고 직접적인 개입의 필요성을 촉구하는 계기로 삼으면서, 한 서한에서 이렇게 적는다. "본국에 의해 필요한 내부적 개혁이 성취될 때까지, 영국은 자메이카의 제도를 일제히 정리하고 지역의 입법권을 완전히 정지시켜야 할 것이다."[45]

요컨대 밀은 '세포이 반란'이나 '모란트 베이 반란' 같은 사태가 식민통치 체제에 본질적으로 내재된 문제라고 생각하지 않은 듯하다. 인도에 관한 서술에서 드러나듯이, 그는 식민지에서 영국 정부가 지금까지 어떠한 잘못을 범했든 그것은 선의善意로부터 나온 것이었기에 대체로 도덕적으로 결백하고, 시간이 지남에 따라 "필요한 내부적 개혁"이 성취되면 자연히 줄어들게 될 현상이라고 낙관한 듯하다. 이렇게 영국의 제국주의를 궁극적으로 선의의 발현으로 해석하는 밀의 태도는 위선僞善일까, 아니면 순진함일까? "영국의 존립 자체가 우리[영국]의 제품을 위한 새로운 시장을 끊임없이 획득하는 것에 달려 있고, 이러한 시장의 획득이 우리에게는 생사가 걸린 문제고, 우리는 언제든 공적 윤리나 국제 윤리의 모든 의무를 짓밟을 준비가 되어 있다"는 대륙 정치가들의 지적에 반발하면서,[46] 밀은 영국이야말로 "모든 국가 중에서 비교가 안 될 정도로 가장 양심적인 국가이며 (…) 이웃 나라에 위해를 가할 충분한 힘을 가진 모든 나라 중에서 우리가 아마 사소한 양심의 거리낌만으로도 이러한 위해를 가하지

못하게 저지할 유일한 나라일 것"이라고 주장했다.[47]

영국 정부 혹은 영국인의 도덕적 우월성과 식민통치 체제의 정당성에 대한 밀의 이렇게 확고한 신념은 버크(Edmund Burke, 1729~1797), 벤담, 스미스 같은 18세기 사상가의 태도와 분명한 대조를 이룬다. 후자의 사상가는 식민통치 체제를 필연적으로 부정의하다고 인식한다. 예컨대 버크는 영국의 인도 통치를 "체계적 부정과 억압"Systematick iniquity and oppression이라고 묘사한다.[48] 버크의 이러한 묘사의 직접적 배경은 초대 벵골 총독이었던 워런 헤이스팅스(Warren Hastings, 1732~1818)가 연루된 유명한 부정 사건이다. 그는 이 사건을 단순히 개인의 범죄행위가 아니라 거의 바로잡을 수 없는 체계적 부정의의 표출로 보았다는 점에서 에어 총독 사건을 담당했던 밀의 태도와 다르다. 벤담 역시 헤이스팅스 사건의 배경으로서 체계적—영국 법체계의—문제점을 거론하면서[49] 그 사건을 수백만 힌두인과 이슬람인에 대한 약탈과 억압으로 묘사한다는 점에서, 인도의 영국 정부와 동인도회사의 역할에 대한 밀의 긍정적 태도와는 대조를 이룬다.

이러한 대조적 태도를 영국 사회의 역사적 변화에서 기인한 현상으로 이해할 수도 있다. 헤이스팅스 사건이 한 중요한 계기였지만, 18세기에서 19세기 중반에 이르기까지 영국 지식인은 영국의 제국주의와 식민지배를 경제적 이익의 측면만이 아니라 도덕적 측면에서도 비판하였으나, 19세기 후반에 이르면 전면적 지지로 돌아선다. 그리고 밀과 동시대의 지식인 허버트 스펜서(Herbert Spencer, 1820~1903) 같은 예에서처럼, 영국 사회를 가장 진보한 사회로 보고 영국인을 도덕적으로 가장 우월한 민족으로 보는 시각은 19세기 중후반의 영국인에게는 일반적이었을지 모른다. 따라서 벤담이 그랬던 것처럼, 어쩌면 밀도 시대정신의 흐름에 충실히 부응했을 따름이라고 말할 수 있다.

5. 공리주의와 제국주의의 관계

공리주의의 평화주의적·반제국주의적 함축에 대해 부정적 소견을 가진 사람들은 아마 폭력이 어떤 목적을 달성하기 위해서 거부하기 힘든 수단일 경우에는 공리주의자가 폭력을 선택할 것은 당연하지 않겠냐고 반문할 수 있다. 이러한 반문에는 공리주의는 한편으로 폭력에서 발생하는 고통 때문에 폭력을 피해야 한다고 하면서도, 같은 논리로 폭력을 용인할 수도 있고 심지어 필요하다고 주장할 수도 있다는 추론이 깔려 있다.[50] 이러한 추론에서처럼 공리주의가 철저히 '수단-목적 합리성' 혹은 '도구적 합리성'을 도덕적 숙고의 기본 원리로 취한다면, 공리주의가 오직 방어적 폭력이나 전쟁만을 도덕적으로 용인하고 불간섭주의를 필연적으로 함축한다고 주장하기는 어려울 듯하다. 공리주의적 관점을 이렇게 이해한다면, 식민지배에 대한 벤담의 거의 무조건적 반대를 어떻게 설명할 수 있을까? 무엇보다 이 특정한 쟁점에 대한 그와 밀 사이의 견해차를 어떻게 설명할 수 있을까?

오늘날 '인도주의적 간섭'은 강대국의 제국주의적 야욕을 포장하는 허울이라는 인식과 함께, 그것을 옹호하는 사람의 도덕성에 대한 심각한 의혹이 제기되기도 한다. 이러한 간섭의 본질이 진정 현대의 도덕적 지형에서 추악한 부도덕으로 간주하는 제국주의이고 그 본질이 충분히 가시적이라면, 그것에 대해 여전히 이견과 논란이 있다는 사실조차 아이러니하다. 그러나 이러한 이견과 논란은 전혀 놀랍거나 새로운 현상이 아니다. 인도주의적 간섭에 대한 오늘날의 논란은 제국주의와 식민지배에 대해 18~9세기 유럽의 지식인 사이에 있었던, 예컨대 벤담과 밀 사이에 있었던 논란과 매우 유사한 면이 있다.

그런데 지금까지의 논의를 종합하면, 밀과 그의 사상적 스승인 벤담은 제국주의와 식민지배에 대해 근본적으로 다른 태도를 보여준다. 벤담은 시종일관 식민지배를—순전히 정치경제학적 의미에서든 도덕적 의미에서든—공리주의적 인도주의를 실현하는 적합한 방편으로 생각하지 않았기에, 식민지배와 관련된 자칭 그의 추종자들의 옹호적 태도를 벤담 본인의 생각과 밀접하게 연결하는 것은 타당하지 않다. 영국의 식민통치에 대한 밀의 옹호적 태도는 어쩌면 그 자신의 공리주의와는 무관하게, 버크가 비판했던 영국인의 "지리적 도덕성"geographical morality의 한 사례일 수 있다.[51]

진보적 자유주의자이며 관용의 철학자라는 그의 대중적 이미지에 현혹된 사람은 이러한 비판을 쉽게 납득할 수 없을지 모르나, 밀이 말하는 자유와 관용에는 확실한 지리적 한계선이 있었다는 점은 이미 많은 학자가 주목해왔던 바다. 앞서 거론한 문명화된 민족과 야만적 민족의 구분에 대한 확신, 그리고 야만적 민족의 향상을 위한 전제적 식민통치에 대한 전향적 발언은 그의 자유주의와 관용에는 지리적 한계선이 있다는 해석에 설득력을 실어준다. 그리고 그는 여전히 논란의 여지는 있으나 오늘날의 도덕적 지평에서 적어도 일부 사람은 받아들일 법한 순결한 의도의 인도주의적 간섭을 넘어선, 오늘날의 평등주의적 지평에서는 결코 받아들일 수 없는 문자 그대로 제국주의적 지배를 당연시한 듯하다. 자메이카인의 반란에 대한 문헌에서 그는 그들을 영국의 '백성'subjects 혹은 '시민'citizens으로 기술한다. 이는 한편으로 그가 진심으로 그들을 동등한 권리를 가진 영국의 백성으로 존중했던 증거라고 볼 수도 있겠지만, 다른 한편으로 그는 그들을 더는 자존적 문화와 전통과 정치체제를 유지하며 살아갈 수 없는 열등한 존재로 여겼다고 볼 수도 있다.

그 의도가 얼마나 고결한 것이었든지 간에 현실을 직시해보면, 벤담이 예상했던 것처럼, 식민지는 정복국과 피정복국 사이의 폭력적 마찰과 유럽 제국들 사이의 식민지 쟁탈 경쟁에서 빚어진 숱한 전쟁의 주된 원인이었다. 이러한 의미에서 식민지는 전 세계인의 가장 큰 우환의 뿌리였다. 특수한 시대적 상황 때문이었겠지만, 벤담의 평화론의 핵심은 전쟁 자체보다 종교적 충돌과 더불어 당시 전쟁의 주된 원인 중 하나였던 식민지에 있었다. 이것은 그의 『보편적 영구평화 계획』이 식민지에 대한 거론으로부터 시작된다는 사실로부터 명확하다. 그리고 그가 식민지 쟁탈 경쟁을 통하여 유럽의 패권을 다투던 두 국가, 말하자면 유럽의 평화와 힘의 균형을 좌우하던 영국과 프랑스를 중심으로 자신의 평화론을 전개한 것에서도 암시된다. 여기서 그는 식민지 쟁탈 경쟁이 영국과 프랑스의 해군력 경쟁의 가장 직접적 원인이라는 점을 지적하면서, 어느 쪽이든 해외식민지를 가까이하지 않는다면 서로를 두려워할 이유가 없다고 단언한다.[52]

인류공영을 궁극적 좋음으로 제시하리라는 점에서, 추상적이지만 본질적인 의미에서 공리주의는 인도주의를 지향한다. 『서론』에서 벤담은 공익에 가장 부합하는 인간의 동기들을 포괄하는 용어로 "선의"를 택하고, 그 동기들로 "자비심", "동정심", "박애", "형제애", "인류애", "자애" 등을 열거한다.[53] 그러나 선의의 실현이 원하지 않는 일방적인 간섭, 말하자면 획일적인 정치체제나 경제체제, 혹은 소위 '선진' 문명의 억압적 강요를 필연적으로 수반하는 것은 아니다. 바로 이 점에서 벤담과 밀의 생각은 가시적으로 갈라진다. 이러한 사실보다 더 중요한 요지는, 제국주의와 식민지배에 대한 밀의 옹호적 태도를 '공리주의자'라는 그의 또 다른 타이틀과 결부시켜, 공리주의 자체를 제국주의와 식민지배에 호의적이거나 그것들을 정당화할 수 있는 사상으로 이해하는 것은 명백히 오해라는 점이다.

벤담은 모든 식민지를 포기하라는 자신의 제안이 실현될 가능성, 특히 자신의 조국인 영국이 그렇게 할 가능성에 대해 심히 회의적이었고, 식민 통치 체제의 현실적 전개가 양쪽의 대다수 민중의 억압과 희생, 그리고 마침내 전쟁으로 이어지리라는 혜안을 가지고 있었다. 어쩌면 그에게 그것을 깨닫는 것은 특별한 혜안을 요구하는 것이 아니었을 수 있다. 이에 비하여 인도를 비롯한 식민지 상황에 대해 더 나은 지식을 가지고 있었던 밀은 그러한 혜안을 갖지 못했거나 어떤 의도에서든 그것을 현실로 받아들이기를 거부했을지 모른다. 이는 어쩌면 그의 철학적 관심이 자신의 정신적 고상함을 실현할 수 있는 유럽의 문명화된 사회에 집중되어 있었기 때문일 것이다. 더 중요한 문제는 인도인에 대한 '야만적'이라는 그의 수식어는 단순히 사회적 진보의 단계를 지시하는 기술적 용어가 아니라, 인도인을 비롯하여 그의 기준에 비추어 열등한 문화를 가진 민족을 향한 일종의 혐오감을 표출하는 말처럼 들릴 수 있다는 것이다. 그리고 이것은 그의 정신적 고상함의 추구에 내포된 엘리트주의적 관용의 한계를 암시하는 것처럼 들릴 수 있다.

일부 학자는 터무니없이 비현실적인 사유실험을 통하여 공리주의가 원리적으로 노예제도와 같은 억압적 지배체제를 정당화할 수 있는 이론이라고 비판해왔다. 그러나 공리주의가 현실적으로 제국주의나 식민지배를 정당화하는 이론이 될 가능성은 희박하다. 특히 벤담에게서 공리주의를 이러한 이론으로 보이게 만든 원인을 찾으려는 시도는 그다지 전망이 밝지 않다. 그의 행복 개념은, 비록 단순한 수사학적 표현일 수도 있고 다른 근대 사상가의 개념과 다를 수도 있지만, 자유나 정의나 형제애나 용기와 같은 추상적 가치나 덕목을 포용할 여지가 있다. 더욱이 그의 보편주의적 성향은 '지리적 도덕성'을 거부한다. 따라서 그에게 '선의의 식민지배'라는 말은 현실적으로 언어도단이다. 식민통치와 같은 억압적 지배

체제와 그것으로 인한 지배국과 피지배국 민중의 고통과 전쟁의 위험이 공리의 원칙과 현실적으로 부합할 수 있다는 생각도 언어도단일 것이다.

6. 소결

'최대 행복'을 말할 때, 공리주의는 하나의 공동체에서 전 인류의 공영과 진보로까지 나아간다. 흔히 공리주의는 전체를 위하여 소수의 희생을 정당화하는 이론으로 이해되기에, 어쩌면 전 인류의 공영과 진보라는 명목으로 일부 후진 민족에 대한 전제적 식민통치와 억압을 정당화한다고 생각할 수도 있다. 그런데 이른바 제국주의 시대에 유럽 제국들이 식민지배한 민족은 전 인류라는 관점에서 소수가 아니라 오히려 다수였다. 그들이 식민통치를 통해서 얻은 이득이 무엇이든 이러한 억압적 통치로 인하여 그들이 감당해야 했을 고통을 제하면, 그 결과적 공리는 마이너스일 공산이 크다.

또 공리주의는 미래의 더 큰 이득을 위하여 현재의 작은 이득의 희생을 정당화하는 이론으로 이해되기에, 그것은 어쩌면 미래에 피지배 민족의 더 큰 발전을 도모한다는 명분으로 그 민족이 당하는 현재의 억압과 그로 인한 고통을 정당화한다고 생각할 수도 있다. 벤담은 어쩌면 이러한 논리에서 미국과 이집트에 대한 영국의 식민통치에 대해 찬성했는지도 모른다. 그리고 이러한 측면에서 식민지배 일반에 대한 그의 태도가 일관적이지 못하다는 비판은 부분적으로 타당하다고 보인다. 그러나 그는 어떤 경우에도 전쟁이라는 '최대 규모의 해악'을 일으킬 식민지배나 식민지 쟁탈에 대해서는 반대했을 것으로 생각된다. 진정한 현실주의적 공리주의자라면, 제국주의 같은 현상이 순수한 선의의 발현일 수 있다는 착각에 빠져서는 안 된다. 이러한 관점에서 밀의 현실지각 능력은 벤담보다 다소 부족했던 듯하다.

그런데 이러한 착각이 매우 유혹적이라는 점은 유념해야 할 듯하다. 오늘날에도 예컨대 니얼 퍼거슨Niall Ferguson 같은 나름 저명한 영국 역사학자는 자신의 저서 『시빌라이제이션』과 『제국』 등에서 제국주의는 현실적으로 불가피한 현상이었으며 그나마 과거 영국과 같은 서구열강의 제국주의가 피지배 민족에게 긍정적 결과를 가져왔다고 주장한다.[54] 이러한 주장에 대해 많은 비판이 쏟아졌지만, 서구 유럽의 지식인 가운데 내심 이러한 주장에 공감하는 사람도 적잖았을 것으로 짐작된다.

결과의 좋음이 어떤 행위를 옳은 행위로 만든다는 것이 공리주의의 논리라면, 결과의 좋음이 제국주의를 정당화하는가? 그렇다면 공리주의자에게 중요한 문제는 퍼거슨의 주장이 정말 진실에 가까운가 하는 문제일 것이다. 그러나 오늘날의 도덕적 지평에서 제국주의에 대한 반감은 단순히 퍼거슨의 주장을 진실로 받아들일지에만 달린 문제는 아닐 것이다. 벤담은 종종 결과의 좋음 여부를 떠나서 제국주의와 식민지배를 정의나 형제애나 자유나 용기와 같은 추상적 이념이나 덕목의 견지에서 비판한다. 그러나 제국주의와 식민지배에 대한 그의 비판의 진짜 초점은 결과적 이익과 해악에 있었다는 점에서, 그는 공리주의의 논리를 크게 벗어나지는 않는다. 다만 그는 현실적으로 제국주의와 식민지배의 결과적 좋음을 믿지 않았다고 보는 편이 더 정확할 것이다.

제8장

행복과 웰빙

제러미 벤담과 현대

1. 행복과 웰빙의 구분

오늘날 대다수 일반인은 '행복'과 '웰빙'well-being을 동의어 내지는 유사어로 사용한다. 우리말 사전에도 'well-being'의 번역어 중 하나로 '행복'이 제시되어 있고, 'well-being'의 반대말인 'ill-being'의 번역어로 '불행'이 제시되어 있다. 물론 '불행'은 'happiness'의 반대말인 'unhappiness'의 우리말 번역어이기도 하다. 학문적 영역에서도 '행복'과 '웰빙'의 구분에 관한 논의는 진행형이다. 그런데 적어도 이 영역에서는 그 둘을 동의어나 유사어로 보기는 어려운 것처럼 보인다. 최근 학자들은 예컨대 아리스토텔레스의 'eudaimonia'(에우다이모니아)에 대해 기존의 번역어 'happiness' 대신 'well-being'을 더 나은 번역어로 채택하고 있다. 이러한 현상은 그들이 더는 이 둘을 동의어로 생각하지 않는다는 사실을 방증한다. 그리고 현대 윤리학에서는 'well-being'은 설명되는 용어지만 'happiness'는 설명하는 용어라는 식으로 둘을 구별하기도 한다.[1]

벤담은 여러 분야의 저술에서 '웰빙'과 '행복'이라는 낱말을 셀 수 없이 사용한다. '행복'의 빈도수가 압도적인 만큼, 각별한 주의를 기울이지 않는다면 그에게 마치 '행복'과 '웰빙'이 혼용될 수 있는 용어들인 것처럼 보일 수도 있다. 실로 그는 많은 경우에 그것들을 별다른 구분 없이, 요컨대

'웰빙'을 '행복'의 별칭alias 정도로 사용하는 경우가 적지 않다. 그런데 그가 그것들을 분명히 다르게 정의하는 문맥이 존재한다. 그렇다면 이러한 문맥에서 그에게 '행복'과 '웰빙'은 어떻게 다른가?

그런데 이보다 더 흥미로운 물음은 공리주의자인 벤담이 과연 '웰빙'에 대해 무슨 말을 할 수 있는가 하는 의문이다. '공리주의자'라고 하면 많은 사람은 사회적 효용을 냉정하고 기계적으로 계산하는 경제적 인간을 연상한다. 이에 비하여 현대 연구자는 재화와 용역의 단순한 합으로부터 도출되는 '공리'와 다채로운 인간 경험의 스펙트럼에 대한 포괄적 성찰로부터 도출되는 '웰빙'은 전혀 다른 차원의 논의를 요구하는 개념들이라고 생각한다. 그렇다면 공리주의자 일반, 특히 벤담에게 현대 연구자가 염두에 두는 차원의 웰빙 개념에 대한 조언을 구한다는 것은 어떤 의미가 있는가?

이 물음에 대한 답에 접근하기 위해서는, 우선 벤담 본인의 공리주의와 존 스튜어트 밀이나 현대 학자에 의해 다소 삭막하게 묘사된 그의 공리주의를 구분할 필요가 있다. 이러한 구분을 통하여, 그의 공리주의에 대한 다소는 근거 없는 선입견이나 부정적 시각에서 벗어나야 한다. 흔히 그의 공리주의와 밀의 공리주의 사이의 결정적 차이 중 하나로 양적quantitative 공리주의와 질적qualitative 공리주의 사이의 구분을 제시한다. 이 구분에 대한 설명을 잘 알만한 현대 학자의 글에서 찾아보자.

벤담에게 쾌락은 쾌락이고 고통은 고통이다. 이 경험이 저 경험보다 더 나은지 그렇지 못한지 판단하는 유일한 기준은 그것으로 인한 쾌락이나 고통의 강도와 지속성이다. 소위 고급 쾌락 혹은 고상한 미덕이란 단순히 더 강하고 오래가는 쾌락을 주는 것일 뿐이다. 벤담은 여러 쾌락의 질적 차이를 인정하지 않는다. "쾌락의 양이 같다면 푸시핀push-pin

게임이나 시를 짓는 행위나 그게 그거다."[2]

이렇게—특히 우리나라의—일반인에게 널리 읽힌 책에서조차, 벤담은 쾌락의 질적 차이, 말하자면 고상한higher 쾌락과 저급한lower 쾌락의 구분을 철저히 무시하는 사상가로 묘사된다. 이러한 묘사가 사실에 부합하는가 하는 문제를 떠나서, 양적 공리주의와 질적 공리주의의 구분은 종종 그의 공리주의에 대한 일방적이고 불공정한 평가를 낳는다는 점이 더 중요한 문제라고 생각된다.

고상한 쾌락과 저급한 쾌락의 구분에 대해서는 이러한 구분이 어떻게 가능한가 하는 회의적 반문이 제기될 수 있다. 이러한 구분을 강조하는 밀조차도 후자는 대체로 정신적 쾌락이고 전자는 육체적 혹은 감각적 쾌락이라는 식의, 아니면 이러한 구분은 양자의 쾌락을 모두 경험한 사람의 선호에 따라서 결정된다는 식의, 그다지 만족스럽지 못한 대답만을 제공할 뿐이다. 그러나 더 중요한 것은 이러한 구분을 강조하는 태도는 일종의 엘리트주의적 발상이라는 비판을 불러일으킬 수 있다는 점이다.

어쩌면 밀의 비판과는 달리, 벤담은 고상한 쾌락과 저급한 쾌락의 차이를 인식하지 못한 것이 아니라 의도적으로 그것을 무시한 것이라고 볼 수도 있다. 어쩌면 그는 저급한 취향을 가진 사람이 추구하는 쾌락이든 고상한 취향을 가진 사람이 추구하는 쾌락이든 그것이 각자의 삶에서 차지하는 의미와 중요성을 있는 그대로 인정하려는 태도를 보인 것일 수도 있다. 밀의 기준에서 저급한 쾌락을 추구하는 사람을 '배부른 돼지'로 조롱하는 태도보다는, 이러한 벤담의 태도가 오히려 오늘날 각자의 사적 취향을 존중하고 각자의 가치체계에 대한 중립성을 강조하는 자유주의적 국가관에 더 부합하는 태도라는 긍정적 평가를 내릴 수도 있다.

특히 밀의 이른바 질적 공리주의와 비교하면서, 쾌락과 고통에 대한 벤담의 분석 역시 전혀 단순하지 않다는 점이 알려질 필요가 있다. 흔히 공리주의를 비판하는 사람들이 의도적으로 언급을 회피하거나 심지어 잘 모르는 것처럼 보이는 사실 중 하나는, 벤담은 쾌락과 고통의 종류에 대한 매우 광범위한 목록을 제시한다는 점이다. 예컨대 『행동 원천의 목록』 *A Table of the Springs of Action* 및 『서론』 등의 저술에서, 그는 50여 가지의 쾌락의 종류와 60여 가지의 고통의 종류를 나열한다. 이러한 목록은 여러 종류의 쾌락과 고통뿐만 아니라 그것과 연관된 동기에 대한 상세한 설명을 포함한다. 더 나아가 그것은 개인의 사적 삶만이 아니라 공적 삶과 밀접히 연관된 추상적 가치까지 포함함으로써 매우 광범위하다. 어떤 점에서 그것은 막연히 경험적 일반화에 근거하여 고상한 쾌락과 저급한 쾌락이라는 단순한 구분을 주장한 밀의 성취를 월등히 뛰어넘는 것처럼 보인다.

이 장에서 주목할 점은 벤담은 이렇게 다채로운 종류의 쾌락과 고통으로 구성되는 '행복'과 구별되는 개념으로서 '웰빙'을 사용하고, 후자의 측정과 분석을 위한 양적 요소뿐만 아니라 질적 요소를 제안한다는 것이다. 또 주목할 점은 이러한 측정과 분석에서 그가 극복하려 한 문제는 '행복' 혹은 '웰빙'에 대한 오늘날의 탐구에서 현대 연구자가 직면하는 문제, 즉 인간의 '행복' 혹은 '웰빙'의 수준을 결정하는 요소는 무엇인가 하는 매우 근원적인 물음과 상당히 밀접한 연관성이 있다는 점이다. 어떤 의미로든 그는 현대 연구자와 동일한 연구 프로그램을 수행하고 있었던 셈이다. 이러한 의미에서 '행복' 혹은 '웰빙'에 대한 그의 탁월한 분석과 통찰이 현대 연구자에게 제공할 수 있는 조언이 무엇인지를 알아볼 가치가 있다.

2. 행복과 심리상태

벤담에게 '행복'과 '웰빙'은 어떻게 다른가? 이 물음에 답하기에 앞서, 먼저 '행복'과 '쾌락'의 관계를 살펴보자. 그의 철학의 중심적 개념은 행복이다. 그리고 그는 일관적으로 '행복'을 '쾌락'의 견지에서 정의한다. "쾌락은 행복의 유일한 질료matter다"(Deontology, 61쪽). 이러한 맥락에서 그는 '공리'를 단순히 '행복'과 동일시하고, 다시 '행복'을 '쾌락'과 동일시한다는 해석은 상당히 그럴듯한 근거를 가진 것처럼 보인다. 더 나아가 인간 행동의 모든 동기는 쾌락을 추구하려는 욕망과 고통을 피하려는 욕망으로 환원된다. 이러한 환원 혹은 단순화는 인간을 좀 더 고상한 존재로 인식하고 싶은 많은 사람에게 상당한 거부감을 일으킨 주된 원인이다.

그러나 이러한 환원 혹은 단순화의 의도 혹은 배경이 무엇인지를 이해할 필요가 있다. 벤담의 일관적 관심사는 법과 같은 인위적 수단으로 자기 이익과 전체 사회의 이익을 충돌 없이 조화시켜 사회질서의 안정성을 창출하는 것이다. 이러한 목적의 달성에 열쇠가 되는 것은 쾌락 및 그것과 짝을 이루는 고통을 관리하는 것이다. 쾌락과 고통의 관리는 사회 구성원의 예측 가능한 행동 패턴, 말하자면 전체 사회의 이익과 충돌하지 않는 행동 패턴의 창출하여 사회질서를 유지하고 이러한 안정적 사회질서 속에서 각 개인이 자신의 이익 혹은 행복을 역시 안정적으로 추구할 수 있도록 돕는다.

어쨌든 행복을 쾌락과 동일시하는 견해에 관해서는 즉각적 반감만이 아니라 예로부터 많은 철학적 비판이 제기되었다. 가장 전형적인 비판은 일종의 회의주의의 형태를 취한다. 만약 쾌락이 일종의 심리상태mental state이고 행복과 쾌락이 같다고 가정하면, 행복은 근본적으로 심리상태인 셈이다. 이러한 결론에 대해, 우리는 과연 다른 사람의 내적 심리상태나 경험에 대해 무엇을 알 수 있는가, 말하자면 한 개인이 얼마나 행복한지를—아니면 얼마나 불행한지를—알 수 있는가 하는 물음이 제기될 수 있다. 가장 전형적이지만, 이러한 비판이 그다지 치명적인 것은 아닐 수도 있다. 비록 우리가 어떤 사람의 표정이나 행동을 관찰하는 것만으로 그의 심리상태를 완전히 꿰뚫어 볼 수는 없으나, 누군가는 인간의 공통적인 경험과 상호이해의 폭은 그렇게 좁지 않다고 말할 수도 있다.

행복과 쾌락을 동일시하는 견해에 대한 또 다른 비판은 한 특정한 종류의 심리상태로서의 행복은 우리가 가치를 부여하는 모든 정신적·육체적 활동을 완전히 포괄할 수 없다는 주장이다. 이러한 비판적 맥락에서 아마르티아 센A. K. Sen은 다음과 같이 말한다.

> 행복이라는 견지는 다른 심리 활동들에 대해 매우 제한된 견해만을 줄수 있다. 한 개인의 웰빙에 대해 직접적 관련성을 가진 자극이나 흥분등과 같은, 그저 행복하다는 것과는 다른 심리상태들이 존재한다. 비록 행복이 웰빙에 명백하게 직접적인 관련성을 가지지만, 그것이 웰빙의 표상으로서 불충분하다는 결론을 피하기는 어렵다.[3]

사실 행복을 일종의 심리상태로 설명하는 견해는 인간의 내적 심리상태나 경험에 대한 회의주의적 물음만으로도 상당히 어려운 문제에 봉착하는 것처럼 보인다. 인간이 자신의 행복과 불행의 심리상태를 오류 없이 구별할 수 있다거나, 심지어 그것을 정확히 측정할 수 있다는 것은 많은 사람이 직관적으로든 경험적으로든 반신반의하는 주장이다. 예컨대 표정이나 행동으로 어떤 사람이 느끼는 감정이 행복인지 불행인지를 어느정도 정확하게 구분하는 것이 가능할지 몰라도, 얼마만큼 행복이나 불행을 느끼는지는 제삼자만이 아니라 본인조차 정확히 말하지 못할 수 있다.

이것은 특히 행복의 계량 가능성을 전제하는 유형의 공리주의에서는 매우 곤란한 상황이다.

더 나아가 '웰빙'을 '행복'보다 더 포괄적인 개념으로 이해하면서, 후자의 개념이 전자의 개념에 대한 표상으로서 불충분하다고 지적하는 센의 지적도 나름대로 설득력 있는 주장일 수 있다. 왜냐면 인간의 심리상태 중에는 우리가 직접적으로도 간접적으로도 행복이나 불행이라는 낱말과 명확히 연결할 수 없으나 우리의 삶에 지극히 중요하다고 생각되는 상태가 필시 존재하는 것처럼 보이기 때문이다. 물론 벤담은 앞서 살펴본 것처럼 이러한 상태, 즉 우리의 삶에 지극히 중요하면서도 행복이나 불행 혹은 쾌락이나 고통으로 규정할 수 없는 상태의 존재를 부정할 것이다.

센의 불충분성 지적에 대해 행복을 심리상태로 설명하려는 사람은 다음과 같이 대응할 수도 있다. 행복은 단일한 심리상태가 아니라 다양한 심리상태들의 복합체를 지시한다. 행복하다는 느낌feeling은 하나의 자극stimulus이나 맛taste과 같은 어떤 특수한 감각sensation이 아니라 훨씬 더 복잡하거나 추상적인 느낌일 수 있다. 이러한 의미에서의 '행복'은 인간의 다양한 정신적·육체적 활동에서 일어나는 심리상태를—적어도 센이 생각한 것보다는 더—광범위하게 포괄할 수 있다. 더 나아가 공리주의자는 어쩌면 행복은—얼마나 복잡하든—하나의 느낌, 즉 심리상태가 아니라고 주장할 수도 있다. 예컨대 행복은 수많은 상이한 심리상태들이 공유하는 어떤 공통적인 심리적 속성property을 가리킨다고 주장할 수도 있다. 이러한 의미에서의 '행복'은 다양한 심리상태들에 광범위하게 적용되는 '준기술적'semi-technical 용어가 될 것이다.

우선 행복과 쾌락을 동일시한다는 앞서 언급한 해석과 관련하여, 벤담의 경우에는 행복과 쾌락이 완전히 동일시되지는 않는다. 엄밀히 말해서, 그것들은 서로 다른 존재론적 지위를 가진다고 말할 수 있다. 그의 기본적 존재론에 따르면, 이전 장에서 설명한 것처럼, 존재하는 것은 실재적인 것과 가상적인 것으로 구분된다. 이 구분에서 쾌락과 고통은 실재적 존재자인데, 이에 비하여 행복은 쾌락에 수반하는 가상적 존재자다. 달리 말해서 행복은 쾌락과 고통이라는 실재적 존재자로 구성된 가상적 존재자, 혹은 그것들로 설명될 수 있는 개념적conceptual 존재자다. 예컨대 어떤 사람이 행복한가를 말하려면, 그가 경험한 쾌락뿐만 아니라 그가 경험한 고통을 살펴야 하고, 그 쾌락의 양에서 그 고통의 양을 빼는 과정을 거쳐야 한다. 쾌락과 고통은 행복을 구성하는 요소라는 취지에서, 벤담은 "행복의 유일하게 긍정적인 요소는 (⋯) 쾌락이고 (⋯) 행복의 유일하게 부정적인 요소는 고통의 면제다"라고 말한다.[4]

다시 벤담의 존재론에서 가상적 존재자는 그것의 의미가 실재적 존재자의 명칭에 의해 설명될 수 있는 것과 그렇게 설명할 수 없는 순전한 허구로 구분된다. 그는 전자와 대조적으로 후자를—매우 부정적인 의미에서—"환상적"fabulous 혹은 "상상적"imaginary 존재자라고 부른다. 엄밀히 말해서, 후자는 비존재자non-entity다.[5] 전자의 의미의 가상적 존재자에 대한 가정과 그 존재자에 대한 명칭은 우리의 의사소통에 필수불가결하고 그렇기에 우리에게 유용하지만, 후자의 가상적 존재자에 대한 가정은 우리를 잘못된 생각에 빠트리고 그렇기에 우리에게 유해하다. '행복'은 그것의 의미가 곧바로 쾌락과 고통이라는 실재적 존재자에 의해 설명된다는 점에서 당연히 전자의 가상적 존재자에 속한다.

쾌락의 추구는—그리고 고통의 제거 혹은 회피는—인간 행동의 동기일 뿐만 아니라 그 행동의 목적이기는 하지만, 그 자체로 인간 행동의 합리적 목적이 아니라 그것들이 구성하는 행복이라는 더 큰 목적을 위한 수단이다. 예컨대 정부는 사람들이 쾌락과 고통에 대해 생각하는 방식에 영향을 미칠 수도 있고, 그 자체로 쾌락과 고통을 산출할 수도 있다. 그렇지만 정부가 사람들을 행복하게 만들 수는 없다. 정부의 궁극적 목표 혹은 정부의 존재 이유는 최대 다수의 최대 행복을 성취하는 것인데, 이러한 목표를 향하여 나아갈 수 있는 유일한 수단이 쾌락과 고통을 관리하는 것이다.

일부 문맥에서 드러나듯이, 벤담에게는 행복과 웰빙도 구분될 수 있는 개념들이다. 우선 그에게 행복은 모든 형태의 고통이 없거나 아주 높은 정도 혹은 최상의 쾌락을 경험하는 상태를 가리킨다. 그런데 엄밀히 말해서 행복은 어떤 특정한 심리상태를 의미하지는 않는다. 설령 어떤 심리상태라고 하더라도, 그것은 단일한 심리상태가 아니라 다양한 심리상태들의 복합체에 더 가까울 것이다. 왜냐면 쾌락과 고통은 인간의 "관심을 끄는 지각"interesting perceptions인데,[6] 이러한 지각은 단순하거나 복합적일 수 있기 때문이다. "쾌락과 고통은 단순하거나 복합적이다." 복합적 쾌락이나 복합적 고통에 의해, 혹은 양자 모두에 의해 구성되는 행복은 결코 단순한 심리상태일 수 없다. 만약 행복이 심리상태라는 견해를 받아들인다면, 그것은 위에서 말한 것처럼 '훨씬 더 복잡하거나 추상적인 느낌'에 가까울 것이다. 그러나 행복은 역시 앞서 말한 것처럼 가상적 존재자이므로, 엄밀히 말해서 '행복'이 실재하는 어떤 느낌이나 감각에 대한 명칭일 수는 없다. 이러한 맥락에서 벤담이 쾌락과 행복을 동일시하고 행복을 일종의 심리상태로 본다는 해석은 받아들이기 어렵다.

다소 사례는 희박하지만, 벤담은 '웰빙'을 '행복'과 구분하면서 다음과 같이 정의한다. "어떤 사람이 (예컨대 임종에 이르는) 그 시점까지 경험한 모든 종류의 쾌락의 총합과 모든 종류의 고통의 총합 사이의 **차이값**"이다(Deontology, 130쪽. 나의 강조). 쾌락과 고통이라는 용어에 의해 그 의미를 설명할 수 있다는 점에서, 웰빙도 행복과 마찬가지로 가상적 혹은 개념적 존재자

마사 누스바움

다. 행복은 단순하든 복잡하든 일시적 심리상태와 직접 연관되는 것인데 비하여, 웰빙은 이러한 심리상태와는 오직 간접적으로 연관되고 상당히 오랫동안 측정된 고통에 대한 쾌락의 순가치net value를 의미한다. 이러한 점에서, 즉 단순히 어떤 산술적 값을 가리킨다는 점에서, '웰빙'은 '행복'에 비하여 훨씬 더 기술적인technical 용어처럼 보인다.

　이제 벤담과 현대 연구자의 '웰빙' 개념을 비교하기 위해서는, 웰빙에 영향을 미치는 구체적 요소에 대한 그들의 목록을 서로 비교해볼 필요가 있다. 그리고 '행복'의 경우와 마찬가지로, 벤담에게 그 목록은 인간이 경험할 수 있는 수많은 종류의 쾌락과 고통의 목록에 해당한다.

3. 웰빙의 질적 요소

현대 연구자는 개인의 웰빙에 영향을 미칠 수 있는 요소에 대한 가지각색의 목록을 제시해왔다. 이 목록은 벤담의 경우처럼 단순히 인간에게 쾌락을 주는 것을 나열한 것일 수도 있고, 이른바 '좋은 삶'good life의 요건에 대한 구조적 성찰에서 도출된 것일 수도 있다. 예컨대 센이나 누스바움M. Nussbaum이 제안한 '역량'capability 개념이나 도일L. Doyle과 고우I. Gough가 제안한 '필요'need 개념 등은 후자의 사례에 해당한다고 보인다.[7]

　벤담도 자신만의 목록을 제안한다. 이러한 목록은 철저히 경험적 항목, 요컨대 자신의 웰빙 수준에 대한 사람들의 평가에 현실적으로 영향을 미치는 항목을 포함한다. 여기서 '경험적'은 이 목록의 본질적 성격이다. 누구나 웰빙에 대한 자신의 목록을 제시할 수 있지만, 그 목록을 다른 사람에게 강요할 수는 없다. 그 목록이 어떤 개인 자신의 심오하지만 사적인 통찰로부터 나온 비경험적non-empirical 항목을 포함한다면, 더욱더 그러하다. 벤담은 이렇게 비경험적 항목을 포함하는 목록을 강요하는 사람들을 '**독단주의자**'ipsedixitist라고 비판한다. 여기서 '비경험적인' 것이란 앞서 설명한 가상적 존재자 중에서도 관심을 끄는 지각인 쾌락과 고통의 견지에서 설명될 수 없는 상상적 존재자를 뜻한다. 다소 속된 표현으로, 독단주의자는 이러이러한 것이 나한테 중요하니 너도 중요하다고 생각하라고 강요하는 사람이다.

이제 벤담의 목록에 포함된 항목의 특징을 살펴보자.[8] 이 특징은 그의 공리주의에 대한 일반적 선입견, 말하자면 그는 쾌락의 질적 차이나 자유와 정의 등의 추상적 가치를 무시한다는 선입견과 대비되는 것처럼 보인다.

첫째, 벤담은 자신의 목록에 자기와 관계된self-regarding 쾌락과 고통만이 아니라 타자와 관계된other-regarding 쾌락과 고통을 포함한다. 그는 인간의 행동 중에는 일반적으로 자기 자신과 관계된, 즉 자기 이익의 추구와 관련된 행동이 지배적이라는 당시 정치경제학의 정통적 견해를 받아들인다. 그런데 자기 이익은 흔히 '최대 행복'이라는 전체 사회의 이익 달성과 충돌할 수가 있다. 그렇다면—다음 장에서 더 자세히 논하겠지만—자기 이익과 전체 사회의 이익은 어떻게 조화될 수 있는가? 법학자로서 벤담에게 이러한 조화는 부분적으로 전체 사회의 이익을 저해하는 과도한 자기 이익의 추구에 대한 적절한 정치적 제재, 대표적으로 형벌에 의해 이루어진다. 그런데 그는 또한 다른 사람과 관계된 행동에서는 덕의 발휘를 강조한다.

> 어떤 사람이 하려는 행위로 다른 사람의 행복이 영향을 받는 경우, 그 자신의 행복도 어떤 식으로든 그의 행위가 다른 사람의 행복에 영향을 미치는 방식으로 영향을 받을 것이라는 사실이 드러날 것이다. 이러한

모든 경우에 어떻게 해야 그가 행하려는 행위가 그 자신의 행복에 가장 도움이 될지를 알고 싶다면, 그는 반드시 다른 사람의 행복이 어떤 식으로 자신의 행위로 인하여 영향을 받을지를 숙고하고 되도록 많이 알아야 한다. (Deontology, Introduction)

여기서 벤담은 현실에서 전혀 쉽지 않은 반성적 절차를 제안한다. 이러한 절차를 통하여 개인은 자신의 행위로 인하여 다른 사람이 어떤 영향을 받을지, 그리고 그들이 받은 영향이 다시 자신의 행복에 어떤 영향을 미칠지에 대한 종합적 판단을 내려야 한다. 예컨대 만약 빈민구제가 빈민의 웰빙뿐만 아니라 자선을 베푸는 부자의 웰빙도 증가시킨다면, 이러한 경우는 개인의 웰빙에 대한 종합적 평가에서 마땅히 고려되어야 한다. 이것은 그의 쾌락의 목록에 나오는 자비심 혹은 선의의 쾌락에 해당한다. 그리고 그의 목록에는 다른 사람과의 친목amity 관계에서 나오는 쾌락도 포함된다.[9] 친목의 쾌락은 다른 사람과 "사이가 좋다는 확신에서 나올 수 있는 쾌락"을 말한다. 그는 이렇게 원만한 혹은 친근한 인간관계 내지는 교제에서 나오는 쾌락이 육체적 쾌락과는 질적 차이가 있음을 분명하게 의식한다.

둘째, 벤담은 웰빙만큼이나 그것과 반대되는 상태인 일빙ill-being에도 관심을 기울인다. 앞서 언급한 것처럼, 그는 쾌락의 증가만큼, 혹은 그 이상으로 고통의 감소 혹은 제거에 관심을 기울인다. 이러한 점에서 그의 공리주의는 근본적으로 '소극적 공리주의'라고 규정할 수 있다. 이와 유사한 맥락에서 그는 어쩌면 웰빙의 증대만큼, 혹은 그 이상으로 일빙의 감소 혹은 제거에 관심으로 기울인다. 일빙에 대한 그의 고찰은 직접 신체와 연관된 고통, 예컨대 추위와 배고픔과 통증과 질병에서 시작된다. 인간의 신체는 쾌락과 고통의 계산에서 실로 핵심적이다. 비신체적 쾌락과 고통이 중요하지 않다는 뜻이 아니라, 신체적 쾌락과 고통이 가장 가시적이고 보편적으로 인식될 수 있다는 뜻이다. 특히 인간이 신체적 고통을 느끼게 되는 조건은 거의—아마도 신체적 쾌락을 느끼게 되는 조건보다 더—공통적이기에, 이러한 조건을 제거하는 것은 전체 사회의 고통을 줄이는 가장 합리적이고 효율적인 방편일 수 있다.

여기서 두 가지 점을 주목할 필요가 있다. (1) 벤담에게는 일빙과 관련된 고통의 제거가 최대 행복의 달성에서—웰빙과 관련된 쾌락의 증대보다—우선성을 갖는다. 이 점은 그가 기술한 법의 목적에서도 드러난 바고, 그가 주창한 한계효용체감의 원리에서도 드러난다. 이러한 맥락에서 로젠은 벤담에게 "고통과 그것의 제거가 단순한 쾌락의 추구보다 인간의 행복에 훨씬 더 중요했다"고 논한다.[10] (2) 벤담의 '일빙' 개념은 다분히 현대적 '필요' 개념과 밀접하게 연관되어 있다. 경험적 관점에서 본다면, 웰빙과 일빙, 요컨대 한 개인의 삶에서 쾌락의 총합과 고통의 총합이 완벽한 균형을 이루는 지점이란 순전히 임의적이다. 그런데 공리주의적 정책결정자의 관점에서 이러한 균형점을 발견할 수 있는 훨씬 더 유용한 기준은 '기본적 필요'basic needs의 수준과 같은 것이다. 이러한 맥락에서 웰빙과 일빙의 구분에 대한 벤담의 관심사는 상당 부분 '기본적 필요'라는 개념에 대한 현대 연구자의 작업과 연결될 수 있다.

셋째, 벤담의 사상체계에서 자유 개념은 특별한 위치를 차지한다. 그는 자유를 대의민주주의 사회의 초석으로 간주한다. 자유의 쾌락은 『행동 원천의 목록』에서 제시된 쾌락의 목록에도 포함되어 있다. 다만 자유와 정의에 대한 사랑은 단순한 쾌락이 아니라 복합적 쾌락의 사례로 인용된다. 엄밀히 말해서, 자유는 그 자체로 욕구되는 것이 아니라 그것이 가져올 힘power과 안락ease을 위하여 욕구되는 것이다. 벤담은 사람들이 자신의 쾌락을 누릴 수 있도록 보장해주는 것을 자유의 본질적 기능으로 본다. 현대 윤리학자가 일반적으로 채택하는 내재적/외재적 가치 혹은 본질적/수단적 가치의 구분을 그의 자유 개념에 대입하는 것은 그가 자유에 부여한 기능과 중요성을 왜곡할 가능성이 크다. 왜냐면 그는 자유에 대해 힘과 안락을 가져올 단순한 도구 이상의 지위, 그리고 모든 쾌락의 향유를 가능하게 하는 전제조건이라는 중요성을 부여하기 때문이다

물론 벤담이 자유에 중요성과 가치를 부여한 방식은 필시 롤즈의 방식과는 다를 것이다. 그렇지만 그는 자유를 최대 행복 원칙이 입법의 토대로 작용할 수 있도록 만드는 전제조건으로 간주한다. 최대 다수의 최대 행복을 실현할 정치체제에서는 언론과 결사 자유 등은 필수불가결한 요소다.[11] 그리고 벤담은 국가의 정책 결정절차는 공개적 토론 없이는 작동할 수 없다고 주장한다. 실로 자유는 그가 그린 공리주의적 정치사회의 초석이고, 공리주의가 합리적 정책 결정의 원리로 작용하도록 만드는 필요조건이다. 열린 민주주의의 구조 안에서만 공정할 뿐만 아니라 공리주의적 관점에서 바람직한 정책이 만들어질 수 있다. 이것은 법률제도에 의해 보장된 자유를 내포하는 '좋은 통치'의 쾌락이라는 항목에 해당한다.

넷째, 과학적 현실주의자인 벤담에게 역사적 '최초의 계약'에 의해 수립된 권리라는 것은 순전한 허구, 즉 상상적 존재자에 불과하다. 이러한 주장은 오늘날의 계약론적 권리론을 정면으로 반박하는 부분이다. 잘 알려져 있듯이, 그는 당시에 유행하던 사회계약론과 자연권 이론을 부정했다. 많은 비판자는 그의 자연권 부정을 인간의 기본적 권리에 대한 부정으로 해석한다. 그런데 오히려 그는 소위 자명한 권리라는 관점에 기초하여 실제로는 자신만의 고상한 선호를 인간 웰빙의 근본적 요소로 주장하는 사람들을, 앞서 언급한 것처럼, '독단주의자'라고 비판한다. 같은 맥락에서 그는 특히 의무론적 원칙에 바탕을 둔 '최고선'summum bonum 개념을 공격한다.

벤담에 따르면, 독단주의자는 전체 사회의 행복이라는 원칙 혹은 목적을 따르지 않고, '의무'니 '정의'니 그것과 유사한 자신만의 원칙 혹은 목적을 설정한다. 그들은 공리주의자와 달리 정책 결정에 이바지할 만한 아무런 합리적 토대도 없이 그저 목소리만 우렁찰 뿐이다. "두 열정적 독단주의자들의 논쟁에서 나올 것이라고는 어둠 속에서 번쩍하고 튀기는 불똥들이다. 그들은 각자 자기 생각을 강력하게 주장하기 위하여 시와 수사를 있는 대로 끌어들인다. 승리는 더 강한 것을 주장한 자의 것이다"(Deontology, 35쪽). 요컨대 독단주의자는 전체 사회의 행복이라는 지극히 당연한 목적을 도외시하면서 자신이 이상으로 여기는 목적이나 가치만을 인간 웰빙의 근본 요소로 규정한다. 이러한 그들은 자신이 내세우는 목적이나 가치가 어째서 다른 사람이 내세우는 목적이나 가치보다 우선해야 하는지에 대해 아무런 합리적 근거를 제시할 수 없다. 'ipsedixitist'의 어원처럼, '내가 그렇게 말했으니 그것이 진리다'라고 주장할 뿐이다.

그렇다면 벤담의 관점에서 현대 연구자가 제시하는 다양한 목록은 어떻게 평가될 수 있을까? 예컨대 누스바움이 제시한 목록에서는 인간의 구체적 기능functioning은 구체적 영역에서의 유덕한 행위와 연결되어 있다. 그녀가 나열한 덕목은 다분히 아리스토텔레스의 전통을—요컨대 철학사에서의 그의 권위를—따르는 것으로서, 용기, 절제, 정의, 관대, 부드러운 성정, 품위, 진실, 친밀, 적절한 판단력, 다양한 지적 탁월성, 실천적 지혜phronesis 등을 포함한다.[12] 인간의 좋음과 웰빙은 일상생활에서 이러한 덕목과 일치하는 방식으로 기능하는 것에 있다. 분명 누스바움의 목록은 벤담의 목록보다 훨씬 더 잘 조직화되어 있는 것처럼 보인다. 그러나 벤담은 아마 그녀도 독단주의자라고 비판할 것이다.

4. 웰빙의 양적 측정

공리주의자와 관련하여 냉철한 계산자라는 인상이 아주 많이 잘못된 것만은 아니다. 자신을 프랜시스 베이컨Francis Bacon과 비교하면서, 벤담은 자신의 탐구를 관찰에 기초한 과학적 탐구라고 역설한다. 그리고 그가 생각한 과학성의 핵심은 정확한 측정과 논리적 연산이다. "성공을 위하여 공리주의자는 정확성, 특히 모든 행동에서 나오는 쾌락과 고통의 측정에 기초해야 한다. (…) 정확성이 보편적으로 모든 대상에 적용되고 논리적 연산이 완벽함에 도달하는 것이 (…) 관심사다"(Deontology, 51쪽). 최대 행복 혹은 행복의 극대화라는 개념은 행복을 구성하는 실재적 존재자, 즉 쾌락과 고통의 양적 측정 가능성을 함축한다. 이러한 엄밀한 양적 측정에 따라 한 사회의 구성원 모두를 대상으로 쾌락의 양의 총합에서 고통의 양의 총합을 뺀 순가치, 말하자면 행복도를 극대화해야 한다는 원리는 소위 복지주의wafarism 원리와 유사하다.

예컨대 입법 및 정책 결정에서 국회의원의 역할은 다음과 같은 것이다. (1) 제안된 정책이 개인의 주관적 행복에 미치는 영향을 측정하고, (2) 관련된 모든 개인에 대한 이 정책의 결과를 종합하여, (3) 행복에 있어서 순가치가 증가한다면 그 정책을 입안해야 한다. 이러한 공리주의적 권고에 대해 센은 다음과 같이 비판한다. 이른바 복지주의는 "어떤 사태의 좋음이 그 사태와 관련된 공리 정보utility information의 유일한 함수다." 요컨대 복지주의는 사회 구성원이 욕망을 만족하는 정도나 행복을 느끼는 정도에만 관심을 가진다. 그런데 이러한 복지주의는 웰빙에 영향을 미칠 수 있는 더 중대한 요소, 특히 행위능력agency이라는 요소를 배제한다.[13] 여기서 행위능력은 개인이 스스로 선택한 인생 계획이나 목표를 총체적으로 추구할 수 있는 능력으로서, 단순히 만족도나 행복도로 환원될 수 없

프랜시스 베이컨

는 요소를 포함한다. 복지주의는 또한 "어떤 사태와 관련된 공리 정보는 그 사태에 존재하는 모든 공리의 총합을 살펴봄으로써만 평가되어야 한다"고 요구하기 때문에, 당연히 웰빙의 분배 문제는 무시된다. 센의 비판은 모든 선택이 결과로서 일어나는 사태의 좋음에 의해 결정된다고 말하는 결과주의 일반에 대한 비판에 이른다. 벤담이라면 이러한 비판에 어떻게 대응할까?

대체로 복지주의에 대한 센의 주장이 옳은가 하는 문제와 이러한 주장이 벤담에 대한 비판이 될 수 있는가 하는 문제는 별개의 문제들이다. 벤담은 쾌락과 고통의 종류에 대한 자신의 목록에 제시된 항목만큼이나 광범위한 공리 정보를 수집해야 한다고 답할 것이다. 이 정보는 웰빙 함수를 통하여 걸러져야 한다. 그런데 그의 목록에 포함된 항목에는 사람들이 정치적 결사와 여론을 형성하여 정부의 정책이나 법안에 대항할 수 있는 자유, 말하자면 센이 말하는 행위능력과 유사한 요소를 웰빙의 필수불가결한 요소 내지는 전제조건으로서 포함한다. 그리고 웰빙의 분배 문제와 관련해서는 그는 공리의 분배가 고려되어야 한다고 대답할 것이다. 다만 이러한 분배가 개인의 웰빙 함수에 영향을 미치는 한에서다. 그래서 그는 자신의 궁극적 입장인 결과주의에 대한 센의 비판적 견해를 기꺼이 받아들일 것이다.

벤담은 자신의 목록에서 여러 '근본 요소'primitives를 나열한다. 이 요소는 음식을 먹거나 체온을 유지하거나 성행위를 하는 것에서부터 사회 안에서 자신의 자존감과 위치를 유지하는 것에 이르기까지 다양한 기본적 활동을 포함한다. 이러한 활동에서 나오는 쾌락은 이기적일 수도 있고 심지어 악의적일 수도 있다. 중요한 것은 오직 공리 정보다. 예컨대―센이 그의 '행위능력' 개념에서 중요시하는―자율성, 평등, 무차별 등은 그것이 공리에 영향을 미치는 한에서만 중요성을 지닌다. 벤담에게는 공리 정보 이외의 것을 참작하는 것은 오히려 독단주의에 해당한다. 왜냐면 공리 정보란 경험을 통하여 모든 사람에게 좋은 것으로 인식될 만한 것에 국한되지만, 이 공리 정보를 벗어난 것은 오직 그것을 주장하는 자에게만 좋은 것으로 인식되는 것일 뿐이기 때문이다. 이러한 입장은 행복이 가치를 지닌 유일한 것은 아니라는 센의 주장에도 적용된다.

그런데 웰빙의 양적 측정과 관련해서는 벤담에게도 취약한 부분이 없지는 않은 듯하다. 그의 계산법에 따르면, 쾌락의 양은 그것들의 강도, 지속성, 확실성, 근접성, 다산성, 순수성에 의해 결정되고, 이 기준들이 개인의 공리를 계산하는 함수다.[14] 개인의 공리는 원리상으로는 기수적cardinal 단위로 측정될 수 있다고 가정된다. 정부의 정책 변화는 새로운 정책이 기존 정책보다 공리를 증가시키는 한에서만 수행되어야 한다. 이러한 주장은 개인의 공리가 기수적 단위로 계산될 수 있다는 가정을 전제한다. 그런데 벤담 자신은 이러한 계산의 명쾌한 예시를 제공한 적이 별로 없다. 그는 사실 이러한 계산을 실행할 만한 기술도 없었다고 평가된다.

문제는 이것만이 아니다. 얼마나 행복한지가 개인의 얼굴에 쓰여 있지 않은 이상, 우리는 현실적으로 개인의 공리를 기수적 단위로 계산할 방법이 없다. 게다가 서로 다른 개인은 서로 다른 척도를 서로 다른 방법으로 사용할 것이기 때문에 이러한 계산은 순전히 임의적 절차일 개연성이 크다. 이러한 의미에서 정책 변화가 공리에 미치는 영향을 평가하면서 단지 인간 웰빙에 영향을 미치는 요소의 목록을 아는 것보다는 그 요소 사이의 함수를 이해하는 것이 훨씬 더 중요한 일이다.

쾌락의 공리주의적 계산과 관련된 위와 같은 회의주의적 지적에도 불구하고, 벤담의 기본적 논리 자체는 상당히 직관적이다. 그 논리는 다음과 같은 연쇄적 변화에 대한 추론이다. 인간의 기본적 활동과 관련된 '근본 요소'에 있어서의 변화는 개인의 공리 함수에 영향을 미치고, 이러한 공리 함수의 변화는 다시 개인의 기수적 공리를 변화시키고, 이 변화는 당연히 개인의 공리의 순가치, 즉 웰빙에 변화를 일으킨다. 개인의 행복을 측정하기 위하여 경제학자뿐만 아니라 여러 분야의 사회과학자가 시도하는 최근의 접근방식은 점점 더 행복 또는 불행에 기수적 점수를 매기는 방식을 취한다. 예컨대 클라크D. Clark와 오스월드O. Oswald는 기수적 척도를 사용하여 실업과 관련하여 영국인이 느끼는 불행에 관한 결과를 도출하려고 시도한다.[15] 이외에도 최근에 경제개발협력기구OECD나 영국 신경제재단NEF 등의 여러 기관에서 발표한 소위 '행복지수'HPI는 나름의 기본적 지표와 지수산출 공식을 가지고 행복과 불행의 기수적 수치와 국가 단위의 순위를 제시하고 있다.

벤담과 이러한 현대 연구자의 주된 차이점은 후자는 더 많은 정보를 수집하여 그것을 현대적 통계기술로 처리할 수 있다는 것뿐이다. 후자도 벤담처럼 주관적 웰빙의 목록을 도출하려고 시도한다. 그리고 벤담의 목록과 얼마만큼 다르든지 간에, 현대 연구자도 자신의 목록에 포함된 '근본요소'의 함수를 도출하려고 시도한다. 최근 이러한 시도의 흥미로운 특징 중 하나는 소득과 행복 사이의 연관성이 경제학자가 생각하는 것만큼 그렇게 강하지 않다고 주장한다는 점이다. 벤담은 결코 이러한 결과에 놀라지 않을 것이다. 왜냐면 소득 이외에도 쾌락과 고통의 원천은 얼마든지 있기 때문이다. 앞서 말한 것처럼, 그는 물질적 부의 극대화가 행복의 극대화는 아니라고 생각한다. 개인이 쾌락과 고통을 느끼는 능력에 영향을 미치는 상황에 대해 그가 제시한 목록에서도 소득과 직접 연관된 항목인 '금전적 요인'은 그 목록에 포함된 32가지의 요인 중 하나에 불과하다.[16] 게다가 소득 자체에서 나오는 쾌락에 대해서도 그는 자신이 가정하는 한계효용체감의 원리를 적용할 것이다. 요컨대 소득의 증가와 행복의 증가는 정비례하지 않는다.

벤담은 지적 능력이나 도덕적·종교적 감수성 같은 몇몇 주관적 요소는 기수적으로 측정할 수 없다는 점을 순순히 인정한다. 이외에도 기수적 수치를 부여하기 까다로운 요소에 대해 현대 연구자가 어떠한 독창적 접근방식과 얼마나 발전된 통계기술을 적용하든지 간에, 그들의 평가방법은 벤담의 기본적 논리와 상당히 유사하다. 그들은 개인이나 가족의 웰빙과 관련하여 나름의 근본 요소를 설정한다. 이러한 근본 요소의 만족에서의 변화는 개인이나 가족의 행복 함수에 영향을 미치고, 이러한 행복 함수의 변화는 다시 그 개인이나 가족의 주관적 웰빙의 기수적 지수를 변화시키고, 이로부터 웰빙의 변화에 대한 제한적이나마 통계적인 결과가 획득된다.

이러한 기수적 수치의 변화는 개인이나 가족의―센이나 누스바움이 말하는―**역량**에도 영향을 미친다. 이러한 수치의 변화는 특정한 삶의 영역에서 그들이 발휘할 수 있는 기능에 영향을 미치고, 이로부터 웰빙의 요소에 대한 제한적 목록이 도출될 수도 있다. 그러나 흔히 역량 혹은 기능 접근방식을 취하는 연구자는 웰빙의 다차원적 요소를 완벽하게 배열하는 것은 불가능한 일이고, 더 나아가 불필요한 작업이라고 생각한다. 다만 그 요소의 부분적 배열partial ordering만이 가능하고, 이것만으로도 여러 가지 목적에 충분하리라고 생각한다.

센은 자신의 역량 혹은 기능 접근방식은 한 개인이 인간으로서 기능하는데 필요한 모든 역량에 주의를 기울이지만, 그것이 웰빙의 요소의 완전한 배열을 제공할 수 없다는 사실을 분명하게 의식한다. 그래서 그는 웰빙의 요소의 배열의 "자연적" 형태는 어쩔 수 없이 불완전하고 부분적이라고 인정한다.[17] 이에 비하여 사회복지에 대한 공리주의적 계산은 웰빙의 요소의 완전한 (적어도 완전에 가까운) 배열을 요구하므로, 자연히 "정보적으로 너무 제한되어" 있다고 지적한다. 다시 말해서 공리주의적 계산은 웰빙의 요소에 대한 정확한 기수적 수치를 도출하려고 시도할 것이므로 이러한 수치의 도출이 불가능한 요소를 배제할 것인데, 이렇게 배제되는 요소가 실은 개인의 웰빙에 대한 의미심장한 정보일 수 있고, 이러한 의미에서 공리주의적 계산에 포함되는 정보는 제한된다는 말이다. 센은 공리주의적 복지주의가 추구하는 이러한 완전성의 요구는 방법론적으로도 적절하지 않으며 실천적으로도 그럴듯하지 않다고 비판한다.

이러한 맥락에서 센과 같이 역량 혹은 기능 접근방식을 취하는 연구자는 최소주의 전략minimalist strategy을 취하기도 한다. 누스바움의 예를 들면, 그녀는 10가지의 기본적 역량의 목록을 제시한다. 그 목록에 포함된 역량은 다음과 같다. (1) 생명, (2) 신체적 건강, (3) 신체적 온전성bodily integrity, (4) 감각, 상상, 사고, (5) 정서, (6) 실천이성, (7) 우호관계affiliation, (8) 다른 종들, (9) 놀이, (10) 자신의 환경에 대한 통제력. 그녀는 이 목록이 "인간 존엄성에 대한 존중이 요구하는 분명한 **최소한도**minimum"라고 말한다.[18] 이러한 목록의 보편성을 주장하면서 그것이 문화적 다양성을 포용할 수 있다는 점을 밝히려는 취지에서, 그녀는 자신의 목록이 "모든 지역적 전통에 깔려 있는 인간다움의 특징"을 가리킨다고 주장한다.[19] 요컨대 역량 접근방식을 취하는 연구자는 자신이 제시하는 웰빙의 요소의 목록이 완전하다거나 포괄적이라고 주장하기보다는 공통적이고 보편적이라고 주장하고자 한다. 그리고 그들은 공리주의적 계산은 인간의 좋은 삶에 대한 추구에서 이러한 공통적이고 보편적인 요소의 중요성 내지는 가치를 제대로 담아낼 수 없다고 비판한다.

이러한 비판이 정당하더라도, 벤담이나 역량 연구자 사이의 공통점은 분명하다고 보인다. 그들은 모두 각자의 목록을 작성하는 일에서부터 시작한다. 다만 그들의 목록은 매우 다른 방식으로 만들어진다. 벤담의 목록은 쾌락이나 고통을 일으키는 가지각색의 원인을 망라한다. 앞서 강조한 것처럼 그의 목록은 매우 풍부한 항목을 포함한다. 동시에 그것은 상당히 개방적 성격을 가진다. 쾌락과 고통의 경험과 연결될 수 있는 한에서, 다시 말해서 웰빙에 미치는 영향력을 경험적으로 확인할 수 있는 한에서, 이 목록은 새로운 항목에 대해 열려 있는 구조를 가진다. 이러한 점에서 웰빙의 요소에 대한 공리주의적 접근방식을 가리켜 "정보적으로 너무 제한되어" 있다는 센의 비판은 벤담에게는 그다지 정당하지 않다고 말할 수도 있다.

역량 연구자는 자신이 공리주의자와는 달리 인간은 단순히 공리를 산출하는 기계가 아니라 자신의 공동체 안에서 좋은 삶을 영위하려는 인간이라는 개념에서 출발한다고 주장한다. 인간은 웰빙에 필요한 기능을 수행할 역할을 필요로 한다. 이러한 개념하에서는 예컨대 가족관계 및 친우관계를 비롯한 인간관계를 맺는 기능은 적어도 물질적인 것만큼이나 웰빙의 중요한 요소일 수 있다. 그런데 공리주의가 이러한 기능을 그것의 웰빙 개념에 포함할 수 없을 것이라는 생각은 대체 어디서 왔는지 알 수가 없다. 앞서 언급한 것처럼, 벤담 역시 인간관계 일반이 쾌락에 영향을 미치는 요소라는 점을 분명하게 인식한다. 이러한 맥락에서 그는 다음과 같이 말한다. 어떤 사람이 "그들의 복지에 큰 관심을 가지게 되는 사람들, 예를 들어 아내나 자식이나 부모나 가까운 친척이나 친구와 같은 사람들이 행복하다는 의식은 그에게 쾌락을 주고 그들이 불행하다는 의식은 그에게 고통을 준다".[20] 자연히 그는 인간관계 일반이 개인의 웰빙에 영향을 미친다는 점을 인정한다.

5. 벤담의 조언

사용하는 개념이나 접근방식에서 벤담과 역량 연구자 사이에는 깊은 틈새가 있는 것처럼 보이지만, 실질적 내용 면에서는 그들 사이의 틈새는 어쩌면 그렇게 깊지 않을 수도 있다. 예컨대 누스바움이 제시한 목록에 포함된 항목 가운데, 벤담의 목록이 명시적으로나 암시적으로 포함하지 않거나 포함할 수 없는 항목은 거의 없다고 보인다. 그들 사이의 문제는 앞서 설명한 접근방식의 차이와 벤담의 목록에 대한 선입견 내지는 오해에 있다고 말할 수 있다. 벤담의 접근방식이 우월하다고 단정적으로 말할 수는 없다. 그러나 그것은 오늘날의 웰빙 연구자 일반에게 유의미한 조언을 제공할 수 있을 것으로 보인다.

앞서 살펴본 것처럼, 역량 연구자는 웰빙의 요소의 완전한 배열은 불가능하다고 주장하고, 부분적 배열만으로도 실천적 목적을 달성하기에 충분하리라고 전망한다. 그러나 오늘날의 상황은 이러한 전망이 타당한가 하는 의문을 일으킨다. 오늘날 여러 학자와 기관은 제각각의 기준 요소에 기초한 제각각의 목록을 제시하고 있다. 누스바움은 자신이 제시한 목록이 보편적이고 최소한도의 항목을 포함한다고 주장하지만, 이러한 주장에 동의하지 않는 학자도 적지 않을 것이다. 예컨대 어떤 학자는 그 목록에 포함된 항목이 너무 최소한도라서 특정한 사회의 사람이 실질적으로 누리는 웰빙에 대한 기준으로는 크게 쓸모가 없을 것이라는 반론을 제기할 수도 있다. 그리고 오늘날 각종 기관에서는 제각각의 기준 요소의 목록에 기초하여 도출된 서로 다른 결과를 제시하고 있다. 그래서 누구의 결과를 신뢰할 수 있는지를 확신할 수 없는 지경이다.

예컨대 국제연합UN 산하 자문기관인 발전해법네트워크SDSN에서 발표한 '2015 세계행복보고서'World Report 2015에 따르면, 국가별 행복지수에서 우리나라는 157개 대상 국가 중에서 47위를 차지했다. 이 보고서에서 채택한 기준 요소는 GDP, 기대수명, 사회보장에 대한 인식과 선택의 자유, 부패 등이다. 또 다른 예로 미국의 여론조사 기관인 갤럽Gallup의 보고에 따르면, 우리나라의 143개 대상 국가 중에서 114위를 차지했다. 이 조사에서 갤럽이 채택한 기준 요소는, (1) 어제 잘 쉬었는가, (2) 존중받았는가, (3) 자주 웃었는가, (4) 재미있는 것을 배우거나 했는가, (5) 얼마나 즐거웠는가 등의 질문이다. 이외에도 영국 신경제재단이 측정하는 지구촌행복지수(Happy Planet Index, HPI)는 생태적 지속가능성을 준용하며, 여기서 우리나라의 순위는 별로 높지 않다. 그렇다면 대체 우리나라 사람은 행복한가, 불행한가? 이러한 순위가 우리나라 사람의 행복에 대해 무엇을 얼마만큼 정확하고 유의미하게 말해주고 있는가?

역량 연구자는 어쩌면 이러한 보고서가 어떤 개인이나 어떤 나라 사람의 웰빙의 요소에 대한 부분적 배열에 불과하나 충분히 유의미한 정보를 제공한다고 주장할 수도 있다. 예컨대 이러한 보고서는 우리나라 사람이 경제성장과 기술발전의 덕택으로 소득수준이 높아졌고 편리한 생활을 영위하고 있지만, 과도한 경쟁으로 인간관계에서 느끼는 행복감이나 자기계발과 휴식에 쓸 시간은 부족한 상태임을 보여준다고 말할 수도 있다. 벤담은 어쩌면 이러한 주장을 부인하지 않을 것이다. 다만 그의 조언은 사람들의 이해관심을 '있는 그대로' 받아들이고, 연구자 자신의 가치를 사람들에게 투사하지 않아야 한다는 것이다. 물론 연구자는 이러한 조언을 받아들이지 않을 이유가 있다. 그들의 연구대상이 자신의 선호에 있어서 근시안적이고 비이성적일 때에는 특히 그러하다. 현실 사회의 많은 연구대상은 합리적으로 사고하는 사람이라면 충분히 예견할 수 있을 만한 미래에 자신에게 확실히 해로울 만한 것에 대한 욕구를 표현할 수 있다. 그렇지만 벤담의 조언은 분명 유용한 출발점을 제공한다.

벤담이 제공한 목록의 풍부함에서 도출될 수 있는 또 다른 조언은 개인의 전체적 웰빙의 측정을 시도하라는 것이다. 소득, 소비, 주거형태, 정치참여 등의 제한적이면서 구체적인 요소로부터 한 개인의 웰빙에 대해 많은 것을 알아낼 수 있다. 그러나 그의 조언은 아마도 이러한 제한적이면서 구체적인 요소를 더욱더 포괄적인 요소와 연결시키면서 연구자는 이보다 더 멀리까지 나아가야 한다는 것이다. 최근 개발된 각종 지수, 예컨대 QoLQuality of Life, WHOQoLWorld Health Organization Quality of Life, SWBSubjective Well-Being, PGIPerson Generated Index 등은 소위 요약지표 summary indicator라는 것을 사용한다. 이 지수는 모두 개인의 웰빙의 부분적 측정을 시도한다. 그리고 그것은 궁극적으로 웰빙의 요소 사이에, 예컨대 재화와 행위능력 사이에 교환trade-offs이 가능하다고 가정한다. 그러나 벤담에게 요소 사이의 이러한 교환 가능성은 매우 신중하게 다루어야 할 경험적 문제다. 일부 역량 연구자는 환원불가능한 다원적 가치의 목록을 설정하면서 이러한 교환 자체를 가능하지 않다고 주장하기도 한다. 그러나 이러한 주장이 현실적으로 얼마나 설득력이 있을지는 열려 있는 문제다.

위에서 말한 벤담의 조언은 서로 상충하는 것처럼 들릴 수도 있다. 한편으로 그는 웰빙에 영향을 미치는 요소의 목록에 사람들이 중요하다고 여기는 모든 것을 포함해야 한다고 말한다. 단순한 신체적 일빙에서부터 '좋은 통치'에 기초한 열린 사회에 대한 요구에 이르기까지, 각자의 특수한 상황에 놓인 모든 사람이 쾌락이나 고통으로 경험할 수 있는 모든 주관적이고 질적인 요소를 고려해야 한다. 그는 이렇게 복잡다단한 요소가 개인의 행복에 미치는 영향력의 함수와 웰빙의 총합을 계산해야 한다고 요구한다. 그런데 이러한 양적 혹은 통계적 계산의 요구는 사실상 불가능한 작업처럼 보인다.

물론 통계적 중요성에 따라서 몇몇 항목을 빼거나 더하는 방식으로, 요컨대 절충적 방식으로 이러한 양적 계산을 시도할 수도 있다. 그리고 항목 사이의 교환 가능성을 가정한다면, 예컨대 정부의 정책 변화의 결과에 대한 과학적 진술을 얻을 수도 있다. 어쩌면 과학적 입법자로서 벤담은 어느 정도 절충적 방식에 만족할지도 모른다. 그렇지만 '독단주의자'와 관련된 그의 비판은 웰빙의 측정에 대한 다양한 접근방식에 여전히 유효하다. 설령 개인의 행복과 웰빙에 영향을 미치는 모든 요소에 대한 배열이 불가능할지라도, 웰빙의 요소에 대한 독단적 관념을 투영한 배열은 개인이나 어느 사회의 행복과 웰빙에 대해 단순히 불명확한 그림이 아니라 왜곡된 그림을 제시할 수 있다. 비유적으로 표현하자면, 이렇게 왜곡된 그림의 조각들을 아무리 교묘하게 이어붙인다고 해도, 그것이 인간의 행복 혹은 웰빙의 온전한 모습을 보여줄 수는 없다.

제 9 장

사익과 공익의 조화

제 러 미 벤 담 과 현 대

1. 이익 추구의 갈등

역사적으로 인간은 사회적 본능 내지는 이타적 심성을 가진 존재로 그려지기도 했다. 그러나 근대 이후로 오늘날까지 인간은 본성적으로 이기적인egoistic 혹은 자기 이익에 관심을 가진self-interested 존재로도 그려진다. '이기적'이라는 표현과 '자기 이익에 관심은 가진'이라는 표현 사이에는 미묘하면서도 중대한 차이가 있을 수 있다. 또 인간 본성은 이기적 요소와 이타적 요소를 모두 지닌다고 주장되기도 한다. 인간 본성의 문제에 대한 결론이야 어찌 되었든, 여기서 주목하려는 것은 인간의 이익 추구는 충돌을 언제든 일으키고, 이러한 충돌의 해소를 위한 방편을 제시하는 것이 지금까지 존재했던 수많은 윤리이론의 한 중요한 목적이었다는 명백한 사실의 문제다.

인간이 추구하는 이익의 충돌은 다양한 유형으로, 예컨대 개인들 사이의 충돌, 특수한 집단들 사이의 충돌, 개인과 전체 사이의 충돌 등으로 나타난다. 이 유형 가운데 인간의 도덕적 숙고 전반에서 가장 중대한 비중을 차지하는 것은 아마 개인의 행복 혹은 이익의 추구와 전체의 행복 혹은 이익의 추구 사이의 갈등일 것이다. 이 갈등은 어떤 특정한 윤리이론

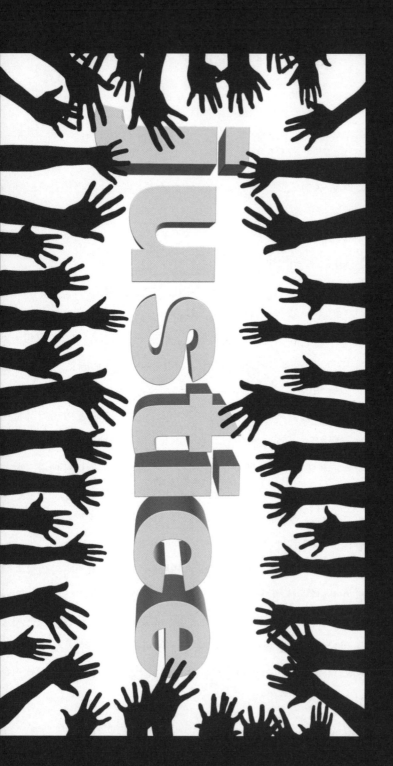

의 고유한 문제일 수 없다. 인간의 도덕적 숙고에 유의미한 윤리이론이려면, 그것은 이 갈등을 다루지 않을 수 없고, 아직 어떤 특정한 윤리이론이 이 문제에 대해 누구나 수긍할 만한 해답을 제시한다고 생각하는 사람은 드물 것이다.

그런데 이 갈등은 공리주의 윤리이론에서 상대적으로 더 심각한 문제로 표출되는 것으로 보인다. 그 이유는 아마도 공리주의가 도덕적 옳음을 '행복' 혹은 '이익' 등을 포섭하는 좋음 개념을 바탕으로 규정하거나 "옳음을 좋음의 극대화로 해석하는" 가장 노골적인 형태의 목적론적 윤리이론이라는 견해,[1] 그리고 그것이 개인의 행복 혹은 이익 추구의—누구나 직관적으로 부당하다고 판단할 만큼—과도한 희생을 정당화하는 방식으로 그 갈등을 봉합한다는 견해 때문인 듯하다. 요컨대 공리주의가 이 갈등과 관련하여 제시하는 해답은 한편으로는 더할 나위 없이 명쾌하지만, 그것은 많은 사람이 거부감을 느낄만한 해답이라는 것이다.

이러한 견해는, 특히 후자는 공리주의 일반에 대한 비판적 논의에서 중심적 견해로 제시되고, 공리주의 일반에 대한 근원적 거부감의 주된 원인이 되었다. 이러한 견해는 다시 공리주의자가 그 갈등의 이론적·실천적 심각성을 제대로 인식하지 못한다는 해석으로 이어진다.[2] 이러한 비판적 맥락에서 라이언스는 벤담이 사익 추구와 공익 추구 사이의 '자연적 조화'natural harmony를 가정했다고 주장한다. 말하자면 벤담은 양자의 추구 사이의 현실적 충돌 가능성을 인식하지 못하고 순전한 우연적 사태로서 그것들이 저절로 조화될 가능성을 가정했다는 것이다. 비판의 초점은 다르지만, 할레비É. Halèvy 역시 벤담이 법이론에서는 사익 추구와 공익 추구 사이의 '인위적 조화'를 창출하는 것을 정부의 기본적 기능으로 설정하는 반면에, 경제이론에서는 자신의 자유방임주의적 결론에 도달하기 위하여 양자의 추구 사이의 '자연적 조화'를 암묵적으로 가정했다고 해석한다.[3] 요컨대 벤담은 양자의 추구 사이의 갈등에 대해 문제영역에 따라서 일관성 없는 태도로 대응했다는 말이다.

그러나 다른 상당수 벤담 전문가의 해석에 따르면, 벤담은 어느 문제 영역에서도 '자연적 조화'를 가정하지 않는다. 사법 및 정치경제 제도와 관련된 다양한 문제영역에 대한 그의 광범위한 저술은 사익의 이기적 추구와 공익 추구에 대한 공리주의적 의무 사이의 갈등의 실천적 해결책에 대한 논구로 수렴한다. 요컨대 이 갈등은 그가 자신의 공리주의적 사유를 적용한 거의 모든 논의를 관통하는 문제였다는 말이다. 앞서 그의 말년의 정치적 개혁안에 대한 논의에서 살펴본 것처럼, 그는 통치계급의 사악한 사적 이익의 추구를 막아낼 수 있는 제도적 장치에 지대한 관심을 기울인다. 그리고 경제이론에서도, 역시 앞서 살펴본 것처럼, 그는 소수 특권층의 독점을 제한하고 국민 대다수의 생계 수단을 보장하는 일, 말하자면 소수 개인의 이익 추구와 전체 사회의 이익 추구 사이의 갈등을 조정하는 일이 경제 영역에 대한 정부의 개입을 정당화한다고 주장하는 것처럼 보인다.

결과주의 이론으로서 현실적 쟁점의 실천적 해결에 초점을 두는 것으로 인식되는 공리주의가 정작 인간 사회의 거의 모든 갈등의 원천에 놓인 사익 추구와 공익 추구 사이의 충돌에 대해 '자연적 조화'를 편리하게 가정했다는 해석은 뭔가 석연치 않다. 다시 말하지만, 사익 추구와 공익 추구 사이의 갈등 해결은 벤담의 학술적·실천적 논구의 일관된 논제였다. 그런데 그 갈등에 대한 19세기 공리주의의 도식으로서 많은 학자에게 더 주목받은 것은 아마도 『윤리학의 방법』에서 시지윅H. Sidgwick이 제시한 '실천이성의 이중성'Dualism of Practical Reason 개념일 것이다. 그는 그 갈등을 특수한 상황에서 개별적 행위자가 무엇을 행해야 할지를 결정하는 합리적 절차, 말하자면 그의 용어로 '윤리학의 방법'method of ethics인 이기주의와 공리주의 사이의 충돌로 규정하고, 이 충돌이 철학적으로 완전히 해소될 수 없는 문제라는 다소 비관적 결론에 도달한다. 곧 살펴보겠지만, 그 갈등에 대한 벤담의 도식은 시지윅의 그것과 상이하다.

이 차이를 설명하기 위하여, 나는 잠시 시지윅의 '실천이성의 이중성' 개념에서 이기주의와 공리주의의 충돌 혹은 모순의 성격을 간략히 살펴보고, 이러한 충돌 혹은 모순과 대조되는 벤담의 고유한 문제설정, 즉 사익 추구와 공익 추구 사이의 갈등에 대한 그의 도식을 규명할 것이다. 그리고 이 도식을 토대로 라이언스의 이른바 '이중적 기준'dual standard 해석과 할레비의 해석을 비판적으로 검토하고, 벤담은 사익 추구와 공익 추구 사이의 '자연적 조화'를 가정하지 않는다는 결론의 타당성을 재확인할 것이다. 마지막으로 양자의 추구 사이의 갈등 해결, 요컨대 이익의 '인위적 조화'의 추구에서, 벤담의 '사적 윤리' 혹은 '사적 의무론'의 역할과 성격을 살펴볼 것이다. 이 마지막 논의는 그의 공리주의가 그가 살던 시대뿐만 아니라 21세기를 사는 개인에게 던져주는 조언에 해당한다.

2. 실천이성의 이중성

한 개인의 행복 혹은 이익의 추구가 그 개인을 포함하는 전체의 행복 혹은 이익과 충돌하는 경우, 그가 경험하는 내면적 갈등은 비합리적이고 부도덕한 충동과 합리적이고 도덕적인 대의 사이의 갈등인가? 흔히 대중적 논의에서 이기주의는 부도덕성과 결부되는 경향이 있다. 그리고 공리주의를 비롯한 많은 윤리이론에서 비도덕성은 비합리성과 결부되는 경향이 있다. 이러한 경향들이 조합되어, 이기주의는 비합리적 충동이라는 인상을 낳는다. 그러나 벤담을 비롯한 공리주의자에게 한 개인이 자기 자신의 행복 혹은 이익을 추구하려는 충동은 그 자체로는 비합리적 충동이 아니다. 오히려 그것은―아마도 전체의 행복 혹은 이익과 충돌하기 전에는―매우 합리적인 행동이다. 『윤리학의 방법』에서 시지윅은 한 개인의 자기 자신의 행복 혹은 이익의 추구와 연관된 이기주의의 원칙을 단순한 비합리적 충동이 아니라 인간의 실천이성에 기초한 원칙으로 간주한다.

　『윤리학의 방법』의 제2판 「서문」에서 시지윅은 이 저술의 궁극적 목적이 한 개인의 자기 자신의 행복 혹은 이익의 추구와 연관된 이기주의를 "억제"하려는 것이 아니며, 전체 사회의 행복 혹은 이익의 추구와 연관된 "보편주의적 쾌락주의"를―간단히 공리주의를―증명하려는 것도 아니라고 명시한다(ME, xii). 그러면서 그는 한 개인의 자기 자신의 행복 혹은 이익의 추구와 연관된 이기주의적 쾌락주의의―간단히 이기주의의―원칙의 합리성은 전체 사회의 행복 혹은 이익의 추구와 연관된 보편주의적 쾌락주의의 원칙의 합리성과 동등하다고 역설한다. 말하자면 어떤 행위가 자기 이익의 추구와 연관된 행위라는 이유로 비합리적이거나 덜 합리적인 것은 아니다.

　어떤 특수한 상황에서 개별적 행위자가 무엇을 행해야 할지를 결정하는 **동등하게** 합리적인 절차로서, 이기주의와 공리주의는 충돌할 수 있다. 우리의 이성은 상충하는 이익의 추구와 연관된 서로 다른 행위를 명령할 수 있다. 다시 말해서 이기주의적 이유에서 행해야 하는 것과 공리주의적 이유에서 행해야 하는 것 사이에 필연적 일치는 없다. 이기주의와 공리주의의 충돌은 "합당한reasonable 행위에 대한 우리의 명백한 직관 속에 있는 궁극적이고 근본적인 모순"(ME, 508쪽), 이른바 '실천이성의 이중성'을 드러낸다. 시지윅이 '실천이성의 이중성' 개념을 통하여 표현하려던 "궁극적이고 근본적인 모순"은 다음과 같이 요약될 수 있다.

(1) 이기주의: 만약 어떤 행위 A가 행위자의 행복 혹은 이익을 극대화한다면, 그러한 이유로 A는 옳다.

(2) 공리주의: 만약 어떤 행위 A가 전체의 행복 혹은 이익을 극대화한다면, 그러한 이유로 A는 옳다.

(3) 어떤 행위 A가 전체의 행복 혹은 이익을 극대화하면서 행위자의 행복 혹은 이익을 극대화하지 않거나 그 반대인 경우가 있을 수 있다.

(4) 그러므로 어떤 행위 A는 옳은 동시에 옳지 않은 행위일 수 있다.[4]

명백히 위의 명제 (1)은 이기주의의 원칙을 옳은 행위의 기준으로 채택한 경우이고, 명제 (2)는 공리주의의 원칙을 그러한 기준으로 채택한 경우다. 명제 (3)는 어떤 행위가 공리주의의 원칙이나 기준을 만족시키나 이기주의의 원칙이나 기준은 만족시키지 못하는 경우 혹은 그 반대인 경우가 발생할 수 있는 개연성을 주장한다. 명제 (1), (2), (3)으로부터 도출되는 결론인 명제 (4)는 옳은 행위의 기준으로서 이기주의의 원칙과 공리주의의 원칙이 어떤 단일한 행위에 대해―옳으면서 옳지 않다는―모순된 도덕 판단에 도달할 수 있는 개연성을 주장한다. 이러한 개연성은 다음 두 가지를 함축할 수 있다.

첫째, 두 원칙 혹은 명제가 서로 모순되는 경우, 양자 모두가 직관적이라고, 즉 자명하다고 말할 수 없다. 왜냐면 시지윅 자신의 정의에 따르면, "자명하다고 인정되는 명제는 서로 모순되지 않아야" 하기 때문이다(ME, 341쪽). 예컨대 상반되는 두 주장이 모두 참일 수는 없다. 한쪽이 참이면 다른 한쪽은 거짓임이 틀림없다. 그런데 어느 주장이 참인지를 알 수 없다면, 둘 중 어느 것도 참이라고 단언할 수 없다. 이와 유사하게 이기주의의 원칙과 공리주의의 원칙이 서로 모순되는 경우, 양자 모두가 우리의 실천이성의 자명한 표명일 수 없다. 요컨대 이기주의의 원칙과 공리주의의 원칙 모두가 우리의 이성의 명령이 아닌 셈이 된다.

둘째, "이 근본적 모순에 대한 실천적 해결책"을 찾을 수 없는 경우, 우리는 "도덕의 완벽한 합리화rationalization"라는 목표를 포기할 수밖에 없다(ME, 508쪽). 다시 말해서 우리의 이성이 항상 우리에게 어떤 행위가 도덕적 행위인지를 말해줄 수 있다는 신념을 포기할 수밖에 없다. 그러면 어떤 행위가 도덕적 행위인지를 결정할 때, 우리는 우리의 이성을 완전히 신뢰할 수 없게 된다. 도덕의 완벽한 합리화를 포기한다는 것은 실천이성이 더는 우리 행동의 "동기"일 수 없고, 이기주의가 요구하는 행위와 공리주의가 요구하는 행위가 충돌하는 상황에서 우리의 최종적 선택은 "비합리적 충동의 (…) 상대적 우열에 따라서 결정되리라는" 것을 의미한다. 예컨대 이기주의가 요구하는 행위와 공리주의가 요구하는 행위 사이의 선택에서 갈등을 느끼는 개인은 어느 쪽에 더 강한—필시 비합리적인—충동을 느끼느냐에 따라서 자신의 행동을 선택하게 될 것이다. 만약 그가 자신의 이익에 대한 충동에 굴복한다면 그는 전자의 행위로 향할 것이고, 만약 자신의 이타적 충동에 더 끌린다면 그는 후자의 행위를 선택할 것이다. 그런데 이때 이타적 혹은 공리주의적 충동에 따라 행동하는 것이 도덕적으로 옳은 것이기 때문에 더 나은 혹은 더 합리적인 선택이라고 말할 수 없게 된다.

시지윅이 '실천이성의 이중성' 개념에서 표현하려던 모순 혹은 대립의 성격에 대해 여러 학자는 서로 다른 해석들, 이른바 '내재적'internalist 해석과 '외재적'externalist 해석을 제시하였다. 이른바 '내재적' 해석에 따르면, 이기주의의 원칙과 공리주의의 원칙이 동등한 합리성을 지닌다고 가정할 경우, 양자는 논리적으로 양립할 수 없고 언제든 충돌할 수 있다. 만약 양자가 논리적으로 양립할 수 없고 충돌할 수 있다면, 공리주의의 원칙은 자명성 내지는 이성적 명령으로서의 권위를 상실한다. 이러한 해석에 따르면, 이기주의와 공리주의 사이의 충돌은 우리의 실천이성 혹은 합리성 내부의 충돌로서 논리적 모순이라는 성격을 띤다. 이에 비하여 브링크D. O. Brink 등의 학자가 제안한 이른바 '외재적'externalist 해석에 따르면, 이기주의의 원칙과 공리주의의 원칙 사이의 대립은 자기 이익에 대한 합리적 타산과 공익에 대한 도덕적 의무 사이의 충돌이다. 이기주의는 최선의 합리성 이론이고, 공리주의는 최선의 도덕성 이론이다. 따라서 이기주의와 공리주의 사이의 대립은 합리성의 요구와 도덕성의 요구 사이의 대립일 뿐이지, 우리의 실천이성 혹은 합리성 내부의 충돌, 요컨대 논리적 모순이 아니다.[5]

외재적 해석에 따르면, 이기주의의 원칙과 공리주의의 원칙은 둘 다 자명하고 논리적으로는 양립할 수 있지만, 현실적으로는 충돌할 수도 있다. 왜냐면 도덕적 행동, 즉 공리주의가 요구하는 행동이 자기 자신의 행복 혹은 이익을 추구하는 한 개인의 편에서 항상 합리적이지는 않기 때문이다. 그런데 이러한 해석은 시지윅 자신의 '실천이성의 이중성' 개념에 대한 정확한 이해라기보다는 그 이중성에서 비롯된 모순을 해소하는 방편을 제안한다는 성격을 가진다. 문헌상의 근거에 비추어, 시지윅에게 윤리학의 방법으로서 이기주의와 공리주의는 명백히 모두 당위를 결정하기 위한 합리적 절차고, 양자의 원칙은 모두 우리의 실천이성에서 비롯된 것들로 가정된다는 점은 부정하기 어렵다. 요컨대 그에게 이기주의와 공리주의의 합리성은 이미 주어진 것으로 간주된다. 이기주의는 타산적 관점에서 내가 행해야 할 바에 대한 믿음을 설명하는, 공리주의와 경쟁하는 실행 가능한 윤리적 입장이다.

내재적 해석은 확실히 이기주의와 공리주의 사이의 충돌을 해소할 가능성에 대한 시지윅의 철학적 좌절을 더 잘 설명하는 것으로 보인다. 이러한 해석이 옳다면, 모든 충돌의 상황에서 어떤 행위자는 최선의 이기주의적 행위나 최선의 공리주의적 행위를 각각 합리적으로 행할 수 있다. 더 나아가 시지윅은 이기주의적 행위의 이유와 공리주의적 행위의 이유 사이의 비교 불가능성도 가정한다. 그래서 합리성의 차원에서는 양자의 행위에 대한 이유의 상대적 강도를 비교하는 것은 불가능하다. 예컨대 어떤 행위자는 사소한 자기 이익을 획득하기 위하여 많은 사람에게 일어나리라고 충분히 예상할 수 있는 해악을 합리적으로 방관할 수도 있다. 우리는 현실에서 실제로 이렇게 행동하는 사람을 목격하고, 이러한 사람들을 이기주의자라고 부른다. 그러나 내재적 해석에 따른다면, 우리는 그들의 이러한 행위가 비합리적이라고 비난할 수 없게 된다.

그런데 합리성에 대한 일반적 관념에 따르면, 이러한 행위는 도덕적으로 매우 그른 행위일 뿐만 아니라 심지어 합리적이라고 말하기도 어렵다. 비록 제한적일지라도, 우리는 충돌하는 이유의 상대적 강도를 비교할 수 있고, 어떤 한 종류의 이유가 다른 이유보다 더 강력하다는 것이 비교적 분명하게 드러나는 일도 있을 수 있다.[6] 반드시 보편적 혹은 이타적 관점을 취하지 않더라도, 심지어 타산적 관점에서도, 어떤 행위자는 사소한 자기 이익을 위하여 많은 사람에게 일어나리라고 충분히 예상할 수 있는 더 큰 해악을 방관하는 행위는 도덕적이지도 합리적이지도 않다고 판단할 수 있다. 말하자면 다른 사람들을 불행하게 만들면서 혹은 그들의 불행을 방관하면서도 나는 행복할 수 있다는 주장에는, 나의 행복과 그들의 행복 사이에 필연적이든 우연적이든 아무 연관성이 없다는, 역시 증명하기 까다로운 가정이 필요하다.

애초에 문제의 발생은 개인의 행복 혹은 이익의 추구를 공리의 원칙으로부터 독립된 원칙에 따르는 것으로 설정한 데에 있다고 볼 수도 있다. 요컨대 이기주의의 원칙을 어떤 의미로든 과연 규범적 원칙이라고 볼 수 있는가 하는 문제뿐만 아니라, 심지어 그것을 공리의 원칙과 대등한 규범적 입장으로 설정한 것에는 논란의 여지가 있다. 이에 비하여 지금부터 살펴볼 벤담의 이론에서는 공리의 원칙이 개인의 행복 혹은 이익의 추구와 전체의 행복 혹은 이익의 추구를 모두 설명하는 원칙으로서 제시된다. 따라서 그에게는 시지윅이 마주했던 그러한 철학적 좌절은 발견되지 않는다.

3. 공리의 원칙의 이중성

대표작인 『서론』뿐만 아니라 여러 저술에서 밝혔듯이, 벤담에게 쾌락과 고통은 "우리가 **무엇을 행할까**를 결정할 뿐만 아니라 우리가 **무엇을 행해야 하는가**를 지시해주는" 가장 중요하고 사실상 유일한 조건이다.[7] 이 단순한 언명은 그의 공리의 원칙이 이중적 측면을 가진다는 점을 비교적 명확히 드러낸다. 쾌락을 구하고 고통을 피하려는 인간 본성은 개인의 특수한 행동, 요컨대 그가 "무엇을 행할까를 결정"한다. 인간의 본성과 행동 사이의 자연적 연관성에 대한 이러한 심리학적 법칙 혹은 소위 심리학적 쾌락주의의 명제는 공리의 원칙의 이른바 '실증적' 측면이라고 말할 수 있다. 다시 말해서 공리의 원칙은 한 개인이 지금 순간 자신의 행동을 결정하는 과정을 지배한다. 이에 비하여 전체로서의 공동체 혹은 정부의 목적은 가능한 최대 다수의 최대 행복을—쾌락을—획득하는 것이고, 이 목적은 전체로서의 공동체 혹은 정부뿐만 아니라 그 공동체에 속하거나 그 정부의 통치를 받는 개인에게도 "무엇을 해야 하는가"를 말해준다. 이러한 보편주의적 쾌락주의의 명제가 공리의 원칙의 이른바 '규범적' 측면이라고 말할 수 있다. 다시 말해서 공리의 원칙은 한 개인이 미래에 행해야 할 행동을 결정하는 과정을 지배한다.

앞서 고찰한 시지윅의 경우에는, 자기 이익을 극대화하는 행동의 수행을 명령하는 이기주의의 원칙이 전체의 이익을 극대화하는 행동의 수행을 명령하는 공리주의의 원칙과 동등한 합리성을 가진, 그래서 어떤 개인의 행동에 대해서든 동등한 규범적—혹은 아주 넓은 의미의 도덕적—이유를 제공하는 원칙이다. 요컨대 두 원칙은 별개의 원칙이다. 이에 비하여 벤담의 경우에는, 개인의 행복 혹은 이익의 추구와 전체의 행복 혹은 이익의 추구가 단일한 원칙, 즉 공리의 원칙에서 나온다. 이때 개인의 행복 혹은 이익의 추구는 인간의 자연적 본성에 대한 실증적 혹은 심리학적 사실일 뿐이지 규범적 이유 혹은 도덕적 당위를 제공하는 별개의 원칙이 아니다. 공리의 원칙이 규범성 혹은 도덕성을 담는 것은 그것이 전체의 행복 혹은 이익의 추구와 관련되는 경우다.

개인의 행복 혹은 이익의 추구와 전체의 행복 혹은 이익의 추구를 단일한 원칙의 두 다른 측면들로 규정하였지만, 벤담에게 양자의 추구 사이의 관계는 산술적 합산의 관계로도 나타난다. 요컨대 전체의 행복 혹은 이익이란 개인의 행복 혹은 이익과 별개의 존재가 아니다. "공동체의 이익이란 무엇인가? 그것을 구성하는 여러 구성원의 이익의 총합이다. 개인의 이익이 무엇인지 이해하지 못하고 공동체의 이익을 이야기하는 것은 헛수고다".[8] 따라서 개인의 행복 혹은 이익이 증가할 경우, 전체의 행복 혹은 이익도 당연히 증가할 것이다.

이렇게 산술적 합산의 관계라면, 어떻게 개인의 행복 혹은 이익의 추구가 전체의 행복 혹은 이익의 추구와 충돌할 수 있는가? 이러한 경우는 한 개인 혹은 여러 개인의 행복 혹은 이익의 추구가 같은 공동체의 다른 구성원 혹은 다른 여러 구성원의 행복 혹은 이익을 감소시키고, 후자의 감소가 전자의 증가보다 명백히 더 커서, 결과적으로 모든 공동체 구성원의 행복 혹은 이익의 총합이 줄어드는 경우다. 다시 말해서 개인의 행복 혹은 이익의 증가가 당연히 전체의 행복 혹은 이익의 증가로 귀결될 수 있는 상황은 전체를 구성하는 여러 개인의 행복 혹은 이익의 추구 사이에 심각한 충돌이 없는 경우다. 그런데 현실 사회에서는 이러한 경우를 상상하기조차 어렵다는 점은 이러한 충돌의 해결을 위한 인위적 조정 수단의 필요성을 암시한다.

그런데도 라이언스의 해석에 따르면, 벤담은 이익의 추구 사이의 '자연적 조화'를 가정했다. 이러한 해석은 벤담의 공리의 원칙에 대해 전술한 것과는 사뭇 다른 이해에 기초하고 있다. 라이언스의 주장에 따르면, 벤담은 전체의 행복 혹은 이익의 추구와 관련된 영역, 즉 공적 윤리 및 통치술의 영역과 개인의 행복 혹은 이익의 추구와 관련된 영역, 즉 사적 윤리 및 자기관리 기술의 영역에 각각 서로 다른 목적 혹은 기준을 적용한다. 그가 이러한 주장의 근거로 제시한 벤담의 진술은 다음과 같다.

> 사적 윤리는 어떻게 각 사람이 저절로 주어진 동기에 의해 자기 자신의 행복에 가장 도움이 되는 행동을 수행하게 할 수 있는지를 가르친다. 입법 기술은 어떻게 한 사회를 구성하는 다수의 사람이 입법자가 적용하는 동기에 따라서 전체 사회의 행복에 대체로 가장 도움이 되는 행위를 수행하게 할 수 있는지를 가르친다. (『서론』, 293쪽)

라이언스는 필시 여기서 벤담이 말하는 '사적 윤리'는 개인에게 자신의 행복을 극대화해야 한다는 규범적 기준을 제시한다고 보는 듯하다. 그래서 개인의 행복 혹은 이익의 추구는 단순히 실증적 혹은 심리학적 법칙이 아니라 규범적 기준이 된다. 달리 말하면 벤담의 공리의 원칙은 실증적 측면과 규범적 측면을 가진다는 점에서 이중적인 것이 아니라, 두 서로 다른 규범적 측면 혹은 기준을 동시에 제시한다는 점에서 이중적이라는 것이다. 어쩌면 라이언스가 이러한 해석에 도달한 배경에는 벤담이 사용한 '윤리'니 '의무론'이니 하는 용어들이 한몫했을지도 모른다. 어쨌든 이 두 규범적 기준들이 어떤 상황에서든 충돌할 수 있다면, 어떻게 한 개인이 사적 영역에서는 자신의 행복 혹은 이익을 극대화해야 하고 공적 영역에서는 전체의 행복 혹은 이익을 극대화해야 한다고 말할 수 있는가? 요컨대 어떻게 사적 윤리에서의 이기주의적 기준과 공적 윤리에서의 공동체적 혹은 공리주의적 기준을 조화시킬 수 있는가?

이 물음과 관련하여 라이언스는 이러한 "이중적 기준을 받아들였을 때의 벤담은 한 개인의 장기적 이익과 그의 공동체의 이익 사이의 실천적 충돌의 가능성을 생각하지 않았다"는 분석을 제시한다.[9] 그의 분석에 따르면, 벤담은 전체의 행복 혹은 이익과 개인의 행복 혹은 이익을 각각 독립적 목적으로 상정하는데, 각 목적은 쾌락과 고통이 인간의 모든 말과 행동과 생각을 지배한다는 실증적 사실의 긍정에 기초하는 공리의 원칙을 서로 다른 두 관점, 즉 개인적 관점과 공동체적 관점에서 이해한 결과다. 그리고 순전한 우연적 (다행스러운) 사실로서, 이 두 독립적 목적에서 연유한 행동 사이에 중대한 충돌이 발생하지 않는다. 요컨대 벤담은 이 두 목적의 추구 사이의 '자연적 조화'를 가정한다. 각 개인의 행복 혹은 이익은 전체의 행복 혹은 이익의 부분이고, 동시에 전체의 행복 혹은 이익의 증진은 다시 각 개인의 행복 혹은 이익으로 돌아온다. 적어도 장기적 관점에서는 한 개인의 행복 혹은 이익은 전체의 행복 혹은 이익에 수렴한다.

단일한 원칙, 즉 공리의 원칙이 상충할 수 있는 두 규범적 기준을 내포하고, 벤담은 이 두 기준의 충돌 가능성에 대해 우연적·자연적 조화의 가정으로 대응했다는 해석은 앞서 언급한 할레비로부터 라이언스에 이르기까지 다소 유행했던 해석이다. 그러나 이것이 적어도 오늘날의 주도적 해석은 아니다.[10] 라이언스 자신도 벤담이 후기 저술에서는 이익 추구의 자연적 조화의 가능성에 대해 냉소적 태도를 보였다는 점을 인정하면서, 그의 말년의 저술인 『헌법』을 인용한다. "모든 경우에 각 개인의 행복은 다른 모든 개인의 행복과 경쟁을 벌이기 쉽다 (…) 각 개인의 행복만이 아니라 각 개인의 존재가 다른 모든 개인의 존재와 경쟁하고 양립할 수 없는" 상황이 벌어진다.[11] 여러 개인 사이의 행복 혹은 이익의 추구를 위한 경쟁은 냉정한 현실이고, 그 경쟁은 상대의 존재 자체를 부정하기에 이른다. 이러한 여러 개인의 행복 혹은 이익의 추구 사이의 충돌은 결국 그 여러 개인의 행복 혹은 이익의 총합으로 구성되는 전체의 행복 혹은 이익의 추구와 개인의 행복 혹은 이익의 추구 사이의 충돌로 이어진다. 정확히 말해서 라이언스의 주장은 벤담이 초창기 저술에서는―적어도 『서론』을 저술할 시기까지는―소위 '이중적 기준'과 '자연적 조화'를 상정했다는 것이다.

그러나 초창기의 벤담이 '이중적 기준', 즉 전체의 행복 혹은 이익의 추구와 더불어 개인의 행복 혹은 이익의 추구를 규범적 기준 내지는 도덕적 의무로 규정했다는 주장에 대한 문헌적 근거는 별로 결정적이지 못하다. 라이언스가 채택한 근거, 즉 '사적 윤리'에 대한 벤담 자신의 정리를 자세히 고찰해보면, 사적 윤리는 각 개인이 자신의 행복에 가장 도움이 되는 행동을 해야 한다는 규범적 이유나 기준이라기보다는 그 개인이 이러한 행동을 하도록 유도하는 방법을 제시하는 것이다. 요컨대 사적 윤리는 그 것과 병렬적으로 놓여 있는 입법 기술과 마찬가지로 하나의 기술이다. 물론 개인의 행복 혹은 이익은 사적 윤리와 연관된 목적이고, 전체의 행복 혹은 이익은 공적 윤리와 연관된 목적이다. 사적 윤리에는 공적 윤리의 그것과 확실히 별개의 목적이 존재한다. 그런데 후자의 목적은 개인 혹은 여러 개인에게 규범적 기준 혹은 의무를 제시하는 데 비하여, 전자의 목적의 경우에는 사정이 다르다.

벤담이 사용한 '사적 윤리' 혹은 '사적 의무론'private deontology 등의 표현은 어쩌면 그가 개인의 행복 혹은 이익의 추구를 하나의 규범 혹은 도덕적 의무로 규정한다는 인상에 적잖이 기여한 듯하다. 그러나 이러한 인상을 결정적으로 뒷받침할 만한 언명은 발견하기 어렵다. 『의무론』의 시작 부분에서 자기 이익과 의무의 관계와 관련하여 벤담은 "행하지 않는 것이 자신에게 이익인 것을 행하는 것은 그 어떤 실천적 목적으로도 결코 어떤 사람의 의무일 수 없다"고 말한다.[12] 물론 이 언명은 어떤 사람이 자신에게 이익인 것을 행하는 것이 의무가 아니라는 주장과 전혀 무관하다. 동시에 그러한 것을 행하는 것이 의무라는 주장과도 무관하다. 요컨대 이 언명은 긍정적으로든 부정적으로든 자기 이익과 관련된 행위와 의무 사이의 연관성을 주장하는 것이 아니다. 그것은 문자 그대로 어떤 사람에게 그에게 불이익을 주는 어떤 행위를 의무로 강요할 수 없다는 것만 의미할 뿐이다. 그것은 그에게 이익이 되는 행위에 대해서는 아무것도 말하지 않는다.

사실 벤담의 공리의 원칙의 실증적 측면, 말하자면 그의 심리학적 쾌락주의 명제에 따르면, 인간은 이미—반드시 그것만은 아닐지라도—자기 이익을 추구하는 본성적 경향을 지니고 있다. 따라서 어떤 개인에게 자신에게 이익인 것의 추구를 의무로 부과하는 것, 다시 말해서 이미 X를 행하려는 자연적 경향을 가진 사람에게 X를 행하는 것을 의무라고 지적하는 것은 다분히 불필요한 행동이다. 이어서 그는 행하지 않는 것이 자신에게 이익인 것을 행하는 것, 즉 자기 이익을 "희생하는 행위는 실행가능하지도 않고 바람직하지도 않다"고 덧붙인다.[13] 행하지 않는 것이 자신에게 이익인 것을 행하는 것이 의무일 수도 없고, 더욱이 그것을 행하는 것이 실행가능하지도 않다는 말은 결국 한 개인의 행복 혹은 이익의 추구와 타인이나 전체의 행복 혹은 이익의 추구 사이의 자연적 조화를 기대할 수 없다는 말이다. 다시 말해서 양자의 추구가 충돌하는 경우, 한 개인이 자신의 행복 혹은 이익의 추구를 자발적으로 포기하는 상황은 불가능하다. 이 지점에서 공리의 원칙의 규범적 측면, 즉 전체의 행복 혹은 이익을 극대화하라는 원칙과 더불어 양자의 추구 사이의 인위적 조화의 수단이 개입할 수 있다.

4. 이익 추구의 인위적 조화

할레비의 주장에 따르면, 벤담의 "체계 안에는 (…) 경쟁하는 두 다른 원칙," 즉 사익 추구와 공익 추구의 관계를 설명하는 서로 다른 두 방식이 있다.[14] 하나는 그 관계를—라이언스가 주장한 것과 같은—자연적 조화로 설명하는 방식이다. 그에 따르면, 앞서 언급한 것처럼, 벤담의 경제학적 입장은 사익 추구와 공익 추구 사이에 아무런 심각한 충돌이 없다는 가정 위에서 성립한다. 이러한 가정 위에서 벤담은 개인의 자유로운 사익 추구가 전체 사회의 공익 추구를 방해하지 않을 것이라고 믿었고, 이러한 믿음이 경제 영역에 대한 정부의 간섭을 대체로 거부하는 자유방임주의적 태도로 드러난다는 것이다. 다른 하나는 그 관계를 인위적 조화로 설명하는 방식이다. 사법제도 및 정치제도와 관련된 저술에서 벤담은 양자의 추구 사이의 조화 혹은 양립 가능성에는 외적 간섭이 불가피하다는 가정에서 출발한다. 이렇게 서로 다른 원칙 혹은 방식이 존재한다는 주장에서 할레비의 목적은 양자의 추구 사이의 관계에 대한 벤담의 설명에는 긴장 관계와 비일관성이 있음을 지적하려는 것이다.

그러나 할레비의 이러한 지적의 결정적 문제점은 그것이 벤담의 경제학적 견해에 대한 오늘날에는 전혀 일반적이지 않은 견해에 의존하고 있다는 점이다. 앞서 제5장에서 살펴본 것처럼, 지난 세기 중반부터 벤담을 자유방임주의자로 규정하는 견해에 대한 반론, 즉 그의 경제학적 견해는 "여러 측면에서 '자유방임주의'와 정반대"라는 반론이 계속 제기되었고, 이제는 이러한 반론이 주도적 견해로서의 입지를 굳혀가고 있다.[15]

벤담을 자유방임주의자로 강렬하게 각인시킨 저술은 필시 경제학적 처녀작인 『고리대금의 변호』일 것이다. 여기서 그는 공공복지를 위협하지 않는 한에는 정부가 이자율 등과 관련된 민간경제 문제에 일절 관여하지 않아야 한다고 역설한다. 그는 단지 이자율 문제만이 아니라 경제활동 전반에서 개인의 자유에 대한 정부의 "모든 제약은 어디까지나 악"이라고 규정한다.[16] 공정하게 말해서, 자유방임주의적 인상이 적어도 문헌적 근거를 완전히 결여한 것은 아니다. 그렇지만 최근의 반론은 『고리대금의 변호』가 벤담의 경제학적 기본입장을 특징짓는 저술이 아니라는 점을 지적하면서,[17] 그에게 자유방임주의는 결코 특정 국가나 사회의 현실적 상황을 도외시한 "절대적 이상"이 아니었고,[18] 오히려 그는 자유방임주의에 반하는 사회보장제도의 입법에 대한 이론적 정당성을 더 심도 있게 논했다는 점을 강조한다.[19]

벤담의 경제학적 저술은 후기로 갈수록 여러 개인 사이, 그리고 개인과 전체 사이에 경제적 이익 추구의 갈등이 발생할 수 있는 문제영역에서 정부의 기능과 역할을 강조한다. 여기서 그는 정부의 기능 및 역할과 관련하여 고전경제학파와 명백히 차별되는 견해를 드러내기 시작한다.[20]

앞서 논한 것처럼, 그가 거론한 경제 영역에서의 정부의 기능과 역할은 자연히 공공복지 혹은 공익 추구에 초점이 맞춰져 있고, 이를 위하여 필시 경제활동을 통한 개인의 행복 혹은 이익 추구에 대한 광범위한 통제나 간섭을 동반한다. 이러한 견지에서 그의 경제학적 기본입장이 양자의 추구 사이에 자연적 조화에 기초하고 그것들의 관계에 대한 그의 설명에 비일관성이 존재한다는 할레비의 주장은 그의 경제학적 입장 전반이 아니라 특정한 일부에만 주목한 결과로 볼 수 있다.

사익 추구와 공익 추구 사이의 인위적 조화에 대한 벤담의 시도는 민법과 형법 등의 사법제도와 다양한 정치기술을 통한 외적 간섭의 구상에서 확실히 더 분명하게 드러난다. 사법제도는 사회적으로 용납할 수 없는, 요컨대 공익 추구를 저해하는 특정한 유형의 행동에 대한 형벌을 포함한다. 적절한 형벌은 이러한 행동을 예방하는 효과를 가진다. 그러나 그에게 형벌은 그 자체로 목적이 아니라 위법행위의 예방을 위한 불가피한 수단일 뿐이다. 왜냐면 형벌이란 궁극적으로 악이기 때문이다. 그래서 앞서 언급한 것처럼 그는 사회적으로 용납할 수 없는 특정한 유형의 행동에 대한 형벌과 관련된 소위 '직접 입법'은 반드시 더 미묘하고 복잡한 형태의 소위 '간접 입법'에 의해 보완되어야 한다는 점을 강조한다.

벤담이 말하는 '간접 입법'이란 대략적으로 말해서 공리주의적 입법자가 최대 행복이라는 궁극적 목적의 실현을 위하여 적절하다고 판단하는 방향으로 여러 개인의 욕망을 스스로 변형하도록 만들 동기를 부여하는 방편이다. 그것은 위법행위 예방의 목적, 즉 직접 입법의 그것과 "동일한 목적에 부합하도록 법으로 실행할 수 있는 다른 모든 것"을 가리킨다.[21] 그에 따르면, 간접 입법에 속하는 방편은 다음과 같은 기능을 가진다. 그것은 "사람들의 논리의 일부를 형성할 것이다. 그것은 사람들의 도덕적 본성에까지 영향을 미칠 것이다. 여론의 규율은 법의 규율과 비슷하게 형성될 것이다. 그리고 법에 대한 복종은 자유의 느낌과 거의 구분되지 않을 것이다."[22]

요컨대 간접 입법은 시민들이 더 공익적인 선택을 하도록 교육하고 그들의 행복 혹은 이익의 추구에서 공익의 추구와 충돌하지 않는 더 적절한 경로를 선택하도록 유도할 수 있는 방편을 포함한다. 시민들의 사고방식과 여론과 도덕성 형성에까지 관여하는 간접 입법의 취지는 앞서 논했듯이 벤담의 의도가 반자유주의적이고 부권주의적이라는 인상을 줄 수도 있다. 그렇지만 그 자체로 악인 형벌, 즉 직접 입법보다는 이렇게 시민들의 정신을 조종하는 전략, 즉 간접 입법이 공리의 원칙의 규범적 적용, 즉 전체 사회의 행복 혹은 이익의 추구에서 더 우월한 방편일 수 있다.[23] 법은 공익을 극대화하도록 만들어져 있고, 사람들이 자유의 느낌과 구분되지 않을 정도로—말하자면 거부감이나 저항 없이—이러한 법에 복종하는 것에 익숙해지면, 이로써 사익 추구와 공익 추구 사이의 충돌은 현저히 줄어들게 된다.

보통선거에 기초한 대의민주주의의 강력한 옹호라고 규정할 수 있는 벤담의 후기 정치이론도 근본적으로 사익 추구, 즉 통치계급의 '사악한 이해관심'과 공익 추구, 말하자면 전체 국민의 이익 사이의 인위적 조화의 시도에 초점이 맞춰져 있다. 앞서 논한 것처럼, 많은 벤담 학자가 그의 정치적 사유에서의 가장 중대한 전환, 즉 정치적 급진주의로의 전환의 계기로서 주목한 것은 통치계급의 '사악한 이해관심'에 대한 그의 인식이다. 이것은 통치계급은 자신의 이익에 따라서 행동할 뿐, 그들이 전체 국민의 행복 혹은 이익을 위하여 행동하리라고 전적으로 신뢰할 수 없다는 인식이다.[24]

벤담에게 입법자를 비롯한 정치 권력자가 추구해야 할 도덕적 목적은 언제나 전체 공동체의 행복 혹은 이익을 증진하는 것이다. 그는 통치계급의 '사악한 이해관심'을 바로 이러한 목적의 달성에 최악의 장애물로 인식한다. 후기의 정치적 저술에서 그가 제시한 대다수 개혁안은 이러한 사악한 이해관심을 억제하고 실정을 방지하는 방편에 집중된다.[25] 예컨대 그의 공리주의적 정치체제의 구상을 집약한 『헌법』에서, 그는 '공직 적성의 극대화'를 헌법적 제도의 명시적 목표로 설정한다. 여기서 공직 적성의 극대화는 전체 공동체의 이익을 희생하여 특정 집단의 이익을 도모하려는 편파적 이해관심을 극복할 수 있는 인물을 신중히 선발하는 문제만이 아니라, 이러한 이해관심에 따른 권력 남용이 거의 불가능하도록 정부 기관을 체계적으로 조직하는 문제까지 포함한다.

요컨대 벤담은 현실 사회 혹은 국가에서 개인의 삶을 둘러싼 주요 문제영역, 즉 정치·경제·사법의 영역에서 사익 추구와 공익 추구의 충돌 가능성을 절실히 인식하고 있었고, 양자의 추구 사이의 인위적 조화를 위한 제도적 방편에 주목한다. 이러한 인위적 조화는 공리의 원칙의 규범적 측면, 즉 전체 공동체의 행복 혹은 이익의 증진을 위하여 무엇을 해야 하는가에 방점이 있다. 그렇다면 그의 공리주의 이론의 이러한 중심적 논제와 비교하여, 그의 '사적 윤리' 혹은 '사적 의무론'의 역할과 의미는 무엇인가?

5. 개인은 어떻게 행동해야 하는가?

일부 공리주의 비판은 가상적 상황을 설정하고 그 상황에서 개인이 풀어야 할 난감한 도덕적 딜레마를 제시한다. 그러나 벤담의 학술적 노력의 대부분은 분명 이러한 딜레마를 다룰만한 사적 윤리가 아니라 그가 구상한 완전무결한 법체계, 소위 '파노미온'의 완결에 집중된다. 이러한 관찰로부터 예컨대 맥M. P. Mack은—전혀 비판적이지 않은 맥락에서—벤담은 사적 도덕에 대해서는 아무런 견해도 가지지 않았다고 평한다.[26] 그런데 이것은 애초에 2권 600여 쪽의 분량으로 출판된 그의 『의무론』에 대한 다소 야박하거나 무심한 평가일 수 있다. 이 저서가 그의 학술적 업적 전체에서 차지하는 위치가 대단히 모호하다는 것은 분명한 사실이다. 바로 앞서 논의한 문제, 즉 이익 추구의 인위적 조화라는 문제에서도 그것의 역할은 다소 모호하다.

첫째, 벤담이 논하는 사적 윤리는 이익 추구의 인위적 조화를 위한 외적 간섭의 한 형태는 아니다. 직접 입법이든 간접 입법이든, 말하자면 형벌이든 조종이든, 어떤 미묘한 형태를 취하든, 외적 간섭은 법이나 제도를 통한 간섭이다. 이에 비하여 사적 윤리는 "정치적 강제력으로 작용하지" 않는, 어쩌면 당연하겠지만 "자유롭고 자발적인 행위"의 유도에 초점이 있다.[27] 둘째, 사적 윤리의 적어도 표면적 목적은 어떤 일정한 상황에 놓인 개인의 견지에서, 공동체가 아니라 그 개인의 진정한 이익이 무엇인지를 말해주는 조언을 제공하는 것이다. 공리의 원칙의 이중성에서 설명한 것처럼, 사적 윤리에는 한 개인의 행복 혹은 이익의 추구라는 고유한 목적이 부여된다. 다만 이 목적은 전체의 행복 혹은 이익의 추구와 대등한 규범적 목적이 아니라 개인의 특수한 실천적 목표를 위하여 채택된 목적이라는 점에서, 공익 추구를 지향하는 공리주의적 입법 기획과 양립할 수 있다.

사적 윤리의 실질적 목적은 설득persuasion의 역할에 있다. 그것은 분명 자기 이익을 추구하는 개인에게 현실적 조언을 제공하는 동시에, '정치적 강제력,' 즉 법적인 제재가 없는 상태에서도 개인이 자신의 의무를 행하도록 유도하는 설득의 임무를 수행한다. 말하자면 벤담의 사적 윤리의 관점은 개인에게 현명하게 자기 이익을 추구할 방법을 조언하는 동시에, 그들의 자기 이익의 추구가 전체의 행복 혹은 이익의 추구라는 규범적 목적 혹은 의무와 충돌하지 않을 뿐만 아니라 후자의 목적을 증진할 수 있는 방향으로 유도하려는 실천적 윤리학자, 어쩌면 『의무론』을 저술한 벤담 자신의 관점이라고 말할 수 있다.

비록 사익 추구와 공익 추구 사이의 자연적이고 완전한 조화를 인정하지 않음에도 불구하고, 벤담은 양자의 추구가 사사건건 혹은 대다수 경우에 충돌을 일으키리라고 생각하지는 않는다. 오히려 설득의 방편으로서 사적 윤리는 당연히 보편적으로는 불가능하나 상당 부분 양자의 추구가 부합하는 경우에만 실질적 효과를 발휘할 수 있을 것이고 공리주의적 입법 기획의 효과를 보강할 수 있다. 상상컨대 공리주의적 입법 기획이 개인의 사익 추구와 사사건건 충돌하거나 사익 추구를 억압하기만 한다면, 개인은 이러한 기획을 결코 자발적으로 받아들이지 않을 것이다. 게다가 그 기획 자체의 목적, 즉 여러 개인의 행복 혹은 이익의 합산으로 산출되는 전체 사회의 행복 혹은 이익의 추구라는 목적과도 멀어질 수 있다.

한편으로 직접 혹은 간접 입법이 제재나 교육 등의 공공연한 외적 간섭을 통해서 의무와 자기 이익을 일치시키는 방편이라면, 다른 한편으로 사적 윤리 혹은 의무론은 설득의 방법을 통하여 개인에게 의무를 행하는 것이 결국 자신에게 이익이라는 점을 인식하도록 돕는다. 이러한 의미에서 사적 윤리 혹은 의무론은 외적 간섭과 대조되는 '내적 간섭'internal intervention이라고 말할 수도 있다.[28] 해리슨의 견해에 따르면, 이러한 내적 간섭으로서의 사적 윤리는 간접 입법의 그것과는 "또 다른 형태의 조종"이다.[29] 여하튼 외적 간섭과 내적 간섭의 위계와 역할의 차이는 비교적 선명하다고 보인다. 내적 간섭이든 또 다른 형태의 조종이든, 사적 윤리 혹은 의무론의 역할은 외적 간섭으로서의 입법의 역할에 보완적이고 종속적이다. 그것은 외적 간섭이 미칠 수 없는 영역에서 개인의 행위를 공리주의적 입법 기획을 추종하도록 교정한다는 차원에서 보완적이다. 그리고 사익 추구와 공익 추구 사이에 심각한 충돌이 일어나는 상황에서는 그것에 의존할 수 없다는 점에서, 사적 윤리의 역할은 입법의 역할에 종속적이다.[30]

벤담의 심리학적 이론에 따르면, 사람들은 그들이 자신에게 이익이라고 지각하는 것에 따른다. 사적 윤리 혹은 의무론의 역할은 그들의 진정한 이익이 무엇인지를 지적해주는 것이다. 그는 한편으로 정상적 상황에서 사람들은 자신의 이익의 최선의 판단자라는 점을 인정한다. 그러나 다른 한편으로 그들이 항상 옳을 수는 없다고 생각한다. 사람들이 항상 자기 이익의 최선의 판단자라고 가정할 경우, 실천적 윤리학자나 의무론자의 역할은 달리 있을 수 없다. 사람들은 자신의 행복 혹은 이익을 알아서 잘 추구할 것이기에 다른 사람의 조언 따위를 필요로 하지 않을 것이다. 그렇기에 우리는 사람들이 때로는 자신의 진정한 이익이 무엇인지에 대해 잘못 판단할 가능성이 있다고 가정하면서, 실천적 윤리학자나 의무론자의 역할은 각 개인에게 "가능한 미래에 대한 더 정확하고 완전한 스케치"를 제공하는 것이라고 말할 수 있다.[31]

 그런데 실천적 윤리학자가 가르쳐줄 개인의 '진정한 이익'이란 무엇인가? 사적 윤리 혹은 의무론에서 설득의 대상인 개인은 쾌락을 추구하고 고통을 피하려는, 그래서 자신의 행복 혹은 이익을 추구하려는 보편적인 자연적 본성을 가지면서도, 일정한 종교·도덕·정치체제·경제체제의 틀 속에 살아가는 지극히 현실적 개인이다. 이러한 개인에게 진정한 이익이란 자신이 속한 구체적 환경, 즉 그가 속한 사회에 실재하는 여러 구속 내지는 제재에 대한 적절한 인식에 기초해야 한다. 전체의 행복 혹은 이익은 이러한 제재에 대한 적절한 인식 속에서 자신의 행복 혹은 이익을 충실하고 현명하게 추구하는 여러 개인의 행복 혹은 이익의 합산일 따름이다.

벤담은 『서론』에서 네 가지의 주요 제재를 나열한다. 그것은 (1) 물리적 제재, (2) 정치적 제재, (3) 도덕적 혹은 대중적 제재, (4) 종교적 제재 등이다. 이와 유사하고 중첩되지만, 『의무론』에서 나열하는 제재는 모두 다섯 가지다. 그것은 (1) 물리적 제재, (2) 사회적 제재, (3) 대중적 제재, (4) 법적 제재, (5) 종교적 제재 등이다. 대략 전자의 목록의 (2) 정치적 제재가 후자의 목록의 (4) 법적 제재에 대응하고, 전자의 목록의 (3) 도덕적 혹은 대중적 제재가 둘로 나누어져 후자의 목록의 (2) 사회적 제재와 (3) 대중적 제재에 대응한다. 일반적인 용법에서 '제재'는 구속하는 행위와 그로부터 예상되는 고통의 원천을 의미한다. 그러나 벤담은 제재를 고통뿐만 아니라 쾌락의 원천으로도 간주한다.

먼저 이러한 제재가 고통의 원천이 되는 상황을 살펴보자. 위의 두 저서에서 공통적인 물리적 제재는 예컨대 건강에 나쁜 습관으로 인하여 발생하는 신체적 고통 따위를 의미한다. 사회적 제재는 예컨대 상냥하지 못하거나 악의적 태도로 인하여 원만한 인간관계를 상실함으로써 발생할 수 있는 여러 가지 불이익과 고통을 의미한다. 대중적 제재는 예컨대 성실하지 못한 태도로 인하여 얻은 나쁜 평판과 그로 인하여 발생할 수 있는 여러 가지 불이익 혹은 고통을 의미한다. 법적 제재는 단순히 범죄 행위와 그로 인한 신체적·금전적 형벌의 고통을 의미한다. 종교적 제재는 예컨대 내세나 절대자의 처벌에 대한 불안감에서 기인하는 고통을 의미한다.

그런데 개인의 행복 혹은 이익이란 쾌락을 추구하고 고통을 면하는 것이기 때문에, 이러한 제재 혹은 구속에서 발생하는 고통을 면하는 방편이란 곧 개인의 행복 혹은 이익을 추구하는 방편이기도 하다. 물론 이러한 제재 혹은 구속은 그 자체로 특수한 쾌락의 추구를 방해하고 어쩌면 고통을 일으킬 수 있다. 예컨대 건강에 나쁜 습관으로 인한 신체적 고통을 면하기 위하여 금연이나 금주를 하게 되면, 흡연이나 음주를 통하여 얻을 수 있는 쾌락을 포기해야 하고, 그 쾌락을 참아야 하는 고통을 유발할 수 있다. 또 다른 예로 범죄 행위로 인한 신체적·금전적 처벌의 고통을 면하려면 그 범죄 행위로부터 얻을지도 모를 쾌락이나 이익을 포기해야 한다.

그러나 이러한 제재 혹은 구속으로 인하여 추구하지 못한 혹은 방해받은 쾌락이나 피하지 못한 고통은 개인의 희생으로 간주할 수 없다. 위의 예시처럼 벤담이 『의무론』에서 나열한 제재는 주로 그것의 존재를 깨닫지 못하고 자기 행위의 결과를 신중하게 계산하지 못한, 요컨대 현명하지 못한 처신으로 인한 자업자득의 고통의 원천을 가리킨다. 이러한 제재는 현실 사회에서 개인의 행위의 실질적 원천으로서 그것에서 발생할 수 있을 고통을 모면하려는 특정한 행동방식과 연결된다. 그래서 제재는 이러한 특정한 행동방식에서 나오는 쾌락 혹은 행복의 원천이라는 상반된 의미도 가지게 된다. 예컨대 대중적 제재에 대한 인식은 성실한 태도와 행동방식으로 연결되고, 이러한 태도와 행동방식은 좋은 평판으로 인한 이득과 쾌락을 산출한다.

자신이 속한 현실 사회의 여러 제재의 존재와 자기 행위의 결과에 대한 더 정확한 인식은 개인이 행복 혹은 이익을 더 현명하게 추구할 수 있는 원천이다. 이러한 인식을 통하여 개인은 다른 사람, 그리고 전체 사회의 이익과 조화로운 방식으로 자신의 행복 혹은 이익을 추구하게 된다. 이렇게 추구되는 현실적 개인의 행복 혹은 이익의 총합이 전체 사회의 행복 혹은 이익이다. 이러한 의미에서 사적 윤리 혹은 의무론은 주로는 사회적 제재나 도덕적 제재를 통하여 공리의 원칙의 규범적 측면의 적용을 위한 거시적인 법적 제재나 정치적 제재의 틀, 즉 전체의 행복 혹은 이익의 극대화를 위한 입법 기획을 보완하는 임무를 수행한다.

6. 소결

앞선 논의를 통하여 밝히려 한 논지는 다음과 같이 요약될 수 있다. 벤담은 결코 라이언스나 할레비의 해석처럼 사익 추구와 공익 추구 사이의 우연적·자연적 조화를 가정함으로써 양자의 추구 사이의 충돌 가능성을 등한시하거나, 문제영역에 따라서 이러한 충돌 가능성을 인정하거나 인정하지 않는 일관성 없는 태도를 보이지 않았다. 오히려 이러한 충돌 가능성은 그의 모든 학문적·실천적 노력, 말하자면 공리의 원칙에 기초한 완전무결한 법체계의 완성과 대체로 후기에 제안된 정치적·경제적 개혁안이 수렴하는 문제였다.

성문화를 비롯한 새로운 법체계의 기획은 원천적으로 판사와 변호사 등으로 구성된 소수의 전문가 집단에 의해 독점되고 있던 영국 법조계에 대한 도전이었다. 이러한 도전의식은 확실히 그의 오랜 학술경력의 초창기부터 시작되어 평생토록 이어진다. 그의 후기의 급진적 정치경제 개혁안 역시 자기 이익 추구를 위한 소수의 통치 엘리트의 권력 남용에 대한 저항이라고 평할 수 있다. 요컨대 최대 공리 혹은 공익 추구의 목적을 위하여 소수에 의한 과도한 사익 추구를 억제하려는 노력이었다. 이러했던 벤담이 사익 추구와 공익 추구가 설명할 수 없는 신비로운 방법으로 조화를 이루리라고 한가롭게 낙관했다는 해석은 쉽게 받아들일 수 없다. 비록 문제의 설정은 다르지만, 시지윅에게도 양자의 추구 사이의 충돌 가능성은 그가 평생토록 해소하지 못한 깊은 철학적 좌절을 안긴 문제였다.

사익 추구와 공익 추구 사이의 인위적 조화의 추구에서 벤담이 일관적으로 지향한 바는 물론 공리의 원칙의 규범적 측면, 즉 최대 다수의 최대 행복의 실현이다. 이러한 규범적 지향 혹은 목적의 설정은 그가 추구한 인위적 조화가 결국은 사익 추구에 대한 반자유주의적 통제나 무차별적 희생의 강요에 의한 공익 추구의 증진으로 귀결된다는 매우 전형적인 비판을 뒷받침하는 것처럼 보일 수도 있다. 그러나 이러한 비판은 그가 추구한 인위적 조화의 실질적 대상과 진정한 의도에 대한 공정한 이해를 통하여 해명될 수도 있다.

예컨대 말년의 정치이론에서, 앞서 언급한 것처럼, 벤담이 주목한 사익 추구와 공익 추구 사이의 가장 주목할 만한 충돌은 소수 통치계급의 이기적 이익 추구와 전체로서의 국민의 이익 추구 사이의 충돌이다. 사실 역사상의 거의 모든 인간 사회가 그러하고 오늘날의 우리 사회도 예외가 아니지만, 그가 관찰한 당시의 현실 사회는 소수 통치계급의 편파적 이해관심이 전체 국민의 이익을 깊이 잠식하여 최대 행복의 실현을 불가능하게 만드는 상태였다. 그래서 그의 말년의 정치적 제안들의 요지는 이러한 편파적 이해관심을 스스로 포기하게 만들거나 그것을 실현할 수 없는 입헌적 환경을 조성하는 것이지, 누군가에게 무차별적 희생을 강요하는 것이 아니었다. 어쨌든 그것이 누군가에게 희생을 강요하는 것이었다면, 그 누군가는 지나치게 이기적인 사익 추구로 훨씬 더 많은 사람의 행복 혹은 이익의 추구를 방해하는—재산이든 권력이든 이미 자신이 추구할 수 있는 최대치의 행복에 필요한 것보다 훨씬 더 많은 것을 소유하고 있는—소수 특권층의 사람이다.

벤담의 경제학적 입장에 대해서도, 앞서 내가 지적한 것처럼, 그것을 선불리 자유방임주의나 국가통제주의로 규정하는 것은 적절하지 않다. 한편으로 그는 분명 개인의 경제활동에 대해서는 어떠한 간섭도 있어서는 안 된다는 견해를 견지한다. 경제적 관점에서는 자유와 사유재산권의 보장이 최고선이다. 그러나 그는 곧이어 이러한 경제적 자유 혹은 불간섭의 가치보다 더 상위의 가치가 있다는 점을 역설한다. "빈민의 권리가 과다한 재산의 소유자의 권리보다 더 강하다. 방치된 빈민에게 당장 닥쳐올 죽음의 고통은 남아도는 재산의 일부를 빼앗겼을 때 부자에게 닥칠 실망의 고통보다 언제나 더 중대한 악일 것이다."[32]

이러한 경우에는 빈민을 구제하는 것이 사유재산권의 불가침성을 보장하는 것보다 우선해야 한다. 이러한 맥락에서, 앞서 언급한 것처럼, 그의 공리주의는 이른바 '소극적 공리주의', 말하자면 고통 혹은 불행의 감소가 같은 양의 쾌락 혹은 행복의 증가보다 더 중요하다고 간주하는 경향을 보인다. 경제 분야에서 정부의 기능과 역할과 관련하여 그가 주목했던 바는 이렇게 극단적 고통의 제거이지, 쾌락 혹은 행복의 적극적 증진을 위하여 누군가에게—예컨대 부자에게—무자비한 희생을 강요하는 것이 아니었다. 말하자면 최대 행복의 실현을 위하여 부자한테 강제로 빼앗아 가난한 사람에게 나누어주자는 식의 재분배를 옹호하지 않는다.

『의무론』의 앞서 인용한 부분에서, 벤담은—공리의 원칙의 실증적 측면, 즉 인간의 자연적 본성과 관련된 심리학적 명제를 고려할 때—이러한 희생이 실행가능하지도 않고 바람직하지도 않다고 말한다. 공적 영역에서 법·제도·교육 등을 통한, 즉 외적 간섭을 통한 인위적 조화는 과도한 사익 추구가 공익 추구를 크게 저해할 수 있는, 그리고 이러한 사익 추구의 억제를 '희생'이라고 불평하기 어려운 사태에 집중된다. 외적 간섭을 통하여 이렇게 부정적 사태를 통제하고 나면, 어떤 의미에서 공익 추구를 더 적극적으로 증진할 수 있는 방편은 개인에 대한 설득뿐인 듯하다. 만약

외적 간섭이 자유의 억압이라는 의미에서 어쨌든 부정적 가치를 가진다고 보면, 설득을 통하여 과도한 사익 추구를 자발적으로 억제하게 만드는 것이 공리주의적 의미에서도 더 긍정적인 가치를 가진다고 말할 수 있다.

물론 설득의 효과는 매우 불확실하다. 어쩌면 스크루지는 과거와 현재에 자신이 범한 악행과 자신에게 닥칠 비참한 미래를 보고도 조금도 변하지 않을 수도 있었다. 온건하거나 합리적인 설득이 전혀 통하지 않는 사람은 얼마든지 있을 수 있다. 그래서 외적 간섭, 즉 법·제도·교육이 필요한 것일 테니까. 설득의 역할은 필시 입법을 통한 공리주의적 개혁 기획에 보완적이고 종속적일 수밖에 없다. 그렇더라도 긍정적으로 본다면, 사적 윤리 혹은 의무론은 최대 행복의 실현을 위한 사익 추구와 공익 추구의 인위적 조화의 시도를 완성한다고 말할 수도 있다. 전혀 통하지 않더라도, 더 바람직한 행복의 추구를 위하여 우리는 설득을 멈출 수 없으니까.

에 필 로 그

3년여 동안의 작업을 갈무리하면서 아쉬운 점이 한둘은 아니지만, 그중 가장 아쉬운 점은 제러미 벤담이라는 인물의 더 다양하고 세밀한 모습을 보여주려고 시도조차 하지 못한 점이다. 변명하자면, 그가 남긴 저술이 보통 사람이라면 평생 다 읽지 못할 만큼 방대하기에 3년이라는 시간으로는 어림도 없다는 것이다. 또 한 가지 아쉬운 점은, 기획 단계에서 저서 전체에 대한 구상은 비교적 분명했으나, 각 장의 주제에 관한 연구를 순서대로도 연속적으로도 진행하지 못하여, 다소간의 내용 중복을 피하지 못했다는 점이다. 그리고 다소 부주의하게 연구 중간에 새로 입수한 자료를 사용하다 보니, 같은 저술의 서로 다른 판본을 인용한 곳도 적지 않다. 그저 이 모든 부족함을 여러 독자가 넓은 아량으로 이해해주길 바랄 뿐이다.

시작에서 밝힌 것처럼, 벤담 사상의 여러 면모에 대해 다소 호의적인 해석을 소개하려고 의도했던 것은 분명한 사실이다. 그러나 내가 소개한 모든 면모에서 이러한 해석이 지배적이라든가 결정적이라고 말할 수는 없다. 다만 (비판적 해석이나 평가는 이미 많고 널리 알려져 있으니까) 소위 '수정주의자'라고 일컬어지는 일군의 최근 벤담 전문가들 사이에서 그의 사상에 관한 새롭고 호의적인 해석을 제시하려는 움직임이 활발하다는 사실을 전달하고 싶었다. 벤담 자신이 저술의 정리와 출판에 좀 더 관심을 기울였더라면, 그리고 악평 무성한 존 보우링 말고 다른 유능한 편집자가 붙어 있었다면, 독자는 그의 좀 더 매끄러운 글을 좀 더 일찍 만날 수 있었을지 모른다. 그리하여 그의 저술은 더 널리 전파되어 지금과는 사뭇 다른 평가와 인지도를 얻었을지도 모른다.

그런데 문제는 사실 근본적이다. 벤담의 저술의 철저한 이론적 성격은 폭넓은 독자의 호응을 끌어들이기에 적합하지 않다. 이것은 일반 독자의 냉담에 대해 어느 정도 변명거리를 제공한다. 그러나 이것이 공리주의를 비판적으로 논하려는 학자의 냉담에 대한 변명거리가 되지는 않는다. 나로서는 국내외를 막론하고 존 스튜어트 밀의 저술에 비하여 벤담의 저술이 주목받지 못하는 이유를 이해하기가 어렵다. 어쨌든 벤담의 저술에서 나오는 공리주의의 해설이 원조고, 사람들 입맛에야 어떠하든 원조의 맛은 항상 오묘하다. 그리고 공리주의의 법률적·제도적 실현의 비전을 제시하는 부분에서도, 벤담의 저술은 사적 윤리의 경계를 넘어 공공 철학을 지향하는 공리주의의 근본적 성격을 훨씬 더 선명하게 보여준다.[1]

벤담의 모든 저술에는 오늘날의 우리도 충분히 공감할 만한 배경이 있다. 요컨대 그것의 배경에는 당시 영국의 재판 및 소송절차의 고문적 비효율성과 관료 및 법조인의 부정부패에 대한 뿌리 깊은 반감이 있다. 재판 및 소송절차를 억지로 잡아 늘려 의뢰인으로부터 시간과 비용을 쥐어짜서 치부하는 법조인, 그리고 자신의 특권만을 보호하려는 은밀하고 불투명한 정책 결정으로 건전한—즉 공리주의적 관점에서 유익한—사회개혁을 사사건건 방해하는 정부 관료에 대한 격한 혐오감이다. 다시 이러한 혐오감의 배경에는 보기에 따라서 혁명적 요소도 포함되어 있었다. 1822년에 『서론』에 추가된 한 각주에서 그는 이렇게 적는다. 영국 정부의 특징은 마치 "지배자 한 사람의 최대 행복이 (…) 정부 방침이 지향하는 유일한 목적인 것처럼 보인다. (…) 공리의 원칙은 (…) 어떤 한 사람의 최대 행복을 그 실질적 목적 혹은 대상으로 삼는 모든 정부에게 위험한 원칙이다." 이러한 요소는 한편으로 프랑스혁명 초기에 그가 프랑스에서 벌어지던 사태를 열정적으로 관찰하고 1792년에 프랑스 명예시민이 된 배경을 설명한다.

그러나 아마도 바로 그 프랑스혁명 때문에—무자비한 폭력으로 얼룩진 혁명정신의 변질로—평화주의자인 벤담은 혁명보다는 이성과 법에 기대어 세상을 개혁하고자 하는 의지를 굳혔을지 모른다. 어쨌거나 그에게서는 조용히 세상을 관조하면서 살던 곳에서 한 발짝도 움직이지 않았던 그와 동시대인인 칸트 같은 철학자의 모습을 발견하기는 어렵다. 비록 대중 앞에 서는 것은 극히 꺼렸지만, 그의 눈과 귀는 세상을 향해 활짝 열려 있었다. 그러나 이 둘은 철학자의 서로 다른 면모를 표상할 뿐이다. 벤담은 분명 철학자였고, 지극히 현실적 쟁점을 다루는 저술에서도 그는 철학자로서의 면모를 유감없이 보여준다. 그리고 그의 방대한 저술의 가치는 철학이 현실 사회의 문제에 적극적으로 개입하여 건전한 개혁의 실현에 이바지할 수 있는—특히 아카데미아에 갇혀 있는 철학자에게는—귀중한 전범을 제공한다는 점에 있다.

주
참고문헌
찾아보기

서론 | 벤담의 여러 얼굴

1 Jeremy Bentham, *An Introduction to the Principles of Morals and Legislation*, edited by J. H. Burns and H. L. A. Hart, Clarendon Press, 1996. 한글 번역은 『도덕과 입법의 원칙에 대한 서론』, 강준호 옮김, 아카넷, 2013을 참조. 이하 본문과 인용에서 『서론』으로 표기.

2 이러한 디지털화 작업은 유니버시티칼리지 런던의 법대 교수들이 주축이 된 이른바 '벤담 프로젝트(Bentham Project)' 구성원의 노고로 성사되었다. 더 자세한 정보는 다음의 웹사이트에서 얻을 수 있다. https://www.ucl.ac.uk/bentham-project

3 벤담의 인생사와 학술적 경력에 대한 더 자세한 내용은 Philip Schofield, *Bentham: A Guide for the Perplexed*, Continuum, 2009. 특히 1장을 참고.

4 William Blackstone, *Commentaries on the Laws of England*, 총 4권, Oxford, 1765~1769.

5 이 두 저술은 여전히 진행 중인 기획인 『제러미 벤담 전집』(*Collected Works of Jeremy Bentham*)의 일부로서 *A Comment on the Commentaries and A Fragment on Government*, edited by J. H. Burns and H. L. A. Hart, London, 1977에 합본으로 출판되었다. 벤담은 옥스퍼드대학 재학 시절에 블랙스톤의 영국법 강의를 들었고, 따라서 이 두 저술의 실마리가

된 아이디어는 그것들이 출판되기 훨씬 전부터 형성되었을 것으로 짐작할 수 있다.

6 흔히 일반 독자가 '파놉티콘'이라는 용어를 접하는 것은 주로 미셸 푸코의 『감시와 처벌』을 통해서다. 물론 이 저서에서 푸코는 파놉티콘의 설계자로서 벤담을 명시하지만, 그것이 법률 개혁을 위한 벤담의 포괄적 시도 가운데 일부라는 점은 제대로 설명하지 않은 듯하다. '감시'니 '권력'이니 하는 용어는 어쩌면 파놉티콘의 진정한 설계 의도에 대해 잘못된 혹은 부정적 인상을 깊이 심어주었다.

7 *Traites de legislation civile et penale*, edited by E, Dumont, 총 3권, Paris, 1802. 『민법과 형법의 입법론』이라고 번역하는 편이 더 정확할 것이다.

8 J. B. Schneewind, "Voluntarism and the Origins of Utilitarianism," *Utilitas* 7, 1995, 87~96쪽.

9 William Paley, *The Principles of Moral and Political Philosophy*(1785), in *The Works of William Paley*, 총 5권, London, 1819.

10 벤담이 살았던 시대에는 왕좌재판소(Court of King's Bench)를 비롯해 온갖 중대한 민·형사 재판이 웨스트민스터 홀(Westminster Hall)에서 열렸고, 그가 기숙했던 링컨인(Lincoln Inn)을 비롯한 옥스퍼드 법대생도의 기숙사는 웨스트민스터 홀의 주변에 있었다.

제1장 | 공리주의 전통과 벤담의 독창성

1 제프리 토마스, 『윤리학 입문』, 강준호 옮김, 철학과현실사, 2005, 156쪽.

2 예컨대 폴 테일러, 『윤리학의 기본 원리』, 김영진 옮김, 서광사, 2008, 91쪽.

3 Julia Driver, "The History of Utilitarianism," in *Stanford Encyclopedia of Philosophy*, https://plato.stanford.edu/entries/utilitarianism-history, 2014.

4 Henry Sidgwick, *The Methods of Ethics*, Hackett edition, Hackett Publishing Company, 1981, 423쪽. 초판 1874년. 이하 인용에서 ME로 약칭. 한글 번역으로는 강준호 옮김, 『윤리학의 방법』, 아카넷, 2018을 참조. 더 정확히 말하면, 이러한 견해에서 시지윅은 영국 역사학자 헨리 할람(Henry Hallam, 1777~1859)의 견해를 수용하고 있다.

5 Ernest Albee, *A History of English Utilitarianism*, Routledge, 1901. 영국 공리주의 전

통에 관한 연구의 대표작 중 하나인 이 저서가 컴벌랜드에 관한 연구로부터 시작된다는 점에 주목할 수 있다.

6 Ernest Albee, "The Relation of Shaftesbury and Hutcheson to Utilitarianism," *The Philosophical Review* 5, 1896, 24~26쪽. 올비는 이러한 견해가 완전히 잘못된 견해라고 주장한다.

7 Jeremy Bentham, *Deontology together with A Table of the Springs of Action and Article on Utilitarianism*, edited by A. Goldworth, Oxford: Clarendon Press, 1983, 299쪽. 이하 본문에서 『의무론』, 인용에서 Deontology로 표기.

8 J. S. Mill, *Essays on Ethics, Religion and Society*, edited by J. M. Robson, University of Toronto Press, 1969, 205쪽.

9 John Locke, *An Essay concerning Human Understanding*, edited by Peter H. Nidditch, Oxford University Press, 1979, Bk. II, Ch. xxviii, §5.

10 『윤리학의 방법』 해킷 출판사 관본에 붙이는 서문에서, 존 롤즈는 시지윅의 이 책이 "우리가 '고전 공리주의 학설'이라고 부를 수 있는 것에 대한 가장 명료하고 가장 이해하기 쉬운 공식화"를 제공한다고 평한다(ME, v).

11 Ernest Albee, "The Ethical System of Richard Cumberland I," *The Philosophical Review* 4, 1895, 277쪽.

12 이 말은 '행복 혹은 쾌락이 궁극적인 목적이다'라는 직관이 시지윅의 공리주의 체계에서 중심적임을 부정하는 것이 아니다. 그의 공리주의 체계를 구성하는 근본적 직관에 대한 논의로는 강준호, 「시지윅의 『윤리학의 방법들』에서 직관주의와 공리주의의 관계」, 『범한철학』, 제78집, 2015, 227~253쪽을 참고하시오.

13 Richard Cumberland, *A Treatise of the Laws of Nature*, Liberty Fund, Inc., 2005, Introduction, §IX.

14 도덕적 고려의 대상의 범위에 대해 시지윅은 다음과 같이 논한다. "우리는 그들의 행복이 고려되어야 할 '모두'가 누구인가를 숙고해야 한다. 우리는 우리의 행위에 의해 그들의 느낌에 영향을 받는, 쾌락과 고통을 느낄 수 있는 모든 존재에게까지 우리의 관심을 확장해야 하는가? 아니면 우리는 우리의 시각을 인간의 행복에 국한해야 하는가? 전자의 견해는 벤담과 밀, 그리고 (내가 믿기에) 공리주의 학파 일반에 의해 채택된 견해다. 그리고 그것은 명백히 그들의 원칙의 특징인 보편성과 가장 일치한다."(ME, 414쪽)

15 Richard Cumberland, *A Treatise of the Laws of Nature*, Ch. V, §XIV. 강조는 필자.

16 같은 책, Ch. VIII, §XI. 강조는 필자. '다른 사람에게 관련되든 우리 자신에게 관련되든'이라는 구절로부터, 그에게 도덕적 행동이란 불편부당한(impartial) 행동이라는 점을 추론할 수 있다.

17 같은 책, Ch. V, §XIV. 더 정확히 그는 공동선의 추구가 최고의 목적이라는 점은 "너무나 명백해 증명할 필요가 없다"고 말한다.

18 같은 책, Ch. V, §X.

19 같은 책, Ch. V. §XIX.

20 Ernest Albee, "The Ethical System of Richard Cumberland I," 264쪽.

21 Richard Cumberland, *A Treatise of the Laws of Nature*, Ch. III, §II.

22 같은 책, Ch. I, §V.

23 같은 책, Introduction, §XIV; Ch. II, §III.

24 같은 책, Ch. V, §V.

25 같은 책, Ch. V, §XIV.

26 Frank Chapman Sharp, "The Ethical System of Richard Cumberland and its Place in the History of British Ethics," *Mind* 21, 1912, 379쪽.

27 Richard Cumberland, *A Treatise of the Laws of Nature*, Ch. V, §XIII.

28 Shaftesbury, Characteristics of Men, Manners, Opinions, Times, 6th edition, Liberty Fund, Inc., 2001, vol. 2, 178쪽. 초판은 1711년.

29 같은 책, vol. 1, 69~70쪽.

30 같은 책, vol. 2, 45쪽.

31 Ernest Albee, "The Relation of Shaftesbury and Hutcheson to Utilitarianism," *The Philosophical Review* 5, 1896, 29쪽.

32 Shaftesbury, *Characteristics of Men, Manners, Opinions, Times*, vol. 2, 100쪽.

33 J. J. C. Smart and Bernard Williams, *Utilitarianism: For & Against*, Cambridge University Press, 1973, 112쪽.

34 벤담이 이 딜레마를 어떻게 다루는가에 대해서는 10장에서 더 자세히 다룰 것이다.

35 Ernest Albee, "The Relation of Shaftesbury and Hutcheson to Utilitarianism," 29쪽.

36 Francis Hutcheson, *An Inquiry into the Original of Our Ideas of Beauty and Virtue in*

Two Treatises, Liberty Fund Inc., 2004, 9쪽. 초판은 1726년 출판.

37 Francis Hutcheson, *An Essay on the Nature and Conduct of the Passions and Affections, with Illustrations on the Moral Sense*, Liberty Fund Inc., 2002, 7쪽. 초판은 1728년 출판.

38 Francis Hutcheson, *A System of Moral Philosophy*, Continuum International Publishing Group, 2005, vol. 2, 328쪽. 초판은 1755년 출판. '불편부당한 관망자'라는 관점은 주로는 롤즈를 비롯해 공리주의를 비판한 유력한 학자들이 공리주의가 기본적으로 취하는 관점이라고 주장하는 바다.

39 Francis Hutcheson, *An Inquiry into the Original of Our Ideas of Beauty and Virtue*, 122쪽.

40 Francis Hutcheson, *A System of Moral Philosophy*, vol. 1, 69쪽. 강조는 필자.

41 Luigi Turco, "Moral Sense and the Foundations of Morals," in *The Cambridge Companion to the Scottish Enlightenment*, edited by Alexander Broadie, Cambridge University Press, 2003, 137~138쪽.

42 Francis Hutcheson, *A System of Moral Philosophy*, vol. 2, 252쪽.

43 Francis Hutcheson, *An Inquiry into the Original of Our Ideas of Beauty and Virtue*, 125쪽. 강조는 필자.

44 Thomas Fowler, *Shaftesbury and Hutcheson*, Elibron Classics Series, Adamant Media Corporation, 2005, 236쪽. 이것은 벤담 자신이 스스로 인정하는 바이기 때문에 그다지 새로운 발견은 아니다.

45 Francis Hutcheson, *A System of Moral Philosophy*, vol. 1, 27쪽.

46 Knud Haakonssen, "Natural Law and Moral Realism: The Scottish Synthesis," edited by M. A. Stewart, *Studies in the Philosophy of the Scottish Enlightenment*, Clarendon Press, 2000, 77쪽.

47 Ernest Albee, "The Relation of Shaftesbury and Hutcheson to Utilitarianism," 34쪽.

48 William Robert Scott, *Francis Hutcheson: His Life, Teaching and Position in the History of Philosophy*, Cambridge University Press, 1900, 45쪽.

49 David Hume, *A Treatise of Human Nature*, edited by L. A. Selby-Bigge, 2nd edition, Clarendon Press, 1978, 589쪽. 이하 인용에서 THN으로 약칭.

50 David Hume, *Enquiries Concerning the Human Understanding and Concerning the Prin-*

ciples of Morals, edited by L. A. Selby-Bigge, 3ʳᵈ edition, Clarendon Press, 1975, 215~216쪽. 이하 인용에서 EHP로 약칭.

51 Frederick Rosen, *Classical Utilitarianism from Hume to Mill*, Routledge, 2003, 48~49쪽. 흔히 벤담을 그 중심에 놓는 '고전 공리주의'는 '쾌락주의적 공리주의'로 이해된다. 그런데 이러한 고전 공리주의의 시초를 흄에게서 발견하려는 명시적 의도를 가지고, 로젠은 흄의 '공리' 개념과 벤담의 그것 사이의 유사성을 강조하려 한다.

52 Jeremy Bentham, *A Fragment on Government*(1776), in *The Works of Jeremy Bentham*, vol. 1, edited by John Bowring, Edinburg, 1838~1843, 269쪽. 이하 본문에서 『정부론』, 인용에서 FG로 표기. 종종 이 책의 다른 판본을 인용하는 경우도 있음을 미리 밝혀둔다.

53 Julia Driver, "Pleasure as the Standard of Virtue in Hume's Moral Philosophy," *Pacific Philosophical Quarterly* 85, 2004, 176쪽.

54 같은 글, 182쪽.

55 예컨대 폭군살해에 대해서는, David Hume, *Essays, Moral, Political, and Literary*(1742), edited by Eugene F. Miller, Liberty Fund Inc., 1987, Part II, Essay XIII를 참조하시오.

56 Frederick Rosen, *Classical Utilitarianism from Hume to Mill*, 52쪽.

57 Marie A. Martin, "Utility and Morality: Adam Smith's Critique of Hume", *Hume Studies* 16, 1990, 119쪽.

58 Adam Smith, *The Theory of Moral Sentiments*, edited by D. D. Raphael and A. L. Macfie, Liberty Classics, 1982. 이하 인용에서 TMS로 약칭. 한글 번역은 애덤 스미스, 『도덕감정론』, 김광수 옮김, 한길사, 2016.

59 Frederick Rosen, *Classical Utilitarianism from Hume to Mill*, 80쪽.

60 Maria A. Carrasco, "Hutcheson, Smith, and Utilitarianism," *The Review of Metaphysics* 64, 2011, 549쪽.

61 H. L. A. Hart, "Bentham's Principle of Utility," 『서론』, lxxxvii-lxxxviii. 강조는 필자.

62 비슷한 논지의 해석이 제럴드 포스테마(Gerald J. Postema)에게서도 발견된다. 포스테마는 벤담식의 공리주의는 공리의 총량의 극대화에 관심을 집중하는 반면, 흄은 "상호 기대 이득"(mutual expected advantage)에 의존한다. 그리고 "흄의 견해에 의하면, 어떤 규칙들의 체계에 지배를 받는 집단의 각 당사자가 그 체계를 대체로 따름으로써

합리적으로 이득을 기대할 수 있을 경우에만 그 체계는 공익을 가진다." Gerald, J. Postema, *Bentham and the Common Law Tradition*, Oxford, 1986, 107~9쪽.

63 Frederick Rosen, "Introduction," 『서론』, li.

64 같은 글.

65 H. L. A. Hart, "Bentham's Principle of Utility," 『서론』, xci.

66 J. S. Mill, *Essays on Ethics Religion and Society*, 233쪽.

67 H. L. A. Hart, "Bentham's Principle of Utility," 『서론』, xciv.

68 D. Lyons, *In the Interest of the Governed*, Oxford University Press, 1973, 특히 2장과 3장을 참고하시오.

69 같은 글, 54쪽.

70 이 점에 대한 더 자세한 논의는 이 책의 10장에서 제공된다.

71 Ross Harrison, *Bentham*, Routledge & Kegan Paul, 1983, 268쪽.

72 H. L. A. Hart, "Bentham's Principle of Utility," 『서론』, xciv.

73 Ross Harrison, *Bentham*, 270쪽. 강조는 필자.

제2장 | 자유와 통제

1 앞으로도 매우 자주 등장할 '입법자(legislator)'라는 표현은, 좁게는 문자 그대로 예컨대 국회의원처럼 법률을 입안하는 사람을 의미할 수도 있지만, 넓게는 전체 사회에 중대한 영향을 미칠 수 있는 공적 결정을 내리는 사람 일반을 의미한다.

2 John Rawls, *A Theory of Justice*, Harvard University Press, 1971, 27쪽. 이하 본문에서 『정의론』, 인용에서 TJ로 표기.

3 마이클 샌델, 『정의란 무엇인가』, 김명철 옮김, 와이즈베리, 2014, 66~67쪽을 보시오. 샌델의 표현은 다음과 같이 단언적이고 원색적이다. "가장 두드러진 공리주의의 약점은 개인의 권리를 존중하지 않는다는 것이다. 오로지 만족의 총합에만 관심을 두기 때문에 개인을 짓밟을 수 있다." 그리고 이러한 주장에 대한 어떠한 반론의 가능성도 언급하지 않는다.

4 Alan Ryan, *Property and Political Theory*, Blackwell, 1986, 31~32쪽.

5 James E. Crimmins, "Contending Interpretations of Bentham's Utilitarianism," *Canadian Journal of Political Science* 29, 1996, 751~752쪽.

6 Frederick Rosen, *Bentham, Byron and Greece: Constitutionalism, Nationalism, and Early Political Thought*, Clarendon Press, 1992, 25~26쪽.

7 Jeremy Bentham, *Anarchical Fallacies*, in *The Works of Jeremy Bentham*, vol. 2, 501쪽.

8 H. A. Bedau, "Justice and Classical Utilitarianism," *Nomos* 6, 1963), 284~305쪽; B. Parekh, "Bentham's Theory of Equality," *Political Studies* 18, 1970, 478~495쪽.

9 C. F. Bahmueller, *The National Charity Company: Jeremy Bentham's Silent Revolution*, University of California Press, 1981, 201~217쪽.

10 D. G. Long, *Bentham on Liberty: Jeremy Bentham's Idea of Liberty in Relation to his Utilitarianism*, University of Toronto Press, 1977.

11 이러한 표현들은 다음과 같은 저술에서 광범위하게 발견된다. Pedro Schwartz, "Jeremy Bentham's Democratic Despotism," edited by R. D. Black, *Ideas in Economics*, Macmillan, 1986, 74~103쪽; W. H. Greenleaf, *The British Political Tradition*, vol. 1, Methuen, 1983~1987, 248쪽; James E. Crimmins, "Religion, Utility and Politics: Bentham versus Paley," in *Religion and Secularization and Political Thought: Thomas Hobbes to J. S. Mill*, Routledge, 1990, 145쪽.

12 John Dinwiddy, "The Classical Economists and Utilitarianism," edited by E. K. Bramsted and K. J. Melhuish, *Western Liberalism: A History in Documents from Locke to Croce*, London: Longmans, 1978, 20쪽.

13 같은 글, 20~21쪽.

14 Jeremy Bentham, University College London Library에 소장된 미출판 원고. 이하 인용에서 UC box number:page number 형식으로 표기. UC 152:332~333.

15 Jeremy Bentham, *Principles of Penal Law*, in *The Works of Jeremy Bentham*, vol. 1, 533~580쪽.

16 Jeremy Bentham, *Panopticon; or, the inspection house*, in *The Works of Jeremy Bentham*, vol. 4, 39쪽.

17 Jeremy Bentham, *Of Laws in General*, edited by H. L. A. Hart, London: The Athlone Press, 1970, 245~246쪽. 강조는 필자.

18 UC 87:3.

19 Jeremy Bentham, *Essay on the Promulgation of Laws and the Reason thereof; with a Specimen of a Penal Code, in The Works of Jeremy Bentham*, vol. 1, 161쪽. 강조는 필자.

20 UC 62:189.

21 Jeremy Bentham, *A Manual of Political Economy, in The Works of Jeremy Bentham*, vol. 3, 49쪽.

22 Jeremy Bentham, *Defense of Usury, Jeremy Bentham's Economic Writings*, vol. 1, edited by W. Stark, London: Allen and Unwin, 1952~1954, 121~207쪽. 스타크가 편집한 이 저술 모음은 여전히 벤담의 경제학적 이론의 연구에서 가장 중요한 자료로 사용된다.

23 Jeremy Bentham, Introduction, *Jeremy Bentham's Economic Writings*, vol. 2, 8쪽. 그러나 뒤에 나올 장에서 스타크의 이러한 묘사에 대한 주요 반론을 살펴볼 것이다.

24 Jeremy Bentham, *Anarchical Fallacies, in The Works of Jeremy Bentham*, vol. 2, 493쪽.

25 Paul Kelly, *Utilitarianism and Distributive Justice: Jeremy Bentham and the Civil Law*, Clarendon Press, 1990, 106쪽. 폴 켈리는 벤담의 사상에 대한 수정주의적 해석을 제시하는 대표적 학자이다.

26 같은 글, 136쪽.

27 Jeremy Bentham, *Principles of the Civil Code, in The Works of Jeremy Bentham*, vol. 1, 322쪽. 강조는 필자

28 맬서스(Thomas Robert Malthus, 1766~1834)는 빈민법 폐지가 빈민의 상황을 다소 더 고통스럽게 만들기는 하겠지만, 빈민 인구의 감소를 통해 일반 국민의 행복의 총량을 훨씬 더 증대시킨다는 흡사 공리주의적 계산법을 제시한다.

29 Paul Kelly, *Utilitarianism and Distributive Justice: Jeremy Bentham and the Civil Law*, 117쪽.

30 UC 87:117.

31 여기서 '공지성'은 롤즈가 사용한 그것과 유사한 의미로 사용된 것이다. 롤즈는 그 개념에 대해 다음과 같이 말한다. "한 제도의 규칙들이 갖는 공지성이란 거기에 참여하고 있는 사람들이 서로에게 기대하는 행위에 대해 어떤 제한이 가해지며, 어떤 종류의 행위가 허용될 수 있는가를 알고 있다는 것을 보장한다."(TJ, 56쪽)

32 UC 87:135.

33 벤담의 '간접 입법'에 대한 이러한 식의 해석은 Stephen G. Engelmann, "'Indirect Legislation': Bentham's Liberal Government," *Polity* 35, 2003, 369~388쪽에서 찾을 수 있다.

34 Gerald, J. Postema, *Bentham and the Common Law Tradition*, 147~190쪽.

35 UC 100:179.

36 David J. Crossley, "Utilitarianism, Rights and Equality," *Utilitas* 2, 1990, 53쪽.

37 Paul Kelly, *Utilitarianism and Distributive Justice: Jeremy Bentham and the Civil Law*, 150쪽.

38 Jeremy Bentham, *Principles of the Civil Code*, in *The Works of Jeremy Bentham*, vol. 1, 311쪽.

39 D. G. Long, *Bentham on Liberty: Jeremy Bentham's Idea of Liberty in Relation to his Utilitarianism*, 244쪽.

40 Jeremy Bentham, *Principles of the Civil Code*, in *The Works of Jeremy Bentham*, vol. 1, 309쪽.

41 Alan Ryan, *Property and Political Theory*, 244쪽.

42 Will Kymlicka, *Contemporary Political Philosophy: An Introduction*, Oxford: Clarendon Press, 1990, 34쪽. 윌 킴리카의 해석에 대한 비판적 논의로는 강준호, 「극대화와 공리주의적 평등 개념」, 『대동철학』, 제27집, 2004, 19~43쪽을 참조하시오.

43 Frederick Rosen, *Bentham, Byron and Greece: Constitutionalism, Nationalism, and Early Political Thought*, 25~26쪽.

44 Jeremy Bentham, *The Correspondence of Jeremy Bentham*, edited by T. L. S. Sprigge, vol. 1, London: Athlone Press, 1968, 311쪽.

45 James E. Crimmins, "Contending Interpretations of Bentham's Utilitarianism," 776쪽.

46 벤담의 말기 저서 『헌법』(Constitutional Code) 제1권은 그가 죽기 불과 2년 전인 1830년에 출판되었다. 그렇지만 더 정확히 말하자면, 그는 1800년대 초반부터 정치제도의 민주화에 대한 절박함을 서서히 느끼기 시작했다. 이 점에 대해서 그의 민주주의 이론을 다루는 부분에서 더 자세히 논하겠다.

47 James E. Crimmins, "Contending Interpretations of Bentham's Utilitarianism," 776쪽.

48 Frederick Rosen, "Introduction," 『서론』, xxxv.

49 Jeremy Bentham, *Institute of Political Economy*, edited by W. Stark, *Jeremy Bentham's Economic Writings*, vol. 3, 311쪽.

50 Janet Semple, *Bentham's Prison: A Study of the Panopticon Penitentiary*, Clarendon Press, 1993, 315쪽.

51 Michel Foucault, *Discipline and Punish*, translated by Alan Sheridan, Vintage Books, 1995, 204쪽.

52 Jeremy Bentham, *Constitutional Code*, in *The Works of Jeremy Bentham*, vol. 9, 165쪽.

제3장 | 공리주의적 민주주의

1 『서론』, 1장, 7절.

2 밀의 대의민주주의 옹호에 대해서는, *Considerations on Representative Government*(1861), in *Collected Works of John Stuart Mill*, vol. 19, edited by J. M. Robson, Toronto: University of Toronto Press, 1965~1991, 특히 3장을 참조하시오. 시지윅의 민주주의 개념에 대해서는 그의 저서 *The Elements of Politics*, London: Macmillan and Co., 1897을 참고하시오.

3 이것은 내가 만든 용어가 아님을 분명하게 밝혀둔다. 미국의 정치학자 스프라겐스(T. A. Spragens, Jr.)가 사용한 용어다. T. A. Spragens, Jr., *Reason and Democracy*, Duke University Press, 1990을 참조하시오. 그런데 그의 저서 이외에 이 용어의 용례는 거의 발견되지 않는다.

4 같은 글, 53쪽.

5 J. Bentham, *Constitutional Code*, in *Works of Jeremy Bentham*, vol. 9.

6 P. Schofield, *Utility and Democracy*, Oxford University Press, 2006, 221쪽.

7 같은 글, 107쪽. 스코필드는 벤담의 정치이론에서 핵심적 변화는 "사악한 이해관심의 출현이었고," 이 요소가 그를 "새로운 형태의 급진적 정치학"으로 인도했다고 논한다. 그리고 D. Lieberman, "Bentham's Democracy," *Oxford Journal of Legal Studies* 28, 2008, 605~626쪽을 참조하시오.

8 J. S. Mill, *Considerations on Representative Government*, 404쪽.

9 예컨대 J. Bentham, *Official Aptitude Maximized, Expense Minimized*, edited by P. Schofield, Clarendon Press, 1993.

10 P. Schofield, *Utility and Democracy*, 139쪽.

11 D. Lieberman, "Bentham's Democracy", 610쪽.

12 J. Bentham, *Plan of Parliamentary Reform in the form of Catechism*, in *The Works of Jeremy Bentham*, vol. 3.

13 J. Bentham, *Principles of Judicial Procedure*, in *The Works of Jeremy Bentham*, vol. 2, 17~18쪽.

14 J. Bentham, *Official Aptitude Maximized, Expense Minimized*, 360쪽.

15 P. Schofield, *Utility and Democracy*, 346쪽과 348쪽. 강조는 필자.

16 J. Bentham, *The Correspondence of Jeremy Bentham*, vol. 4, edited by A. T. Milne, Athlone Press, 1981, 401~402쪽.

17 J. R. Dinwiddy, "Bentham's Transition to Political Radicalism, 1809~10", *Journal of the History of Ideas 36*, 1975, 683쪽.

18 J. H. Burns, "Bentham and the French Revolution", *Transactions of the Royal Historical Society 16*, 1966, 98쪽.

19 J. R. Dinwiddy, *Bentham*, Oxford, 1989, 11~12쪽.

20 J. Bentham, *An Essay on Political Tactics*, in *The Works of Jeremy Bentham*, Vol. 2. 이 글은 1791년에 인쇄되었으나 출판되지는 못했다가, 보우링의 전집에서 1843년에 출판되었다.

21 같은 글, 301쪽.

22 UC 127:2. 해리슨(R. Harrison)의 추정에 따르면, 이 원고는 프랑스혁명 한 해 전인 1788년쯤에 저술된 것이다. R. Harrison, *Bentham*, 209쪽.

23 R. Harrison, *Bentham*, 209쪽.

24 J. Bentham, *Bentham's Draught for the Organization of Judicial Establishments, compared with that of the National Assembly, with a Commentary on the Same*, in *The Works of Jeremy Bentham*, vol. 4, 365쪽.

25 P. Schofield, *Utility and Democracy*, 107쪽.

26 『서론』, 263쪽.

27 J. Bentham, *A Fragment on Government*, edited by J. H. Burns and H. L. A. Hart, Athlone Press, 1977, 97쪽.

28 같은 글, 116쪽.

29 J. Bentham, *Constitutional Code*, in *The Works of Jeremy Bentham*, vol. 9, 153쪽.

30 J. Bentham, *Plan of Parliamentary Reform in the form of Catechism*, 452쪽. 그 의미를 달리 해석하면, '실질적 보편성'은 당시의 정치적 환경에서 선거권을 부여할 수 있는 모든 사람을 포함한다는 것을 뜻한다. 따라서 '실질적 보편성'을 논하면서 여성의 배제를 받아들였다는 것은 벤담이 판단하기에 당시의 정치적 환경이 여성의 선거권을 수용할 만한 것이 아니었다는 것이다.

31 M. J. Kaswan, *The Politics of Happiness and the Practice of Democracy*, University of California, 2010, 224쪽.

32 D. Lieberman, "Bentham's Democracy", 622쪽

33 F. Rosen, *Jeremy Bentham and Representative Democracy: A Study of Constitutional Code*, Clarendon Press, 1983, 12쪽. 그러나 벤담은 통치에 적합한 유형의 인간이 따로 존재한다고 말한 적이 없다는 점에서, 내가 생각하기에, 로젠의 평은 다소 일방적이다.

34 J. Bentham, *Constitutional Code*, in *The Works of Jeremy Bentham*, vol. 9, 266쪽. 여기서 벤담은 어떤 사람의 공직 적성은 그가 자신의 직무에 대해 지닌 흥미에 의해 평가될 수 있다고 말한다.

35 J. Bentham, *Official Aptitude Maximized, Expense Minimized*, 174쪽.

36 J. Bentham, *Constitutional Code*, in *The Works of Jeremy Bentham*, vol. 9, 59쪽.

37 P. Schofield, *Utility and Democracy*, 348쪽.

38 D. G. Long, *Bentham on Liberty: Jeremy Bentham's Idea of Liberty in Relation to his Utilitarianism*, University of Toronto Press, 1977.

39 J. Bentham, *Plan of Parliamentary Reform in the form of Catechism*, 446~447쪽.

40 D. P. Crook, "The United States in Bentham's Thought", in *Jeremy Bentham: Critical Assessments*, Vol. 4, Routledge, 1993, 280쪽.

41 J. Bentham, *Official Aptitude Maximized, Expense Minimized*, 125쪽.

42 J. Bentham, *An Essay on Political Tactics*, 310쪽.

43 R. Harrison, *Bentham*, 222쪽. 이러한 맥락에서 벤담은 다음과 같이 말한다. "공리에

부합하는 어떤 법률이 어쩌면 여론과 반대될 수도 있다. 그러나 이것은 우연적이고 일시적인 상황이다. 그 법의 공리가 명확해지면, 모든 사람은 그 법을 수용할 것이다." *Principles of Civil Code*, in *The Works of Jeremy Bentham*, vol. 1, 324쪽.

44 J. Bentham, *An Essay on Political Tactics*, 310쪽.

45 J. Bentham, *Official Aptitude Maximized, Expense Minimized*, 162쪽.

46 예컨대 TJ, 27쪽.

47 R. Harrison, *Bentham*, 215쪽.

48 UC 127:3. 비록 사회계약론을 철저히 비판하고 거부하지만, 국민의 일반 의지 혹은 일반적 합의(general consent)를 공공선의 가장 확실한 표식으로 간주한다는 점에서 벤담의 생각은 루소의 그것과 일치하는 부분이 있는 듯하다.

49 J. Bentham, *Official Aptitude Maximized, Expense Minimized*, 385쪽.

50 J. Bentham, *Constitutional Code*, 108~109쪽.

51 같은 글, 108쪽.

52 같은 글, 108쪽. 벤담은 근대 페미니즘의 고전이 된 메리 울스턴크래프트(Mary Woll-stonecraft)의 『여성 권리의 옹호』(*A Vindication of the Rights of Women*, 1790)가 출판되기 전에 여성의 참정권을 옹호하는 정치적 평등에 관한 공리주의적 논증을 제시한다. Jeremy Bentham, *Rights, Representation, and Reform: Nonsense upon Stilts and other writings on the French Revolution*, edited by P. Schofield, c. Pease-Watkin and C. Blamires, Oxford: Clarendon Press, 2002, 67~78쪽과 246~249쪽을 참고하시오.

53 J. Bentham, *Plan of Parliamentary Reform in the form of Catechism*, 435쪽. 벤담은 앞서 말한 것처럼 프랑스혁명 시기의 영국의 상황에 대해서는 비교적 긍정적으로 평가했던 듯하나, 1800년대 들어서면서 영국의 정치체제에는 무언가 급진적 개혁이 필요하다는 인식이 강해진다. 내가 보기에 거부당한 파놉티콘 기획에 대한 좌절감이 그의 이러한 인식의 형성에 크게 작용한 듯하다.

54 J. S. Mill, 'Bentham,' in *Collected Works of John Stuart Mill*, vol. 10, 99~100쪽.

55 J. Bentham, *Plan of Parliamentary Reform in the form of Catechism*, 463쪽.

1 A. V. Dicey, *Law and Opinion in England*, 2nd edition, Macmillan, 1914, 44쪽.

2 J. M. Keynes, *The End of Laissez-faire*, Hogarth Press, 1926, 21쪽.

3 D. H. Macgregor, *Economic Thought and Policy*, Oxford University Press, 1949, 68쪽. 또 다른 예로, 브레너(J. B. Brebner)는 벤담은 개인주의가 아니라 "집산주의(collectivism)의 원형이고, (…) 벤담과 스미스는 공익을 확보하는 방법에 관한 생각에서 서로 근본적으로 모순된다"고 주장한다. 여기서 '집산주의'는 모든 토지나 산업을 국가가 소유하고 관리하는 형태로서 개인주의와 대척점에 있다. J. B. Brebner, "Laissez-faire and State Intervention in Nineteenth-century Britain", *Journal of Economic History*, Supplement 8, 1948, 59쪽.

4 T. W. Hutchison, "Bentham as an Economist", *The Economic Journal* 66, 1956, 302쪽.

5 Jeremy Bentham, *Institute of Political Economy*, in *Jeremy Bentham's Economic Writings*, vol. 3, 333쪽.

6 같은 글, 333쪽.

7 『서론』, 1장 7절.

8 Jeremy Bentham, *Institute of Political Economy*, in *Jeremy Bentham's Economic Writings*, vol. 3, 333쪽.

9 같은 글, 333~334쪽.

10 같은 글, 333쪽. 벤담 자신의 강조.

11 Jeremy Bentham, *Defense of Usury*, in *Jeremy Bentham's Economic Writings*, vol. 1, 195쪽.

12 같은 글, 195쪽.

13 같은 글, 197쪽.

14 같은 글, 201쪽.

15 Adam Smith, *The Wealth of Nations*, vol. 1, edited by Edwin Cannan, London, 1904, 338쪽.

16 Jeremy Bentham, *Defense of Usury*, in *Jeremy Bentham's Economic Writings*, vol. 1, 185쪽. 특히 애덤 스미스에게 보내는 편지 형식으로 저술된 이 부분에서 벤담은 고리대금업자를 "매우 유용한" 사람으로 묘사하고 있다.

17 Jeremy Bentham *Colonies and Navy*(1790), in *Jeremy Bentham's Economic Writings*, vol. 1, 217쪽.

18 Jeremy Bentham, *Manual of Political Economy*, in *Jeremy Bentham's Economic Writings*, vol. 1, 229쪽.

19 같은 글, 230쪽.

20 같은 글, 238쪽.

21 Jeremy Bentham, "Appendix II", *Jeremy Bentham's Economic Writings*, vol. 3, 522쪽.

22 Jeremy Bentham, "Introduction", in *Jeremy Bentham's Economic Writings*, vol. 2, 8쪽.

23 Jeremy Bentham, "Introduction", in *Jeremy Bentham's Economic Writings*, vol. 3, 52쪽.

24 W. Stark, "Jeremy Bentham as an Economist", *The Economic Journal* 56, 1946, 584쪽.

25 Jeremy Bentham, *Manual of Political Economy*, in *The Works of Jeremy Bentham*, vol. 3, 71쪽.

26 같은 글, 33쪽.

27 '맨체스터 자유주의' 혹은 '맨체스터 자본주의'는 흔히 자유무역이 더욱 공평한 사회로 인도할 것이라는 경제적 자유주의 기본 신조를 계승하고, 특히 당시 곡물 가격을 높게 고정한 정부 정책과 곡물 수입에 높은 세금을 부과한 법률, 이른바 '곡물법'(Corn Law)에 대해 강력히 반발했던 것으로 알려져 있다. 그런데 경제적 자유주의 전통의 계승자로 규정하기 위하여 그를 '맨체스터 자유주의자'라고 부를지도 모르나, 사실 벤담은 농민의 편에서 그리고 공리주의적 관점에서 '곡물법'을 옹호했다.

28 Jeremy Bentham, *Manual of Political Economy*, in *The Works of Jeremy Bentham*, vol. 3, 60쪽 각주. 벤담은 이러한 사업장에 장려금(bounties)을 제공하는 것이 "생계 혹은 보호의 수단으로서 (…) 적절할 수도 있다"고 말한다.

29 같은 글, 72쪽.

30 Jeremy Bentham, *Principles of Civil Code*, in *The Works of Jeremy Bentham*, vol. 1, 314~316쪽.

31 같은 글, 316쪽.

32 T. W. Hutchison, "Bentham as an Economist", 302~305쪽. 여기서 나는 허치슨의 논문의 본문 내용을 정리 및 각색하여 다소 광범위하게 인용한다.

33 Jeremy Bentham, "Appendix II", in *Jeremy Bentham's Economic Writings*, vol. 3, 482쪽.

34 Jeremy Bentham, *Institute of Political Economy*, in *Jeremy Bentham's Economic Writings*, vol. 3, 311쪽.

35 같은 글, 840쪽.

36 David Ricardo, *On the Principles of Political Economy and Taxation*(1817), in *The Works and Correspondence of David Ricardo*, Vol. 1, edited by Piero Sraffa, Liberty Fund, Inc., 2004, 105쪽. 곧이어 그는 입법부에 의한 자비로운 임금 조정은 빈민의 상태를 개선하기보다는 오히려 빈민과 부자 모두의 상태를 악화시킬 것이라고 주장한다.(105~106쪽)

37 Jeremy Bentham, *Principles of Civil Code*, in *The Works of Jeremy Bentham*, vol. 1, 303쪽.

38 Jeremy Bentham, *The Philosophy of Economic Science*, in *Jeremy Bentham's Economic Writings*, vol. 1, 93쪽.

39 Jeremy Bentham, *Defence of Usury*, in *Jeremy Bentham's Economic Writings*, vol. 1, 196~198쪽.

40 같은 글, 201쪽.

41 Jeremy Bentham, *Manual of Political Economy*, in *Jeremy Bentham's Economic Writings*, vol. 1, 252쪽.

42 이러한 입장에 대해 리카도는 "어떻게 단순한 통화의 증가가 상품 생산을 증가시킬 수 있는가? (…) 돈은 상품을 끌어낼 수 없지만―상품은 돈을 끌어낼 수 있다"는 반론을 제기한다. David Ricardo, *The Works and Correspondence of David Ricardo*, vol. 3, 298쪽과 301쪽.

43 Merridam-Webster 사전의 정의에 따르면, 집산주의(collectivism)는 "특히 생산과 분배에 대한 집단적 통제를 지지하는 정치적 혹은 경제적 이론"이다. 이것은 주요 생산수단을 국유화하는 것을 이상적으로 보는 정치이론으로서 생산수단의 사유를 인정하지 않는다는 점에서 공산주의와 유사하지만, 소비는 개인의 자유에 맡겨야 한다고 주장한다는 점에서는 공산주의와 다르다.

44 M. P. Mack, "The Fabians and Utilitarianism," *Journal of the History of Ideas* 16, 1955, 88쪽.

45 B. Parekh, "Bentham's Theory of Equality", *Political Studies* 18, 1970, 478~495쪽

46 Jeremy Bentham, *The Psychology of Economic Man*, in *Jeremy Bentham's Economic Writ-*

ings, vol. 3, 442~443쪽 각주.

47 Jeremy Bentham, *Chrestomathia*, in *The Works of Jeremy Bentham*, vol. 8, 82쪽.

48 같은 글, 82쪽 각주.

49 Jeremy Bentham, *The True Alarm*, in *Jeremy Bentham's Economic Writings*, vol. 3, 83쪽.

50 Jeremy Bentham, *Pannomial Fragments*, in *The Works of Jeremy Bentham*, vol. 3, 226쪽.

51 Jeremy Bentham, "Appendix II", in *Jeremy Bentham's Economic Writings*, vol. 3, 482~483쪽.

제5장 | 분배적 정의와 평등

1 새뮤얼 플레이쉐커, 『분배적 정의의 소사』, 강준호 옮김, 서광사, 2007, 172쪽.

2 TJ, 26쪽.

3 Jeremy Bentham, *Table of the Springs of Action*, in *The Works of Jeremy Bentham*, vol. 1, 206쪽. 벤담은 예컨대 '정의에 대한 사랑'(love of justice)을 복합적 쾌락(compound pleasure)의 한 예로 들고 있는데, 이것은 정의에 대한 우리의 관념이 어떻게 쾌락 개념과 연결될 수 있는지를 보여준다.(210쪽)

4 Gerald J. Postema, *Bentham and the Common Law Tradition*, 148~149쪽.

5 L. Werner, "A Note about Bentham on Equality and about the Greatest Happiness Principle," *Journal of the History of Philosophy* 11, 1973, 238~242쪽.

6 TJ, 43~44쪽.

7 이러한 해석에 대한 반론으로서 James Griffin, *Well-Being*, Oxford: Clarendon Press, 1986을 참고하시오. 그리핀은 "분배적 원칙과 집합적 원칙을 첨예하게 대비시키는 것은 그저 현대적 혼란일 뿐"이라고 말한다(168쪽). 이러한 혼란은 흔히 보통 경제학자들이 그러하듯이 집합적 원칙을 효율성(efficiency)의 원칙으로만 간주하고, 그 외의 원칙을 공정성의 원칙으로 간주할 때 생겨난다. 그리핀은 집합적 원칙도 그 자체로 얼마든지 분배적 원칙으로 기능할 수 있다고 말하면서, 이러한 이분법 자체가 별로 그럴듯하지 않다는 견해를 제시한다.

8 Jeremy Bentham, *The Psychology of Economic Man*, in *Jeremy Bentham's Economic Writ-*

ings, vol. 3, 427쪽.

9 Jeremy Bentham, *Constitutional Code*, in *The Works of Jeremy Bentham*, vol. 9, 107쪽.

10 같은 글, 107~108쪽.

11 Jeremy Bentham, *Principles of the Civil Code*, in *The Works of Jeremy Bentham*, vol. 1, 302쪽.

12 같은 글.

13 Jeremy Bentham, *Constitutional Code*, in *The Works of Jeremy Bentham*, vol. 9, 107쪽.

14 같은 글, 18쪽.

15 Jeremy Bentham, *Principle of the Civil Code*, in *The Works of Jeremy Bentham*, vol. 1, 303쪽. 곧이어 벤담은 생계와 안전보장은 동등한 중요성을 지니고, 풍요와 평등은 열등한 위치를 점한다고 말한다.

16 같은 글, 303쪽.

17 같은 글, 303쪽. 이러한 상황에서 "근면한 사람들의 상태는 게으른 사람들의 상태보다 더 나을 것이 없을" 것이고, 따라서 "근면해야 할 이유가 없어질 것이다."

18 같은 책, 310쪽.

19 Jeremy Bentham, *Psychology of Economic Man*, in *Jeremy Bentham's Economic Writings*, vol. 3, 443쪽.

20 Jeremy Bentham, *The Philosophy of Economic Science*, in *Jeremy Bentham's Economic Writings*, vol. 1, 93쪽.

21 Jeremy Bentham, *Principles of the Civil Code*, in *The Works of Jeremy Bentham*, vol. 1, 312쪽.

22 같은 글, 312쪽.

23 같은 글, 358~359쪽. 벤담은 이러한 절대적 평등의 추구는 단지 생산적 산업을 위한 자본만이 아니라 우리의 삶의 기반이 되는 거의 모든 것, 예컨대 모든 건물, 가구, 가축(말과 소 등등), 도서관, 실험실, 출판물, 아동 수의 유지를 위한 자금, 토지와 광산을 개발할 자금 등을 파괴할 것이라고 말한다. 한마디로 절대적 평등의 추구는 총체적 재앙을 가져온다.

24 Jeremy Bentham, *Defence of Usury*, in *Jeremy Bentham's Economic Writings*, vol. 1, 129쪽.

25 같은 글, 199쪽.

26 Jeremy Bentham, *Of the Balance of Trade*, in *Jeremy Bentham's Economic Writings*, vol. 3, 243쪽.

27 Jeremy Bentham, *Defence of a Maximum*, in *Jeremy Bentham's Economic Writings*, vol. 3, 282쪽. 여기서 벤담은 정부가 옥수수 가격을 그것이 시장에서 자연적으로 정해졌을 가격보다 더 높게 책정한 것에 대해 옹호한다.

28 Jeremy Bentham, *Institute of Political Economy*, in *Jeremy Bentham's Economic Writings*, vol. 3, 352쪽.

29 Jeremy Bentham, *Circulating Annuities*, in *Jeremy Bentham's Economic Writings*, vol. 2, 304쪽.

30 J. Bentham, "Appendix II", in *Jeremy Bentham's Economic Writings*, vol. 3, 482쪽.

31 UC 100:171

32 Jeremy Bentham, *Principles of the Civil Code*, in *The Works of Jeremy Bentham*, vol. 1, 303쪽.

33 같은 글, 308쪽.

34 같은 글, 303쪽. 물론 여기서 말하는 불평등은 각 개인에게 주어진 현실적 여건에서의 불평등이고 인류가 현실적으로 극복할 수 없는 불평등을 의미할 뿐이다.

35 B. Parekh, "Bentham's Theory of Equality", *Political Studies* 18, 1970, 495쪽.

36 P. J. Kelly, *Utilitarianism and Distributive Justice: Jeremy Bentham and the Civil Law*, Clarendon Press, 1990, 123쪽.

37 P. Schwartz, "Jeremy Bentham's Democratic Despotism", in *Ideas in Economics*, R. D. Collinson-Black, London, 1986, 128쪽. 여기서 슈와르츠는 이러한 맥락의 재분배 내지는 평등화를 벤담의 공리주의 이론의 반자유주의적 요소로 해석한다.

38 P. J. Kelly, *Utilitarianism and Distributive Justice: Jeremy Bentham and the Civil Law*, 142쪽.

39 UC 100:173.

40 Jeremy Bentham, *Principles of the Civil Code*, in *The Works of Jeremy Bentham*, vol. 1, 311쪽.

41 D. G. Long, "Bentham on Property", in *Theories of Property: Aristotle to the Present*, edited by Anthony Parel and Thomas Flanagan, Wilfrid Laurier University Press,

1979, 221~256쪽.

42 A. Ryan, *Property and Political Theory*, Oxford, 1984, 244쪽.

43 P. J. Kelly, *Utilitarianism and Distributive Justice: Jeremy Bentham and the Civil Law*,
170~171쪽.

44 Jeremy Bentham, *Pannomial Fragments*, in *The Works of Jeremy Bentham*, vol. 3, 213쪽.
F. Rosen, *Jeremy Bentham and Representative Democracy*, 15쪽. 여기서 로젠은 "'실망
방지 원칙'은 특히 개혁의 이름으로 정부 비용의 절감과 관련된 정의의 원칙으로서
논의된다"고 지적한다.

45 UC 150:170.

46 UC 150:172.

47 UC 32:151.

48 P. Kelly, "Utilitarianism and Distributive Justice: The Civil Law and the Foundations
of Bentham's Economic Thought", *Utilitas* 1, 1989, 62~81쪽.

제6장 | 법과 도덕

1 『서론』, 13장, 1절. 나의 강조.

2 H. L. A. Hart, *Essays on Bentham*, Clarendon Press, 1982. 이하 인용에서 EB로 약칭.

3 H. L. A. Hart, *Essays in Jurisprudence and Philosophy*, Clarendon Press, 1983, 57쪽.

4 같은 글, 50~56쪽.

5 같은 글, 56~62쪽.

6 H. L. A. Hart, "Bentham's Principle of Utility and Theory of Penal Law", 『서론』,
lxxxv.

7 Jeremy Bentham, *A Fragment on Government*, Cambridge University Press, 1988, 7쪽.
나의 강조.

8 같은 글, 24쪽. 벤담 자신이 주석에서 밝힌 것처럼, 여기서 'demonstration'은 논리학
자나 수학자가 사용하는 것과 다른 의미를 지니기 때문에, '증명'이나 '논증'보다는
'해설'이 그가 의도한 의미에 더 가까운 번역어라고 사료된다.

9 같은 글, 25쪽.

10 같은 글, 25~26쪽.

11 Jeremy Bentham, *General View of a Complete Code of Laws*, in *The Works of Jeremy Bentham*, vol. 3, 171쪽.

12 『서론』, 187쪽.

13 같은 글, 102쪽. 나의 강조.

14 Jeremy Bentham, *The Book of Fallacies*, in *The Works of Jeremy Bentham*, vol. 2, 436쪽. 이러한 요지를 밝힌 자료로써, Xiaobo Zhai, "Bentham's Natural Arrangement Versus Hart's Morally Neutral Description", *Revue d'etudes benthamiennes* 10, 2012; "Legal positivism: emotivistic or naturalistic?", *Filosofia E Qestioni Pubbliche* 1, 2011, 31~39쪽을 참조하시오. 이후의 논의에서도 나는 샤오보 자이가 이 논문에서 밝힌 논지를 광범위하게 활용할 것이다.

15 T. Campbell, "The Point of Legal Positivism", *The King's College Law Journal* 9, 1998, 70~73쪽.

16 Jeremy Bentham, *Chrestomathia*, edited by M. J. Smith and W. H. Burston, Clarendon Press, 1983, 180쪽.

17 『서론』, 11쪽.

18 Jeremy Bentham, *Of the Limits of the Penal Branch of Jurisprudence*, edited by P. Schofield, Clarendon Press, 2011, 15쪽.

19 Jeremy Bentham, *General View of a Complete Code of Laws*, in *The Works of Jeremy Bentham*, vol. 3, 169쪽.

20 Jeremy Bentham, *A Fragment on Government*, 16쪽.

21 Jeremy Bentham, *Of the Limits of the Penal Branch of Jurisprudence*, 219쪽.

22 Jeremy Bentham, *A Fragment on Government*, 114쪽.

23 이 점이 "Bentham's Natural Arrangement Versus Hart's Morally Neutral Description"에서 샤오보 자이의 가장 중심적인 주장이다.

24 H. L. A. Hart, *The Concept of Law*, Oxford University Press, 1994, 17쪽, 240쪽.

25 H. L. A. Hart, *Essays in Jurisprudence and Philosophy*, Clarendon Press, 1983, 13쪽.

26 H. L. A. Hart, "Bentham's Principle of Utility and Theory of Penal Law", 『서론』, xcix.

비슷한 취지에서 하트는 "이러한 공리주의적 (…) 관점이 몇몇 사례에서 벤담의 분석
의 일반적 적용가능성을 제한한다"고 말한다.

27 Jeremy Bentham, *A Fragment on Government*, 27쪽.

28 『서론』, 295쪽.

29 같은 글, 6쪽.

30 Jeremy Bentham, *General View of a Complete Code of Laws*, in *The Works of Jeremy Bentham*, vol. 3, 161~163쪽.

31 『서론』, 6쪽.

32 Jeremy Bentham, *Nomography*, in *The Works of Jeremy Bentham*, vol. 3, 235쪽.

33 Gerald Postema, "The Expositor, the Censor, and the Common Law," *Canadian Journal of Philosophy* 9, 1979, 667쪽.

34 Karl Olivecrona, "The Will of the Sovereign: Some Reflections on Bentham's Concept of 'a Law'," *American Journal of Jurisprudence* 20, 1975, 107쪽.

35 Gerald Postema, "The Expositor, the Censor, and the Common Law," 669~670쪽.

36 Philip Schofield, "Jeremy Bentham, the Principle of Utility, and Legal Positivism", *Current Legal Problems* 56, 2003, 32쪽.

37 같은 글, 11~12쪽.

38 G. E. Moore, *Principia Ethica*, Cambridge University Press, 1993, 91~93쪽.

39 W. K. Frankena, "The Naturalistic Fallacy," *Mind* 48, 1939, 464~477쪽.

40 Jeremy Bentham, *De l'ontologie*, edited by P. Schofield, J. P. Clero and C. Laval, Seuil, Paris, 1997, 86~87쪽.

41 "모든 가상적 존재자는 어떤 실재적 존재자와 어떤 관계를 가지며, 그 관계를 지각할 수 없다면 이해될 수 없다." Jeremy Bentham, *A Fragment on Ontology*, in *The Works of Jeremy Bentham*, vol. 8, 197쪽.

42 C. K. Ogden, *Bentham's Theory of Fictions*, Routledge, 2001, lxxxi.

43 S. R. Perry, "Hart's Methodological Positivism," in *Hart's Postscript: Essays on the Postscript to the Concept of Law*, edited by J. Coleman, Oxford, 2001, 311쪽.

44 P. Schofield, "Jeremy Bentham and HLA Hart's 'Utilitarian Tradition in Jurisprudence'", *Jurisprudence* 1, 2010, 159쪽.

45 같은 글.

46 R. Harrison, *Bentham*, 100쪽.

47 같은 글, 100쪽.

48 Gerald Postema, *Bentham and the Common Law Tradition*, 308쪽.

49 Jeremy Bentham, *Essay on Logic*, in *The Works of Jeremy Bentham*, vol. 8, 233쪽.

50 H. L. A. Hart, *Essays in Jurisprudence and Philosophy*, 83~84쪽.

51 같은 글.

52 H. L. A. Hart, *The Concept of Law*, 253~254쪽.

53 Jeremy Bentham, *A Fragment on Government*, 9쪽.

제7장 | 평화주의와 반제국주의

1 홍민식, 「평화연구의 현황과 과제」, 『국제평화』, 창간호, 2004, 9쪽.

2 같은 글, 10쪽.

3 Jeremy Bentham, *A Plan for An Universal and Perpetual Peace*, Peace Book Company, 1939, 11쪽. 이 글은 그가 사후에 출판된 『국제법 원칙』(*Principles of International Law*, 1833)에 수록된 네 논문 중 하나로, 원래는 1789년에 저술되었다. *The Works of Jeremy Bentham*, vol. 2, 546~560쪽을 참고하시오.

4 J. B. Schneewind, "Voluntarism and the Origins of Utilitarianism," 87~96쪽.

5 Immanuel Kant, *Idea for a Universal History from Cosmopolitan Point of View*(1784), in *On History*, translated by Lewis White Beck, The Bobbs-Merill Company, 1963, Thesis 8.

6 Immanuel Kant, *Perpetual Peace*(1975), translated by Lewis White Beck, The Bobbs-Merill Co., 1957. 한글 번역은 임마누엘 칸트, 이한구 옮김, 『영원한 평화를 위하여』, 서광사, 1992를 참고하시오.

7 칸트의 영구평화 이념을 그의 전 철학적 체계의 종합, 즉 순수이성 비판과 실천이성 비판과 판단력 비판의 종합으로 이해하는 해석으로는, Tomas Baum, "A Quest for Inspiration in the Liberal Peace Paradigm: Back to Bentham?", *European Journal of*

International Relations 14, 2008, 434~439쪽을 보시오.

8 Immanuel Kant, *Perpetual Peace*, 8쪽. 그로티우스, 푸펜도르프, 바텔 등을 비판하면서 정의로운 전쟁론(just war theory)을 거부하는 주장에 대해서는 17쪽을 보시오.

9 『서론』, 1장, 13절.

10 Immanuel Kant, *Idea for a Universal History from Cosmopolitan Point of View*, Thesis 7~8을 보시오.

11 Brian Orend, *War and International Justice*, Wilfrid Laurier University Press, 2000, 51쪽에서 오렌드는 칸트가 순전히 방어적 전쟁의 권리만을 인정한 것이 아니라 "심각한 위협의 경우에는 선제공격도 합법적"이라고 생각했다고 주장한다.

12 Immanuel Kant, *Perpetual Peace*, 8쪽.

13 Stephen Conway, "Bentham, the Benthamites, and the Nineteenth-Century British Peace," *Utilitas* 2, 1990, 227쪽.

14 Jeremy Bentham, "Bentham's letters to Frances Place, 17 Jan. 1818", in *The Correspondence of Jeremy Bentham*, vol. 9, edited by Stephen Conway, Oxford University Press, 1989, 150쪽을 참고하시오.

15 Stephen Conway, "Bentham, the Benthamites, and the Nineteenth-Century British Peace," 227~233쪽. 여기서 콘웨이는 심지어 '벤담주의자'(Benthamite)라고 불릴만한 벤담의 주요 추종자조차 평화 문제와 관련해서는 미국 사상가로부터 더 깊은 영향을 받았다는 주장을 전개한다.

16 Jeremy Bentham, *Principles of International Law*, in *The Works of Jeremy Bentham*, vol. 2, 544쪽.

17 Jeremy Bentham, *A Plan for An Universal and Perpetual Peace*, 12~13쪽.

18 John Stuart Mill, *On Liberty*, Cambridge University Press, 1989, 13쪽.

19 이러한 견해를 보여주는 자료로는 Elie Halévy, *The Growth of Philosophic Radicalism*, translated by Mary Morris, Boston: Beacon, 1955; Eric Stokes, *The English Utilitarianism and India*, Oxford: Oxford University Press, 1959; Uday S. Mehta, *Liberalism and Empire: A Study in Nineteenth-Century British Liberal Thought*, Chicago: University of Chicago Press, 1999를 참고하시오.

20 이러한 견해를 보여주는 자료로는 Jennifer Pitts, "Legislator of the World? A Rerea-

ding of Bentham on Colonies," *Political Theory* 31, 2003, 200~234쪽을 참고하시오. 여기서 제니퍼 피츠(Jennifer Pitts)는 벤담의 입장이 비일관적이라고도 생각하지 않는다. 그리고 Stephen Conway, "Bentham, the Benthamites, and the Nineteenth-Century British Peace"를 참고하시오.

21 Jeremy Bentham, *Institute of Political Economy*, in *Jeremy Bentham's Economic Writings*, vol. 3, 356쪽. 그리고 Bernard Semmel, *The Rise of Free Trade Imperialism: Classical Political Economy and the Empire of Free Trade and Imperialism, 1750~1850*, Cambridge University Press, 1970, 92~93쪽. 시멜(Bernard Semmel)은 여기서의 벤담은 단순히 영국의 한 시민이 아니라 "대영제국의 한 시민으로서" 이러한 주장을 선언한 것이며, 이 주장이 영국의 제국주의 사명에 대한 그의 "특별한 (…) 확신"을 나타낸다고 해석한다.

22 Jeremy Bentham, "Emancipate Your Colonies!", in *The Works of Jeremy Bentham*, vol. 4, 417쪽.

23 Jeremy Bentham, "Official Aptitude Maximized-Expense Minimized," in *The Works of Jeremy Bentham*, vol. 5, 269쪽.

24 Eric Stokes, *The English Utilitarianism and India*, 51쪽.

25 Jeremy Bentham, "Emancipate Your Colonies!", in *The Works of Jeremy Bentham*, vol. 4, 418쪽. 강조는 필자.

26 같은 글, 416쪽. 강조는 필자.

27 같은 글, 415쪽. 강조는 필자.

28 Jeremy Bentham, *A Plan for An Universal and Perpetual Peace*, 15쪽. 여기서 벤담은 식민지에서 벌어지는 일에 대해 사람들의 관심이 적음을 지적하면서 이렇게 말한다. "동인도에서 수천 명의 살인과 기타 잔학행위가 범해진다 해도, 런던에서 일어난 단 한 건의 살인이 더 깊은 인상을 준다."

29 Elie Halévy, *The Growth of Philosophic Radicalism*, 510쪽. 여기서 할레비는 벤담도 식민지를 자신의 박애주의와 사회개혁 프로젝트를 실험하고 입법가적 야심을 펼칠 장으로 여겼다고 주장한다. 그러나 이러한 주장은 벤담의 입법가적 야심에 대해서는 어느 정도 타당하지만, 식민통치 자체에 대한 그의 기본적 태도를 오도할 여지가 있는 듯하다.

30 Jeremy Bentham, *Principles of Judicial Procedure*, in *The Works of Jeremy Bentham*, vol. 2, 137~138쪽.

31 J. A. Hobson, *Imperialism: A Study*, New York: James Pott & Company, 1902. 이른바 제국주의 시대에—대략 1870년대부터 1차 세계대전이 끝난 무렵까지의 시기에—영국에서 출판된 거의 유일한 제국주의 비판서로서, 이 책에서 홉슨(J. A. Hobson)은 제국주의 세력은 바로 산업과 금융 및 전문직 계급의 이기적 이해관심에 뿌리를 두고 있다고 지적한다.

32 Jennifer Pitts, *A Turn to Empire: The Rise of Imperial Liberalism in Britain and France*, Princeton University Press, 2005, 123쪽.

33 James Mill, "Nations, Law of," in *Supplement to the Fourth, Fifth, and Sixth Editions of the Encyclopedia of Britannica*, vol. 6, Edinburgh, 1824, 20~21쪽.

34 벤담과 제임스 밀은 1800년에서 1810년 사이에 서로 매우 밀접한 관계를 맺었고, 벤담의 여러 정치적 제안에 제임스 밀은 상당한 영향을 미친다. 이들의 이러한 지적 교류는 아마도 국제관계에 대한 그들의 견해에서도 여러 공통점을 만들어냈을 것으로 짐작할 수 있다.

35 그의 이러한 견해는 James Mill, "Colony," in *Supplement to the Fifth Edition of the Encyclopedia Britannica*, vol. 6, Edinburgh, 1823에서 나타난다.

36 J. S. Mill, "Auguste Comte and Positivism"(1865), in *Collected Works of John Stuart Mill*, vol. 10, 325쪽.

37 J. S. Mill, "Bentham"(1838), in *Collected Works of John Stuart Mill*, vol. 10, 75~115쪽.

38 J. S. Mill, "A Few Words on Non-Intervention", in *Collected Works of John Stuart Mill*, vol. 21, 118쪽.

39 J. S. Mill, "Remarks on Bentham's Philosophy"(1833), in *Collected Works of John Stuart Mill*, vol. 10, 3~18쪽.

40 J. S. Mill, "Bentham"(1838), in *Collected Works of John Stuart Mill*, vol. 10, 99쪽. 강조는 필자.

41 밀은 예컨대 인도를 반쯤 야만의(semi-barbarism) 상태에 있는 독특한 나라로 보았고, 이러한 나라가 어떻게 높은 수준의 지적 사회적 진보를 성취할지는 간단한 해답이 있다고 생각하지 않는다. 그렇지만 그는 대체로 인도 및 유사한 상황의 사회를 위

한 최선의 정부는 이타적 전제정치라고 생각한다.

42 Jennifer Pitts, "Legislator of the World? A Rereading of Bentham on Colonies," 223쪽.

43 같은 글, 224쪽.

44 J. S. Mill, "Bentham"(1838), in *Collected Works of John Stuart Mill*, vol. 10, 91쪽.

45 J. S. Mill, "Letter to Rowland G. Hazard, 15 Nov. 1865", in *Collected Works of John Stuart Mill*, vol. 16, 1117쪽.

46 Abram L. Harris, "John Stuart Mill's Theory of Progress", *Ethics* 16, 1956, 171쪽. 에이브럼 해리스(Abram L. Harrs)의 해석에 따르면, 밀은 영국의 자본주의가 그의 표현대로 '후진'(backward) 민족들에 대해 강제력을 행사하지 않을 것이라고 생각했다. 그는 "국제적 자유무역이 보편적으로 준수된다는 가정하에서, 자본주의 영국과 비산업화된 지역들이 이 지역들 고유의 경제제도를 심각하게 교란하지 않고 서로에게 이익이 되도록 재화와 서비스를 교환할 수 있다"고 낙관했다.

47 J. S. Mill, "A Few Words on Non-Intervention", in *Collected Works of John Stuart Mill*, vol. 21, 115쪽.

48 Edmund Burke, "Letter to French Laurence, 28 July 1796," in *The Correspondence of Edmund Burke*, vol. 4, edited by George Guttridge, Cambridge University Press, 1961, 62~63쪽.

49 『서론』, 22쪽.

50 Tomas Baum, "A Quest for Inspiration in the Liberal Peace Paradigm: Back to Bentham?", 444쪽.

51 Edmund Burke, "Speeches in Impeachment," in *Burke's Works*, vol. 12, London: Bohn's British Classics, 1856, 94쪽. 여기서 버크는 "지리적 도덕성"이라는 표현으로 보편적인 도덕적·정치적 규범들이 아시아에서는 적용될 수 없다는 식의 태도를 보이는 영국인들을 비판한다. 이 표현의 의미에 대한 더 상세한 설명은 Jennifer Pitts, *A Turn to Empire: The Rise of Imperial Liberalism in Britain and France*, 3장을 참고하시오.

52 Jeremy Bentham, A Plan for An Universal and Perpetual Peace, 12~13쪽.

53 『서론』, 10장, 25절.

54 니얼 퍼거슨, 『시빌라이제이션: 서양과 나머지 세계』, 21세기북스, 2011; 『제국』, 민음사, 2006.

제8장 | 행복과 웰빙

1 'well-being'은 일반적으로 '복지'라고 번역되는 'welfare'와도 의미상 다르다. 그래서 만족스럽지는 않으나, 이 책 전반에서 국어사전에서 '생활면에서 만족감을 느낄만한 이로운 일'이라는 다소 막연한 말로 풀이되는 '복리'(福利)라는 번역어를 채택하였다. 그러나 이 장에서만은 '행복'과 더 분명하게 구별하기 위하여 영어 발음대로 '웰빙'이라고 표기한다. 'well-being'의 반의어인 'ill-being'에 대해서도 현재 공식적 번역어가 없는 상태이므로 다소 어색하나 영어 발음대로 '일빙'이라고 표기하기로 한다.

2 마이클 샌델, 『정의란 무엇인가』, 87쪽.

3 A. K. Sen, "Well-Being, Agency and Freedom: The Dewey Lectures 1984", *Journal of Philosophy* 82, 1985, 189쪽.

4 Jeremy Bentham, *Nomography*, in *The Works of Jeremy Bentham*, vol. 3, 286쪽.

5 Jeremy Bentham, *Crestomathia*, in *The Works of Jeremy Bentham*, vol. 8, 126쪽.

6 『서론』, 5장, 1절.

7 L. Doyle and I. Gough, *A Theory of Human Need*, London: Macmillan, 1991.

8 David Collard, "Research on Well-Being: Some Advice Jeremy Bentham," *Philosophy of the Social Sciences* 36, 2006, 330~354쪽. 그 특징에 설명은 콜라드(David Collard)의 설명에 크게 의존한다.

9 『서론』, 5장, 6절.

10 Frederick Rosen, "Crime, Punishment and Liberty," *History of Political Thought* 20, 1999, 173~185쪽.

11 Jeremy Bentham, *A Fragment on Government*, 288쪽

12 M. Nussbaum and A. K. Sen, *The Quality of Life*, Oxford: Clarendon Press, 1993, 246쪽.

13 A. K. Sen, *On Ethics and Economics*, Oxford: Blackwell, 1987, 39쪽.

14 『서론』, 4장. 벤담이 쾌락과 고통의 값을 계산할 때 고려해야 할 요인 혹은 함수로 제시한 것은 모두 일곱 가지다. 여기서 제시된 여섯 가지 외에 일곱 번째 요인 혹은 함수로서 '범위'(extent)가 추가된다. 그러나 이 일곱 번째 요인 혹은 함수는 한 개인이 아니라 여러 개인의 쾌락과 고통의 값을 계산할 때 고려되는 것이다.

15 A. E. Clark and A. J. Oswald, "Unhappiness and Unemployment", *The Economic Journal* 104, 1994, 648~659쪽.

16 『서론』, 6장, 6절. 금전적 요인은 그나마 이 목록의 첫 번째가 아니라 스무 번째 요인이다. 이 목록에는 육체적 건강과 온전함, 지적 능력, 정신적 건강과 온전함, 도덕적·종교적 감수성과 관련된 항목이 먼저 나온다.

17 A. K. Sen, "Well-Being, Agency and Freedom: The Dewey Lectures 1984", *Journal of Philosophy* 82, 1985, 198쪽.

18 M. Nussbaum, *Frontiers of justice: disability, nationality, species membership*, Harvard University Press, 2006, 70쪽.

19 M. Nussbaum & A. K. Sen, *The Quality of life*, 243쪽.

20 『서론』, 6장, 26절. 벤담은 도덕 이론의 토대로서의 '공감'에 대해서는 매우 비판적인 견해를 취하지만, 인간이 느낄 수 있는 쾌락과 고통의 한 원천으로서의 '공감'은 인정한다. 그는 이러한 공감에서 비롯된 쾌락을 '이차적 쾌락'이라고 부른다. 예컨대 어떤 사건으로 인하여 내가 직접 경험하는 쾌락이 '일차적 쾌락' 혹은 '자기 관계적 쾌락'이라면, 나의 쾌락을 알게 된 친구가 공감을 통하여 느끼게 될 쾌락은 '이차적 쾌락'이다. 그는 "이런 이차적 쾌락은 일반적으로 일차적 쾌락에 비하여 하찮다고 할 수 없다"고도 말한다.

제9장 | 사익과 공익의 조화

1 TJ, 30쪽.

2 M. Friedman, "The methodology of positive economics", in *Essays in Positive Economics*, The University of Chicago Press, 1953, 3~46쪽.

3 E. Halévy, *The Growth of Philosophic Radicalism*, 1928.

4 F. Orsi, "The Dualism of the Practical Reason: Some Interpretations and Responses", *Etica & Politica*, vol. 10, 2008, 29쪽. 필자는 오르시(F. Orsi)의 정리를 필요에 따라서 다소 변형했다.

5 D. O. Brink, "Sidgwick's Dualism of Practical Reason", *Australasian Journal of Philo-*

sophy 66, 1988, 291쪽.

6 F. Orsi, "The Dualism of the Practical Reason: Some Interpretations and Responses", 38쪽.

7 『서론』, 11쪽. 강조는 필자.

8 같은 글, 12쪽.

9 D. Lyons, *In the Interest of the Governed: A Study in Bentham's Philosophy of Utility and Law*, 42쪽.

10 J. Dinwiddy, *Bentham: Selected Writings of John Dinwiddy*, Stanford University Press, 2004, 3장. R. Harrison, *Bentham*, 10장.

11 J. Bentham, *Constitutional Code*, in *The Works of Jeremy Bentham*, vol. 9, 6쪽.

12 Deontology, 121쪽. 강조는 필자.

13 같은 글, 11쪽.

14 E. Halévy, *The Growth of Philosophic Radicalism*, 508쪽.

15 D. H. Macgregor, *Economic Thought and Policy*, 68쪽; J. B. Brebner, "Laissez-faire and State Intervention in Nineteenth-century Britain", 59쪽.

16 J. Bentham, *Defence of Usury*, in *Jeremy Bentham's Economic Writings*, vol. 1, 195쪽.

17 L. J. Hume, "Revisionism in Bentham Studies", *The Bentham Newsletter* 1, 1978, 5쪽.

18 W. Stark, "Jeremy Bentham as an Economist", 584쪽.

19 J. Bentham, *Principles of the Civil Code*, in *The Works of Jeremy Bentham*, vol. 1, 314쪽.

20 그 차별적 견해에 대해서는 앞서 인용했던 T. W. Hutchison, "Bentham as an Economist", 302~305쪽을 참조하시오.

21 UC 87:3.

22 J. Bentham, *Essay on the Promulgation of Laws*, in *The Works of Jeremy Bentham*, vol. 1, 161쪽. 그런데 이러한 주장에는 법이 이성에 기초해야 한다는 전제가 따른다. 요컨대 법이 이성에 기초한다면 이성적 존재인 사람들의 마음에 자연스럽게 스며들리라는 가정이 따른다.

23 강준호, 「벤담의 공리주의에서 '자유' 개념에 대하여」, 『철학연구』, 100집, 2013, 109~110쪽 참조.

24 P. Schofield, *Utility and Democracy*, 107쪽.

25 이러한 대책에 대한 더 자세한 논의는 강준호, 「벤담의 민주주의 이론과 공리주의」, 『범한철학』, 84집, 2017, 169~195쪽을 참조.

26 M. P. Mack, *Jeremy Bentham: An Odyssey of Ideas 1748~92*, Heinmann, 1962.

27 『서론』, 292쪽.

28 A. Baujard, "Collective interest vs. individual interest in Bentham's Felicific Calculus. Questioning welfarism and fairness", *The European Journal of the History of Economic Thought 17*, 2010, 607~634쪽.

29 R. Harrison, *Bentham*, 269쪽

30 같은 글, 271쪽.

31 J. Bentham, *Deontology together with A Table of the Springs of Action and Article on Utilitarianism*, 251쪽.

32 J. Bentham, *Principles of the Civil Code, in The Works of Jeremy Bentham*, vol. 1, 316쪽.

에필로그

1 공공 철학을 지향하는 공리주의의 근본적인 성격에 대해서는 Robert E. Goodin, *Utilitarianism as a Public Philosophy*, Cambridge University Press, 1995를 참고하시오.

참고문헌 / 제러미 벤담과 현대

벤담 원전

* 유니버시티칼리지 런던(University College London) 소장 미출판 원고. 본문 및 주에서 'UC 박스번호 : 쪽번호' 형식으로 표기

Chrestomathia, edited by M. J. Smith and W. H Burston (Oxford, 1983).

Colonies, Commerce, and Constitutional Law, edited by P. Schofield (Oxford, 1995).

A Comment on the Commentaries and A Fragment on Government, edited by J. H. Burns and H. L. A. Hart (London, 1977).

Constitutional Code, edited by F. Rosen and J. H. Burns (Oxford, 1983).

The Correspondence of Jeremy Bentham, edited by S. Conway (Oxford University Press, 1989)

Deontology together with A Table of the Springs of Action and Article on Utilitarianism, edited by A. Goldworth (Oxford, 1983).

A Fragment on Government (Cambridge University Press, 1988).

An Introduction to the Principles of Morals and Legislation, edited by J. H. Burns and H. L. A. Hart (London, 1996).

Jeremy Bentham's Economic Writings: Critical Edition based on his printed works and unpublished manuscripts, edited by W. Stark (London, 1952~4).

Of Laws in General, edited by H. L. A. Hart (London, 1970).

Of the Limits of the Penal Branch of Jurisprudence, edited by P. Schofield (Clarendon Press, 2011).

Official Aptitude Maximized, Expense Minimized, edited by P. Schofield (Clarendon Press, 1993).

Rights, Representation, and Reform: Nonsense upon Stilts and other Writings on the French Revolution, edited by P. Schofield, C. Pease-Watkin, and C. Blamires (Oxford, 2002).

Traites de legislation civile et pénale, edited by É, Dumont, 3 vols. (Paris, 1802)

Writings on the Poor Laws, Vol. 1, edited by M. Quinn (Oxford, 2001).

The Works of Jeremy Bentham, edited by John Bowring, 11 vols. (Edinburgh, 1838~43).

이차 문헌

Albee, E., 'The Ethical System of Richard Cumberland I', *The Philosophical Review* 4 (1895), 264~290.

Albee, E., 'The Relation of Shaftesbury and Hutcheson to Utilitarianism', *The Philosophical Review* 5 (1896), 24~35

Albee, E., A *History of English Utilitarianism* (Routledge, 1901)

Alderman, W. E., 'Shaftesbury and the Doctrine of Moral Sense in the Eighteenth Century', *PMLA* 46 (1931), 1087~1094.

Bahmueller, C. F., *The National Charity Company: Jeremy Bentham's Silent Revolution* (Berkeley, 1981).

Baujard, A., 'Collective interest vs. individual interest in Bentham's Felicific Calculus, Questioning welfarism and fairness', *The European Journal of the History of Economic Thought* 17 (2010), 607~634.

Baum, T., 'A Quest for Inspiration in the Liberal Peace Paradigm: Back to Bentham?', *European Journal of International Relations* 14 (2008), 434~439.

Baumgardt, J. M., *Bentham and the Ethics of Today* (Princeton, 1952).

Bedau, H. A., 'Justice and Classical Utilitarianism', *Nomos* 6 (1963), 284~305.

Ben Dor, O., *Constitutional Limits and the Public Sphere: A Critical Study of Bentham's Constitutionalism* (Oxford, 2000).

Blackstone, W., *Commentaries on the Laws of England*, 4 vols. (Oxford: Clarendon Press, 1765~1769)

Boralevi, L. C., *Bentham and the Oppressed* (Berlin, 1984).

Brebner, J. B., 'Laissez-faire and State Intervention in Nineteenth-century Britain', *Journal of Economic History*, Supplement VIII (1948).

Brink, D. O., 'Sidgwick's Dualism of Practical Reason', *Australasian Journal of Philosophy* 66 (1988).

Burke, E., *The Correspondence of Edmund Burke*, edited by G. Guttridge (Cambridge University Press, 1961).

Burke, E., *Burke's Works* (London: Bohn's British Classics, 1856).

Burns, J. H., 'Bentham and the French Revolution', *Transactions of the Royal Historical Society*, 5th ser., 16 (1966), 95~114.

Campbell, T., 'The Point of Legal Positivism', *The King's College Law Journal* 9 (1988), 63~87.

Carrasco, M. A., 'Hutcheson, Smith, and Utilitarianism', *The Review of Metaphysics* 63 (2011), 515~553.

Clark, A. E. and Oswald, A. J., 'Unhappiness and Unemployment', *The Economic Journal* 104 (1994), 648~659.

Collard, D., "Research on Well-Being: Some Advice Jeremy Bentham," *Philosophy of the Social Sciences* 36 (2006), pp. 330~354.

Conway, S., 'Bentham versus Pitt: Jeremy Bentham and British Foreign Policy 1789', *Historical Journal*, 30 (1987), 791~809.

Conway, S., 'Bentham, the Benthamites, and the Nineteenth-Century British Peace', Utilitas 2 (1990), 221~243.

Crimmins, J. E., 'Religion, Utility and Politics: Bentham versus Paley', in *Religion and Secularization and Political Thought: Thomas Hobbes to J. S. Mill* (Routledge, 1990).

Crimmins, J. E., *Secular Utilitarianism: Social Science and the Critique of Religion in the*

Thought of Jeremy Bentham (Oxford, 1990).

Crimmins, J. E., 'Contending Interpretations of Bentham's Utilitarianism', *Canadian Journal of Political Science* 29 (1996), 751~777.

Crook, D. P., 'The United States in Bentham's Thought', in *Jeremy Bentham: Critical Assessments*, Vol. 4 (Routledge, 1993).

Crossley, D. J., 'Utilitarianism, Rights and Equality', Utilitas 2 (1990), 40~54.

Cumberland, R., *A Treatise of the Laws of Nature* (Liberty Fund, Inc., 2005).

Dicey, A. V., *Law and Opinion in England*, 2nd edition (Macmillan, 1914).

Dinwiddy, J. R., 'Bentham's Transition to Political Radicalism, 1809~10', *Journal of the History of Ideas* 36 (1975).

Dinwiddy, J. R., *Bentham* (Oxford, 1989).

Dinwiddy, J. R., '*Adjudication Under Bentham's Pannomion*', *A Journal of Utilitarian Studies*, 1 (1989), 283~9.

Dinwiddy, J. R., 'The Classical Economists and Utilitarianism', *Western Liberalism: A History in Documents from Locke to Croce*, edited by E. K. Bramsted (London: Longmans, 1978).

Dinwiddy, J. R., *Selected Writings of John Dinwiddy* (Stanford University Press, 2004).

Doyle, L. and Gough, I, A *Theory fo Human Need* (London: Macmillan, 1991).

Driver, J., 'Pleasure as the Standard of Virtue in Hume's Moral Philosophy', *Pacific Philosophical Quarterly* 85 (2004), 173~194.

Driver, J., 'The History of Utilitarianism', in *Stanford Encyclopedia of Philosophy*, https://plato.stanford.edu/entries/utilitarianism-history (2014).

Everett, C. W., *Jeremy Bentham* (London, 1966).

Fowler, T., *Shaftesbury and Hutcheson* (Elibron Classics Series, Adamant Media Corporation, 2005).

Foucault, M., *Discipline and Punish*, translated by Alan Sheridan (Vintage Books, 1995).

Frankena, W. K., 'The Naturalistic Fallacy', *Mind* 48 (1939), 464~477.

Friedman, 'The methodology of positive economics', Essays in Positive Economics (The University of Chicago Press, 1953), 3~46.

Fuller, C., *The Old Radical: Representations of Jeremy Bentham* (London, 1998).

Goodin, E. R., *Utilitarianism as a Public Philosophy* (Cambridge University Press, 1995).

Greenleaf, W. H., *The British Political Tradition*, Vol. 1 (Methuen, 1983~1987).

Haakonssen, K., 'Natural Law and Moral Realism: The Scottish Synthesis', *Studies in the Philosophy of the Scottish Enlightenment*, edited by M. A. Stewart (Clarendon Press, 2000), 61~86.

Halévy, E., *The Growth of Philosophic Radicalism* (London, 1952).

Harris, A. L., 'John Stuart Mill's Theory of Progress', *Ethics* 16 (1956), 157~175.

Harrison, R., *Bentham* (London, 1983).

Hart, H. L. A., *Essays on Bentham: Studies in Jurisprudence and Political Theory* (Oxford, 1982).

Hart, H. L. A., *Essays in Jurisprudence and Philosophy* (Clarendon Press, 1983).

Hart, H. L. A., *The Concept of Law* (Oxford University Press, 1994).

Hart, H. L. A., 'Bentham's Principle of Utility', *An Introduction to the Principles of Morals and Legislation* (Cambridge University Press, 1996).

Hole, R., *Pulpits, Politics and Public Order in England 1760~1832* (Cambridge, 1989).

Hume, D., *A Treatise of Human Nature*, 2nd edition, edited by L. A. Selby-Gigge (Clarendon Press, 1978).

Hume, D., *Enquiries Concerning the Human Understanding and Concerning the Principles of Morals*, 3rd edition, edited by L. A. Selby-Bigge (Clarendon Press, 1975).

Hume, D., *Essays, Moral, Political, and Literary*, edited by E. F. Miller (Liberty Fund Inc., 1987).

Hume, L. J., 'Revisionism in Bentham Studies', *The Bentham Newsletter* 1 (1978).

Hume, L. J., *Bentham and Bureaucracy* (Cambridge, 1981).

Hutcheson, F., *An Inquiry into the Original of Our Ideas of Beauty and Virtue in Two Treatises* (Liberty Fund Inc., 2004).

Hutcheson, F., *An Essay on the Nature and Conduct of the Passions and Affections with Illustrations on the Moral Sense* (Liberty Fund Inc., 2002).

Hutcheson, F., *A System of Moral Philosophy* (Continuum International Publishing Group, 2005).

Hutchison, T. W., 'Bentham as an Economist', *The Economic Journal* 66 (1956).

Kant, I., *Idea for a Universal History form Cosmopolitan Point of View*, translated by L. W. Beck (The Bobbs-Merill Co., 1963).

Kant, I., *Perpetual Peace*, translated by L. W. Beck (The Bobbs-Merill Co., 1957).

Kaswan, M. J., *The Politics of Happiness and the Practice of Democracy* (University of California, 2010).

Kelly, P. J., 'Utilitarianism and Distributive Justice: The Civil Law and the Foundation of Bentham's Economic Thought', *Utilitas* 1 (1989), 62~81.

Kelly, P. J., *Utilitarianism and Distributive Justice: Jeremy Bentham and the Civil Law* (Oxford, 1990).

Keynes, J. M., *The End of Laissez-faire* (Hogarth Press, 1926).

Kymlicka, W., *Contemporary Political Philosophy: An Introduction* (Oxford: Clarendon Press, 1990).

Lieberman, D., *The Province of Legislation Determined: Legal Theory in Eighteenth-century Britain* (Cambridge, 1989).

Lieberman, D., 'Bentham's Democracy', *Oxford Journal of Legal Studies* 28 (2008).

Lobban, M., *The Common Law and English Jurisprudence* 1760~1850 (Oxford, 1991).

Locke, J., *An Essay concerning Human Understanding*, edited by Peter H. Nidditch (Oxford University Press, 1979).

Long, D. G., *Bentham on Liberty: Jeremy Bentham's Idea of Liberty in Relation to his Utilitarianism* (Toronto, 1977).

Long. D. G., 'Bentham on Property', *Theories of Property: Aristotle to the Present*, edited by Anthony Parel and Thomas Flanagan (Wilfrid Laurier University Press, 1979), 221~256.

Lyons, D., *In the Interest of the Governed: A Study in Bentham's Philosophy of Utility and Law* (Oxford, 1991).

Macgregor, D. H., *Economic Thought and Policy* (Oxford University Press, 1949).

Mack, M. P., *Jeremy Bentham: An Odyssey of Ideas 1748~92* (London, 1962).

Mack, M. P., 'The Fabians and Utilitarianism', *Journal of the History of Ideas* 16 (1955).

Martin, M. A., 'Utility and Morality: Adam Smith's Critique of Hume', Hume Studies 16 (1990), 107~120.

Mehta, U. S., *Liberalism and Empire: A Study in Nineteenth-Century British Liberal Thought* (Chicago: University of Chicago Press, 1999).

Mill, J. S., *The Collected Works of John Stuart Mill* (Toronto: University of Toronto Press).

Mill, J. S., *Essays on Ethics, Religion and Society*, edited by J. M. Robson (University of Toronto Press, 1969).

Mill, J. S., *On Liberty* (Cambridge University Press, 1989).

Moore, G. E., *Principia Ethica* (Cambridge University Press, 1993).

Nussbaum, M. and Sen, A. K., *The Quality of Life* (Oxford: Clarendon Press, 1993).

Ogden, C. K., *Bentham's Theory of Fictions* (London, 1932).

Olivecrona, K., 'The Will of the Sovereign: Some Reflections on Bentham's Concept of 'a Law'', *American Journal of Jurisprudence* 20 (1975), 95~110.

Orend, B., *War and International Justice* (Wilfrid Laurier University Press, 2000).

Orsi, F., 'The Dualism of the Practical Reason: Some Interpretations and Responses', *Etica & Politica* 10 (2008).

Paley, W., *The Principles of Moral and Political Philosophy* (1785), in *The Works of William Paley*, 5 vols. (London, 1819).

Parekh, B., *Jeremy Bentham: Critical Assessment*, 4 vols. (London, 1993).

Parekh, B., 'Bentham's Theory of Equality', *Political Studies* 18 (1970).

Pitts, J., *A Turn to Empire: The Rise of Imperial Liberalism in Britain and France* (Princeton University Press, 2005).

Pitts, J., 'Legislator of the World? A Rereading of Bentham on Colonies', *Political Theory*, 31 (2003), 200~34.

Perry, S. R., 'Hart's Methodological Positivism', in *Hart's Postscript: Essays on the Postscript to the Concept of Law*, edited by J. Coleman (Oxford, 2001), 311~354.

Postema, G. J., 'The Expositor, The Censor, and the Common Law', *Canadian Journal of Philosophy* 9 (1979), 643~670.

Postema, G. J., *Bentham and the Common Law Tradition* (Oxford, 1986).

Postema, G. J., *Bentham: Moral, Political and Legal Philosophy*, 2 vols. (Aldershot, 2002).

Rawls, J., *A Theory of Justice* (Harvard University Press, 1971).

Ricardo, D., *The Works and Correspondence of David Ricardo*, edited by Piero Sraffa (Liberty Fund, Inc., 2004).

Rosen, F., 'Crime, Punishment and Liberty', *History of Political Thought* 20 (1999), 173~185.

Rosen, F., *Jeremy Bentham and Representative Democracy: A Study of the Constitutional Code* (Oxford, 1983).

Rosen, F., *Bentham, Byron, and Greece: Constitutionalism, Nationalism, and Early Liberal Political Thought* (Oxford, 1992).

Rosen, F., *Classical Utilitarianism from Hume to Mill* (Routledge, 2003).

Ryan, A., *Property and Political Theory* (Blackwell, 1986).

Schneewind, J. B., 'Voluntarism and the Origins of Utilitarianism', *Utilitas* 7 (1995), 87~96.

Schofield, P., 'Jeremy Bentham, the Principle of Utility, the Legal Positivism', *Current Legal Problems* 56 (2003), 1~39.

Schofield, P., *Utility and Democracy: The Political Thought of Jeremy Bentham* (Oxford, 2006).

Schofield, P., 'Jeremy Bentham and HLA Hart's 'Utilitarian Tradition in Jurisprudence'', *Jurisprudence* 1 (2010), 147~167.

Schwartz, P., 'Jeremy Bentham's Democratic Despotism', *Ideas in Economics*, edited by R. D. Black (Macmillan, 1986).

Scott, W. R., *Francis Hutcheson His Life, Teaching and Position in the History of Philosophy* (Cambridge University Press, 1900).

Semmel, B., *The Rise of Free Trade Imperialism: Classical Political Economy and the Empire of Free Trade and Imperialism, 1750~1850* (Cambridge University Press, 1970).

Semple, J. E., *Bentham's Prison: A Study of the Panopticon Penitentiary* (Oxford, 1993).

Sen, A. K., *On Ethics and Economics* (Oxford: Blackwell, 1987).

Sen, A. K., 'Well-Being, Agency and Freedom: The Dewey Lectures 1984', *Journal of Philosophy* 82 (1985), 169~221.

Shaftesbury, *Characteristics of Men, Manners, Opinions*, Times, 6th edition (Liberty Fund Inc., 2001).

Sharp, F. C., 'The Ethical System of Richard Cumberland and its Place in the History of British Ethics', *Mind* 21 (1912), 371~398.

Sidgwick, H., *The Methods of Ethics*, Hackett edition (Hackett Publishing Company, 1981).

Sidgwick, H., *The Elements of Politics* (London: Macmillan and Co., 1897).

Smart, J. J. C. and Williams, B., *Utilitarianism: For and Against* (Cambridge University Press, 1973).

Smith, A., *The Theory of Moral Sentiments*, edited by D. D. Raphael and A. L. Macfie (Liberty Classics, 1982).

Smith, A., *The Wealth of Nations*, edited by Edwin Cannan (London, 1904).

Spragens, Jr., T. A., *Reason and Democracy* (Duke University Press, 1990).

Stark, W., 'Jeremy Bentham as an Economist', *The Economic Journal* 56 (1946).

Stokes, E., *The English Utilitarianism and India* (Oxford: Oxford University Press, 1959).

Turco, L., 'Moral Sense and the Foundations of Morals', *The Cambridge Companion to the Scottish Enlightenment*, edited by Alexander Broadie (Cambridge University Press, 2003), 136~156.

Twining, W., 'The Contemporary Significance of Bentham's Anarchical Fallacies', *Archiv fur Rechts und Sozialphilosophie*, LXI (1975), 325~356.

Twining, W., *Bentham: Selected Writings of John Dinwiddy* (Stanford, 2004).

Werner, L., 'A Note about Bentham on Equality and about the Greatest Happiness Principle', *Journal of the History of Philosophy* 11 (1973), 238~242.

Winch, D., 'Bentham on Colonies and Empire', *Utilitas*, 9 (1997), 147~54.

Zhai, X., 'Bentham's Natural Arrangement Versus Hart's Morally Neutral Description', *Revue d'etudes benthamiennes* 10 (2012).

Zhai, X., 'Legal positivism: emotivistic or naturalistic?', *Filosofia E Qestioni Pubbliche* 1 (2011), 31~39.

국내 자료

강준호, 「극대화와 공리주의적 평등 개념」, 『대동철학』, 27집, 2004.

강준호, 「시지윅의 『윤리학의 방법들』에서 직관주의와 공리주의의 관계」, 『범한철학』, 78집, 2015.

강준호, 「벤담의 공리주의에서 '자유' 개념에 대하여」, 『철학연구』, 100집, 2013.

강준호, 「벤담의 민주주의 이론과 공리주의」, 『범한철학』, 84집, 2017.

니얼 퍼거슨, 『제국』, 민음사, 2006

니얼 퍼거슨, 『시빌라이제이션: 서양과 나머지 세계』, 21세기북스, 2011.

데이비드 흄, 『인간의 이해력에 관한 탐구』, 김혜숙 옮김, 지식을만드는지식, 2012.

마이클 샌델, 『정의란 무엇인가』, 김명철 옮김, 와이즈베리, 2014.

애덤 스미스, 『도덕감정론』, 김광수 옮김, 한길사, 2016.

이태숙, 『근대영국헌정』, 한길사, 2013.

임마누엘 칸트, 『영원한 평화를 위하여』, 이한구 옮김, 서광사, 1992.

제러미 벤담, 『도덕과 입법의 원칙에 대한 서론』, 강준호 옮김, 아카넷, 2013.

제러미 벤담, 『파놉티콘』, 신건수 옮김, 책세상문고, 2007.

제프리 토마스, 『윤리학 입문』, 강준호 옮김, 철학과현실사, 2005.

존 로크, 『인간 지성론』, 정병훈, 이재영, 양선숙 옮김, 한길사, 2015.

존 롤즈, 『정의론』, 황경식 옮김, 이학사, 2003.

존 스튜어트 밀, 『공리주의』, 서병훈 옮김, 책세상문고, 2007.

존 스튜어트 밀, 『자유론』, 서병훈 옮김, 책세상문고, 2005.

존 스튜어트 밀, 『대의정부론』, 서병훈 옮김, 아카넷, 2012.

폴 테일러, 『윤리학의 기본 원리』, 김영진 옮김, 서광사, 2008.

헨리 시지윅, 『윤리학의 방법』, 강준호 옮김, 아카넷, 2018.

홍민식, 「평화연구의 현황과 과제」, 『국제평화』, 창간호, 2004.

총서 知의회랑 을 기획하며
arcade of knowledge

대학은 지식 생산의 보고입니다. 세상에 바로 쓰이지 않더라도 언젠가는 반드시 인류에 필요할 지식을 생산하고 축적하며 발전시키는 일을 끊임없이 해나갑니다. 오랫동안 대학에서 생산한 지식은 책이란 매체에 담겨 세상의 지성을 이끌어왔습니다. 그 책들은 콘텐츠를 저장하고 유통시키며 활용하게 만드는 매체의 차원을 넘어, 인간의 비판적 사유 능력과 풍부한 감수성을 자극하는 촉매의 역할을 충실히 해왔습니다.

이와 같은 '책을 읽는다'는 것은 단순히 지식과 정보를 습득하는 데 멈추지 않고, 시대와 현실을 응시하고 성찰하면서 다시 그 너머를 사유하고 상상함을 의미합니다. 그러므로 '세상의 밑그림'을 그리는 책무를 지닌 대학에서 책을 펴내는 것은 결코 가벼이 여겨선 안 될 일입니다.

이제 우리는 다양한 방식으로 존재하는 지식과 정보, 그리고 사유와 전망을 담은 책을 엮어 현존하는 삶의 질서와 가치를 새롭게 디자인하고자 합니다. 과거를 풍요롭게 재구성하고 미래를 창의적으로 기획하는 작업이 다채롭게 펼쳐질 것입니다.

대학의 심장부에 해당하는 도서관이 예부터 우주의 축소관이라 여겨져 왔듯이, 그곳에 체계적으로 배치된 다양한 책들이야말로 이른바 학문의 우주를 구성하는 성좌와 다름없습니다. 우리는 그 빛이 의미 없이 사그라들지 않기를, 여전히 어둡고 빈 서가를 차곡차곡 채워가기를 기대합니다.

앎을 쉽게 소비하는 시대를 살고 있지만, 다양한 앎을 되새김함으로써 학문의 회랑에서 거듭나는 지식의 필요성에 우리는 공감합니다. 정보의 홍수와 유행 속에서도 퇴색하지 않을 참된 지식이야말로 인간이 가야 할 길에 불을 밝혀줄 수 있기 때문입니다. 앞으로 대학이란 무엇을 하는 곳이며, 왜 세상에 남아 있어야 하는 곳인지 끊임없이 되물으며, 새로운 지의 총화를 위한 백년 사업을 시작하겠습니다.

총서 '知의회랑' 기획위원

안대회 · 김성돈 · 변혁 · 윤비 · 오제연 · 원병묵

지은이 강준호

경희대학교 철학과를 졸업하고, 미국 펜실베이니아대학에서 석사, 퍼듀대학에서 근현대 공리주의 사상 연구로 박사학위를 받았다. 현재 경희대학교 후마니타스칼리지 부교수로 재직하면서 인문학과 세계시민교육 강좌를 맡아 학생들과 진지한 소통을 이어가고 있다. 한국윤리학회 임원으로도 활동 중이다.

서구 공리주의와 제러미 벤담에서 출발한 연구의 진폭을 규범윤리학과 응용윤리학 전 분야로 확장시키면서 「고전적 공리주의와 행위 공리주의의 관계에 대하여」, 「벤담의 공리주의에서 사익 추구와 공익 추구의 조화」, 「보편윤리에 대한 보편주의적 접근방식의 비판적 고찰」, 「환경의 가치에 대한 다원주의적 접근방식」, 「인종 형이상학의 윤리적 함축」 등 다수의 논문으로 발표했다. 또한 『윤리학의 방법』(2019년 대한민국학술원 우수학술도서), 『도덕과 입법의 원칙에 대한 서론』, 『생명의학 연구윤리의 사례연구』, 『분배적 정의의 소사』, 『인종, 철학적 입문』 등 다수의 번역서를 통해 근현대 서구사상의 엄밀한 이해와 올바른 국내 정착을 위해 진력하고 있다.

知의회랑
arcade of knowledge
009

제러미 벤담과 현대
공리주의 설계자가 꿈꾼 자유와 정의 그리고 행복

1판 1쇄 인쇄 2019년 12월 20일
1판 1쇄 발행 2019년 12월 30일

지 은 이   강준호
펴 낸 이   신동렬
책임편집   현상철
편   집   신철호·구남희
마 케 팅   박정수·김지현

펴 낸 곳   성균관대학교 출판부
등   록   1975년 5월 21일 제1975-9호
주   소   03063 서울특별시 종로구 성균관로 25-2
전   화   02)760-1253~4 팩스 02)762-7452
홈페이지   http://press.skku.edu

ISBN 979-11-5550-352-2 93190

ⓒ 2019, 강준호
값 27,000원